경북대학교학술총서 25

칸트 윤리학과 형식주의

문성학

경북대학교출판부

문성학

경북대학교 철학과를 졸업하였고 동 대학원 철학과에서 석사학위와 박사학위를 취득하였다.
경북대, 경일대, 대구교대 강사를 했으며, 1989년부터 현재까지 경북대 윤리교육과 교수로 재직하고 있다. 지은 책으로는 『인식과 존재』, 『칸트철학과 물자체』, 『칸트철학의 인간학적 비밀』, 『삶의 의미와 철학』, 『현대인의 삶과 윤리』, 『약속은 어겼어도 거짓말은 안했다?』가 있다. 그리고 지역학 분야의 저술로, 근현대 대구 · 경북의 지성사와 사회 운동사를 다룬 다수의 공동연구서가 있다. 번역한 책으로는 『데카르트와 회의주의』, 『현실의 문제와 철학적 이해』가 있으며, 주요 논문으로 「소크라테스적 사유의 본질」 등이 있다.

경북대학교학술총서 25

칸트 윤리학과 형식주의

초판 1쇄 2006년 11월 17일 | **개정 1쇄** 2015년 4월 23일
지은이 문성학 | **펴낸이** 손동철 | **펴낸곳** 경북대학교출판부
출판등록 1973년 10월 10일 ㉾97호 | **주소** 대구광역시 북구 대학로 80
전화 053-950-6741 ~ 3 | **팩스** 053-953-4692 | **E-mail** press@knu.ac.kr
Homepage http://knupress.com

ISBN 89-7180-192-1 93130

값은 표지 뒷면에 있습니다.
파본은 바꾸어 드립니다.

책머리에

해방 이후 우리나라 철학분야 연구 현황을 다룬 여러 통계 문헌에 의하면 개별 철학자로서 가장 많이 연구된 인물은 칸트(I. Kant)라고 한다. 어떤 사람들은 칸트가 많이 다루어지게 된 이유를 일제 식민지 시절의 경험에서 찾기도 한다. 다시 말해서 제2차 세계대전 중에 독일과 동맹관계를 맺고 있었던 일본에 유학한 적지 않은 한국 학생들이 자연스럽게 일본 내에 많이 소개된 독일 철학자 칸트를 접하게 되었고, 그들이 귀국해서도 제자들이나 후배들에게 칸트를 소개하고 가르쳤기에 그 영향으로 말미암아 우리나라 철학계에서 칸트가 많이 다루어지게 되었다는 것이다. 이런 이유에서 그들은 칸트를 많이 연구하는 한국적 연구풍토를 일본제국주의 시절의 잔재로 간주하여 비난한다. 필자는 한국 철학계의 이런 연구 경향이 식민지 시절의 경험과 무관하다고 생각하진 않지만, 그것만으로 모든 것을 다 설명할 수 있다고 생각하지도 않는다. 세계적으로 살펴보더라도 칸트는 그 어떤 철학자보다 많이 연구된 사람이다. 그렇다고 세계 모든 국가가 독일이나 일본의 식민지였던 것은 아니다. 삶에 대해 보여준 모범성이나 그 사상의 깊이와 넓이 그리고 그 영향력에서 볼 때 칸트 같은 사상가를 만나는 일은 쉽지 않다. 칸트는 그 자신의 매력으로 우리를 붙잡고 있다고 말해야 할 것이다. 나는 앞으로도 우리나라 철학계에서 칸트 철학이 더 활발히 연구되어 세계에 내놓을 우리 고유의 사상을 만드는 데 충분히 활용되기를 기대한다. 그리고 나는 우리가 고유의 독자적 사상을 만드는 데 서양의 그 어느 철학자보다 칸트가 더 많은 도움을 줄 수 있는 사상가임을 확신한다.

물론 칸트는 난해한 사상가이다. 칸트처럼 난해한 사상가를 충분히 이해하여, 알아듣기 쉽게 설명하는 것은 결코 쉬운 일이 아니다. 그리고 비판적으로 검토하는 것은 더 어려운 일이다. 대안을 만드는 것은 더욱 어려운 일이다. 그러나 칸트 철학은 이해되고 비판되고 대안을 통해 극복되어야 할 과제이다. 그는 이론의 일관성을 위하여 삶의 근원적 양면성을 어느 한 방향으로 몰아가거나 일방을 타방으로 환원시켜버리는 대신에 끝까지 유효한 문제로 남겨두면서 우리의 사유를 자극한다는 점에서 매력적이다. 물론 그는 역사상 사유의 체계적 일관성을 누구보다도 소중히 생각했던 사람이며, 그렇게 생각한 만큼 체계적 일관성을 끝까지 추구하였다. 그러나 니콜라이 하르트만(N. Hartmann)이 정확하게 관찰하고 있듯이 칸트는 자신의 사상 체계가 일관성 있음을 보여주기 위해, 문제가 되는 것을 문제가 아닌 것이라고 강변하지는 않았다. 학자로서의 그의 진실성은 이론의 정합성을 위하여 문제를 희생시키지 않았다는 것이다. 그는 체계의 일관성을 추구했으나, 그 체계가 균열을 가진 채로 남게 되더라도 그것을 숨기기보다는 고통스럽게 인정했다. 그의 이런 태도는 형식과 실질의 이분법 위에 세워져 있는 그의 전 철학체계에서, 따라서 윤리학의 영역에서도 감지된다.

사실 필자는 칸트 윤리학을 처음에는 비판적으로 읽기보다는 우호적으로 읽으려고 노력했었다. 그런데 필자는 이 책을 만들기 위해, 이전에 발표했던 글인 「칸트의 정언명법론」(이 책의 7장인 「정언명법론」)을 다시 검토하면서 힘들게 칸트를 변호하고 있는 자신을 발견하였다. 변호될 수 없는 것을 변호해야 한다는 의무감으로 변호하고 있었기 때문일 것이다. 필자는 칸트를 칸트의 입장에서 변호하려고 애를 썼지만, 기이하게도 내가 확인한 것은 칸트 윤리학에 대한 내 변호가 타당하다면 칸트가 윤리학에서 실질주의적 요소를 불법적으로 끌어들이고 있다는 비판자들의 입장을 받아들이지 않을 수 없게 된다는 것이었다. 물론 형식주의 윤리학으로 규정되는 칸트 윤리학 체계에 실질주의적 요소가 발견되고 있음은 이미 여러 학자들에 의해 간헐적으로 보고되었다. 그러나 사람들로 하여금 윤리적 형식주의의 지반 위에 서 있는 칸트가 실질주의적인 요소를 도입하는 것이 과연 정당화될 수 있는가 하는 문제에 대해서 본격적인 관심을 갖게 만든 것은 칸트의 후기 저술인 『도덕형이상학』(Metaphysik der Sitten)이었다. 그 책에서 칸트는 윤리적 실질이니 목적이니 하는 개념들을 아주 공공연하게 끌어들이고 있기 때문이다. 이 문제에 관해서 우리는 크게 네 가지 입장을 생각해볼 수 있다. 첫째로, 『실천이성비판』에서의 칸트의 윤리학적 입장을 중시하여 칸트는 철두철미 형식주의 윤리학자이며, 그 형식주의를 일관되게 밀고 가는 데 성공했다는 입장이 있을 수 있다. 이 입장은 칸트 윤리학을 형식주의 윤리학으로 규정하고 실질주의적인 요소를 끌어들임이 없이도 도덕성의 최상원리를 확립할 수 있다는 입장이며, 『순수이성비판』에서의 칸트의 형식주의와 부합하는 해석이라는 장점을 갖고 있다. 그러나 이 입장은 형식만으로는 도덕성의 최상원칙을 증명할 수 없다는 비판자들의 비판에 취약한 입장이다. 둘째로 『도덕형이상학』에서 주로 보이고 있으며 『실천이성비판』이나 『도덕형이상학정초』에서 간헐적으로 보이고 있는 실질주의적 요소를 중시하여 칸트를 형식주의 윤리학자, 의무론적 윤리학자 내지는 법칙주의 윤리학자가 아니고 사실은 목적론적 윤리학자로 해석하는 것이다. 물론 이 해석은 칸트 윤리학을 형식주의로 이해했을 때 부딪히게 되는 난점 즉 형식만으로는 도덕성의 최상원칙을 증명할 수 없다는 난점을 해결하는 데는 유리하지만, 칸트 윤리학, 더 나아가 칸트 철학 전체에 대한 통설을 뒤집는 이 해석은 칸트가 자신의 윤리학을 형식주의로 규정하고 있는 다수의 전거가 있기 때문에 너무나 무리한 해석이 될 것이다. 결국 우리가 칸트 윤리학에 대해 인정해야 할 사실은 형식주의를 표방하고 있는 칸트가 실질주의적 요소를 많이 끌어들이고 있다는 것이다. 그 다음에 우리가 문제 삼아야 할 것은 칸트가 과연 자기 윤리학 체계 속에 존재하는 그와 같은 두 가지 이질적인 요소를 이론적으로 조화시키고 있는가 하는 것이다. 이 대목에서 다시 두 가지 입장이 생겨난다. 그 두 요소를 조화시키고 있다고 생각하는 사람도 있을 것이고 조화시키지 못하고 있다고 생각하는 사람도 있을 것이다. 필자는 이 문제에 관해서 부정적인 입장을 갖고 있다. 다시 말해서 칸트는 윤리학의 영역에서 자신의 형식주의를 일관되게 밀고 가지 못하고 있으며, 그가 구상한 실천형이상학의 체계도 실패했다는 것이다.

필자는 이미 1991년에 출간했던 『인식과 존재』에서도 칸트의 인식론적 구성주의를 비판했으나, 그때에는 필자 자신이 칸트주의자임을 의심하지 않았다. 인간의 자유와 영혼의 불멸과 신의 존재를 도덕철학적으로 증명하는 칸트의 도덕신앙을 받아들였기 때문이다. 칸트의 도덕신앙을 받아들이는 자는 설령 그가 칸트가 제1비판서에서 주장하고 있는 이런저런 이론들을 다 거부한다 하더라도 칸트주의자가 되기 위한 필요충분조건을 갖추는 것이라고 생각했었다. 그러나 이제 칸트가 학의 안전한 길에 들어선 비판적 형이상학의 핵심부로 구상했던 실천 형이상학의 체계는 실패했다고 결론 내리고 있는 지금 필자는 칸트주의자일 수 없을 것이다.

책을 쓴다는 것은 창조의 희열과 출산의 고통이 뒤섞인 일이지만, 본서를 출판함에 있어서는 출산의 고통이 더 컸던 것으로 기억에 남을 것 같다. 상업성이 없어 보이는 전문서적을 대학출판부의 사명감으로 출판해 준 경북대학교 출판부장님과 직원들에게도 감사의 마음을 전한다. 끝으로 교정작업을 도와준 정창록 선생에게도 고마움의 마음을 전한다. 아무쪼록 이 책이 칸트 윤리학을 공부하려는 독자들에게 조금이나마 도움을 줄 수 있기를 희망한다.

2005년 11월 10일

문성학

경북대학교학술총서 ㉕

칸트 윤리학과 형식주의 · 차례

책머리에

들어가는 말 | 11

제1장 실천이성의 사실 | 33

I. 실천적인 선천적 종합명제로서 순수한 실천이성의 근본법칙 | 35

II. 도덕적 명령 내용의 다양성과 명령 형식의 공통성 | 42

III. 실천이성의 사실과 역지사지(易地思之) | 48

IV. '실천이성의 사실'이란 개념의 애매성 | 53

V. 실천이성의 사실과 최고선 | 55

제2장 선의지와 근본악, 그리고 책임 | 61

I. 칸트는 윤리적 직관주의자가 아니다 | 62

II. 인간본성론과 책임의 문제 | 77

제3장 성선 · 성악 논쟁에 대한 칸트의 입장 | 83

I. 성선설 · 성악설 논쟁과 칸트 | 85

II. 인간의 본성과 자유 | 88

III. 선에의 소질과 악에의 성향 | 90

IV. 칸트는 성선 · 성악 논쟁을 무효화시켰는가? | 98

V. 『순수이성비판』의 오류론의 입장에서 조명해 본 성선 · 성악 논쟁에서의 칸트의 입장 | 102

VI. 성선 · 성악 논쟁과 가능적 무한자로서의 인간 | 107
VII. 변형된 절충론자로서의 칸트 | 113

제4장 형식과 실질 | 115
I. 윤리학에서의 코페르니쿠스적 전회와 칸트 윤리학의 형식주의 | 117
II. 칸트 윤리학에 있어 최고선과 실질주의적 요소 | 126
III. 실패한 실천형이상학 | 141

제5장 선험적 자유에서 자율로서의 자유로 | 143
I. 선험적 자아와 선험적 자유 | 146
II. 선험적 자유와 자율적 자유의 동질성과 이질성 | 151
III. 우주론적 자유의 문제에서 인간의 자유 문제로 | 155
IV. 실천적 자유에 대한 상호 모순적인 설명 | 158
V. 칸트의 트리레마 | 162
VI. 실천적 자유는 경험을 통해 증명될 수 있는가? | 165
VII. 칸트의 모순적 발언에 대한 찬반해명 | 168
VIII. 요약 및 결론 | 170

제6장 의지자유론 | 173
I. 의지자유 문제의 신학적 기원 | 173
II. 순수이성의 제3이율배반 | 177
III. 자유와 자연 필연성의 양립 가능성 | 179
IV. 칸트의 의지자유론을 향한 비판들에 대한 검토 | 184

제7장 정언명법론 | 215
I. 법칙과 준칙 | 215
II. 정언명법의 종류 | 218
III. 정언명법은 무조건적 명령이 아니라 조건적인 명령인가? | 223
IV. 정언명법은 순전히 형식적이어서 삶의 구체적 상황에서 아무런 쓸모가 없는가? | 230
V. 정언명법은 도덕성의 필요충분한 기준이 될 수 없는가? | 233

VI. 남는 문제 | 246

제8장 도덕성과 적법성 | 249

I. 도덕성과 적법성에 대한 칸트의 설명 | 250
II. 실러가 잘못 본 점 | 255
III. 도덕성과 적법성 구분의 올바른 이해 | 261
IV. 칸트 동기주의의 문제점 | 266

제9장 선험적 동기 | 269

I. 가능적 무한 · 선험적 대상, 인간 | 274
II. 존경의 감정은 이성에서 산출된 선천적 감정이다 | 280
III. 선험적 동기로서의 존경의 심리학 | 291

제10장 목적으로서의 인간 | 297

I. 인간, 인간성 그리고 인격 | 298
II. '목적'과 '존엄성'의 의미 | 302
III. 보편적 법칙의 정식과 인간성의 정식은 어떤 이유에서 동일시될 수 있는가? | 308
IV. 비판과 응답 그리고 남는 문제 | 311

제11장 실천형이상학과 최고선 | 325

I. 비판적 형이상학에서 실천형이상학의 자리 | 326
II. 윤리적 형식주의의 지반 위에서 '최고선'의 개념을 구성하는 것은 가능한가? | 328
III. 최고선은 실현 가능한가? | 332
IV. 칸트의 혼란 | 340

제12장 거짓말에 대한 칸트의 입장 | 347

I. 거짓말에 대한 칸트적 입장의 실천형이상학적 전제 | 348
II. 칸트가 거짓말을 거부하는 세 가지 이유 | 353
III. 칸트의 입장에 대한 찬반론 | 365

IV. 칸트적 입장에 대한 비판 | 386
V. 칸트적 입장의 한계와 가치 구성주의적 주관주의 | 390

제13장 칸트 윤리학의 몇 가지 문제점들 | 393
I. 규칙주의의 문제점 | 394
II. 동기주의(심정주의)의 문제점 | 399
III. 규칙의 등가성에서 생겨나는 규칙들 간의 모순의 문제 | 409
IV. 일관성 없는 형식주의의 문제점 | 412

참고문헌 | 420

글의 출처 | 431

찾아보기 | 433

들어가는 말

칸트 윤리학은 다양한 방식으로 규정된다. 형식주의, 의무주의, 법칙주의, 동기주의, 이성주의, 엄숙주의, 심정주의, 선험주의 등등의 말들이 칸트 윤리학을 규정하기 위해 동원되곤 한다. 이런 규정들 모두 다 칸트 윤리학의 어떤 중요한 측면들을 말해주고 있는 것은 사실이다. 그러나 우리가 칸트 윤리학을 보다 적확하게 특징짓기를 원한다면 칸트 윤리학을 두 가지 측면에서 살펴볼 필요가 있다고 생각한다. 첫째는 칸트 윤리학의 동기 측면이다. 다시 말해서 칸트가 자신의 윤리적 저술들을 통해 실질적으로 보여주고자 했던 것은 무엇인가 하는 측면이다. 또 다른 하나는 그가 실질적으로 보여주고자 했던 것들을 증명하기 위해 채택했던 학문적 전략이 무엇인가 하는 측면에서 살펴볼 수 있을 것이다. 필자는 칸트 윤리학의 동기의 측면에서 살펴본다면 칸트 윤리학은 '책임의 윤리학'으로 규정되어야 한다고 생각한다. 그리고 후자의 측면 즉 학문적 전략의 측면에서 고찰한다면 칸트 윤리학은 '선험적 형식주의 윤리학'으로 규정되어야 한다고 생각한다.

칸트가 실천철학의 영역에서 근거 놓기를 원했던 도덕적 현상은 책임의 현상이었으며, 정당화하고자 했던 것은 인간만이 존엄성을 가진다는 것이었다. 그런데 그의 견해에 의하면 인간의 존엄성은 인간이 도덕적으로 행위할 수 있다는 사실에서 발견되며, 도덕적으로 행위 한다는 것은 자신의 행위에 책임지는 방식으로 행위 한다는 것이고, 책임지는 일이 가능하기 위해서는 자유가 전제되어야 하며, 자유는 책임과 불가분리적으로 결합되어 있다. 칸트가 실천이성의 사실이라고 말한 것은 결국 시대와 문화와 장소를 불문하고 인간 세상에는 자신의 행위에 대해 책임지는 현상이 예외 없이 발견된다는 사실 이외의 다른 것이 아니다. 칸트는 이 도덕적 현상의 가능성 근거를 해명하기 위해 그토록 복잡한 논의를 전개시키고 있는 것이다. 뿐만 아니라 칸트 윤리학의 동기주의 역시 책임의 문제와 밀접한 연관이 있다. 사람들은 자신의 의도와 무관하게 일어난 어떤 일에 대해 책임을 묻는 것에 저항한다. 그러므로 책임의 문제를 정당화하려는 윤리학자는 동기주의의 입장을 택하지 않을 수 없을 것이다. 칸트가 자기 철학체계의 요석(要石, Schlusstein)으로 간주한 자유 개념 역시 책임지는 일의 가능성 근거를 해명하기 위해 도입한 개념이다. 세상만사가 인과법칙에 따라 발생하고 전개되고 소멸한다고 믿는 사람들에게 있어 책임의 문제는 사이비 문제일 것이다. 그렇게 생각하는 사람들은 특정 인간 행위에 대해 책임을 묻는 일 대신에 인간 행위에 대한 인과적 분석을 통한 치료적 접근이 더 요구된다고 주장한다. 그리고 칸트가 인간 본성을 자유로 이해하면서 성선설과 성악설, 혹은 성선악혼재설을 배격한 것도 그런 이론들은 책임의 문제를 제대로 해명할 수 없다고 생각했기 때문이었다. 그렇다면 우리가 칸트 윤리학을 '책임의 윤리학'으로 특징짓는 것은 너무나 당연한 일이 될 것이다. 물론 '자유의 윤리학'으로 부를 수도 있겠지만, 필자는 '자유'라는 말이 갖고 있는 애매성을 고려해서 '책임의 윤리학'으로 특징짓는 것을 더 바람직하다고 생각한다. 동기주의 윤리학이니 엄숙주의 윤리학이니 심정주의 윤리학이니 규칙주의 윤리학이니 하는 규정들은 책임의 윤리학이란 규정에 비하면 칸트 윤리학의 표면적인 특징들을 나열하고 있을 뿐이다. 이제 이렇게 정리할 수 있을 것이다. 앞서 말했듯이 칸트의 실질적인 학문적 동기는 이론철학의 영역에서는 근세 자연과학의 성과 특히 뉴턴 역학을 철학적으로 정당화하는 것이었고 실천철학의 영역에서는 책임 현상의 실천철학적 근거를 마련하는 것이었다. 그러므로 우리는 칸트 윤리학을 '자유의 윤리학', '인격 윤리학'으로 부를 수도 있겠지만, '책임의 윤리학'으로 부르는 것이 칸트 윤리학을 더 근원적으로 규정하는 것이 될 것이다. 그럼에도 불구하고 우리는 이 책의 제목을 '칸트와 책임의 윤리학'이라고 하지 않고 『칸트 윤리학과 형식주의』로 정했다. 왜냐하면 본서는 칸트 윤리학을 '책임의 윤리'라는 관점에서 해설하기 위해서 쓰여진 책이 아니라, 칸트의 선험적 형식주의 윤리학이 실패한 체계임을 보이기 위해서 쓰여진 책이기 때문이다. 이하에서 필자는 본서의 제목을 『칸트 윤리학과 형식주의』로 정한 이유를 보다 상세히 말해보고자 한다.

선험성과 형식성에 대한 칸트의 애착은 윤리학 체계에서만 보이는 것이 아니라 이론철학을 위시한 그의 모든 철학체계에서 발견되고 있다. 『순수이성비판』에서 개진되고 있는 칸트의 인식론을 '선험적 형식주의 인식론'으로 부를 수 있듯이, 칸트가 『실천이성비판』이나 『도덕형이상학정초』에서 개진하고 있는 윤리학을 우리는 '선험적 형식주의 윤리학'으로 부를 수 있다. 그런데 우리는 왜 칸트가 선험성이나 형식성을 그토록 중시했는가 하는 물음을 던져볼 수 있을 것이다. 이 물음에 제대로 대답하기 위해 우리는 『실천이성비판』이나 『도덕형이상학정초』를 단순한 윤리학적 저술로 읽어내려 해서는 안 되고, 그 저술들을 칸트가 종래의 독단적 형이상학을 비판하면서 새롭게 구상하고 있었던 '비판적 형이상학'의 체계 내에서 읽어내어야 한다고 생각한다. 칸트는 학의 안전한 길에 들어선 형이상학을 건설하는 것을 자신의 필생의 학문적 과제로 삼았다. 칸트가 제시하고 있는 학으로서의 새로운 형이상학은 두 가지 이성의 사실에 기초해 있다. 그 하나는 과학적으로 확증된 이론적 인식 즉 인식적 경험이 있다는 '순수 이론이성의 사실'[1]이요, 나머지 하나는 도덕적 경험이 있다는 '실천이성의 사실'(Faktum der praktischen Vernunft)이

1) 물론 칸트 자신은 '순수이론이성의 사실'(Faktum der reinen theoretischen Vernunft)이란 용어를 사용한 적은 없다. 그러나 『순수이성비판』전반부의 맥락에서 본다면 칸트가 수학이나 기하학 혹은 물리학의 영역에서 선천적 종합판단을 발견할 수 있다고 생각했으며, 이 사실을 어떠한 인식론적 회의주의자도 부정할 수 없다고 생각했다는 점에서 '순수이론이성의 사실'로 명명하는 것이 가능하다는 것이 필자의 생각이다.

다. 전자의 사실에 기초하여 이론이성은 선험적 형이상학(자연의 형이상학 : Metaphysik der Natur)을 건설하고 후자의 사실에 기초하여 실천이성은 실천적 형이상학을 건설한다. 그리고 선험적 형이상학은 전통적인 사변적 형이상학이 학이 될 수 없음을 증명함으로써 실천적 형이상학을 보호하고, 실천적 형이상학은 형이상학의 본래적 목표인 영혼불멸과 자유와 신의 존재를 확증한다. 학으로서의 형이상학은 칸트가 『순수이성비판』의 전반부에서 제시하고 있는 소극적 · 부정적 형이상학 즉 선험적 형이상학은 물론이고 『실천이성비판』에서 제시하고 있는 적극적 · 긍정적 형이상학 즉 '도덕의 형이상학'(Metaphysik der Sitten)을 포괄한다.[2] 칸트가 물자체 불가지론에 의거하여 전통적인 사변적 형이상학은 학으로서 성립 불가능하다고 말했을 때, 그는 학으로서의 형이상학 일반의 가능성을 부정하려 했던 것은 아니다. 오히려 물자체 불가지론은 그 자체가 학의 안전한 길에 들어선 선험적 형이상학의 핵심이 되면서 칸트가 건설하고자 했던 학으로서의 형이상학의 반면(半面)을 구성하고 있는 셈이다. 물론 그 나머지 반면은 『실천이성비판』에서 제시되고 있는 실천형이상학이다. 그러므로 선험적 형이상학의 관점에서 칸트의 실천형이상학 역시 학으로서의 형이상학이 될 수는 없다고 생각하는 것은 칸트를 크게 오해하는 것이 된다. 오히려 선험적 형이상학과 실천형이상학은 상호 유기적으로 보완하고 있으며, 그 양자가 결합함으로써만 진정으로 하나의 온전한, 학으로서의 형이상학이 된다는 것이 칸트의 생각이다.[3] 칸트는 형이상학에서 윤리학으로 나아가는 기존의 방식을 버리고 윤리학을 통해 형이상학으로 나아가려는 새로운 길을 택했다. [바로 그 때문에 그는 도덕법칙을 선천적 종합명제로 이해했으며, 선천적 종합명제로 이해된 도덕법칙에는 그 어떤 예외도 허용될 수 가 없다고 생각했던 것이다.] 윤리학을 통해 형이상학

---

2) 여기서 언급되고 있는 '도덕의 형이상학'은 칸트의 후기 저술인 『도덕의 형이상학』(Metaphysik der Sitten)과 구분되어야 한다. 이에 대한 보다 자세한 논의는 이 책의 11장 (주)2를 참조.

3) 이에 한 보다 자세한 논의는 졸고 「칸트에 있어서 형이상학의 새로운 길」(새한철학회 논문집, 『철학논총』 제13집) 참조 바람.

으로 나아가기 위해 칸트가 도입한 학문적 전략은 선험적 형식주의였으며, 그가 인식론의 영역에서건 윤리학의 영역에서건 선험적 형식주의의 전략을 통해 건설하고자 했던 것은 학의 안전한 길에 들어선 '비판적 형이상학'이었다. 그러나 칸트의 선험적 형식주의 윤리학은 형이상학적 기획의 일부로 구상되었다는 바로 그 이유로 말미암아, 그의 선험적 형식주의 인식론이 갖고 있는 구조적 문제와 동일한 문제점을 드러내고 있다. 그것은 바로 그가 학의 안전한 길에 들어선 형이상학의 건설을 위해 인식에 있어서건 도덕에 있어서건 형식적인 요소를 중시하는 형식주의적 전회를 감행하지만, 이 형식주의가 일관되게 관철되지 못하고 있다는 것이다.

인식의 문제를 다루는 『순수이성비판』에서 주지하다시피 칸트는 형식과 실질을 날카롭게 구분한다. 인식은 내용적인 부분과 형식적인 부분으로 나누어진다. 그에 의하면 내용적인 것은 항상 후천적으로 알려진다. 그러나 모든 인식적 주장에 공통적인 형식은 선천적으로 알려진다. 그러므로 우리는 내용(혹은 질료)을 도외시하고 철저하게 인식의 형식만을 탐구해야 한다. 그렇게 함으로써 인식론적 상대주의나 회의주의를 극복할 수 있다는 것이 그의 생각이었다. 칸트 인식론은 이런 점에서 선험적 형식주의 인식론으로 규정될 수 있을 것이다. 그러나 인식에 있어서 질료적인 것을 철저하게 배제하려 했던 칸트였지만 그는 인식에 있어서 선천적으로 인정되어야 하는 질료를 '경험적 직관의 무규정적 대상' 혹은 '선험적 대상'의 이름으로 끌어들이지 않을 수 없게 된다.

> 후자(질료)는 시공 중에서 마주치는 '그 어떤 것'을 의미하고 따라서 실재를 포함하며 또 감각에 대응하는 것이다. 질료는 경험적으로 주어질 수 있는 경우 이외에는 결코 명확한 방식으로 주어질 수 없기 때문에, 이것에 관해서 **우리가 선천적으로 가질 수 있는 것은 (하나의 가능한 경험에 있어서의) 통각의 통일에 그것이 귀속하는 한에 있어서, '가능한**

감각들의 종합'이라는 미규정의 개념 이외의 아무것도 가질 수 없다.[4)]

칸트는 이 인용문에서 질료적인 것 중에서도 선천적인 것이 있음을 말한다. 이는 칸트 인식론에 대한 통상적인 설명, 즉 인식에 있어서 선천적 요소는 형식이고 질료는 후천적이라는 설명의 관점에서 볼 때 이해하기 힘든 말이다. 그러나 칸트는 여기서 하나의 불가피한 예외를 허용하고 있다. 인식에 있어서 질료는 후천적 · 경험적으로만 주어진다면 그리고 선천적인 것은 모두 인식의 형식에서만 유래한다면, '가능한 감각들의 종합'이라는 미규정의 개념은 질료적인 것이기에 후천적으로 주어져야 할 것이다. 그러나 칸트는 그렇게 생각하지 않았다. 인식에 있어서 질료적인 것이라 하더라도 그것이 "통각의 통일에 귀속하는 한에 있어서, '가능한 감각들의 종합'이라는 미규정의 개념"만은 질료적이면서도 선천적인 것이라고 생각했다. **그것이 선천적으로 주어져 있는 것으로 전제되지 않는다면, 인식(경험)은 불가능할 것이다.** 예컨대 빵은 밀가루 반죽(질료)과 빵틀(형식)이 합해져야 만들어 진다. 어떤 특정의 구체적인 빵은 항상 후천적으로만 주어진다. 그렇다고 밀가루 반죽마저도 후천적으로 주어진다고 말할 수는 없다. 왜냐하면 밀가루 반죽은 특정의 구체적인 빵을 만드는 작업 즉 경험을 가능하게 하는, 따라서 경험에 앞서 존재하는 근본재료이기 때문이다. 따라서 그것은 선험적인 것이다. 그리고 밀가루 반죽은 어떻게 규정될 수 없다. 왜냐하면 그것은 아직 특정의 구체적인 빵이 아니기 때문이다. 그러므로 그것은 미규정의 X다. 그것은 단지 '가능한 감각들의 종합'에 불과하다. 형식과 질료의 이분법 위에 세워져 있는 칸트의 선험적 형식주의 인식론의 관점에서는 질료적인 것이면서 선천적인 것이 있다는 것을 인정하는 것은 그 이론체계에 큰 균열이 생겼음을 의미하지만, 칸트는 질료적인 것이면서 선천적인 것을 '선험적 대상' 혹은 '경험적 직관의 무규정

4) I. Kant, *Kritik der reinen Vernunft*(Hamburg, Felix Meiner Verlag, 1971) A723/B751. 강조는 필자에 의함.

적 대상' 혹은 '대상일반'이란 이름으로 끌어들이고 있다.

뿐만 아니라 『순수이성비판』에서 칸트는 무제약자를 추구해야만 하는 이성의 활동에 의해 필연적으로 생겨나는 이성의 이념으로서 선험적 의미의 신의 개념에 대해 언급하고 있다. 칸트의 형식주의에 의하면 그 개념도 이성의 필연적인 개념인 한, 오성의 범주처럼 철저하게 형식적인 어떤 것으로 이해되어야 한다. 그러나 칸트는 그 개념을 만물의 질료를 조건지우는 최상의 질료적 근원으로 설명한다. 이는 칸트가 선천적이면서도 동시에 질료적인 것의 존재를 인정하는 것이 되며, 이 대목에서 '형식성-선천성'과 '질료성-후천성'의 이분법은 여지없이 무너지게 된다.

윤리학의 영역에서도 칸트는 '인간성을 목적으로 대하라'는 실질적 명법을 '개인적 준칙이 동시에 보편적 법칙이 되도록 행위하라'는 보편화 명법 - 이 명법은 형식적 명법이다 - 과 동일시함으로써 다시금 형식과 실질을 섞어 버린다. 그리고 칸트가 『실천이성비판』의 「분석론」에서 단호하게 배격했던 행복을 「변증론」에서 최고선의 이름으로 끌어들일 때, 그는 다시금 실질적인 것을 밀반입하고 있음을 보게 된다. 우리는 형식과 실질의 이분법 위에서 도덕의 최상원리를 구하려는 칸트의 시도, 윤리학을 통해 영혼불멸과 신의 존재를 증명하려는 실천형이상학적 시도는 실패했다고 생각한다. 필자는 이런 이유에서, 다시 말해서 칸트가 건설하고자 했던 비판적 형이상학이라는 큰 그림과의 연관 하에서 그의 윤리학의 학문 방법론적 전략인 형식주의를 비판적으로 검토하는 것에 주안점을 두었기에 본서의 제목을 『칸트 윤리학과 형식주의』로 정했다. 이하에서 각장의 내용을 차례로 요약하여 독자들의 이해를 돕고자 한다.

제1장 「실천이성의 사실」에서 우리는 윤리적 회의주의를 공략하려는 칸트의 전략을 이해함에 있어서 결정적으로 중요한 개념이지만 충분히 이해되지 않고 있는 '실천이성의 사실'이란 개념을 칸트의 형식주의적 전략과 연관시켜 해명한다. 엄밀학으로서의 칸트의 비판적 형이상학은 그 누구도 부정할 수

없는 두 가지 이성의 사실 위에 확립되어 있다. 그 하나는 뉴턴 역학이 보여주고 있듯이 인식적 경험이 있다는 사실이다. 다시 말해서 객관성과 보편성과 필연성을 가진 수학적 인식과 자연과학적 인식 즉 수학이나 물리학에서의 선천적 종합판단이 있다는 사실이다. 이것은 '순수이론이성의 사실'이라 불려질 수 있는 바, 칸트는 『순수이성비판』에서 이 사실 위에다 '자연의 형이상학'을 건설한다. 또 하나의 다른 사실은 도덕적 경험이 있다는 사실이다. 이는 그 어떤 도덕적 회의론자도 부정할 수 없는 사실로서, 칸트는 이를 '실천이성의 사실'로 부른다. 칸트는 『실천이성비판』에서 이 사실 위에 '도덕의 형이상학'을 건설한다. 칸트는 이 두 가지 이성의 사실들이 어떻게 가능한지 그 가능성 조건을 밝히는 것을 자신의 학문적 과업으로 받아들인다. 『순수이성비판』에서는 '어떻게 순수이론이성의 사실이 가능한가' 하는 문제를 다루고 있다면, 『실천이성비판』에서는 '어떻게 실천이성의 사실이 가능한가' 하는 문제를 다룬다. 그러나 만약 칸트가 실천적인 선천적 종합판단인 정언명법이 이성의 사실로서 주어져 있다고 말한다면, 그는 그 명법에 부합하는 도덕적 사례를 제시해 보여야 한다. 그러나 이는 불가능하다. 행위의 동기는 내면적인 것이기에 우리는 다른 사람의 동기를 정확하게 알 수 없기 때문이다. 그럼에도 불구하고 칸트는 순수한 동기에서 도덕법에 일치하는 행위를 할 수 있다고 말한다. 어떻게 그것이 가능한가라고 물으면, 그는 자유에 의해 가능하다고 답한다. 결국 칸트의 논리는 모종의 순환논증에 빠져 있는 듯이 보인다. 도덕법칙의 존재를 증명하기 위해 자유에 의존하며, 자유를 증명하기 위해 도덕법에 의존한다. 결국 칸트가 직면하고 있는 논리적 딜레마는 증명해야 할 것인 도덕법칙을 전제해버리는 선결문제요구의 오류를 범하거나, 아니면 순환논증의 오류를 범하거나 하는 것이 될 것이다. 이런 상황에서 필자는 칸트가 이런 오류를 피해갈 수 있는 방식으로 '실천이성의 사실'을 재해석하는 것을 본 장의 첫 번째 목표로 삼고 있다. 두 번째 목표는 '실천이성의 사실'이 필자가 제안하는 방식으로 해석될 때 그런 오류를 피해갈 수는 있지만, 실천이성의

'변증론'과의 관계에서 새로운 문제가 발생하게 되어, 결국 칸트가 꿈꾸었던 비판적 형이상학의 체계가 붕괴될 수밖에 없음을 밝히는 것이다.

제2장 「선의지와 근본악 그리고 책임의 문제」에서 우리는 칸트를 윤리적 직관주의자로 보는 것은 잘못임을 밝히고 있다. 종종 사람들은 칸트 윤리학에서 선의지의 개념이 가장 핵심적인 것이라고 생각한다. 그리고 사람들은 칸트가 이 세상 안에서나 밖에서나 무조건적으로 선한 것은 선의지밖에 없다고 한 말에 근거하여 칸트를 윤리적 직관주의자로 간주한다. 만약 칸트가 윤리적 직관주의자라면 우리는 칸트가 왜 그토록 복잡한 절차를 거쳐 도덕법칙을 확립하려고 했는지 그 이유를 이해할 수 없을 것이다. 칸트가 선의지니 근본악이니 하는 개념들을 사용한다고 해서 우리는 그가 인간이라면 선이 무엇이고 악이 무엇인지를 직관적으로 파악할 수 있는 직관능력을 갖춘 것으로 생각했다고 판단해서는 안 된다. 칸트가 윤리적 직관주의자가 아님은 그는 인간이 선의 구체적 내용을 직관적으로 파악할 수 있다고 생각하지 않기 때문이다. 뿐만 아니라 칸트는 윤리적 탐구의 대상으로서의 선이 무엇인지를 먼저 밝히고, 그 다음에 그렇게 해명된 선의 내용으로부터 행위 규범을 도출해내려는 모든 시도를 배격했다. 그는 선의지니 근본악이니 하는 개념들을 매우 형식주의적인 방식으로 이해하고 있다. 칸트는 "선한 인간과 악한 인간의 차이는 그들이 준칙 안에 채용하는 동기들의 차이에 있는 것이 아니라(동기의 실질적 내용에 있는 것이 아니라) 오히려 준칙의 형식의 종속관계에 즉 그가 이 둘(자기애의 주관적 원리와 도덕법칙 : 필자 집어넣음) 중 어느 것을 다른 것의 조건으로 삼는가에 있는 것이다"고 말한다. 인간은 도덕법칙을 자기애 아래에 종속시키려는 생득적 성향 즉 근본악에 굴복할 것인가 아니면 자기애를 도덕법칙 아래에 종속시켜려는 의지 즉 선의지의 요구를 충족시킬 것인가 하는 선택의 기로에 서게 된다. 칸트에 있어서 선의지니 근본악이니 하는 용어들은 자기애와 도덕법칙 중에서 어느 하나를 다른 것의 조건으로 종속시키는 준칙들 간의 형식적 종속관계를 표시하는 말이다. 칸트가 이처럼 선의지나 근본악

의 개념을 자기애와 도덕법칙 간의 형식적 종속관계에서 해명하면서 성선설과 성악설, 성무선무악설, 성선악혼재설 같은 이론들을 배격한 뒤 인간의 본성을 자유로 보는 이유는 책임의 문제를 해명하기 위함이다.

제2장에서 필자는 칸트의 인간본성론과 칸트 윤리학에 대한 몇 가지 오해들을 해명하고 있다. 그러나 제3장 「성선·선악 논쟁에 대한 칸트의 입장」에서 필자는, 칸트의 성선설, 성악설 등등의 인간본성론을 거부했지만 칸트 역시 '변형된 절충주의자'가 될 수밖에 없음을, 인간을 가능적 무한자로 보는 그 자신의 인간관의 입장에서 밝히고 있다. 성선설과 성악설 간의 논쟁은 인간은 본성상 선한가 악한가 하는 문제를 축으로 하여 전개되어 왔다. 이때 문제가 되고 있는 '인간'은 유(類)로서의 인간이지 개별적 인간은 아니다. 그러나 칸트는, 우리가 앞서 살펴보았듯이, 이 문제를 인간의 의지는 자유롭다는 관점에서 개별적 인간의 문제로 바꾸어 다루고 있다. 칸트의 입장을 보다 자세히 요약하면 다음처럼 될 것이다. <유로서의 인간은 자유로운 존재이기 때문에, 인간의 본성이 선한가 악한가 하는 문제는 잘못 제출된 문제다. 유로서의 인간에 대해서 우리가 보편적으로 말할 수 있는 것은 그가 자유라는 것뿐이다. 전통적인 성선 · 성악 논쟁은 인간이 자유로운 존재라는 사실을 염두에 두지 않고 행해지고 있다. 그러나 선과 악이란 것은 자유를 떠나서 논의될 수는 없다. 그 자유가 올바로 행사될 때 선이 되고, 잘못 행사될 때 악이 된다. 그런데 선과 악의 주체는 유로서의 인간일 수가 없고, 구체적인 현실 속에서 도덕법칙과 자기애 사이에서 갈등하고 방황하는 자유로운 개별적 인간이다. 바로 그 때문에 항상 구체적인 개별적 인간만이 도덕적 공과에 대한 책임을 지는 것이다. 그러므로 우리는 유로서의 인간의 본성이 선한가 악한가 물어서는 안 되고, 그 본성이 자유인 개별적 인간이 선한가 악한가 물어야 한다. 이 물음에 관한 한, 우리는 어떤 일률적인 대답을 기대할 수가 없다. 왜냐하면 물음 자체가 유로서의 인간을 향하고 있는 것이 아니라, 본성이 자유인 개체로서의 인간을 향하고 있기 때문이다. 개체로서의 인간이 자신

의 자유를 올바로 사용하면 그는 선한 인간이 되고 잘못 사용하면 악한 인간이 된다.> 성선 · 성악 논쟁에 자유를 개입시킴으로써, 그 논쟁 자체를 무효화시키려는 칸트의 이런 시도는 과연 성공하고 있는가? 인간은 자유로운 사실을 고려해 넣기 시작하면, 성선 · 성악 논쟁은 무의미해진다는 칸트의 생각은 많은 설득력을 갖고 있는 듯이 보인다. 그러나 우리가 칸트가 말하는 '인간의 자유'란 것이 과연 무엇인가를 생각해보면, 칸트는 성선 · 성악 논쟁을 무효화시키고 있다기 보다는 오히려 일종의 새로운 절충주의자로 분류될 수 있음을 알게 된다. 칸트는 "인간의 본성 안에 있는 선에의 근원적 소질"을 인정할 뿐만 아니라, "인간의 본성 안에 있는 악에의 성향"도 인정한다. 인간이 자유로운 것은 인간이 바로 선에의 소질과 악에의 성향 사이에서 갈등하면서 선택하는 선택의지를 갖고 있기 때문이다. 선에의 소질과 악에의 성향은 인간의 자유를 구성하는 양 축이다. 어느 한쪽이 없어도 인간은 자유일 수가 없다. 그러므로 인간이 본성상 자유로운 존재라는 것은, 유로서의 인간의 본성 안에는 선한 측면도 있고 동시에 악한 측면도 있음을 인정하는 것이 될 것이고, 이는 결국 절충주의자의 입장이 될 것이다.

제4장 「형식과 실질」에서 우리는 형식주의 윤리학의 전형으로 간주되고 있는 칸트 윤리학이 두 개의 치명적인 모순을 갖고 있음을 보이고자 한다. 첫 번째 모순은 그의 윤리적 형식주의와 연관이 있으며, 두 번째 모순은 그의 실천적 형이상학과 연관이 있다. 칸트는 세 개의 정언명법을 제시하고 있다. 즉, 보편적 법칙의 법식, 목적 그 자체의 법식, 자율성의 법식이 그것이다. 그러나 심각한 문제점이 발생한다. 목적 자체의 법식은 실질적 요소를 갖고 있기 때문에, 그것은 칸트의 윤리적 형식주의와 양립할 수가 없다. 만약, 칸트가 자신의 형식주의를 일관되게 밀고 나가기 위해 보편적 법칙의 법식만을 받아들인다면 그는 도덕성의 필요충분조건을 확립하지 못하게 된다. 만약 그가 도덕성의 필요충분조건을 확립하기 위하여 목적 자체의 법식을 받아들인다면 소위 윤리학에서의 코페르니쿠스적 전회라는 것은 공허한 수사에 불

과하게 된다. 만약, 그가 『실천이성비판』에서 그렇게 하고 있듯이 목적 자체의 법식과 보편적 법칙의 법식을 동일시한다면 질료와 형식의 이분법은 부정되지 않을 수 없다. 이것이 칸트로서는 피할 수 없는 트리레마이다. 또 하나의 다른 심각한 딜레마가 행복에 대한 칸트의 입장에서 발생한다. 실천형이상학의 건설을 위하여 칸트는 행복을 의지의 규정근거로 인정하지 않을 수 없었다. 그러나 윤리적 형식주의를 일관되게 밀고나가려면 그는 행복을 포기하지 않으면 안 되고 따라서 최고선의 개념과 실천형이상학의 건설도 포기해야 한다.

제5장 「선험적 자유에서 자율로서의 자유로」에서 우리는 『순수이성비판』 후반부에서 제시되어 있는 칸트의 자유론을 검토하고 있다. 칸트는 『순수이성비판』의 전반부에서는 사변적 · 초월적 형이상학이 학으로 성립할 수 없음을 밝히고 있다. 그러나 『실천이성비판』에서는 사변적·초월적 형이상학의 3대 주제인 영혼불멸, 신, 자유에 대해 실천형이상학의 이름으로 적극적인 주장을 펼치고 있다. 『순수이성비판』의 전반부와 『실천이성비판』에서의 칸트의 주장 간에는 건너기 힘든 간격이 있는 듯이 보인다. 『순수이성비판』의 후반부에서 다루어지고 있는 자유개념이 이 간격을 가로 질러 양자를 연결시켜주는 교량 역할을 한다는 것이 일반적으로 받아들여지는 해석이다. 그러나 이 자유의 다리가 양자 사이에 있는 거대한 간격을 가로질러 연결시켜줄 수 있을 정도로 충분히 튼튼한가 하는 것은 여전히 문제가 될 수 있을 것이다. 이런 문제의식 하에서 우리는 본 장에서 우주론적 자유와 자율적 자유를 연결시키는 칸트의 논리가 과연 설득력이 있는지를 검토해보았다. 그 결과 칸트가 모종의 트리레마에 걸려 있음을 알게 되었다. 그는 제3이율배반의 해결을 통해 선험적 자유의 실재성을 증명했다고 말하면, 그 위에 건설되는 윤리학 체계가 허구 위에 건립될 가능성은 없어지지만, 그는 물자체 불가지론을 포기해야 한다. 만약 그가 물자체 불가지론을 고수하기 위해 제3이율배반의 해결을 통해 구출된 자유가 단지 이념으로서의 선험적 자유일 뿐이라고 한다면, 그는 그 자유 위에 윤리학의 체계를 건설할 수가 없을 것이다. 만약 칸트가 윤리학을 허구의 가능

성 위에 건설하게 되는 것을 방지하기 위해 선험적 자유와 실천적 자유의 연관성을 부정하고, 그가 그렇게 말하고 있듯이, 실천적 자유는 경험을 통해 증명될 수 있다고 한다면, 이 말은 자유란 원래 경험적 개념이 아니고 형이상학적 개념이라는 그 자신의 다른 주장과 모순을 일으킨다.

제6장 「의지자유론」에서 우리는 칸트가 가능적 무제약자 즉 가능적으로만 자유로운 존재로서의 인간이 현실적인 무제약자 즉 현실적으로 자유로운 자아에 이르는 길로 제시한 자유에 대해 다루고 있다. 칸트에 의하면 자유란 도덕법칙의 존재 근거이므로 도덕법칙을 따른다는 것은 곧 자유인이 되는 길이다. 칸트적 의미의 자유인이란 도덕법칙의 실천적 필연성에 자신을 복종시키는 것에서 성립한다. 우리는 이 장에서 칸트 자유론에 대한 잘 알려진 몇몇 오해들을 제거하고 있다. 그리고, 우리가 여기서 특별히 새롭게 주장하는 것이 있다면, 그것은 자유가 인과법칙을 절단하지 않는다는 칸트의 견해는 잘못된 것이라는 주장이다. 자유는 도덕적 행위자의 몸 안에서 인과법칙을 파괴함이 없이 인과법칙의 고리를 끊는다. 그럼에도 불구하고 칸트가 자유는 인과법칙을 절단하지 않는다고 한 것은 그가 모종의 선입견에 사로잡혀 있었기 때문이다. 그는 인간은 자유로운 존재이지만 그의 미래의 운명은 마치 월식이 예언될 수 있듯이 예언될 수 있다는 주장을 한다. 그는 자유법칙(예지계)과 자연법칙(현상계)의 양립 가능성을 증명하려는 강력한 열망을 갖고 있었으며, 그 때문에 자유가 인과법칙을 방해해서는 안 된다는 강한 확신을 갖고 있었다. 그래서 칸트는 만약 어떤 사람이 자유로운 존재라는 사실을 인정하는 것이 그의 미래를 예측하지 못함을 함축하는 것이라면, 이는 자유가 자연법칙을 방해하는 것이 된다고 생각했다. 그러나 이 점에서 칸트는 자신의 논리를 보다 더 투명하게 파악하지 못하고 있음을 보여준다. 만약 어떤 사람이 거짓말을 할 것인가 말 것인가 하는 도덕적 갈등 상황에서 거짓말을 하건 않건 자신의 운명이 정해져 있다면, 거짓말을 할 것인가 말 것인가 하는 문제로 고민할 이유가 없게 될 것이다. 거짓말을 할 때 앞으로 전개될 그의 미래와

거짓말을 하지 않을 때 앞으로 전개될 그의 미래는 달라야 한다. 그리고 이 사실을 인정한다고 해서 인과법칙이 전면적으로 부정되는 것은 아니다. 자유 자체가 하나의 원인성이라면 [바로 이 점이 칸트 자유론이 의지자유문제에 기여한 영원히 빛나는 업적이지만] 이 원인성에 의해 현상계의 인과 계열의 진행이 바뀌는 것을 인정하지 않으면 안 된다. 인과 계열의 진행이 **도덕적 행위자의 몸 안에서** 절단된다 하더라도, 자연을 지배하는 법칙이 무효화되는 것은 아니다. 세상 모든 만물은 여전히 인과법칙의 지배하에 있기 때문이다. 인과 계열은 도덕적 행위자인 인간을 제외한 세상 모든 만물에 대해서 무차별적으로 적용되는 철칙이지만, 그것이 인간과 관계할 때에는 무차별적으로 관통되지 **않을 수도 있다(인간은 자기 속에서 자유의 법칙을 동시에 의식하니까)**는 점을 인정하는 것이 칸트가 자신의 자유론을 보다 일관성 있게 만드는 것이 될 것이다. 그렇다면 인간의 자유가 인정되는 한, 인간의 미래는 결코 결정된 것이라고 말해서는 안 된다. 칸트는 자유와 자연법칙의 양립론을 이렇게 이해해야 함에도[5] 자유로운 행위자인 인간에서조차도 자유와 자연법칙이 양립해야 하는 듯이 생각했으며, 결과적으로 가상적 자아는 자유요 현상적 자아는 필연의 법칙 아래에 있다고 생각하는 잘못을 범하게 된다. 바로 이

5) 물론 이렇게 이해된 양립론이 과연 양립론이라 불려질 수 있는가 하는 의문이 제기될 수 있다. 도덕적 존재자로서의 인간의 몸 안에서 인과법칙의 효력이 일시적으로 정지됨을 인정한다는 점에서 **인간은 자유다.** 그러나 다른 한편 인간의 이런 자유는 자신의 몸을 통해서 표현되는 자유일 뿐이기에 자연법칙을 임의적으로 파괴하는 자유는 아니다. 예컨대 '나는 빛보다 빨리 달려야만 한다. 그러므로 나는 빛보다 빨리 달리 수 있다'는 식의 자유는 아니다. 그러므로 **자연법칙은 유효하다.** 확실히 인간의 자유와 자연법칙이 동시에 긍정되므로 이는 일종의 양립론이다. 그러나 이 양립론은 자연법칙의 유효성은 인정하지만 자연의 진행이 인간의 자유의 개입으로 인하여 개방되어 있으며 결정되어 있지 않다고 주장하는 점에서는 스피노자 식의 양립론은 아니다. 스피노자 식의 양립론은 필연의 법칙에 따라 진행되는 자연의 진행에 인간은 어떤 식으로든 관여할 수 없다는 점에서 자연법칙의 필연성을 인정하며, 아울러 인간은 이러한 필연의 자연법칙을 자유롭게 받아들이는 데서 성립하는 내면의 자유를 누릴 수 있다는 데서 인간의 자유도 인정한다. 필자는 칸트가 주장하고 싶었던 양립론 즉 칸트적 양립론은 전자의 양립론이지 스피노자 식의 양립론은 아니라고 생각한다. 누군가가 진정한 양립론은 인간의 자유도 인정하고 자연법칙의 유효성도 인정하는 것만으로는 불충분하고 자연의 진행이 결정되어 있음을 인정하는 데까지 이르지 않으면 안 된다고 말한다면, 필자가 말하고 있는 '칸트적 양립론'은 양립론이 아닐 것이다. 그리고 그런 양립론은 마치 스피노자식의 양립론처럼 말이 양립론이지 기실은 숙명론이요 결정론이 될 것이다.

때문에 "칸트의 가상계는 '실천적 실재성'을 갖는 것이기는 했지만, 그러나 그가 말한 실천적 실재성은 외부 세계의 사회적 · 정치적 현실로부터 차단이 된 선험적인 내면에서만 자기 공간을 갖는 것에 지나지 않았다. 더욱이 그것만이 유일한 실천적 실재성이라고 주장될 때에, 도덕적이기를 바라는 사람은 이제 내부 세계에서 외부 세계로 나아가려는 길을 의식적으로 절단 당해버리는 것이 된다. … (중략) … 이리하여 자유의 추구는 '내면으로의 도피'라는 성격을 띠지 않을 수 없게 된다."[6]는 비판을 받게 된다. 이러한 비판은 칸트가 자유는 인과계열을 파괴하지 않는다고 주장하면서, 그 말의 뜻이 인간에게 자유가 인정된다 하더라도 인간의 운명은 월식이 예언될 수 있듯이 예언될 수 있다는 식으로 말 한 것에 근거해 있다. 그러나 칸트가 자신의 자유론을 자신의 편견으로부터 자유롭게 만들게 되면, 우리는 칸트가 이런 비판으로부터 피해갈 수 있다고 생각한다.

제7장 「정언명법론」에서 우리는 칸트의 정언명법에 대한 몇 가지 오해들을 제거하고 칸트를 칸트의 입장에서 최대한 변호하려고 했다. 이 글은 필자가 칸트 윤리학에 대한 글을 쓰기 시작한 이래로 비교적 일찍이 쓴 글로, 이 글을 쓸 때만 해도 필자는 칸트를 비판으로부터 변호하려는 강한 의도를 갖고 있었다. 독자들은 이 점을 고려하여 제7장을 읽어주기를 희망한다. 칸트의 정언명법론을 비판하기 위해, 예컨대 '모든 사람은 왼손을 사용하여 식사를 하라'는 것과 같은 규칙은 얼마든지 보편화 가능하지만, 이것은 도덕법칙이 될 수 없으며 따라서 보편화가능성은 어떤 행위준칙이 도덕법칙이 되기 위한 필요충분조건이 될 수 없다고 칸트를 비판하는 사람이 있다. 이런 비판은 칸트가 도덕법칙의 필요충분조건을 논리적 보편화가능성으로 보고 있음을 전제한다. 칸트가 논리적 보편화가능성을 도덕법칙의 필요충분조건으로 간주했는지 여부는 확실히 논란의 여지가 있지만, 설령 그렇다 하더라도 논리적

6) 김병옥, 『칸트의 교육사상 연구』 (서울, 집문당, 1986) 181면.

보편화가능성만으로는 어떤 행위준칙이 도덕법칙이 될 수 없음을 보이기 위해 사용된 '모든 사람은 왼손을 사용하여 식사를 하라'는 예는 매우 부적절하다. 그 규칙은 원래부터 도덕과 무관한 영역의 규칙이다. 그러면 과연 칸트는 논리적 보편화가능성을 도덕법칙의 필요충분조건으로 간주했는가? 만약 그렇다면 칸트는 자신의 형식주의를 유지할 수는 있겠지만 도덕의 최상원칙을 확립하는 데는 실패할 것이다. 그가 도덕의 최상원칙을 형식적으로가 아니라 실질적으로 확립하기를 원한다면 그는 자신의 형식주의를 버려야 한다. 우리는 이것이 칸트가 직면하게 되는 딜레마라고 생각한다. 필자가 보기에 칸트는 형식주의를 일관되게 밀고가기 보다는 도덕성의 실질적 근본원리를 확립하는 것을 택한 것 같다. 칸트에 의하면 준칙이 도덕법칙이 되기 위해서는 네 가지 조건을 동시에 충족시켜야 한다. 도덕법칙은 첫째로 논리적으로 보편화 가능해야 하고, 둘째로 자의적이어서는 안 되고, 셋째로 인간성을 목적으로 대우해야 하며, 넷째로 행위자의 자율을 침해해서는 안 된다. 그런데 이 네 가지 조건을 동시에 충족시키는 규칙은 필연적으로 도덕적 실질을 고려하지 않을 수 없을 것이다. 당장 인간성을 목적으로 대하라는 것은 단순히 형식적인 요구가 아니라 결정적인 실질적 요구이기 때문이다.

제8장 「도덕성과 적법성」에서는 도덕성과 적법성에 대한 칸트의 구분을 어떻게 이해할 것인가 하는 문제를 다루고 있다. 칸트 윤리학은 도덕성과 적법성을 엄격하게 구분하고 있다. 우리의 행위가 도덕법에 대한 순순한 의무의식에서 행해질 때, 그 행위는 도덕성(Moralität)을 가진다. 그러나 비록 행위가 결과적으로 도덕법에 합치하였다 하더라도, 행위가 도덕법에 대한 순수한 의무의식 이외의 다른 것 예컨대 축재에의 욕구나 명예심이나 타인의 칭찬을 바라는 마음과 같은 경향성에서 행해질 때, 그 행위는 단지 적법성(Legalität)을 가질 뿐이다. 그러나 도덕성에 대한 이런 기준에 따르면 아내를 사랑하는 감정에서 아내를 사랑하는 사람은 도덕적인 인간이 아니게 된다. 바로 이런 이유로 실러는 칸트를 다음과 같이 풍자하였다. "나는 즐겁게 친구에게 봉사

하도다. 그러나 슬프도다. 나는 즐거움으로 그렇게 하므로. 나는 내가 유덕하지 못한 인간이라는 생각으로 말미암아 종종 근심스럽도다." 이 논문의 목표는 실러의 풍자가 잘못된 것임을 보여주는 것이다. 실러의 칸트 해석에 따르면 인간이 행위를 할 때는 도덕법에 대한 존경심 이외의 어떤 감정도 느끼지 말아야 한다. 그러나 칸트의 본의는 그것이 아니다. 칸트는 도덕성의 기준을 그렇게 강한 형식으로 제시하고 있지 않다. 그토록 강한 기준을 받아들이면, 우리들 대부분은 비도덕적인 인간으로 분류될 수밖에 없다. 우리의 행위를 유발시키는 동기는 대부분 복합적이다. 우리가 자신이나 타인의 행위의 도덕성에 대해 말할 수 있으려면, 그런 복합적인 동기 중에 적어도 '도덕법에 대한 의식'이 조금이라도 포함되어 있어야 한다는 것이 칸트의 생각이다.

제9장 「선험적 동기」에서 우리는 칸트 윤리학에서 가장 다루기 어려운 개념 중의 하나인 '존경'의 개념을 다루고 있다. 칸트는 우리의 행위가 감정을 수단으로 해서 행해진다면 참된 도덕성을 가지지 못함을 분명하게 말하고 있다. 그러나 사람들은 일반적으로 사람을 행동하게 하는 것은 이성이 아니고 감정이라고 생각한다. 물론 칸트적 이성은 우리에게 법칙을 주는 것이며, 따라서 우리가 어떻게 행동해야 하는가 하는 문제로 고민할 때, 일정한 방향을 준다. 그러나 그 방향으로 움직이게 만드는 것은 정작 이성이 아니고 감정이라는 것이 일반적으로 받아들여지고 있는 생각이다. 왜 칸트는 이런 일반적인 생각에 거스르는 주장을 하는가? 충분히 예상할 수 있는 것이지만 그 이유는 형식주의 때문이다. 칸트는 윤리학의 영역에서도 오로지 선천적인 것, 형식적인 것만을 다루면서 윤리학에서 감정을 배격하는 방향으로 나가게 된다. 그런데 문제는 그가 우리의 행위가 감정에 기초해서는 안 되고 오로지 실천이성이 우리에게 주는 법칙에 기초해서만 행해져야 한다고 주장함으로써 그는, 행위의 동기를 설명함에 있어서 매우 곤란한 입장에 빠져들게 된다. 도덕법칙은 우리가 어느 방향으로 결단하고 행동해야 할 것인가에 대해서는 말해 주지만 우리를 그 방향으로 가게하지는 못한다는 일반적인 생각이 참이라면, "도덕

법이 인간을 직접 규정해야 한다"는 칸트의 주장은 무의미한 소리요 잘못된 심리학과 동기론에 기초한 것으로 배격되어야 할 것이다. 이런 상황에서 칸트는 도덕법칙에 대한 존경의 감정이라는 개념을 도입하며, 그것이 참된, 선천적인, 유일한, 의심할 수 없는, 이성에서 유래한 동기라고 주장한다. 많은 칸트 연구가들은 칸트가 존경을 일종의 '선천적 감정'이라고 말했을 때 당혹스러워 한다. 모든 감정은 후천적으로만 발생한다고 생각하기 때문이다. 그래서 사람들은 칸트가 자신의 도덕이론을 수립하기 위해 체계상의 모순을 범하면서까지 존경이라는 선천적 감정을 도입한 것으로 간주해 버리곤 한다. 과연 칸트가 제시한 선험윤리학적 동기론은 억지논리의 전형이며, 일단 자기 주장을 제시한 뒤에는 어떤 방식으로든 합리화 시키려하는 자폐적인 학자들이 흔히 갖고 있는 고집의 표현인가? 필자는 본 장에서 인간을 가능적 무한자로 보는 칸트의 인간관의 관점에서, 존경은 참되고 선천적이며 유일하고 또한 의심할 수 없으며 이성에서 유래한 동기라는 칸트의 주장이 해명될 수 있음을 보이고자 한다. 즉 칸트가 말하고 있는 도덕법에 대한 존경이란 것은 이성(무한성)과 감성(유한성)의 종합으로서의 가능적 무한자인 인간이 현실적 무한(절대적 무제약자)에 도달하려는 선천적 열망을 도덕철학적으로 표현한 개념임을 밝히고 있다.

제10장 「목적으로서의 인간」에서 우리는 '인간성의 정식'과 관련된 세 가지 의문점을 제시하고 그것에 대한 해답을 구해보는 방식으로 글을 전개시켜 가고 있다. 첫째로, 그 정식에 나타난 칸트의 표현방식과 관련된 의문점을 살펴보고 있다. 그렇게 함으로써 그 정식이 참으로 의미하는 바가 무엇인지를 밝힌다. 둘째로, 칸트는 그 정식이 본질적으로 '보편법칙의 정식'(Formula of Universal Law)으로 불리는 법식, 즉 "너의 준칙이 보편적인 법칙이 되도록 네가 동시에 의욕할 수 있도록 하는 그러한 준칙에 따라서만 행위하라"는 것과 본질적으로 동일한 것이라고 말하고 있는데, 어떤 근거에서 그런 것인지 살펴보고 있다. 셋째로, 목적 자체의 법식에 대한 칸트식 정당화의 문제점과

그 한계를 고찰해보고 있다. 칸트는 인격으로서의 인간을 중시하여, “너는 너 자신의 인격(Person)에 있어서 뿐만 아니라 모든 다른 사람의 인격에 있어서도 인간성(Menschheit)을 단지 수단으로서만 사용하지 말고 항상 동시에 목적으로 대하도록 행위하라”고 말했다. 그런데 칸트는 그 정식이 보편법칙의 정식과 본질적으로 동일한 것이라고 말하고 있다. 우리는 그러한 동일시를 칸트 윤리학 체계 내에서 최대한 이해 가능한 방식으로 해석하고 있다. 그럼에도 불구하고 선험적 형식주의 윤리학으로 규정되는 칸트 윤리학은 형식과 실질의 이분법 위에 세워져 있기 때문에, ‘의지 형식의 단일성’ 범주와 연결된 보편적 법칙의 정식과 ‘의지 목적(실질)의 수다성 범주’와 연결되는 인간성의 정식이 본질적으로 동일한 것이라는 주장은 받아들이기 힘든 주장이다. 만약에 칸트가 형식주의를 일관되게 밀고 나가기 위해 보편적 법칙의 법식만을 인정한다면, 그는 도덕법칙의 필요조건을 제시하는 것일 뿐, 충분조건을 제시하지는 못할 것이다. 칸트로서는 트리레마에 빠지게 된다. 목적 자체의 법식을 받아들이면 도덕법칙의 충분조건을 제시할 수 있는 이점이 있으나, ‘윤리학에서의 코페르니쿠스적 전회’가 말뿐인 것이 된다. 목적 자체의 법식을 내버리고 보편적 법칙의 법식만을 받아들이면, 윤리학에서의 형식주의에는 일관성을 줄 수는 있으나 도덕법칙의 필요조건밖에 제시할 수 없다. 이런 상황에서 칸트는 보편적 법칙의 법식과 목적 자체의 법식이 동치임을 주장하게 되지만, 이는 형식과 실질의 이분법을 부정하는 것이 된다. 그러나 필자가 보기에 칸트는 어떤 경우든 실질의 범주와 관계된 ‘목적 자체의 법식’을 받아들일 수밖에 없는 입장이다. 칸트적인 의무론적 윤리학에서는 도덕적 행위는 다른 어떤 실질적인 것(목적)을 성취하기 위한 수단으로서 행해져서는 안 된다. 도덕적 행위는 그 자체가 목적이다. 효도는 유산을 상속받기 위한 수단으로서 행해져서는 안 되고 효도 그 자체를 목적으로 행해져야 한다는 것이다. 도덕 그 자체가 목적 그 자체이다. 그런데 도덕법은 칸트에 따르면 형식적으로만 표현된다. 그 형식은 자기 입법적 존재로서의 인간이성의 형식이다. 따라서 도덕이 목적 그 자체라면 그러한 형식의 담지자로서의 인간 그 자체도 목적 그 자체이지 않으면 안 된다. 칸트 윤리학의 형식주의는 바로 그 형식주의의 필연적 귀결로서 목적 자체로서의 인간을 받아들이지 않으면 안 되게 되어 있다. 그러나 그렇게 받아들여진 목적 그 자체로서의 인간이 칸트의 형식주의와 배치된다는 데에 칸트 윤리학의 근본적인 고뇌가 발견된다. 물론 인간이 순수사유라면, 칸트가 목적 자체의 법식을 받아들인다고 해서 자신의 윤리적 형식주의와 모순을 일으키지는 않는다. 그러나 인간이 순수사유라면 경향성의 유혹도 받지 않을 것이고 따라서 도덕적 갈등도 생기지 않을 것이며, 윤리적인 존재가 아니게 될 것이다. 인간이 윤리적인 존재로 규정되는 한, 인간은 피와 살을 가진 인간이지 않으면 안 된다. 그런 한, 목적 그 자체의 법식이 칸트 윤리학의 형식주의와 충돌하는 것은 불가피한 일이다.

제11장 「실천형이상학과 최고선」에서는 칸트가 『순수이성비판』에서는 그 증명가능성을 부정했던 신, 영혼불멸, 자유의 실재성을 실천철학적으로 증명하는 과정을 비판적으로 검토한다. 칸트의 증명은 실패로 판명되지만, 실패의 가장 큰 원인은 그의 형식주의에 있음을 알게 된다. 칸트에 의하면 형이상학의 3대 문제는 신, 영혼불멸, 자유이다. 그런데 이 주제들에 대해 이론이성은 결코 학적으로 근거 지워진 지식을 우리에게 제공할 수 없다. 그러나 칸트는 책임의 개념을 매개로 해서 인간이 자유임을 실천철학적으로 증명하고, 최고선의 개념을 매개로 해서 영혼의 불멸과 신의 존재를 실천철학적으로 증명하고 있다. 그런데 칸트의 설명에 따르면 최고선은 최상선과 완전선의 결합이며, 최상선은 덕과 행위의 일치이며, 완전선은 덕과 행복의 일치이다. 따라서 최고선에는 그 필연적 구성요소로서 행복이 포함된다. 그렇다면 우리는 먼저 행복을 질료적인 것으로 간주하여 배격하고 있는 칸트의 형식주의 윤리학 체계 내에서 '과연 최고선의 개념이 구성될 수 있는가' 하는 문제를 제기할 수 있다. 그 다음에 우리는 '과연 최고선은 실현가능한가' 하는 문제를 제기할 수 있다. 칸트는 첫 번째 물음에 긍정적으로 대답할 수 있기 위해서 "행복을

필요로 하고 또 행복할 자격을 갖고 있지만 행복을 누리지 못하는 것은 이성적 존재자의 완전한 의욕과 조화할 수 없다"는 보조원칙을 도입한다. 그러나 이는 자신의 형식주의에 배치된다. 칸트는 또 두 번째 물음에 긍정적으로 답하기 위해서 "너는 해야 한다. 그래서 너는 할 수 있다"는 주장을 도입한다. 즉 당위에는 '할 수 있음'이 함축되어 있다는 것이다. 그러나 그 주장은 자유의 실현에 대해서만 타당할 뿐, 신의 존재나 영혼불멸에 대해서는 타당하지 않다. 다시 말해서 신이 존재해야 하고 영혼이 불멸이어야 한다고 실천이성이 당위적 차원에서 요청한다고 해서 신이 존재하게 되거나 영혼이 불멸이게 되는 것은 아니라는 것이다. 결론적으로 말해서 최고선의 개념을 통해 실천형이상학을 건설하려는 칸트의 시도는 실패한 것임이 드러난다.

제12장 「거짓말에 대한 칸트의 입장」에서 우리는 칸트의 도덕적 엄격주의가 자유의 인식근거로서의 도덕을 통한 인간의 무제약적 욕구의 실현이라는 기본적인 발상에 근거해 있으며, 도덕적 엄격주의의 가장 분명한 예로 「인간애로 말미암아 거짓말하는 권리에 대해서」에서 제시된 거짓말에 대한 칸트의 입장을 검토하고 있다. 칸트에 있어서는 학으로서의 윤리학의 성립가능성은 학으로서의 형이상학의 성립가능성과 동궤를 달리고 있다. 그는 종래의 사변적 형이상학자들이 형이상학에서 윤리학으로 나아간 것과는 달리 윤리학에서 형이상학으로 나아가려고 했다. 그에게 있어서 형이상학은 철두철미하게 윤리적인 것이며, 윤리학은 형이상학적인 것이지 않으면 안 되었다. 따라서 칸트의 입장에서 볼 때 형이상학이 아닌 윤리학이나 윤리학이 아닌 형이상학은 불가능한 것이 된다. 이런 점에서 본다면 칸트가 도덕법칙의 예외를 허용하지 않은 것은 너무나 당연한 일이라 하겠다. 왜냐하면 이미 앞서 말했듯이 윤리학이 학으로 성립한다는 것은 형이상학이 학으로 성립하는 것이 되는데, 형이상학의 명제들은 어떤 경우에도 예외를 허용할 수 없기 때문이다. 「인간애로 말미암아 거짓말하는 권리에 대해서」에서 제시되고 있는 상황은 일종의 가치이율배반적인 상황으로서, 즉 생명가치와 정직의 가치가

대립을 일으키는 경우로서 그 논문에서 칸트가 제시하고 있는 입장은 법칙중심주의적 윤리학의 한계를 보여주고 있는 것으로 생각된다. 칸트는 그 소논문에서 법칙중심주의적 방법론이 얼마나 일관성 있게 적용될 수 있는지를 한계에 이르기까지 보여주고 싶어 하지만, 그렇게 함으로써 칸트는 동시에 자신의 윤리학의 한계를 보여주고 있다. 칸트는 인식론의 영역에서도 그 유명한 코페르니쿠스적 전회로 인하여 인식에 있어서의 유적(類的) 주관주의라는 한계에 갇혀 있듯이, 윤리학의 영역에서도 법칙중심주의적 방법론으로 인하여, 가치에 있어서의 유적 주관주의의 한계에 갇혀 있다. 이 주관주의적 인식론과 윤리설은 결국 그의 형식주의에 뿌리를 두고 있다. 왜냐하면 인식과 가치는 인식주체이며 행위주체인 인간의 주관에 내장된 선천적 형식들에 의해 구성된 것이기 때문이다. 우리는 가치 실재론을 받아들일 때에만 칸트적 법칙중심주의적 주관주의 윤리학의 문제점을 극복할 수 있을 것이다.

제13장 「칸트 윤리학의 몇 가지 문제점들」에서 필자는 의무론적 윤리학의 전형으로 간주되고 있는 칸트 윤리학의 네 가지 근본적 문제점을 지적하고 난 뒤, 그 네 가지 문제점이 칸트 윤리학의 형식주의와 구조적으로 연계되어 있음을 밝히고 있다. 그 네 가지 문제점은 다음과 같다. 첫째는 그 어떤 예외도 허용하지 않는 규칙주의의 문제점이며, 둘째는 행위의 동기만을 강조하는 동기주의의 문제점이며, 세 번째는 정언명법의 형식에 부합하는 행위규칙들 간에 발생하는 모순의 문제점이며, 네 번째는 일관성 없는 형식주의의 문제점이다. 이 네 번째 문제점은 필자가 이 책 전체를 통해 지적하고 있는 문제점이다.

제1장 실천이성의 사실

방법적 회의를 통해 어떤 경우에도 의심할 수 없는 명석판명한 진리를 발견하여, 그 위에 확고한 형이상학의 체계를 건설하려 했던 데카르트(R. Descartes)와 더불어 '엄밀학으로서의 철학'이라는 이념이 철학사에 소개되었다. 자연과학의 눈부신 발달로 말미암아 형이상학의 존립이 위협받던 시대에 칸트는 데카르트의 이런 이념을 이어받아 '학(學)의 안전한 길에 들어선 형이상학'을 건설하려 했다. 칸트가 이성비판을 통해 구상한 '학의 안전한 길에 들어선 형이상학', 즉 '비판적 형이상학'은 칸트 이전의 독단적 형이상학들과는 다른 몇 가지 특징적인 차이점을 갖고 있다. 첫째로, 독단적 형이상학은 그 체계 구축의 근본능력인 이성에 대한 반성, 혹은 이성의 능력의 한계에 대한 비판적 검토를 생략한 채로 체계구축을 시도했지만, 칸트는 이성에 대한 그러한 반성과 비판적 검토 위에서 형이상학의 체계를 세우려 했다는 것이다. 둘째로, 칸트 이전의 형이상학은 체계 구축을 위한 의지처를 갖지 못했지만, 칸트는 '이성의 사실'이란 의지처를 갖고 있다. 물론 데카르트는 형이상학적 체계 구축을 위한 의지처를 방법적 회의를 통해 마련하려 했지만, 그가 발견했던 의지처("나는 생각한다. 그러므로 나는 존재한다.")는 이성의 자기 명증성이었기에, 결국 데카르트의 형이상학은 독단적 형이상학으로 규정될 수밖에 없었다.

칸트는 비판적 형이상학의 체계를 두 가지 '이성의 사실' 위에 구축한다. 비판적 형이상학이라는 건물의 지하층(기초)에 해당하는 『순수이성비판』에서 제시되는 자연의 형이상학(선험적 형이상학)의 체계는 확인된 자연과학적 경험, 즉 '인식적 경험'이 있다는 순수 이론이성의 사실 위에 건설되고 있다면, 지상층에 해당하는 『실천이성비판』에서 제시되는 실천 형이상학은 어느 시대, 어느 민족, 어느 문화권에도 행위의 공과로 책임을 지고 지우는, 그래서 상도 받고 벌도 받는 '도덕적 경험'이 있다는 실천이성의 사실 위에 건설되고 있다. 칸트는 제1비판과 제2비판에서 이 두 개의 경험, 즉 자연과학적 경험과 도덕적 경험의 가능성 조건을 탐색하는 방식으로 형이상학을 학의 안전한 길에 들어서게 하려 했다.

그런데 칸트가 받아들이고 있는 두 가지 '이성의 사실'은 기이하게도 '경험이 있다는 사실'이다. 이 사실은 '경험의 사실'과 구분되어야 한다. 가령 '공포영화를 보는 것은 재미있다'고 말한다면, 그렇게 말하는 사람에게 그것은 경험의 사실이다. 그러나 그것은 '이성의 사실'은 될 수 없다. 왜냐하면 다른 사람은 공포 영화를 싫어할 수도 있기 때문이다. 칸트가 『순수이성비판』에서 선험적 형이상학의 초석으로 사용하고 있는 '경험이 있다는 사실'은 곧 수학과 기하학 그리고 물리학에는 선천적 종합판단이 있다는 사실이다. 이 사실은 적어도 칸트 생각으로는 어떤 경우에도 의심하거나 부정하거나 회피할 수 없는 사실이다. 그래서 칸트는 『순수이성비판』에서 '도대체 선천적 종합판단이 가능한가'라고 묻지 않고, '여하히(어떻게) 선천적 종합판단이 가능한가'라고 묻는 방식으로 자신의 학문적 과업에 접근해 간다. 칸트는 이런 식의 접근이 형이상학에 대한 회의론자들의 공격을 피해가면서 독단론의 함정에 빠지지 않는 전략적 장점이 있다고 생각했다.

문제는 우리가 『순수이성비판』에서 칸트가 도입하고 있는 순수 이론이성의 사실이 무엇인가 하는 문제에 대해서는 동의할 수 있는 설명을 제시하는 것이 가능하지만, 『실천이성비판』에서 실천 형이상학의 초석이 될, '순수 실천이성의 사실'이 무엇인가 하는 문제에 대해서는 동의할 수 있는 설명을 제시하는 것이 쉽지 않다는 것이다. 그 이유는 첫째로 그 개념에 대한 칸트 자신의 설명이 부족하기 때문이며, 둘째로 그 개념이 가질 수 있는 애매성을 칸트가 알아차리지 못했기 때문이라고 생각한다. 본 장에서 우리는 첫째로 그 개념의 의미해명을 통해 윤리적 회의주의를 극복하는 칸트의 논리를 밝히고자 한다. 종종 칸트 윤리학은 윤리적 회의주의를 극복하여 도덕의 근본법칙을 밝히는 과정에서 선결문제 요구의 오류를 범하고 있다는 비판을 받아왔다. 필자는 우리가 '실천이성의 사실'에 대해 올바로 이해하게 되면 그런 비판이 잘못임을 알게 될 것이라고 생각한다. 그러나 비록 '실천이성의 사실'에 대한 적절한 이해가 선결문제 요구의 오류로부터 칸트를 구출할 수 있다 하더라도, '실천이성의 사실'이란 개념의 애매성으로 인하여 칸트는 그가 『실천이성비판』 「변증론」에서 제시해 보이고 있는 작업, 즉 윤리학에서 형이상학으로 나아가는 작업을 성공적으로 수행할 수 없다는 것을 알게 된다.

I. 실천적인 선천적 종합명제로서 순수한 실천이성의 근본법칙

사람들은 『실천이성비판』에서 칸트가 실천이성의 근본법칙을 발견(도출)해 내는 과정을 볼 수 있을 것으로 기대한다. 그러나 예상 밖으로 칸트는 "그대 의지의 준칙이 항상 동시에 보편적 입법 원리로서 타당할 수 있도록 그렇게 행위하라"는 것을 '순수한 실천이성의 근본법칙'으로 명명한 뒤[1], 다음처럼 말한다.

> 이 근본법칙의 의식을 우리는 이성의 사실이라고 부를 수 있다. 왜냐하면 우리는 그 근본법칙을 그것에 선행하는 이성의 소여(Datis)들에서, 예컨대 자유의 의식에서(이 의식은 원래 우리에게 미리 주어져 있는 것이 아니다)

1) I. Kant, *Kritik der praktischen Vernunft* (Hamburg, Felix Meiner Verlag, 1974) 36면.

> 이끌어 낼 수가 없기 때문이며, 이 근본법칙은 순수한 직관이든 경험적 직관이든 그 어떠한 직관에도 기초하지 않은 '선천적인 종합명제'(synthetischer Satz a priori)로서 우리에게 강제적으로 다가오기 때문이다.[2)]

근본법칙에 대한 의식은 자유의 의식보다 앞설 뿐만 아니라, 거부될 수가 없다고 말하기도 한다.[3)] 칸트에 의하면 이 근본법칙에 대한 의식을 사람이라면, 그가 어느 문화권이나 나라에 사느냐, 어느 시대에 살았느냐 하는 것과 관계없이, 누구나 갖고 있다는 것이며, 이것을 '이성의 사실'로 간주한다. 칸트는 그 근본법칙에 도달하게 되는 추론 과정을 보여주는 대신에 그 근본법칙을 선언적으로 확정해버리고 있다. "그대 의지의 준칙이 항상 동시에 보편적 입법 원리로서 타당할 수 있도록 행위하라"는 법칙[4)]은 의심하거나 부정할 수 없는 선천적인 종합명제라는 것이다.

> 비록 정확하게 도덕법에 따르는 실례를 우리가 경험에서 발견하지 못한다는 것을 받아들일 때조차도, 도덕법은 말하자면 마치 순수이성의 사실처럼 필증적으로 확실한 사실 - 이것을 우리는 선천적으로 의식하고 있다 - 로 주어져 있다.[5)]

우리는 여기에서 칸트가 『실천이성비판』에서 보여주고 있는 논의 구조가 『순수이성비판』에서의 논의 구조와 유사함을 주목할 필요가 있다. 『순수이성비판』에서 그는 선천적 종합판단이 현실적으로 존재한다는 사실을 확인한

2) I. Kant, *Kritik der praktischen Vernunft*, 36-37면. 『도덕형이상학정초』에서도 정언명법을 "선천적이고 종합적인 실천명제"로 간주한다. [*Grundlegung zur Metaphysik der Sitten* (in: Immanuel Kant Werkausgabe VII, hrsg., W. Weischedel, Suhrkamp Taschenbuch Verlag, 1974) 50면]
3) I. Kant, *Kritik der praktischen Vernunft*, 37면.
4) 필자는 이 법칙을 이하에서는 '근본법칙'으로 약해서 부를 것이다.
5) I. Kant, *Kritik der praktischen Vernunft*, 56면.

뒤에, '여하히 선천적 종합판단이 기능한가'하는 물음을 던지며, 이 물음을 해명하는 방식으로 논의를 전개해 간다. 마찬가지로 『실천이성비판』에서는 실천적인 선천적 종합 명제의 존재를 확인한 뒤에, 여하히 실천적인 선천적 종합명제가 가능한가라는 물음을 해명하는 절차를 밟는다.

> **어떻게** 도덕성의 명법이 **가능한가** 하는 문제는 말할 것도 없이 해결해야 할 유일한 문제이다.[6)]

칸트는 『순수이성비판』에서는 순수직관을 매개로 해서 성립하는 선천적 종합판단이 존재한다는 것을 부정할 수 없는 사실로 받아들인다. 뉴턴의 역학과 유클리드(Euclid) 기하학에서 우리는 그런 선천적 종합판단을 발견할 수 있다는 것이다. 그래서 칸트는 '도대체 선천적 종합판단이 가능한가'라고 묻지 않고, '여하히 선천적 종합판단이 가능한가'라고 묻는다. 그는 선천적 종합판단의 가능성 그 자체를 문제시하는 대신에, 선천적 종합판단의 가능성 조건을 밝히는 작업을 자신의 학문적 과업으로 생각한다. 그러나 실천철학의 영역에서도 이론철학의 영역에서 그 존재를 전제할 수 있었던 선천적 종합판단과 같은 그러한 선천적 종합판단이 과연 존재하는가? 그래서 '도대체 실천적인 선천적 종합판단은 가능한가?'라고 묻지 않고 '여하히 실천적인 선천적 종합판단이 가능한가?'라고 묻는 것은 정당한 일인가? 실천적인 선천적 종합판단이 애초부터 불가능한 것이라면 즉 존재하지 않는다면, 전자의 물음을 앞세우지 않고 후자의 물음을 던지는 것은 선결문제요구의 오류를 범하는 것이 될 것이다. 만약 칸트가 실천적인 선천적 종합판단인 정언명법이 이성의 사실로서 주어져 있다고 말한다면, 그는 그 명법에 부합하는 사례를 제시해 보여야 한다. 그러나 이는 불가능하다. 행위의 동기는 내면적인 것이어서 우

---

6) I. Kant, *Grundlegung zur Metaphysik der Sitten*, 49면. 강조는 필자에 의함.

리는 다른 사람의 동기를 정확하게 알 수 없기 때문이다. 그럼에도 불구하고 칸트는 순수한 동기에서 도덕법에 일치하는 행위를 할 수 있다고 말한다. 어떻게 그것이 가능한가 라고 물으면, 그는 자유에 의해 가능하다고 답한다. 결국 칸트의 논리는 모종의 순환논증에 빠져 있는 듯이 보인다. 도덕법칙의 존재를 증명하기 위해 자유에 의존하며, 자유를 증명하기 위해 도덕법에 의존한다. 결국 칸트가 직면하고 있는 논리적 딜레마는 증명해야 할 것(도덕법칙)을 전제해 버리는 선결문제요구의 오류를 범하거나, 아니면 순환논증의 오류를 범하거나 하는 것이다. 칸트 자신도 이런 문제점을 분명히 의식하고 있었으며, 우리가 『도덕형이상학정초』에서의 칸트의 논의에 국한해서 말한다면 칸트는 순환논증의 오류로부터 자유롭지 못한 것 같다.[7] 그러나 칸트는 우리가 확인할 수 있듯이 『실천이성비판』에서는 '도덕법칙에 대한 의식'에서부터 논의를 시작함으로써 순환의 오류를 피해가려 한다.

이론철학의 영역에서 우리는 이론적인 선천적 종합판단의 사례를 경험 중에서 확인할 수 있지만, 실천철학의 영역에서는 실천적인 선천적 종합판단의 사례를 경험 중에서 확인할 수 없다는 차이점이 있다. 그래서 칸트는 다음처럼 말한다.

> 도대체 그러한 정언명법이 존재하는가 여부는 어떤 실례로써 입증될 수 없다는 것, 즉 경험적으로 입증될 수는 없다는 것이 간과되어서는 안 된다. 오히려 정언적인 것처럼 보이는 모든 명법도 은밀하게 가언적일지도 모른다는 것이 염려될 수 있겠다. … (중략) … 그러므로 우리는 정언적 명법의 가능성을 순수하게 선천적으로 탐구해야 한다. 왜냐하면 정언적 명법의 실재성이 경험 중에 주어져 있는 이점이 없기 때문이며, 그래서 가능성(정언명법의 가능성 : 필자 집어넣음)은 그 명법의 확립을 위해서가 아니라 그것의 설명을 위해서 필요할 뿐이다.[8]

7) I. Kant, *Grundlegung zur Metaphysik der Sitten*, 89면 참조. 칸트는 그 문제점이 제거되었다고 말하고 있으나 납득하기 힘든 말이다.

바로 이런 이유로 칸트는 "그대 의지의 준칙이 항상 동시에 보편적 입법 원리로서 타당할 수 있도록 행위하라"는 순수한 실천이성의 근본법칙(실천적인 선천적 종합명제)에서 자신의 윤리학적 논의를 시작하는 것이 아니라, 그 근본법칙에 대한 의식이 만인에게서 발견된다는 사실, 즉 실천이성의 사실에서 시작하는 것이다. 칸트가 만인에게는 그 근본법칙에 대한 의식이 있다고 생각한 것은 선의지에 대한 그의 설명에서도 드러난다. 칸트에 의하면 "선의지는 건전한 자연적 오성 안에 이미 들어 있으며, 가르쳐지기보다는 계발되기만 하면 되는 것"[9]인데, 이 선의지를 칸트는 이렇게 규정하고 있다.

> 절대적 선의지는 그 의지의 준칙이 항상 보편적 법칙으로 간주된 자기 자신을 자기 속에 포함하는 그런 의지이다.[10]

이 선의지를 계발하기 위해 어떻게 해야 하는가?

> 나의 의지가 도덕적으로 선해지기 위해 내가 무엇을 해야 하는가를 알기 위해서 나는 그렇게 심오한 예리함을 필요로 하지 않는다. 세상 돌아가는 물정에 어둡고 세상에서 생기는 사건에 대처할 능력이 없는 나는 단지 다음과 같이 자문할 뿐이다. 즉 나의 준칙이 보편적 법칙이 되기를 의욕할 수 있느냐고. 그렇지 않다면 그 준칙을 버려야 한다.[11]

위의 두 인용문에 의하면, 선의지는 개인적 차원에서 채택한 행위 규칙이 보편적으로 받아들여질 수 있는가를 물어보고, 그럴 수 있을 경우에만 그 규칙

8) I. Kant, *Grundlegung zur Metaphysik der Sitten*, 49-50면.
9) I. Kant, *Grundlegung zur Metaphysik der Sitten*, 22면.
10) I. Kant, *Grundlegung zur Metaphysik der Sitten*, 82면.
11) I. Kant, *Grundlegung zur Metaphysik der Sitten*, 30면.

에 따르려는 의지이다. 그런데 모든 사람은 선의지를 갖고 있다. 모든 사람이 선의지를 갖고 있다는 것은 결국 모든 사람이 그 근본법칙에 대한 의식을 갖고 있다는 것이나 마찬가지이다. 이런 점에서 본다면, **칸트가 말하는 실천이성의 사실은 곧 '모든 사람은 선의지를 갖고 있다는 사실'이나 마찬가지이다.**

칸트가 '실천이성의 사실' 위에 실천 형이상학을 건설하려는 것은 도덕적 상대주의의 공격을 피해가면서 동시에 독단주의의 함정에 빠지지 않는, 학의 안전한 길에 들어선 윤리학을 건설하려는 전략을 구사하기 때문이다.

그러면 그 근본법칙은 어떤 근거에서 종합적이며 선천적인가? 첫째로 선천적 종합판단으로 간주될 수 있는 그 근본법칙이 어떠한 직관에도 의존하지 않는다는 말이 무엇을 의미하는가. 둘째로 근본법칙이 과연 선천적 판단인가? 『순수이성비판』에서의 판단론에 따르면, 모든 종합명제는 직관을 매개로 해서 성립한다. 후천적 종합판단은 경험적 직관을 매개로 해서 성립한다면, 선천적 종합판단은 순수직관을 매개로 해서 성립한다. 그렇다면 칸트가 순수한 실천이성의 근본법칙은 어떤 종류의 직관에도 의존하지 않는다고 말하면서, 그 법칙을 선천적 종합판단이라고 말하는 것은 『순수이성비판』에서 확립한 '선천적 종합판단'이란 용어의 용례에 어긋나는 것이 아닌가 하는 의문을 가질 수 있다. 먼저 이 의문에 대한, 예상되는 칸트의 답변을 살펴보자. 칸트는 그 근본법칙이 경험적 직관이든 선천적 직관이든 어떤 종류의 직관과도 무관한 이유를 도덕적 명령의 특수성으로 설명할 수 있다고 생각한다. 도덕적 명령은 자연의 경과 속에서 일어날 수 없는 것이 일어나기를 명령하는 것이기에, 우리는 도덕적 명령이 발생하기를 요구하는 사태에 대한 직관을 가질 수는 없다. 물론 우리는 '생명을 잃을 위험을 무릅쓰고 정직을 행한 사람'을 만나 보았다고, 즉 직관했다고 말할 수도 있다. 그러나 엄밀히 말한다면 우리는 그의 내면의 동기를 직관할 수는 없다는 것이 칸트의 생각이다. 그렇다면 즉 그 근본법칙이 어떤 종류의 직관이든 직관과는 무관하게 성립한다면, 칸트는 그 근본법칙을 '종합' 명제로 간주해서는 안 될 것이다. 왜냐하면 모든 종합명제는 '직관'을 매개로 해서만 성립하기 때문이다.[12] 그럼에도 불구하고 칸트는 그 근본명제를 종합 명제로 간주한다. "그대 의지의 준칙이 항상 동시에 보편적 입법 원리로서 타당할 수 있도록 행위하라"는 문장에서 주어는 무엇이고 술어는 무엇인가? 우리가 이 근본법칙을 '개인적 차원의 준칙은 모든 사람이 받아들일 수 있는 보편적 법칙이 될 수 있어야 한다'는 식으로 풀어 본다면, 주어는 '개인적 차원의 준칙'이 될 수 있을 것 같다. 그리고 우리가 '개인적 차원의 준칙'이란 용어를 아무리 분석해도 그것에서 '모든 사람이 받아들일 수 있는 보편적 법칙'이 발견되지 않기에 그 근본법칙은 종합적 명제인 것은 분명하다. 칸트는 직관을 매개로 성립하는 종합을 '인식론적 종합'으로 간주하고, 직관을 매개하지 않으면서도 성립하는 종합을 '실천적 종합'으로 간주하는 듯하다.[13] 물론 칸트는 우리가 만약 자유를 전제한다면, 그 근본법칙은 분석적이라고 한다.[14]

그러나 칸트의 전략은 근본법칙에 대한 의식, 즉 실천이성의 사실에서 출발하여 자유를 실천철학적으로 증명하는 것이기에, 의지 자유를 미리 전제해서

---

12) 칸트는 순수한 실천이성의 근본법칙을 선천적 종합명제로 간주해서는 안 됨에도 불구하고 그렇게 간주하는 보다 심층적인 이유는 그가 "형이상학은 그 목적에서 보아 오로지 선천적 종합판단에서만 성립하는 것이다"(*Kritik der reinen Vernunft*, Hamburg, Felix Meiner Verlag, 1971, B18)고 생각하기 때문이다.

13) 칸트가 선천적 종합판단을 두 종류로 즉 『순수이성비판』에서의 '인식론적 선천적 종합'과 『실천이성비판』의 '실천적 선천적 종합'으로 구분하고 있기에, 경험적 직관이든 순수직관이든 직관과 아무런 관계가 없는 '실천적 선천적 종합'을 '선천적 종합'으로 부르는 것이 잘못된 것이 아닌가 하는 식으로 의문을 제기하는 것은 설령 인식론적 선천적 종합의 특징을 실천적 선천적 종합에 적용하려 하기에 잘못된 것이라고 해명한다 하더라도, 여전히 다음의 문제가 남는다. 그렇다면 '인식론적 선천적 종합'과 '실천적 선천적 종합'을 '선천적 종합'이라는 상위개념에 포섭시키는 것을 가능하게 하는 공통의 징표는 무엇인가 하는 문제다.

14) I. Kant, *Kritik der praktischen Vernunft*, 37면 참조. 그러나 칸트의 이러한 말은 『도덕형이상학 정초』에서의 다음 말과 상치되는 듯하다, "절대적 선의지는 그 의지의 준칙이 항상 보편적 법칙으로 간주된 자기 자신을 자기 속에 포함하는 그런 의지이다. 이 명제는 종합명제이다. 왜냐하면 절대적 선의 개념을 분석함으로써 준칙의 그러한 속성들이 발견되지 않기 때문이다. 그러나 그러한 종합명제들은 그 두 개의 인식이 제3자 – 이 3자 안에서 그 두 개의 인식이 다 발견된다 – 와의 결합을 통해 연결될 때에만 가능하다. 자유의 적극적 개념이 이 제3의 인식을 제공해준다."(*Grundlegung zur Metaphysik der Sitten*, 15면) 『실천이성비판』에서는 자유를 전제하면 '준칙'에서 분석적으로 '보편적 법칙'이 도출될 수 있음을 말한다면, 『도덕형이상학정초』에서는 준칙과 보편적 법칙을 연결시켜주는 제3의 종합자가 자유임을 말하고 있다. 칸트는 자신의 이론철학과 실천철학의 방법론상의 유사성을 부각시켜야 한다는 강박증으로 말미암아 상호 유사하지 않은 영역을 억지로 유사하게 만들려다 논의를 무리하게 끌어가는 듯이 보인다.

는 안 된다. 그래서 칸트는 다음처럼 말한다.

> '조건 없이 실천적인 것'에 대한 우리의 인식이 애초에 자유에서 출발하는가 혹은 실천법칙에서 출발하는가 하는 것이 문제이다. 그 인식이 자유에서 출발할 수는 없다. 왜냐하면 자유에 대한 최초의 개념은 소극적이기에 우리는 자유를 직접적으로는 의식할 수 없기 때문이요, 경험은 우리에게 오직 현상들의 법칙을, 따라서 자유의 정반대인 자연의 기계성을 보여줄 뿐이기 때문에 우리는 경험으로부터도 자유를 추리할 수 없기 때문이다. 따라서 사람이 그 자신의 의지의 준칙들을 생각하자마자 사람이 직접적으로 의식하는 것은 실로 도덕법이다. 도덕법이 먼저 우리에게 자신을 나타낸다. 그리고 이성이 도덕법을 어떠한 감성적 제약에 의해서도 극복할 수 없는 규정근거, 아니 그러한 제약에서 독립한 규정근거라고 표시함으로써, 자유의 개념에로 우리를 인도하는 것은 도덕법이다.[15)]

설령 그 근본법칙이 종합적이라 하더라도 문제는 그 종합의 선천성은 어떻게 설명될 수 있는가 하는 것이다. 필자는 이하에서 칸트가 빠트린, 그 근본법칙의 선천성에 대한 설명을 보충하고자 하며, 이를 통해 칸트가 '실천이성의 사실'이란 개념을 이중적으로 사용하고 있음을 밝히고자 한다.

II. 도덕적 명령 내용의 다양성과 명령 형식의 공통성

『실천이성비판』에서의 칸트의 출발점은 근본법칙에 대한 의식이 있다는 사실이었다. 그러나 우리는 칸트의 진정한 출발점은 '시대와 장소, 문화와 종교에

---

15) I. Kant, *Kritik der praktischen Vernunft*, 34면.

따라 도덕적 명령의 내용은 천차만별임에도 불구하고, 모든 도덕적 명령은 '너는 마땅히(무조건) X 해야한다'는 **형식으로** 주어진다는 사실'이라고 생각한다. 이 사실은 의심하거나 부정할 수 없는 사실이다. 세상에는 다양한 도덕규범이 존재한다. 도덕은 시대와 문화와 지역에 따라 다르다. 스파르타인들은 거짓말 그 자체가 나쁘다고 생각하기보다는 거짓말을 하다가 적발되는 것이 나쁘다고 생각했다. 현상적으로 존재하는 도덕의 다양성을 관찰하게 될 때, 사람들은 도덕적 상대주의를 받아들이게 된다. 칸트 역시 세상에는 다양한 도덕이 존재한다는 사실을 부인하지 않는다. 그럼에도 불구하고 그는 시대와 지역과 문화에 따라 달라지는 도덕이 아니라, 어느 시대 어느 문화권에서도 받아들일 수밖에 없는 도덕이 존재한다고 믿는다. 그리고 그는 이 믿음을 정당화하기 위해 실천이성의 사실이란 개념을 도입한다. 도덕은 다양하다는 사실이 부정되거나 의심될 수 없는 '경험의 사실'이라면, <어떤 문화권이나 민족에게서도 도덕적 명령이란 것은 항상 '너는 마땅히 X 해야 한다'는 형식으로 주어진다는 사실> 또한 부정하거나 의심할 수 없다. 적어도 모든 도덕이 그 명령 내용에서는 다르다 하더라도 도덕적 명령은 앞서 제시한 그런 형식으로 우리에게 부과된다는 사실은 일치한다. 칸트는 이것을 '실천이성의 사실'이라고 명명했다. 칸트는 자신의 절대론적 윤리체계를 바로 이 사실, 즉 <문화와 역사와 민족에 따라 다양한 방식으로 주어지는 모든 도덕적 명령은 그 형식에 있어서는 '너는 마땅히 X 해야 한다'는 공통된 형식으로 주어진다는 사실> 위에 건설하고자 한다. 칸트에 있어서 도덕은 명령의 형식에 관계된 문제이지 내용에 관계된 문제는 아니다. 그런데 명령의 형식은 곧 이성의 문제이다. 칸트에 의하면 실천이성의 사실은 의심되거나 부정될 수 없는 사실이기 때문에, 이 사실에 기초해서 정합적인 윤리체계가 건설될 수 있다면, 그 체계는 기초가 확고부동한 체계가 될 것이다. 이런 관점에서 본다면 다음의 주장은 잘못임을 알 수 있다.

칸트의 생각 가운데는 모든 사람들은, 냉철히 반성하는 한, 또 같은 도덕

> 률을 가슴속에 느낀다는 가정이 있다. 그러나 만인이 신봉하는 도덕의 법칙이 반드시 일치하는 것은 아니다. 인생관이 다르면 신봉하는 도덕률까지도 다를 수가 있다.[16)]

칸트는 그처럼 순진한 주장을 하기 위해 '실천이성의 사실'이란 용어를 도입하고 있는 것은 아니다. 물론 칸트의 마음 속에는 <우리가 냉철히 생각한다면, 문화와 역사와 민족에 따라 다양한 방식으로 주어지는 모든 도덕적 명령은 그 형식에 있어서는 '너는 마땅히 X 해야 한다'는 공통된 형식으로 주어지며, 그 명령의 내용이 무엇인지는 모르지만, 그런 형식의 명령을 수행해내지 못했을 때는 그에 상응하는 처벌이 주어지는 도덕적 현상은 시대와 장소를 불문하고 어떤 문화권에서도 발견된다는 사실에 동의할 것이다>는 생각이 있다. 칸트는 이 생각이 단순한 가정이나 전제 혹은 자명한 공리나 직관이 아니라 어느 누구도 부정할 수 없는 '사실'이라고 생각했다. **이제 우리는 실천이성의 사실을 세 가지 관점에서 정리할 수 있겠다. 첫째로, 어느 시대 어느 문화권에서도 '너는 마땅히(무조건적으로) ~ 해야 한다'는 형식의 도덕적 명령이 존재한다는 사실이다. 둘째로 그런 형식의 도덕적 명령을 받았을 때, 모든 사람은 그 명령의 수행에 방해가 되는 개인적인 감정 혹은 경향성을 물리치고 그런 형식의 명령을 수행하는 것이 옳은 일임을 의식한다는 사실이다. 셋째로 모든 시대 모든 문화권의 사람들은 그런 형식의 명령을 수행해 내거나 수행해 내지 못함으로서 칭찬을 받거나 비난을 받는 도덕적 경험을 한다는 사실이다.**

그러면 왜 '너는 마땅히 X 해야 한다'는 형식의 내용에 들어갈 그 X는 시대와 지역과 문화에 따라 다른가? 그 이유는 모든 인간이 공통으로 갖고 있는 순수한 실천이성이 지역적, 문화적, 시대적 혹은 개인적 편견으로 인하여 그 순수성을 상실했기 때문이다. 예컨대 3에다가 4를 더하면 7이 된다는 판단은

16) 김태길, 『윤리학』(서울, 박영사, 1976) 148면.

자신이 소유한 이성을 올바로 사용하기만 하면 동의하게 되는 판단이다. 물론 어린아이들 중에는 잘못 대답하는 경우도 있다. 그 이유는 3에다 4를 더하면 8이 되기도 하고 6이 되기도 하기 때문이 아니라, 그 아이가 자신의 이성을 잘못 사용했기 때문이다. 칸트는 3에다 4를 더하면 7이 된다는 판단 – 이 판단을 그는 선천적 종합판단이라고 부른다 – 이 어떻게 해서 가능한가를, 즉 선천적 종합판단의 가능성의 조건을 논구하는 이성을 이론이성으로 부른다.[17] 칸트는 이런 논리를 도덕의 영역에도 적용한다. 어떤 민족은 거짓말하는 것은 나쁜 일이라고 생각하고, 다른 민족은 거짓말 그 자체보다 거짓말을 하다가 발각되는 것이 나쁜 일이라고 생각한다. 그러한 차이가 생기는 것은 거짓말을 하는 것은 나쁜 일인가 아니면 허용될 수 있는 일인가 하는 문제에 대해 의견의 일치를 볼 수 있는 해답이 원칙상으로 존재하지 않기 때문이 아니다. 우리는 우리의 순수한 실천이성을 잘 사용하면, 그 해답에 도달할 수 있다.

칸트는 '너는 마땅히 X 해야 한다'라는 순전히 형식적인 도덕적 명령의 가능성의 조건을 검토하는 작업을 『실천이성비판』에서 하고 있으며, 이성의 이런 작업을 실천이성 비판으로 이해한다.[18] 칸트의 견해에 의하면 '너는 마땅히 X 해야 한다'라는 순전히 형식적인 도덕적 명령의 가능성의 조건을 검토하는 작업을 할 수 있는 실천이성을 인간이라면 누구나 소유하고 있기 때문에, 자신의 순수한 실천이성을 올바로 사용한다면 그는 칸트가 제시한 윤리학 체계가 진리임을 받아들이지 않을 수 없다.

우리는 '너는 마땅히 X 해야 한다'라는 형식으로 주어지는 도덕적 명령의 가능성 조건을 검토함으로써 얻게 되는 도덕 – 『실천이성비판』에서 칸트가 제시하는 형식적 도덕법칙 – 을 순수 실천이성에서 유래한 본원적 도덕으로 간주한다면, 지역적, 민족적, 국가적, 문화적, 종교적, 개인적 특성이 반영되

17) 엄밀하게 말한다면 5+7=12임을 이해하는 이성을 순수이론이성이라 부르며, 5+7=12라는 선천적 종합판단의 가능성 조건을 해명하는 작업을 순수 이론이성비판으로 간주한다.

18) I. Kant, *Kritik der praktischen Vernunft*, 18면 참조.

어 만들어진 도덕을 오염된 실천이성에서 만들어진 파생적 도덕이라 말할 수 있을 것이다.[19)]

칸트는 윤리적 형식주의에 입각해서 '너는 마땅히 X 해야 한다'를 "그대 의지의 준칙이 항상 동시에 보편적 입법 원리로서 타당할 수 있도록 행위하라"는 '순수한 실천이성의 근본법칙'으로 번역해 낸다. 이를 위해 그는 먼저 법칙과 준칙을 구분한 다음, 법칙에서 실질(내용)을 제거할 때 남는 것이 '보편적 법칙 수립'의 형식임을 주목한다.

> 실천원칙들은, 주관이 그 원칙들의 제약을 자신의 의지에 대해서만 타당하는 것으로 본다면, 주관적이게 되고, 즉 준칙이 된다. 그러나 실천원칙들이 객관적으로 타당한 것으로, 즉 그 원칙들의 제약을 모든 이성 존재자의 의지에 대해서 타당한 것으로 인식한다면, 실천원칙들은 객관적이며 실천 법칙들이 된다.[20)]
>
> 우리가 법칙으로부터 모든 실질을, 즉 (규정근거로서의) 의지의 모든 대상을 내버릴 때에, 법칙에서 남는 것은 '보편적 입법'이라는 형식 이외에 남는 것은 아무것도 없다.[21)]

그러면 '너는 마땅히 X 해야 한다'라는 도덕적 명령의 형식은 어떤 근거에서 "네 의지의 준칙이 항상 동시에 보편적인 법칙수립이라는 원리로서 타당할

---

19) 도덕의 중요한 두 가지 기능으로 사회유지 기능과 자아 실현의 기능이 있다. 그런데 파생적 도덕은 상대적으로 사회유지 기능과 관계가 깊다면, 본원적 도덕은 자아 실현과 관계가 깊어 보인다. 본원적 도덕은 불변적이지만 파생적 도덕은 시간의 흐름에 따라 가변적이다. 그러나 통상 파생적 도덕조차도 본원적 도덕의 외양을 하여 제시된다. 예컨대 유태인들은 돼지고기를 먹지 않는 것이 불변적인 신의 뜻이라고 생각했다. 그리고 신의 뜻을 따라야만 영혼 혹은 자아가 구원된다고 믿었다. 그러나 돼지고기 금기의 윤리는 사회체제 유지를 위해 도입된 것이지 자아실현(구원)과는 관계가 없다. (마빈 해리스, 『음식문화의 수수께끼』, 서울, 한길사, 1992, 참조)

20) I. Kant, *Kritik der praktischen Vernunft*, 21면.

21) I. Kant, *Kritik der praktischen Vernunft*, 31면.

수 있도록 행위하라"는 근본법칙과 같은 것으로 이해될 수 있는가? '너(나)는 마땅히 X 해야 한다'고 말할 때, 우리는 그 명령이 나에게는 적용되지만 너에게는 적용되지 않는 방식으로 명령되어서는 안 된다는 것을 알 수 있다. 예컨대 에스키모인들은 귀한 손님이 자기 집을 방문했을 때, 자기 아내를 그 손님과 동침하게 한다고 한다. 이러한 관습은 그 내용에 있어서는 결코 보편적으로 받아들여지는 관습은 아니지만, 그 형식에 있어서는 보편적으로 받아들여지고 있다. 즉 '다른 사람이 귀한 손님을 맞이했을 때는 그의 아내를 동침시켜야 하지만, 내가 귀한 손님을 맞이했을 때는 나의 아내를 동침시키지는 않겠다'는 말을 할 수는 없기 때문이다. 그러므로 칸트가 순수한 실천이성의 근본법칙 즉 근본형식에 대한 의식이 이성의 사실이라고 말했을 때, 그리고 이 사실은 의심하거나 부정할 수 없는 사실이라고 말했을 때, 실천이성을 가진 사람이라면 누구나 '인간은 자의적 기준을 갖고서 행동해서는 안 된다'는 의식을 선천적으로 갖고 있다는 것이다. 인간은 누구나 '시험장에서 나는 부정행위를 해도 되지만 너는 해서는 안 된다'고 혹은 '나는 거짓말을 해도 되지만 너는 거짓말을 해서는 안 된다'고 생각해서는 안 된다는 것을 의식하고 있다. 설령 거짓말 그 자체보다도 거짓말하다가 적발되는 것이 더 나쁜 일이라고 생각한 스파르타인들조차도, '나는 거짓말하다가 적발되어도 괜찮지만, 너는 적발되어서는 안 된다'고 말해서는 안 된다는 것을 의식하고 있다. 그것을 의식한다는 것은 곧 실천이성의 근본법칙을 의식하고 있다는 것이 된다. 경험론자인 홉스조차도 모든 인간에게는 이 근본법칙에 대한 의식이 있음을 전제로 해서 계약론을 전개한다. 인간이 만인에 대한 만인의 투쟁상태를 벗어나 자연권을 합리적으로 추구하기 위해서는 계약을 맺어야 하는데, 이 계약에서 전제되는 것이 계약은 계약과 관련된 모든 사람에게 타당하다는 것이다.[22)]

'너는 마땅히 X 해야 한다'는 명령 속에는 자의성 배제의 원칙에 대한

22) T. Hobbes, *Leviathan*(London, Penguin Books, 1980) 198면 이하 참조.

선천적인 의식이 들어 있으며, 바로 그 원칙에 대한 의식을 칸트는 준칙과 법칙이라는 용어로 번역하여 "그대 의지의 준칙이 항상 동시에 보편적 입법 원리로서 타당할 수 있도록 행위하라"로 표현했다. 그러므로 전자의 명령과 후자의 명령은 근본적으로 같은 것이다. 이 양 명령이 같은 것임을 보다 분명히 이해하기 위해 우리는 인간이 입장을 바꾸어 놓고 생각할 수 있는 능력이 있다는 것이 무엇을 의미하는지 고찰해볼 필요가 있다.

III. 실천이성의 사실과 역지사지(易地思之)

칸트는 인간에게는 누구나 실천이성이 있다고 생각했는데, 이는 모든 사람이 서로의 입장을 바꾸어 놓고 생각할 수 있는 능력이 있다는 것이다. 입장을 바꾸어 놓고 생각해 볼 수 있다는 것은 무엇을 의미하는가? 역지사지할 수 있는 능력이 인간에게 있기에 우리는 서로의 특수한 입장을 모두 인정해주어야 하는가? 고원지대에서 삶을 영위하는 사람과 해변가에서 삶을 영위하는 사람의 삶은 다른 삶의 모습을 보일 것이다. 그럼에도 불구하고 고원지대에서 살아가는 사람은 자신들의 특수한 삶의 방식을 해변가에서 살아가는 사람에게 강요하지 않을 것이다. 그러므로 역지사지하는 능력이 있기에 인간은 자신의 특수성을 절대화하지 않을 수가 있으며, 따라서 역지사지할 수 있다는 것은 자신의 특수성을 배제하는 방식으로 행위규범을 만들 수 있는 능력이 있다는 것이 된다. 칸트는 인간의 순수한 실천이성은 문화적, 인종적, 시간적, 공간적 제약으로부터 초월해 있다고 생각한 것이다. 이에 대해 테일러는 다음과 같은 의문을 제시한다.

> 다음과 같이 말하는 백인이 있다고 가정하라. "부족사회에서 양육된 아프리카인들은 우리와 다른 도덕관을 가질 수밖에 없고, 문화와 교육

> 등 유럽식의 기준을 인정하지 않는다. 그들은 조금이라도 도덕적인 배려를 받을 가치를 지니지 않고 있으며, 오로지 그들의 백인 주인의 재산으로 취급되어야 한다." 그가 중산층의 중등교육을 받고 엄격한 청교도적 원칙을 지키는 화란계의 남아프리카 농부라고 가정하여 다음과 같이 말하는 것은 아무 소용이 없다. "하인링 포트 가이터, 당신이 그 아프리카인의 처지가 되는 가정적 상황에서도 그렇게 말할 수 있을까요?" 이처럼 아프리카인의 처지가 된다는 것이 아프리카인과 같은 신체적 특질뿐만 아니라 양육, 사고방식, 동정심, 관심 등을 가져보는 것에 그치지 않는다고 어떻게 생각할 수 있는가? 이러한 처지는 실제의 아프리카인의 처지와 어떻게 다른가? 그리고 화란계 백인 농부가 어떤 상황에서 완전히 다른 교육 수준과 도덕 및 사회적 관심을 가진 아프리카인이 될 수 있다는 가정의 의미는 무엇인가? 그것은 그 농부가 오직 **다른 사람**이 될 수 있다는 것을 의미한다. 그러나 이러한 논증의 설득력은 가정적인 상황에서의 사람과 그러한 상황에서 입법을 요청받는 사람이 **같은** 사람이어야 한다는 전제에 달려 있다.[23)]

화란계 백인이 부족사회에서 양육된 아프리카 흑인의 입장에서 생각할 수가 없거나, 아프리카 흑인이 화란계 백인의 입장에서 생각하고 행동하는 것이 불가능하다면, 즉 화란계 백인이 부족사회에서 양육된 아프리카 흑인의 입장에서 생각할 수 있다는 것은 그 백인이 전혀 다른 사람이 되는 것을 의미한다면, 요컨대 양 입장은 그 어떠한 통약 가능성도 없다면, 우리는 문화적 상대주의를 받아들일 수밖에 없을 것이다. 그러나 문제는 이런 입장을 일관되게 받아들인다면, 우리는 같은 문화권 내에서도 개인들 간에 입장을 바꾸어 놓고 생각하는 것이 불가능하다고 말할 수밖에 없을 것이다. 이리하여 우리는 문화

---

23) C. W. Taylor, "Review of Hare's Freedom and Reason", *Mind*, 14(1965) 287면, J. Hospers의 『도덕행위론』(서울, 지성의 샘, 1994) 306면에서 재인용. 강조는 원저자에 의함.

적 상대주의도 포기하고 개인적 상대주의로 나갈 수밖에 없다. 도덕의 기준은 이제 문화에 따라 다른 정도를 넘어서서, 개인에 따라 다르다. 그렇다면 일체의 도덕적 토론은, 그것이 문화와 문화 간의 것이든 개인 대 개인 간의 것이든, 무의미하다. 그러나 이것은 우리가 타인의 행위를 비난하거나 처벌하는 일을 계속하는 한, 받아들일 수 없는 입장이다. 왜냐하면 우리는 보편화될 수 없는 나만의 준칙을 기준으로 타인을 처벌할 수는 없기 때문이다. 우리가 타인을 비난하거나 처벌할 때는 항상 어떤 기준을 갖고서 그렇게 하는데, 우리는 그때 우리가 채택한 처벌의 그 기준은 남도 받아들일 것이라고 믿는다. 테일러는, 앞서 살펴보았듯이 "화란계 백인 농부가 어떤 상황에서 완전히 다른 교육 수준과 도덕 및 사회적 관심을 가진 아프리카인이 될 수 있다는 가정의 의미는 무엇인가? 그것은 그 농부가 오직 **다른 사람**이 될 수 있다는 것을 의미한다. 그러나 이러한 논증의 설득력은 가정적인 상황에서의 사람과 그러한 상황에서 입법을 요청받는 사람이 **같은** 사람이어야 한다는 전제에 달려 있다"고 말한다. 그러나 이에 대해 칸트는 말할 것이다.

> <정언명법 혹은 더 근본적으로 실천이성은 화란계 백인이 아프리카인의 입장에 서 보는 것을 강요한다. 그러나 온전히 그렇게 하기 위해서는 그 백인은 아프리카인이 되어야 한다. 즉 다른 사람이 되어야 한다. 그러나 이는 불가능하다. 따라서 정언명법은 불가능하며, 실천이성이란 것은 없다.> 이것이 나의 주장에 대한 비판의 요지다. 그러나 나는 이런 비판이 매우 잘못된 것이라고 생각한다. 가령 3+4=7이라는 판단은 백인이나 흑인이나 다 같이 동의하는 진리이다. 그렇다고 흑인과 백인의 피부색이나 얼굴 모습이나 성격 혹은 혈액형이 같아지는 것은 아니다. 그들은 여전히 다른 사람이다. 마찬가지로 우리 속에 있는 실천이성은 내가 남의 입장에 서 보기를 강요한다. 그러나 이때 '남의 입장'이란 문제시되고 있는 그 '남'의 문화적 · 지리적 · 종족적 · 생물학적 · 사회적 입장을 의

> 미할 수 있다. 그런 식으로 남의 입장에 온전히 선다는 것은 불가능하지만 어느 정도는 가능한 일이다. 우리가 다른 사람이 되지 않고서도 남의 입장에 서 보는 것이 완전히 불가능하다면, 의견의 차이를 좁히기 위한 우리들의 모든 대화가 불가능할 것이다. 나는 단지 우리가 건전한 도덕적 행위자로 판단하려면 우리 각자의 그러한 특수한 입장들로부터 벗어나서 오로지 우리 각자의 순수한 실천이성의 입장에서 판단하고 행동해야 함을 말하고 있을 뿐이다. 물론 당신들은 인간이란 항상 역사적 · 문화적으로 제약될 수밖에 없는 존재이기에 그렇게 하는 것이 불가능하다고 말할 것이다. 그러나 역사적 · 문화적 제약을 받는 인간들이 살아가는 사회는, 그것이 원시사회든 현대사회든 아니면 미래사회든, 한 가지 공통된 도덕적 현상을 갖고 있다. 그것은 사람들이 타인을 비난하거나 처벌한다는 것이다. 비난하거나 처벌하는 이유는 시대와 민족에 따라 달랐다는 것은 확인된 사실이다. 그럼에도 불구하고 비난과 처벌의 행위가 계속 존재하는 한, 우리는 자의적인 기준이 아니라 보편적인 기준을 탐구하지 않을 수 없다. 만약에 그 탐구를 포기한다면, 그것은 '태만한 이성의 과오'를 범하는 것이 될 것이다.

인간에게 불충분하게나마 남의 입장에 설 수 있는 능력이 있다는 것은 각각의 개인은 자신만의 특수한 입장을 절대화하는 방식으로 도덕법을 제정해서는 안 된다는 사실을 선천적으로 의식하고 있다는 것이다. 우리는 도덕법 제정에 있어서 특수성 배제의 원칙도 실천이성의 사실이 된다는 것을 알아야 한다. 인간은 역지사지 할 수 있는 능력을 가졌기 때문에 특수성 배제의 원칙을 받아들일 수밖에 없다는 것은 역설적인 것으로서, 이 역시 실천이성의 사실이다. 도덕법을 제정함에 있어서 우리는 우리의 특수한 입장에서만 명령될 수 있는 그런 법칙을 제정해서는 안 된다. 특수한 지리적 여건으로 말미암아 실천할 수 없는 그런 명령을 남에게 명령하는 그런 도덕법을 만들어서는 안 된다는 의식을 실천이성을 가진 사람이라면 누구나 갖고 있다. 예컨대 얼음 나라에서 살아가는 에스키모인에게 시신을 흙에 묻는 매장을 명령해서는 안 된다.

보다 분명한 논의를 위해 지금까지의 논의 결과를 정리하는 것이 좋을 것 같다. 칸트는 문화와 민족에 따라, 시대와 지역에 따라 도덕적 명령의 내용이 다양함을 인정한다. 그럼에도 불구하고 그는 절대론적 윤리체계를 건설하려 한다. 이를 위해 그는 두 가지 사실을 중시한다. 첫째로 도덕적 명령 내용이 다양함에도 불구하고 모든 도덕적 명령은 '너는 마땅히 X 해야 한다'는 공통의 형식으로 주어진다는 사실을 확인한다. 둘째로 문화와 민족에 따라, 시대와 지역에 따라 도덕적 명령의 내용이 다양함에도 불구하고 행위에 대한 책임을 묻는 현상은 공통적으로 발견된다는 것이다. 칸트는 이 사실을 실천이성의 사실로 부른다. 이 사실은 의심하거나 부정할 수 없는 사실이다. '사실'은 증명되지 않은 전제나 자명한 공리가 아니다. 칸트는 이 사실에서부터 자신의 윤리적 논의를 시작한다. 칸트 윤리학의 과제는 어떻게 실천이성의 사실이 가능한가를 설명하는 것이다. 칸트는 이 명령 형식을 준칙과 법칙이란 용어로 번역하여, "네 의지의 준칙이 항상 동시에 보편적인 법칙수립이라는 원리로서 타당할 수 있도록 행위하라"로 바꾸어 표현한 뒤, 이 근본법칙을 실천이성의 사실이라고 말한다. 이 과정에서 칸트는 많은 설명을 생략했기 때문에 연구자들은 칸트가 증명해야 할 것을 전제해버리는 것이 아닌가 하는 의문을 가졌다. 그러나 '너는 마땅히 X 해야 한다'는 명령 형식과 "네 의지의 준칙이 …"로 표현되고 있는 실천이성의 근본법칙이 같은 것임을 설득력 있게 설명하려면, 도덕법 제정에 있어서 자의성 배제의 원칙과 특수성 배제의 원칙 역시 실천이성을 가진 사람이라면 누구나 받아들일 수밖에 없는 선천적 원칙이라는 것을 실천이성의 사실로 받아들여야 한다는 것이 필자의 주장이다. '너는 마땅히 X 해야 한다'는 명령 형식에 포함된 자의성 배제의 원칙과 특수성 배제의 원칙은 칸트가 말하는 보편화 가능성의 원칙과 다른 것이 아니다. 자의적으로 제정된 도덕규범이나 특수한 여건 – 그것이 개인적인 것이건 집단적인 것이건 시대적인 것이건 문화적인 것이건 종교적인 것이건 지리적인 것이건 – 에 기초해서 제정된 도덕규범은 보편화될 수가 없기 때문이다. 이상의 논의를 통해 실천이성의 근본법칙이 갖고 있는 선천성을 해명하였다.

IV. '실천이성의 사실'이란 개념의 애매성

우리는 지금까지 "그대 의지의 준칙이 항상 동시에 보편적 입법 원리로서 타당할 수 있도록 행위하라"는 순수한 실천이성의 근본법칙에 대한 의식이 '이성의 사실'이라고 한 칸트의 주장을 살펴보았다. 칸트가 그 근본법칙에 대한 의식이 실천이성의 사실이라고 말하면서 그가 진정으로 하고 싶었던 주장은, 실천이성을 가진 인간이라면 누구나 도덕법칙은 그 형식에 있어서 자의성과 특수성을 배제하는 방식으로 정식화되어야 한다는 사실을 의식하고 있으며, 또 그 사실을 의심하거나 부정할 수 없는 사실로 받아들인다는 것이다. 앞서 언급했듯이 어떤 문화권이나 민족이나 국가에서도, 그리고 시대의 고금을 막론하고 사람들에게 부과되는 도덕적 명령들에서 우리가 내용을 사상하고 나면 남는 것은 항상 '너는 마땅히 X 해야 한다'는 도덕적 명령의 형식이다. 우리가 자의성과 특수성을 배제하는 방식과 역지사지의 정신으로 이 형식을 정식화하면, "그대 의지의 준칙이 항상 동시에 보편적 입법 원리로서 타당할 수 있도록 행위하라"로 된다는 것이 칸트의 생각이다. 도덕법 제정에 있어서 자의성 배제의 원칙은 실천이성을 가진 사람이라면 누구나 필연적으로 받아들일 수밖에 없으며, 이를 의심하거나 부정할 수도 없다는 것은, 마치 이론이성을 가진 사람이라면 'x + 3은 x + 5보다 작다'는 것을 의심하거나 부정할 수 없는 것과 마찬가지다. 왜냐하면 'x + 3은 x + 5보다 작다'는 것은 물리적, 지리적, 역사적 사실이 아닌 '이론이성의 사실'이기 때문이다.

우리가 실천이성의 사실을 이런 식으로 풀이하게 되면, 실천이성의 사실이란 개념은 '실천이성이 받아들일 수밖에 없는 사실'을 의미하게 된다. 이런 의미에서 본다면, 도덕법 제정에 있어서 자의성과 특수성 배제의 원칙만이 실천이성의 사실이 되는 것은 아니다. 이는 마치 'x + 3은 x + 5보다 작다'는 것만이 이론 이성의 사실이 아니라, '2+1=3'도 이론이성의 사실이 되는 것과 마찬가지이다. 우리가 '실천이성의 사실'이란 개념의 의미를 이렇게 규정하면[24] 그 개념의 적용범위 안에는 칸트가 『실천이성비판』에서 제시하고 있는 많은 주장들이 들어가게 된다. 예컨대 칸트는 '너는 해야만 한다. 그러므로 너는 할 수 있다'는 말을 한다. 도덕적 명령은 자연의 경과 속에서는 결코 발생할 수 없는 일이 발생하기를 요구한다. 그러나 그것이 발생할 방도가 원천적으로 봉쇄되어 있다면, 도덕적 명령은 불합리한 명령일 것이며, 그런 불합리한 명령을 실천하려는 인간의 노력은 헛되고 어리석은 것이 될 것이다. 그러므로 도덕적 명령이 불합리한 것이 아닌 한, '너는 해야만 한다. 그러므로 너는 할 수 있다'는 것은 실천이성이 불가피하게 받아들이지 않을 수 없는 사실이요, 실천이성의 사실이다. 이런 점에서 본다면, 『순수이성비판』 전체가 '이론적 선천적 종합판단이 있다'는 이론이성의 사실에 근거해서, 그 사실의 가능성 조건을 검토하는 방식으로 해명된 이론이성의 사실들의 체계이듯이, 『실천이성비판』 전체는 '실천적 선천적 종합판단이 있다'는 실천이성의 사실에 기초해서, 그 사실의 가능성 조건을 검토하는 방식으로 해명된 실천이성의 사실들의 체계라고 말할 수 있다.

이제 우리는 '실천이성의 사실'이란 개념을 두 가지 측면에서 풀이할 수 있게 된다. 하나는 도덕적 명령 내용이 다양함에도 불구하고 모든 도덕적

---

24) 이렇게 함으로써만 칸트는 선결문제 요구의 오류를 피해갈 수 있다. 즉 "그대 의지의 준칙이 항상 동시에 보편적 입법 원리로서 타당할 수 있도록 그렇게 행위 하라"라는 근본법칙을 전제하는 것이 아니라, 합법적으로 받아들일 수 있게 된다.

명령은 '너는 마땅히 X 해야 한다'는 공통의 형식으로 주어진다는 사실이며, 다른 하나는 도덕법은 자의성과 특수성을 배제하는 방식으로 제정되어야 한다는 사실이다. '실천이성의 사실'을 후자의 방식으로 풀이하게 되면 실천이성을 가진 사람은 누구나 받아들일 수밖에 없는 모든 실천철학적 원리는 실천이성의 사실이 된다. 우리는 앞서 칸트는 전자의 실천이성의 사실이 여하히 가능한가 하는 문제를 해명하는 것을 자신의 윤리학적 과제로 생각했다고 말했다. 그리고 칸트에 의하면 우리는 이 과제의 정당성을 인정할 수밖에 없지만, 이 과제 즉 실천이성의 사실의 가능성 조건을 규명하는 과정 중에 칸트로서는 실천이성을 가진 사람이라면 누구나 인정할 수밖에 없는 실천적 추리의 필연성에 근거한 많은 주장들을 하게 된다. 이 모든 주장들은 두 번째 의미의 실천이성의 사실들이다. 예컨대 "자유는 도덕법의 존재근거요, 도덕법은 자유의 인식근거이다"는 주장도 두 번째 의미의 실천이성의 사실이다. 칸트는 영혼의 불멸과 신의 존재를 실천적 필연성을 갖고 요청하는데, 만약 칸트의 논의가 정당하다면 영혼과 신이 존재한다는 것도 두 번째 의미의 실천이성의 사실일 것이다. 필자는 이하에서 영혼불멸과 신의 존재가 과연 두 번째 의미의 실천이성의 사실인지를 검토해보고자 한다.

V. 실천이성의 사실과 최고선

칸트는 영혼불멸과 신의 존재를 증명하기 위해 최고선의 개념을 도입한다. 최고선은 최상선과 완전선의 결합인데, 최상선은 행위와 의무가 일치한 경지이다. 공자가 나이 70에 이르러 하고 싶은 대로 행해도 법도에 어그러짐이 없었다고 말했을 때, 공자가 도달한 그런 경지이다. 완전선은 자신의 도덕성에 합당한 행복을 누리는 경지이다. 그러므로 최고선이란 행위, 의무, 행복이 삼자가 일치한 경지이다.[25] 그런데 칸트는 다음처럼 말한다.

> (행복과 덕의 : 필자 집어넣음) 필연적 결합을 그 안에 포함하고 있는 최고선의 촉진은 우리 의지의 선천적 · 필연적 대상이며, 도덕법과 불가분리적으로 결합되어 있다. 그러므로 최고선의 불가능성은 또한 도덕법의 거짓됨을 증명하는 것이다. 따라서 전자(최고선)의 불가능성은 또한 후자(도덕법)의 허위성을 증명하는 것이다. 따라서 만일 최고선이 실천규칙상 불가능하다면, 최고선이 촉진되기를 명령하는 도덕법 역시 가공적이요, 공허한 공상적 목적을 겨냥하고 있으며, 그러므로 그 자체로 거짓된 것이다.[26)]

칸트는『실천이성비판』앞부분에서는 도덕법의 형식만이 의지의 규정근거라고 한다.

> 의지는 경험적인 조건들로부터 독립적인 것으로 생각되고, 따라서 순수한 의지로 생각되며, **단지 법칙의 형식에 의해서만** 규정되는 것으로 생각된다.[27)]

그러나『실천이성비판』뒷부분에서는 최고선도 의지의 규정근거라고 말한다.

> 도덕법은 순수한 의지의 유일한 규정근거이다. 도덕법은 단지 형식적이기 때문에(즉 준칙의 형식이 보편적으로 입법적일 것을 요구하기 때문에), 규정근거로서 도덕법은 모든 실질을, 따라서 의욕의 모든 대상을 사상(捨象)한다. 따라서 비록 최고선이 항상 순수한 실천이성 즉 순수의지의 전(全) **대상**일 수 있으나, 그것이 순수한 의지의 **규정근거**로 간주되어서는 안 된다. 그리고 우리는 도덕법만을 최고선과 최고선의 실현

25) I. Kant, *Kritik der praktischen Vernunft*, 127면 참조.
26) I. Kant, *Kritik der praktischen Vernunft*, 131면.
27) I. Kant, *Kritik der praktischen Vernunft*, 36면. 강조는 칸트에 의함.

혹은 촉진을 의지의 대상(목적)으로 삼게 하는 바(근거)로 간주되어야 한다. … (중략) … 그러나 만일 최고선의 개념 안에 도덕법이 최상의 조건으로서 이미 포함되어 있다면, 최고선은 순수의지의 **대상**일 뿐만 아니라, 최고선의 개념과 우리들의 실천이성을 통해 가능하게 되는 최고선의 '현존에 대한 표상'도 동시에 순수의지의 **규정근거**이기도 하다.[28)]

우리는 여기서 도덕법의 형식만이 의지를 규정한다고 말하던 칸트가 최고선도 의지를 규정할 수 있다는 식으로 말을 바꾸고 있음을 확인할 수 있다. 그리고 그렇게 말을 바꾸면서 끌어들이는 단서는 "그러나 만일 최고선의 개념 안에 도덕법이 최상의 조건으로서 이미 포함되어 있다면" 이다. 그러나 최고선의 개념에는 도덕법만이 포함되어 있는 것이 아니라 행복도 포함되어 있다. 그렇다면 행복도 의지를 규정하는 것이 될 것이다. 그러나 행복에의 욕망이 의지를 규정해서는 안 된다는 것이 칸트의 지론이었다. 그러면 어떤 근거에서 칸트는 도덕성에 상응하는 행복이 주어져야 한다고 생각했는가? 이에 대해 다음과 같은 칸트의 말은 해답을 암시해주고 있다.

행복을 필요로 하고 또 행복할 자격을 갖고 있지만 행복을 누리지 못하는 것은 이성적 존재자의 완전한 의욕과 조화할 수 없기에 말이다.[29)]

과연 이런 주장은 실천이성을 가진 사람이라면 누구나 실천적 사유의 필연적 추리에 의해 받아들일 수밖에 없는 실천이성의 사실인가? 그 주장은 도덕법 제정에 있어서 자의성과 특수성 배제의 원칙처럼 실천이성을 가진 사람이라면 누구나 수긍하고 받아들일 수밖에 없는 그런 주장인가 아니면 단순한 희망에 불과한 것인가? 필자는 칸트의 그 주장에 대해 찬성하는 사람도 있겠

28) I. Kant, *Kritik der praktischen Vernunft*, 126면. 강조는 칸트에 의함.
29) I. Kant, *Kritik der praktischen Vernunft*, 128면.

지만 반대하는 사람도 적지 않을 것으로 생각한다. 그러므로 그 주장은 실천적 사유의 필연성에 의해 뒷받침된 실천이성의 사실이 아니다. 실천이성의 사실이라면 반대하는 사람이 생겨날 수 없기 때문이다. 제대로 된 사고력을 가진 사람이라면 누가 3+3=6이라는 판단을 거부하겠는가. 칸트가 '나의 그 주장을 실천이성의 사실이 아니라고 말하는 사람이 있다면, 이는 그의 실천이성이 제대로 작동하지 않고 있다는 증거다'라고 말한다면, 그는 독단적임을 면치 못할 것이다. 만약 그 주장이 실천이성의 사실이 아니라고 한다면, 그 주장에 기초해서 구성된 최고선의 개념도 거부될 수 있다. 따라서 영혼불멸과 신의 존재에 대한 칸트의 실천적 증명은 그 효력을 상실하게 된다.

칸트는 모든 도덕적 명령이 그 형식에 있어서는 '너는 마땅히 X 해야 한다'는 방식으로 주어진다는 사실에서 출발하여, 그 사실에 내포된 '도덕법 제정에 있어 자의성과 특수성 배제의 원칙'을 보편화 가능성의 원리로 만든 뒤, '너는 마땅히 X 해야 한다'를 "너 의지의 준칙이 항상 동시에 보편적인 법칙수립이라는 원리로서 타당할 수 있도록 행위하라"는 '순수한 실천이성의 근본법칙'으로 명명한다. 그리고 칸트는 사람들이 이 근본법칙에 대한 의식을 갖고 있다는 것은 실천이성의 사실이라고 주장한다. 이 말은 도덕법을 제정할 때에는 자의성과 특수성이 배제되는 방식으로 만들어져야 함을 누구나 의식하고 있다는 말이다. 그리고는 실천이성의 사실로 명명된 '순수한 실천이성의 근본법칙'이 여하히 가능한가를 해명하는 과정에서 자유의 실천적 실재성을 증명한다. 그러나 필자가 보기에 실천이성의 사실에서 시작해서 자유로 나아가는 것은 가능하지만, 그 이상으로 영혼불멸과 신의 존재에로 나아가는 것은 불가능한 일이다. 그럼에도 불구하고 칸트는 영혼불멸과 신의 존재에로 나아가려 한다. 왜냐하면 그에게 있어서 『실천이성비판』은 윤리학 서적이기도 하지만 동시에 그가 구상한 비판적 형이상학의 후반부를 구성하는 형이상학적 책이기 때문이었다. 비판적 형이상학의 후반부를 완성시키기 위해 그는 "무릇 행복을 필요로 하고 또 행복할 만하되, 행복을 누리지 못하는 일은 이성적 존재자의 완전한 의욕과 … (중략) … 도저히 조화할 수 없다"는 보조가설을 끌어 들여 최고선의 개념을 도입한다. 이 보조가설과 또 "너는 해야만 한다. 그러므로 너는 할 수 있다"는 원칙을 이용하여 그는 영혼불멸과 신의 존재를 실천철학적으로 증명하는 것이다. 그러나 "너는 해야만 한다. 그러므로 너는 할 수 있다"는 원칙이 실천이성을 가진 사람이라면 누구나 받아들일 수밖에 없는 이성의 사실이라 하더라도, 그 보조가설은 이성의 사실이라고 말하기는 힘들다는 것이 우리의 생각이다.

칸트에 대한 또 다른 측면에서의 비판이 가능하다. 우리는 앞에서 실천이성의 사실을 세 가지 관점에서 정리했다. 첫째로, 어느 시대 어느 문화권에서도 '너는 마땅히(무조건적으로) ~ 해야 한다'는 형식의 도덕적 명령이 존재한다는 사실, 둘째로 그런 형식의 도덕적 명령을 받았을 때 그런 형식의 명령을 수행하는 것이 옳은 일임을 의식한다는 사실, 셋째로 누구나 그런 형식의 명령을 수행해내거나 수행해내지 못함으로서 칭찬을 받거나 비난을 받는 도덕적 경험을 한다는 사실이다. 우리가 실천이성의 사실을 이런 식으로 풀이하면서 '도덕법 제정에 있어 자의성과 특수성 배제의 원칙'을 보편화 가능성의 원리로 만든 뒤, '너는 마땅히 X 해야 한다'를 "너 의지의 준칙이 항상 동시에 보편적인 법칙수립이라는 원리로서 타당할 수 있도록 행위하라"는 '순수한 실천이성의 근본법칙'으로 만들어가는 칸트의 논리 전개방식을 살펴보았다. 그리고 그렇게 이해할 때, 우리는 칸트가 도덕의 근본법칙을 증명하는 대신에 전제하는 오류를 범하는 것이 아님을 알게 된다고 말했다. 그러나 설령 시대를 불문하고 모든 문화권과 국가에서 그런 형식의 명령이 사람들에게 부과되고, 또 그런 형식의 명령 - 그 형식에 담기는 내용에 따라서는 불합리한 명령이 될 수도 있겠지만(예컨대 에스키모인들이 귀한 손님을 맞이했을 때 자기 아내를 손님과 동침시키는 경우처럼) - 을 수행해 내고 칭찬을 받는 도덕적 경험을 하는 것이 부정할 수 없는 사실이라 하더라도, 우리는 여전히 그런 무조건적인 형식의 명령을 순수한 마음으로 수행해 낸 사례를 경험적으로 발견하는 것은 불가능하다는 것 - 왜냐하면 우리는 그런 사례의 주인공으로 간주되는 사람의 내면(동기)을 들여다 볼 수가 없기에 - 으로 말미암아 칸트는 여전히 '너는 마땅히(무조건적으로) ~ 해야 한다'는 형식의 명령의 가능성 조건을 검토하기 전에, 즉 <여하히 너는 마땅히(무조건적으로) ~ 해야 한다는 형식의 명령을 수행해 내는 것이 가능한가?>라고 묻기 전에, <도대체 너는 마땅히(무조건적으로) ~ 해야 한다는 형식의 명령을 수행해 내는 것이 가능한가?>라고 묻지 않으면 안 된다. '여하히' 하고 묻는 것은 그런 무조건적 형식의 명령을 수행해 내는 일이 현실적으로 존재할 경우에만 정당화되는 물음이지만, 우리는 어떤 경우에도 그런 일이 현실적으로 존재하는지 여부를 도무지 알 수 없기 때문이다. 칸트는 "비록 정확하게 도덕법에 따르는 실례를 우리가 경험에서 발견하지 못한다는 것을 받아들일 때조차도, 도덕법은 말하자면 마치 순수이성의 사실처럼 필증적으로 확실한 사실 - 이것을 우리는 선천적으로 의식하고 있다 - 로 주어져 있다"고 말한다. 그러나 이렇게 말하는 것은 다시금 논의를 원점으로 돌려놓는 일이 될 것이다. 우리가 <너는 마땅히(무조건적으로) ~ 해야 한다>는 형식의 명령에 따르는 실례를 경험적으로 발견하지 못하지만, 그래도 <너는 마땅히(무조건적으로) ~ 해야 한다>는 형식의 명령을 주관적으로 의식하고 있다는 것이 부정할 수 없는 사실이라 하자. 그렇다면, 우리는 다시금 이렇게 물을 수 있을 것이다. 그런 의식을 가지는 것이 과연 합리적인 의식인가? 우리는 수행해 낼 수 없는 명령에 대한 의식을 갖고 있는 것은 아닌가? 이 물음에 대해 <그렇지 않다. 우리는 자유를 갖고 있기 때문에 그런 무조건적 형식의 명령을 수행해 낼 수가 있다>고 말한다면, 칸트는 다시금 도덕법칙을 자유로 증명하고 자유를 도덕법칙으로 증명하는 순환논증의 오류에 빠지게 될 것이다. 이렇게 되면 『실천이성비판』에서는 도덕법칙 혹은 도덕법칙이 있다는 사실(실천이성의 사실)에서 출발하여 자유의 실재성을 실천철학적으로 증명하는 길로 나아가는 방향을 택함으로써 『도덕형이상학원론』에서 범했던 순환논증의 오류를 피해가려는 칸트의 시도는 실패하게 된다.

제2장 선의지와 근본악, 그리고 책임

칸트는 『도덕형이상학정초』 첫머리에서 선의지의 개념을 도입하면서 다음처럼 말한다.

> 이 세계에서, 아니 또한 이 세계 밖에서도 무제한적으로 선하다고 생각될 수 있는 것은 오직 선의지뿐이다. 물론 지성, 기지, 판단력, 그 외의 정신적 재능들과 용기, 과단성, 철석심 같은 기질상의 성질들도 여러 가지 점에서 선하고 바람직하다고 할 수 있다. 그러나 이러한 자연의 선물도 그것을 사용하는 의지가 … (중략) … 선하지 못하다면 지극히 나쁜 것이 될 수도 있고 해로운 것이 될 수도 있다.[1)]

사람들은 칸트의 이 말을 칸트가 윤리적 직관주의자임을 말해주는 구절로 받아들인다. 그러나 우리는 이 장에서 칸트가 윤리적 직관주의자가 아님을 입증하고자 한다. 그리고 자유를 인간의 본성으로 보는 칸트의 인간본성론은 책임을 지고 지우는 도덕적 현상의 가능성 근거를 해명하기 위한 것임을 밝히고자 한다.

---

1) I. Kant, *Grundlegung zur Metaphysik der Sitten*, 18면.

I. 칸트는 윤리적 직관주의자가 아니다

선의지만이 그 자체로서 선한 것이라는 칸트의 말에 근거하여 칸트를 윤리적 직관주의자로 분류하는 경우가 있다. 특히 현대의 영향력 있는 윤리학자 무어(G. E. Moore)가 윤리학의 체계를 크게 3종류로, 즉 자연주의 윤리설, 형이상학적 윤리설, 직관주의 윤리설로 분류하고 있는데,[2] 이런 분류를 따르고 있는 김태길 교수가 칸트를 윤리적 직관주의자로 분류한 뒤, 그 영향으로 우리 학계에서는 특별한 거부감 없이 칸트를 윤리적 직관주의자로 받아들이게 된 것 같다. 김태길 교수는 칸트 윤리학이 전체로 볼 때 형이상학적 지반 위에 서 있으므로[3] 칸트를 전형적인 직각론자로 간주하기는 힘들다는 점을 인정하면서 다음처럼 말한다.

> 그러나 한편 오직 선의지만이 독자적으로 무제약적으로 선한 것이라고 한 그의 출발점은 확실히 직각론적이라 할 것이며, 또 그가 말하는 실천이성의 근본법칙도, 칸트 자신은 '실천법칙'이라는 개념 자체의 분석에서 연역했다고 주장하나, 그 내용에 있어서 직각론자의 공리와 비슷함을 감출 수 없다.[4]

또한 사하키안도 칸트 윤리학을 '의무론적 직관주의'로 규정한다.[5] 그러나 칸트는 윤리적 직관주의자가 아니다. 윤리적 직관주의자들에 의하면, 인간은

---

2) G. E. Moore, *Principia Ethica* (Cambridge University Press, 1980) 38-39면 참조.

3) 칸트 윤리학은 형이상학적 지반위에 서 있다는 김태길 교수의 관찰도 필자가 보기에는 부정확한 것 같다. 칸트에 있어서 형이상학이 윤리학의 지반이 아니라, 윤리학이 형이상학의 지반이 되고 있다. 이에 대해서는 필자의 논문 「칸트에 있어서 형이상학의 새로운 길」을 참조하기 바란다.

4) 김태길, 『윤리학』, 128면.

5) W. S. 사하키안, 『윤리학의 이론과 역사』(송휘칠·황경식 공역, 서울, 박영사, 1988) 167면 이하 참조.

선악을 구분할 수 있는 도덕적 직관능력을 갖고 태어나며, 그 능력의 도움으로 선이 무엇이고 악이 무엇인지를 직관적으로 알 수 있다고 한다. 그러나 칸트가 말하는 선의지는 도덕법칙에 따르려는 마음가짐 이외의 다른 것이 아니기에, 그리고 칸트가 『도덕형이상학정초』 첫머리에서 선의지에 대해 언급할 때는 도덕법칙에 대해 알려진 것이 아무것도 없기에, 칸트는 결코 직관주의자가 아니다. 칸트는 도덕법칙을 그 나름으로 난해하고 복잡한 절차를 거쳐 발견해 내고 있다. 만약 칸트가 윤리적 직관주의자이기 위해서는 그가 말하는 선의지로써 우리는 단번에 우리가 추구해야 할 선이 무엇이며 우리가 따라야 할 도덕법칙이 어떤 것인지를 파악할 수 있어야 할 것이다.

칸트에 의하면 욕정과 격정을 절제하는 극기심이나 냉정하게 숙고하는 능력은 - 사람들은 이런 것들을 인격의 내적 가치의 일부로 간주하곤 한다 - 선의지의 작용에 도움이 되고 선의지가 하는 활동을 용이하게 하는 측면이 있음에도 불구하고, 무제한적으로 선한 것이 아니다.[6]

사람들은 종종 칸트가 자신의 윤리설을 전개하면서 선의지의 개념을 맨 처음에 소개하고 있다는 사실에 의거해서, 선의지의 개념이 칸트 윤리학의 핵심적인 개념이라고 생각하는 경향이 있다. 예컨대 사하키안은 칸트의 윤리설은 선의지의 개념에 바탕을 두고 있다고 말한다.[7] 또한 폴 테일러 역시 다음처럼 말한다.

> (『도덕형이상학정초』: 필자 집어 넣음) 제 1장에서 칸트는 그가 도덕성의 핵심 개념으로 간주하고 있는 것 즉 그가 선의지라고 부르는 것을 분석한다. 선의지가 그의 윤리학에서 핵심 개념인 이유는, 칸트는 선의지가 없다면 우리는 어떤 구체적 행위가 옳은지 또 도덕적 의무인지 알 수 없는 것은 물론이고, 심지어 '옳은 행위'와 '도덕적 의무'라는 용어

6) I. Kant, *Grundlegung zur Metaphysik der Sitten*, 18면 참조.
7) W. S. 사하키안, 『윤리학의 이론과 역사』, 168면 참조.

들이 무엇을 의미하는지를 이해할 수조차 없다고 생각하기 때문이다.[8)]

그러나 필자가 보기에 칸트 윤리학 체계에 있어서 가장 근본적인 개념은 책임의 개념 혹은 책임의 개념과 결합한 자유의 개념이다. 그럼에도 불구하고 칸트 윤리학 체계 내에서 선의지의 개념 역시 해명되어야 할 중요한 개념들 중에 하나임은 분명하다. 칸트는 선의지를 무제한적으로 선하다고 말하기도 하고 또 "그것이 실현하고 성취하는 것에 의해서 혹은 미리 설정된 목적을 달성하는 데 적합하기 때문이 아니라, 오로지 그 의욕에 의해서 즉 자체로 선하다"고 말하기도 한다.[9)] 혹은 선의지는 "건전한 자연적 오성 안에 내재해 있으며, 따라서 가르쳐지기보다는 오히려 계발되기만 하면 좋은 것"이라고 말한다. 칸트는 선의지와 관련하여 다음처럼 말하기도 한다.

> 나의 의욕이 도덕적으로 선하기 위해서는 내가 무엇을 해야 하는가를 분별하기 위해서 그렇게 탁월한 통찰력이 필요한 것은 아니다. 세상사에 별로 경험이 없고 세상사에 대처할 능력이 없는 나로서는 단지 이처럼 자문할 뿐이다. 즉 너는 너의 준칙이 보편적 법칙이 되기를 의욕할 수 있느냐고. 만일 그렇게 의욕할 수 없다면 그 준칙을 버려야 한다. 그리고 그 준칙을 버려야 하는 이유는 그 준칙이 너와 너 아닌 다른 사람에게 일어날 수 있는 손해 때문이 아니라 그 준칙이 보편적인 법칙 수립의 원리로 적용될 수 없기 때문이다. 이성은 내가 그러한 보편적인 입법을 직접 존경하도록 내게 강요한다.[10)]

칸트는 선의지에 대해 이런 저런 방식으로 다양하게 설명하지만, 선의지란

---

8) P. F. Taylor, *Principles of Ethics* (California, Wadsworth Publishing Co. 1975) 85면.
9) I. Kant, *Grundlegung zur Metaphysik der Sitten*, 19면.
10) I. Kant, *Grundlegung zur Metaphysik der Sitten*, 30면.

말로 칸트가 말하고자 하는 핵심적인 메시지는 잘 파악이 되지를 않는다. 칸트는 선의지는 무제한적으로 선하다고 말한다. 그러면 우리는 과연 무제한적으로 선한 것이 과연 있을 수 있는가 물어볼 수 있다. 가령 곤궁에 처한 이웃을 돕는 것은 선한 일이다. 그러나 그 행위는 무제한적으로 선한 행위인가? 우리는 구제된 이웃이 절도죄를 범할 수도 있다는 사실을 인정한다. 그렇다면 그 행위는 무조건적으로 선한 일은 아닐 것이다. 이웃을 도울 때, 우리는 그가 선량한 삶을 영위할 것이라는 무언의 믿음을 갖고서 돕는다. 만약에 그가 나의 도움을 받아 구제된 뒤 무고한 인명을 살상하는 테러리스트가 된다는 확실한 증거가 있다면 나는 그를 도우려하지 않을 수도 있다. 이런 식으로 따진다면 남에게 친절을 베풀고, 남을 위해 희생을 하고, 자원봉사활동을 하는 그 모든 것들은 무조건적으로 선한 것은 아닐 것이다. 선의지란 선하게 살려는 의지란 말인가? 그러나 이런 식의 설명은 당장에 선이 무엇인지 알아야 선하게 살 수 있을 것이 아닌가 하는 반론에 부딪힌다. 만약에 선의지란 이미 선이 무엇인지를 알고 있는 의지라면, 칸트는 윤리적 직관주의자로 분류되어야 할 것이다. 그렇다면 칸트는 왜 힘들여 도덕법을 연역해야 한다고 생각했는지 이해할 수가 없게 된다. 그러면 선의지란, 마치 진리에의 의지란 것이 진리가 무엇인지 아직 모르지만 진리를 찾아 나서는 의지이듯이, 선이 무엇인지 모르면서도 선을 찾아 행하려는 의지 즉 '선에의 의지'인가? 칸트가 선의지만이 무조건적으로 선하다고 말할 때 염두에 두고 있었던 것은, 마치 진리를 찾아 나서는 '진리에의 의지'에는 오류가 없듯이 '선에의 의지'에는 악이 없다는 것인가?[11]

칸트에 의하면 선의지란 이미 우리의 자연적 오성 안에 내재해 있으며, 그 자체로서 선하고, 무제약적으로 선한 그 무엇이다. 그러나 이런 식의 논법은

11) 진리에의 의지가 구체적 상황 속에서 현실화 되는 과정 중에 우리는 경우에 따라 결과적으로 오류를 범할 수도 있을 것이다. 그러나 그 동기에 있어서 우리가 도달하려 의욕했던 것은 진리이지 오류는 아니다. 그러므로 '진리에의 의지' 안에는 오류가 없다.

마치 스무고개식 논법을 연상시킨다. 털이 있고, 네 발이 달렸으며, 사납고, 육식을 하는 동물이라는 정보만으로는 우리는 그 동물이 구체적으로 어떤 동물인지 알 수가 없다. 칸트는 선의지는 건전한 자연적 오성 안에 이미 내재해 있다고 말한 뒤, 선의지의 개념을 발전시키기 위해 의무의 개념을 취해보기를 제안한다.[12)]

그러면 칸트가 선의지라는 개념을 설명하기 위해 의무의 개념을 끌어들이는 이유는 무엇인가? 그것은 칸트가 '의무'라는 일상적 개념으로부터 도덕법칙이라는 학술적인 개념으로 나아가는 방식으로 선의지의 개념을 설명하려는 의도를 갖고 있기 때문이다. 그래서 칸트는 의무는 도덕법에 대한 존경에서 행하는 행위의 필연성이라고 말한다.[13)] 그러므로 우리는 선의지의 개념을 이해하려면 도덕법칙을 이해하지 않으면 안 된다. 그런데 칸트에게 있어서 도덕법칙은 항상 형식적인 것으로서 내용적(질료적)인 것으로 구성된 경향성(애착심)과 대립하고 있다. 그렇다면 우리는 도덕법칙과 경향성의 유혹이라는 갈등구조 속에서 선의지의 의미를 밝혀야 할 것이다. 칸트는 인간을 감성적이면서 동시에 이성적인 존재로 본다. 인간은 신체와 정신의 결합체라는 것이다. 감성적 측면에서 말한다면, 인간은 필연의 법칙의 지배를 받는 존재다. 그러나 이성적인 측면에서 말한다면 인간은 자유로운 존재다. 필연의 법칙은 곧 자연법칙이요, 자유는 곧 도덕법칙의 근거다. 칸트는 자유는 도덕법칙의 존재근거요, 도덕법칙은 자유의 인식근거라고 말한다.[14)] 만약 인간이 동물처럼 철두철미 자연법칙의 지배를 받기만 하는 존재라면 인간은 자신의 도덕적 악에 대한 책임을 질 필요가 없다. 아니, 인간이 오로지 자연법칙의 지배만을 받을 수밖에 없는 존재라면 인간은 도덕적 악을 저지를 수가 없다. 도덕적 악이란 그 악행의 행위자가 처벌받는 것이 옳은 일이 되는 그런 악인데,

---

12) I. Kant, *Grundlegung zur Metaphysik der Sitten*, 22면 참조.
13) I. Kant, *Grundlegung zur Metaphysik der Sitten*, 26면 참조.
14) I. Kant, *Kritik der praktischen Vernunft*, 4면 참조.

만약 인간이 자연 종속적이기만 한 존재라면 인간은 처벌의 대상이 될 수가 없기 때문이다. 바로 그런 이유로 우리는 얼룩말을 잡아먹는 사자를 처벌할 필요도 비난할 필요도 없는 일이다. 사자가 얼룩말을 잡아먹는 것은 자연스러운 일이며, 발정기의 숫사슴들이 암사슴들을 차지하기 위해 싸우는 것도 자연스러운 일이며, 개들이 길거리에서 교미를 하는 것도 자연스러운 일이다. 그러나 동물들에게는 자연스러운 일이 인간에게는 자연스러운 일로 간주되지 않고 비난의 대상이 되는 것은 왜인가? 인간은 오로지 자연법칙과 관계 맺고 있는 자연 종속적 존재가 아니라, 다른 한편 자연의 필연성으로부터 자유로울 수 있는 존재, 즉 이성적 존재이기 때문이다. 인간은 한편으로는 이성적인 측면을 갖고 있는데, 이 이성(정신)의 측면에서 인간은 도덕법칙과 관계 맺고 있다. 물론 인간은 육체의 측면에서는 자연법칙과 관계 맺고 있다.

그런데 동물에게는 자연법칙으로 강제되는 것이 자연법칙과 도덕법칙 이 양자와 동시에 관계 맺고 있는 존재인 인간에게는 경향성의 유혹으로 다가온다. 자연법칙이 인간에게서는 경향성의 유혹이 되는 이유는 인간이 다른 한편 도덕법칙과 관계 맺고 있기 때문이다. 그리고 순수한 정신적 존재 예컨대 신과 같은 존재가 있다면 그런 존재는 항상 아무런 갈등 없이 도덕법칙에 합치하는 행동을 할 것이다. 따라서 그런 존재에게는 도덕법칙이 존경의 대상이 되지 않을 것이다. 그러나 인간에게 있어서 도덕법칙은 존경의 대상이 된다. 인간에게 도덕법칙이 존경의 대상이 되는 이유는 인간은 다른 한편으로는 자연법칙의 지배를 받기 때문이다. 인간은 도덕법칙과 자연법칙 둘 다에 동시에 관계하고 있기에 도덕**법칙**은 인간에게 도덕적 **명령**으로 부과된다.[15]

---

15) "도덕성의 원리는 단지 인간에게만 한정되지 않고 이성과 의지를 갖고 있는 모든 유한한 존재자에게도 적용된다. 실로 최상의 지적 존재로서의 무한한 존재에까지 적용된다. 그러나 유한한 존재자의 경우에 법칙은 명령의 형식을 취한다. 왜냐하면 비록 이성적 존재자로서 인간은 확실히 하나의 순수한 의지를 가졌음을 전제할 수 있다 하더라도, 인간은 각종 요구들과 감정적 동인들과의 자극을 받는 존재자이기에 신성한 의지를 가졌다고 상정할 수가 없다. 신성한 의지는 도덕법에 항쟁하는 준칙들을 느끼지 않는 의지이다. 이에 인간에 있어서는 도덕법은 명령이 되며, 이 명령은 정언적이다."(*Kritik der praktischen Vernunft*, 37-38면)

마찬가지 이유로 자연법칙은 경향성의 **유혹**으로 우리에게 다가온다. 우리는 이 대목에서 자연법칙(필연의 법칙)과 도덕법칙(자유의 법칙)이 인간에게서 맺고 있는 관계의 미묘성에 대해 충분히 인식하는 것이 중요하다. 만약 인간이 오로지 자연법칙하고만 관계 맺고 있다면 인간은 그 자연법칙을 벗어나는 행위를 할 수가 없다. 따라서 인간은 자연법칙에 철두철미 종속된 존재요, 따라서 도덕이 성립하지 않는다. 사실 동물들은 오로지 자연법칙의 지배만을 받기에 그들에게 도덕은 없다. 따라서 행위에 대한 책임을 지는 일도 없다. 만약 인간이 오로지 도덕법칙하고만 관계 맺고 있다면, 인간은 도덕법칙에 기계적으로 따를 수밖에 없다. 도덕법칙도 법칙인 한, 우리는 그 법칙의 지배를 받아야 한다. 칸트는 인간이 만약 도덕법칙하고만 관계한다면 갖게 될 의지를 '도덕법칙을 따르는 의지'로 부르면서, 인간의 의지는 그런 의지가 아니라, '도덕법칙 아래에 있는 의지'(ein Wille unter sittlichen Gesetzen)라고 한다.[16] '도덕법칙을 따르는 의지'는 도덕법칙을 따라 행위할 수밖에 없는 의지라면, '도덕법칙 아래에 있는 의지'는 경향성의 유혹을 이겨내고 도덕법에 따를 수도 있고 경향성의 유혹에 넘어가 도덕법을 따르지 않을 수도 있는 의지이다. 만약에 인간이 도덕법칙하고만 관계 맺는다면, 그런 인간에게도 역시 자연법칙하고만 관계 맺는 의지와 마찬가지로 도덕도 없으며, 자유도 없다. 그런 인간은 도덕을 기계적으로 따르는 것 이외에는 달리 행할 수 없기 때문이다. 하르트만(N. Hartmann)이 칸트의 의지론에 대해 "만약에 의지가 당위에 속박되어 있다면 그것은 벌써 도덕적인 의지가 아니다"[17]고 말하면서 칸트 의지론의 문제점을 지적할 때, 그는 칸트가 인간의 의지를 '도덕법칙을 따르는 의지'로 이해하지 않고 '도덕법칙 아래에 있는 의지'로 이해했음을 간과하고 있다. 이 실수는 사소한 것이지만 이로 인하여 하르트만은 칸트

16) I. Kant, *Grundlegung zur Metaphysik der Sitten*, 82면. 칸트에 의하면 '자유로운 의지'란 도덕법칙 아래에 있는 의지와 같은 것이다. 또 *Kritik der Urteilskraft* (Hamburg, Felix Meiner Verlag, 1974) 320면 참조.

17) N. Hartmann, *Ethik* (Walter De Gruyter & Co., Berlin, 1962) 689면.

윤리학을 크게 오해하게 되며, 그는 결국 의지는 자연법칙으로부터 뿐만이 아니라 도덕법칙으로부터도 자유롭다는 것이 증명되어야 한다는 괴상한 주장을 하기에 이른다.[18)]

인간이 자연법칙과 도덕법칙 둘 다와 동시에 관계 맺고 있기에 자연법칙과 도덕법칙은 인간에게 법칙적으로 적용되지 않는다. 이는 자연법칙은 도덕법칙을 법칙이 아닌 것으로 만들려하고, 도덕법칙은 자연법칙을 법칙이 아닌 것으로 만들기 때문이다. 바로 그 때문에 칸트는 인간에게는 도덕법칙은 법칙으로가 아니라 명령으로 부과된다고 말한다. 도덕법칙이 명령으로 부과되면 인간은 명령으로부터 벗어나는 것이 가능하다. 마찬가지로 동물에게는 법칙으로 부과되는 자연법칙이 인간에게는 경향성의 유혹으로 다가온다. 자연법칙이 법칙으로 부과되면 인간은 그 법칙으로부터 벗어나는 것이 불가능하지만, 유혹으로 다가오면 우리는 그 유혹을 물리칠 수 있는 가능성을 갖게 된다. 도덕법칙이 인간에게 법칙으로 부과되는 것이 아니라, 명령으로 부과되는 것은 인간이 다른 한편으로는 자연법칙과 관계 맺고 있기 때문이며, 자연법칙이 인간에게 법칙으로 부과되지 않고 경향성의 유혹으로 다가오는 것은 다른 한편 인간은 도덕법칙과 관계 맺고 있기 때문이다. 인간은 이제 도덕적 명령과 자연적 유혹 사이에서 갈등하고 번민하는 존재가 된다. 요컨대 인간은 자연법칙과 도덕법칙 사이에서, 경향성의 유혹과 도덕법칙에 대한 존경 사이에서 고민하고 갈등하고 번민하는 존재이다. 그런 한에서 인간은 자유의 가능성을 가진 존재다. 인간은 경향성의 유혹에 굴복하거나 아니면 도덕법에 대한 존경에 따라 행위하거나 할 수 있다. 그가 결과적으로 경향성의 유혹에 굴복한다면, 그것은 곧 자신을 필연의 자연법칙에 종속시킨다는 뜻이요, 따라서 그는 자신이 갖고 있는 자유의 가능성을 상실하게 된다. 그러나 그가 경향성의 유혹을 물리치고 도덕법에 따라 행위했다면 그는 그 도덕법의 존재근거인

18) N. Hartmann, *Ethik*, 689면 이하 참조. 이에 대해서 필자는 이 책의 6장 4절에서 비판적으로 다루고 있다.

자유에 자신을 일치시킨 것이요, 곧 그의 자유의 가능성을 실현한 것이 된다.

그러면 도대체 근본악이란 무엇이며 선의지란 무엇인가? 칸트는 자연법칙과 도덕법칙 사이에서 갈등하는 인간이 자연법칙에서 유래하는 경향성의 유혹을 도덕법칙에 대한 존경심 위에 두고, 항상 도덕법칙보다 자연법칙을 더 중시하려는 성향을 갖고 있다고 보았으며, 그것을 인간 속에 있는 근본악으로 간주하였다. 그러면 선의지란 무엇인가? 칸트는 인간에게는 자연법칙에서 유래하는 경향성의 유혹을 물리치고 도덕법에 대한 존경심에서 행위하려는 의지가 인간에게 있다고 보았다. 그리고 그 의지를 칸트는 선의지라고 불렀다.

결국 **선의지란 보편화될 수 있는 준칙만을 법칙으로 채택하고, 경향성의 유혹을 물리치고 그렇게 채택된 법칙에 따라서 행동하려는 의지 이외의 다른 것이 아니다. 그리고 그렇게 채택된 법칙에 따라야 한다는 의식이 인간이라면 누구에게나 있다는 점에서 칸트는 그것을 실천이성의 사실이라고 부른다.** 이러고 보면 다음 같은 칸트의 말은 그가 선의지를 내용(질료)적 차원에서가 아니라 형식적 차원에서 설명하고 있다는 우리들의 주장을 확증시켜주는 말이 될 것이다.

> 선의지를 획득하기 위해서, 내가 무엇을 해야 할지 알아내기 위해서 그렇게 심오한 통찰력을 필요로 하지 않는다. 세상 물정에는 별로 경험이 없고 세상에서 생기는 사건에 대처할 능력이 없는 나는 단지 다음과 같이 자문할 뿐이다. 즉 너도 너의 준칙이 보편적 법칙이 되기를 의욕 할 수 있느냐고. 만일 그와 같이 의욕 할 수 없다면 그 준칙은 버려야 한다.

선의지가 이처럼 형식주의적으로 이해되어야 하는 것이라면, 선의지에 대한 다음과 같은 비판은 잘못된 것임을 알 수 있다.

> 자체적으로 선한 가치를 가지는 것이 선의지밖에 없는지 의심스러우며,

> 양심의 절대성을 믿는 Pietismus의 신봉자로서의 칸트는 몰라도 과연 양심은 절대적인 것이라고 할 수 있을까? 오늘날 심리학을 비롯해서 문화 인류학, 그리고 사회학 등 여러 분과 과학의 연구 성과는 양심의 절대성을 의심하고 있다. 칸트의 선의지라는 개념은 양심과 같은 것이다.[19)]

위의 비판자는 칸트의 선의지를, 그 속에 선에 대한 직관적 지식이 가득 담겨 있는 어떤 질료적인 것으로 이해하고 있으나 앞서 말했듯이 칸트의 선의지는 그런 것이 아니다. 임혁재는 나스(R. H. Nash)의 견해에 의존하여 다음처럼 말한다.

> 칸트에 있어서 '선의지'라는 개념은 '양심'과 같은 것으로 전제적인 것이며, 그의 도덕철학의 체계에 있어서 '아르키메데스적 기점'(Archimedean Point)에 해당한다.[20)]

양심이란 말은 참으로 애매한 말로서, 어떤 사람들은 인간 속에서 울려 퍼지는 신의 음성으로, 혹 어떤 사람들은 인간 속에 있는 선한 본성으로,

---

19) 김영철, 『윤리학』(서울, 학연사, 1994) 149면.

20) 임혁재, 『칸트의 도덕철학 연구』(중앙대학교 출판부, 1997) 58면. 칸트가 양심과 같은 의미로 사용되고 있는 선의지를 그의 윤리학 체계에서 전제하고 있다는 관찰도 잘못된 것이다. 칸트에 의하면 인간이 자신의 행위에 대해 책임을 지기도 하고 또 타인의 행위를 칭찬하기도 하거나 비난하기도 하는 것은 시대, 장소, 문화, 종족과 관계없이 보편적으로 발견하게 되는 도덕적 현상이다. 칸트에 의하면 이 현상을 합리적 · 체계적으로 설명할 수 있는 윤리체계만이 올바른 윤리설이다. 칸트는 도덕적 책임의 가능성의 조건을 설명하기 위해 자유, 경향성, 실천이성의 사실, 선의지, 근본악, 도덕법칙과 준칙, 최고선 등등의 개념들을 도입하고 있는 것이다. 이런 점에서 본다면, 선의지의 개념은 칸트 윤리학 체계 내에서 전제된 개념이 아니다. 칸트 윤리학은 인간이 갖고 있는 도덕적 책임의 가능성의 조건을 설명하려는 동기 즉 인간의 존엄성 즉 인간의 인간다움을 정당화하려는 동기에 의해 깊이 지배받고 있음을 명심하는 것이, 칸트 윤리학을 올바로 이해하기 위해 대단히 중요한 일이다. 선의지의 개념은 칸트 윤리학에서 사용되고 있는 여타의 다른 개념들과 마찬가지로 누구도 부정할 수 없는 하나의 도덕적 현상, 즉 도덕적 책임의 문제를 해명하기 위한 개념적 장치의 하나일 뿐이다. 그것은 수학에서의 '자명한 공리'와 같이 증명의 요구로부터 해방된 자명한 전제가 아니다.

혹은 선악을 직관할 수 있는 타고난 능력으로 이해한다. 그러나 칸트의 선의지는 그런 의미의 양심과 같은 것은 아니다. 설령 양심과 동일시할 수 있다 하더라도, 칸트의 선의지에는 아무런 내용도 담겨 있지 않다. 가령 맹자가 인간의 본성은 선하다고 했을 때, 그 선은 구체적 내용을 가진 것이었다. 즉 측은지심과 수오지심과 사양지심, 그리고 시비지심으로 구성된 것이다. 그러나 칸트의 선의지는 단지 경향성과 도덕법칙의 대립관계에서 도덕법칙을 따라 행동하겠다는 마음가짐 이외의 다른 것이 아니다. 그 선의지는 선한 것들을 가득 담고 있는 보자기 같은 것이 아니다. 따라서 칸트가 말하는 선의지는 심리학이나 문화인류학이나 사회학 등의 분과학문들에서 분석할 수 있는 그런 것이 아니다. 가령 우리가 흔히 말하는 양심이란 것은 지역과 문화에 따라 다를 수도 있다. 그래서 쇼펜하우어는 우리가 끔찍이 존중하는 양심이란 것은 그 내용물의 20%는 선입관에서 비롯된 공포심이며, 20%는 타인에 대한 두려움에서 형성된 것, 20%는 관습상의 불안에서 형성된 것, 20%는 허영심에서 생긴 꺼림직함, 20%는 종교적인 거리낌에서 형성된 것이라고 말한다.[21] 아마도 이런 비판은 맹자식의 성선설에 대해서는 타당할 수 있을는지 모른다. 그러나 칸트의 선의지에 대해서는 타당하지 않을 것이다. 그리고 선의지가 우리가 앞서 해명한 바와 같은 그런 것이라면 선의지에 대한 다음과 같은 설명도 잘못된 것임을 알 수 있다.

> 선의지 이외에 본질적으로 선한 것은 아무것도 없다는 것을 증명하기 위하여 칸트는 행복, 지적인 우수성 등등 본질적 선으로 간주되어 온 것들도 선의지와 결합하지 않으면 무가치하고 적극적인 악이 될 수 있다는 것을 보여주고자 한다. 이러한 논변은 그릇된 것이다. 설령 우리가 주장된 사실을 수용한다고 해도, 그것이 증명하는 바는 단지 선의지가

21) A. 쇼펜하우어, 『세상을 보는 방법』(권기철 옮김, 서울, 동서문화사, 2005) 192면.

> 본래적으로 선한 어떤 전체의 필수적 구성요소라는 것뿐이다. 물론 그것이 참이라고 해도 선의지가 그 자체로 본래적인 가치를 갖고 있다는 결론이 나오는 것은 아니다.[22)]

이런 설명 역시 칸트의 선의지를 모종의 내용(질료)적인 것으로 이해하는 잘못을 보여주고 있다. 칸트가 재능이나 건강이 선의지와 결합하지 않으면 적극적인 악이 된다고 말할 때, 선의지가 "본래적으로 선한 어떤 전체의 필수적 구성요소"임을 말하고 있는 것이 아니다. 선의지가 그런 것이라면 그것은 마치 음식의 맛을 내는 조미료 같은 역할을 하는 것이 될 것이다. 그렇게 이해되면 선의지는 결국 내용적인 어떤 것이 되어 버린다. 그러나 앞서 말했듯이 칸트는 선의지를 매우 형식주의적 방식으로 설명하고 있음을 명심해야 한다. 선의지는 자기애와 보편적 법칙 간의 종속관계를 어떻게 설정하느냐 하는 행위주체의 자율적 태도에서 규정되는 것이다. 예컨대 누군가가 외적 강제 없이 자발적으로 '나는 이제부터 나의 개인적 감정과 기호보다는 보편화될 수 있는 행위규칙 – 그 규칙이 어떤 것인지는 모르지만 – 을 항상 더 중시하고 그 규칙에 따라 행위 하겠다'는 결심을 한다면, 그는 선의지를 가진 것이 된다. 그런데 칸트는 모든 사람에게 이런 선의지가 있다고 생각한다.

선의지는 선한 것을 직관적으로 파악할 수 있는 능력을 가지고 있으면서 직관적으로 파악된 선을 실현하려는 의욕으로 충만한 '내용적인 의지'가 결코 아니라, 자기애와 경향성의 유혹을 물리치고 보편화 가능한 행위규칙에 따라 행위하려는 '형식적인 의지'라는 관점에서 보면 선의지에 대한 김태길 교수의 다음 설명은 무척 혼란스러움을 알 수 있다.

> 선의지란 … (중략) … 행위의 결과를 고려하는 마음이나 또는 자연적인

22) C. D. 브로드, 『윤리학의 다섯가지 유형』(박찬구 옮김, 서울, 철학과 현실사, 2000) 146면.

> 경향을 따라서 옳은 행동에로 쏠리는 의지가 아니라, 단순히 어떤 행위가 옳다는 바로 그 이유로 말미암아 그 행위를 택하는 의지인 것이다. … (중략) … 한마디로 선의지란 객관적인 실천법칙을 순수한 동기에서 따르는 능력이다. 그러나 현실적인 인간의 의지는 주관적 동기의 세력 밑에 있는 까닭에, 보통 객관적 실천의 법칙과 잘 조화하지 않는다.[23)]

이 인용문의 앞부분에서의 선의지에 대한 설명은 선의지를 내용적인 어떤 것, 선한 것, 옳은 것이 무엇인지를 직각적으로 알고 있는 의지인 듯이 설명된다. 그러나 뒷부분에서는 선의지를 객관적인 실천법칙과 주관적인 동기 사이의 종속관계에서 설명하려는 듯이 보인다. 다시 말해서 앞부분에서는 선의지를 '내용적'으로 설명하고 뒷부분에서는 '형식적'으로 설명하고 있다는 것이다. 선의지가 "어떤 행위가 옳다는 바로 그 이유로 말미암아 그 행위를 택하는 의지"라면, 우리는 이렇게 물어볼 수 있을 것이다. '그러면 선의지는 옳은 것이 구체적으로 무엇인지를 알고 있는가?' 알고 있다고 말하면, 선의지는 내용적인 의지가 될 것이다. 만약 모르고 있다고 말한다면 선의지의 개념을 도입했다고 칸트가 윤리적 직관주의자가 되지는 않을 것이다. 선이 구체적으로 무엇인지, 옳은 것이 구체적으로 무엇인지도 모르는 의지를 무슨 근거에서 선의지라고 부를 수 있는가? 김태길 교수의 입장에서는 이렇게 말할 수 있을 것이다. '칸트가 말하는 선의지는 옳은 것이 무엇인지를 알고 있는 의지이다. 그것은 애착심을 물리치고 실천법칙을 따르는 것이 옳은 것임을 아는 의지이다.' 이런 대답의 관점에서 본다면 우리가 앞서 인용한 김태길 교수의 그 말은 그 나름의 일관성을 갖게 된다. 인용문 전반부에서 언급된 '옳은 행동'은 '실천법칙을 따르는 것'이 됨으로써 내용의지와 형식의지의 문제를 해소해 버리는 듯이 보일 수 있다. 그러나 여전히 문제가 남는다. 선의지가 '실천법칙을

---

23) 김태길, 『윤리학』 129면.

따르는 것이 옳은 것임을 아는 의지' – 이 설명은 올바른 것이지만 – 라 하더라도, 우리는 다시금 그러면 우리가 따라야 할 '실천법칙'은 무엇인가 하고 묻지 않을 수 없다. 만약 우리가 따라야 할 실천법칙을 직관적으로 파악할 수 있다고 말할 수 없는 한, 우리는 칸트를 윤리적 직관주의자로 분류할 수 없을 것이다. 이제 김태길 교수와 필자의 논쟁은 '그러면 과연 칸트는 실천법칙(도덕법칙)을 직관적으로 파악할 수 있다고 생각했는가 아닌가?' 하는 국면으로 넘어가게 된다. 이 국면에서 우리의 관심을 끄는 김태길 교수의 말은 "그가 말하는 실천이성의 근본법칙도, 칸트 자신은 '실천법칙'이라는 개념 자체의 분석에서 연역했다고 주장하나, 그 내용에 있어서 직각론자의 공리와 비슷함을 감출 수 없다"는 주장이다. 그러나 칸트가 비록 도덕법칙이 있다는 것, 혹은 도덕법칙에 대한 의식을 사람들은 누구나 갖고 있다는 것은 실천이성의 사실이라고 말하고 있는 것은 사실이라 하더라도, 그때 그가 말하는 도덕법칙은 순전히 '형식적인' 것에 불과한 것임을 기억할 필요가 있다.[24] 칸트가 말하는 선의지는 결코 선이 무엇인지를, 옳은 것이 무엇인지를, 우리가 따라야 할 실천법칙이 무엇인지를, 우리가 추구해야 할 의무가 구체적으로 무엇인지를 알고 있는 의지가 아니다. 만약 그런 의지라면 칸트가 힘들여 『도덕형이상학정초』나 『실천이성비판』을 저술할 필요가 없었을 것이다. 칸트는 윤리적 직관주의자가 아니다. 그렇더라도 여전히 필자 쪽에서 해명해야 할 문제가 있다. '선의지가 구체적 내용상으로 선이 무엇인지, 옳은 것이 무엇인지도 모르는 의지라면 그런 의지를 무슨 근거에서 선한 의지라고 부를 수 있는가?' 의지가 선한 의지가 되기 위한 '형식적인 조건'을 갖추었을 때, 그 의지는 선한 의지로 불려질 수 있다고 말할 수 있겠다. 선험적 형식주의를 표방하는 칸트 윤리학의 입장에서는 의지가 선한 의지가 되기 위한 내용적(질료적) 조건에 대해서는 말할 수 없다고 생각한다. 왜냐하면 내용적인 것은

24) 이에 대해서는 이미 이 책의 1장에서 충분히 논의하였기에 여기서는 이 정도에서 그치고자 한다.

항상 후천적인 것이어서 그것에 대해서는 보편적으로 타당한 주장을 할 수 없기 때문이다. 그러면 그 '형식적인 조건'은 무엇인가? 그것은 어떤 행위규칙이 도덕법칙이 되기 위해서 그 규칙은 특수성과 자의성을 배제해야 하고, 보편화 가능해야 하고, 공정성과 상호성을 포함하고 있어야 한다는 것이다. 칸트는 인간에게는 누구나 이런 식으로 만들어진 도덕법칙 – 이 법칙이 구체적으로 어떤 것인지는 모르지만 – 을 따르려는 의식과 의지가 있다고 생각했으며, 그 의식을 '실천이성의 사실'로, 그 의지를 '선의지'로 명명했던 것이다. 그러므로 칸트는 특수성과 자의성을 배제한, 그러나 보편화 가능성, 공정성 그리고 상호성을 포함하고 있는 도덕법칙 – 이 법칙이 구체적으로 어떤 것인지는 모르지만 – 을 따르는 것은 선한 일임을 인간이라면 누구나 직관적으로 알고 있음을 전제하고 있는 셈이다.[25] 이런 선의지만이 무조건적으로 선한 것이며, 선의 이런 형식성이 갖추어지지 않은 상태에서는, 여타 다른 모든 내용적 선들 예컨대 용기, 정직 총명 등등은 얼마든지 악하게 사용될 수도 있는 것이다. 이런 점에서 우리는 김태길 교수의 다음과 같은 주장이 칸트의 선의지 개념을 많이 잘못 이해한 데서 비롯된 것임을 알 수 있다.

> 칸트는 오직 선의지만이 본래적으로 선하다고 주장한다. 그러나 이 주장은 결코 자명한 진리가 아니다. 건강, 사랑, 지식 등도 역시 그 자체로 바람직한 것임에 틀림없으며, 결코 다른 무엇을 위한 수단으로만 생각할 수 없을 것이다. 건강, 쾌락, 지식 따위의 가치를 우리는 '도덕적' 가치라고 볼 수는 물론 없다. 그러나 도덕적 가치만이 본래적 선의 전부는 아니다.[26]

---

25) 이에 대해서는 이 책의 1장을 참조 바란다. 그리고 우리가 칸트의 선의지를 형식적인 것으로 이해하는 한, 그를 직관주의자라고 말할 수 있을 것이다. 다시 말해서 칸트는 인간이라면 누구나 도덕법칙이 그 내용이 어떠하든 간에 보편화 가능한 방식으로 표현되어야 함을 직관적으로 알고 있음을 인정한다는 의미에서 형식적 직관주의자라고 말할 수 있겠다. 그러나 그는 일반적으로 말하는 내용적 직관주의자는 아니다.

그러나 칸트로서는 건강이나 지식이 그 자체로 선한 것이라는 주장을 도저히 받아들일 수 없을 것이다. 위 인용문에서 김태길 교수는 여타의 내용적인 선들과 비교하면서 칸트의 선의지 개념을 설명하고 있는데, 이로 미루어 볼 때, 그는 여전히 칸트의 선의지가 형식주의 윤리학의 입장에서 논의되고 있음을 충분히 파악하지 못한 것 같다. 칸트가 무제약적으로 선하다고 할 수 있는 것은 오직 선의지뿐이며 지성, 용기, 철석심 같은 것들도 물론 여러 가지 점에서 선하고 바람직하다고 할 수 있겠지만 그것을 사용하는 의지가 선하지 못하면 악한 것, 유해한 것이 될 수도 있다고 말하고 있음을 알고 있다. 이 경우 칸트는 선의지를 지성이나 용기와 동일 차원에서 비교하고 있는 것이 아니라, 선의 형식적 조건을 충족시키지 못할 경우 우리가 선(좋은 것)이라고 간주하는 것들이 사실은 전혀 좋은 것이 아닐 수 있음을 말하고 있는 것이다.

II. 인간본성론과 책임의 문제

통상 철학자들은 인간의 본성에 대한 견해로부터 자신의 윤리사상을 전개한다. 플라톤(Platon), 아리스토텔레스(Aristoteles)와 같은 고대의 사상가들뿐만이 아니라, 벤담이나 밀과 같은 근대의 사상가들이나, 사르트르(J. P. Sartre)나 니체(F. W. Nietzsche) 같은 현대의 사상가들도 한결같이 인간관의 문제에 대한 그들 고유의 견해로부터 그들의 윤리사상을 이끌어 내고 있다. 이 점에서는 칸트도 예외는 아니다.

인간의 본성은 선한가 악한가 하는 문제는 고대 중국 사상가들 간의 논쟁의 핵심적인 주제였으며, 근세 유럽에서도 문제시되었다. 중국에서는 맹자가 성선설을 주장했으며, 순자는 성악설을 주장했다. 근세 유럽에서는 루소(J. J.

---

26) 김태길, 『윤리학』 145면.

Rousseau)가 자연상태의 인간은 선하다고 말하면서 성선설을 받아들인 반면에, 홉스는 자연상태의 인간은 만인에 대한 만인의 투쟁상태라고 말하면서 성악설을 채택했다.

칸트는 『도덕형이상학정초』 첫머리에서 "이 세계 안에서, 아니 심지어 이 세계 밖에서조차도 무제한적으로 선하다고 간주될 수 있는 것은 오직 **선의지**(guter Wille) 이외에는 아무것도 없다."고 말한다. 재산이나 명예나 건강, 혹은 지식이나 명민함과 같은 것들은 그 자체로 선한 것이 아니다. 그런 것들은 무조건적으로 선한 것인 선의지라는 보석을 둘러싸고 있는 포장에 불과하다. 『도덕형이상학정초』에서의 칸트의 이런 말은 칸트가 성선설을 지지하는 듯이 보이게 한다. 그러나 칸트는 『단순한 이성의 한계 안에서의 종교』에서는 인간의 근본악에 대해 언급하기도 한다. 그는 단정적으로 "인간은 본성적으로 악하다"[27]고까지 말한다. 그러면 칸트는 인간의 본성은 선한 측면과 악한 측면을 동시에 갖고 있는데, 선한 측면을 선의지라 부르고 악한 측면을 근본악이라고 부르는 것인가? 말하자면 일종의 성선악혼재설을 주장하고 있는 것인가?

칸트가 인간의 본성에 대한 논의를 전개하면서 시종일관 염두에 두고 있었던 문제는 인간의 책임에 관한 문제다. 인간의 본성에 대한 어떠한 이론도 인간의 책임 문제를 시원하게 해결하지 못한다면, 그 이론이 아무리 그럴듯해 보인다 하더라도 잘못된 이론이라는 것이 칸트의 생각이었다. 인간은 자신의 행위로 인해 칭찬받기도 하고 비난받기도 한다는 것은 시공을 초월해서 발견되는 도덕적 현상이다.

만약 성선설이 옳다면, 악한 인간은 왜 생기는가? 환경을 잘못 만나서 그렇다는 것이 맹자의 답변이다. 맹모삼천지교라는 것은 교육에 있어서 환경의 결정적 중요성을 강조한 말이다. 그렇다면 어떤 인간이 악한 인간이 되는 것은 자기 탓이 아니고 환경 탓이 될 것이다. 따라서 인간은 자신의 악에

---

27) I. Kant, *Die Religion Innerhalb der Grenzen der Blossen Vernunft*, (in: Immanuel Kant Werkausgabe, W.Weischedel 판, VIII) 680면. 이하에서는 *Die Religion*으로 약함.

대해 책임질 필요가 없어진다. 물론 맹자의 입장에서는 그 환경을 선택하는 행위의 중요성을 말할 수 있다. 즉 어떤 인간이 악한 인간이 된 것은 그가 그의 선한 본성이 잘 자라나도록 도와주는 환경을 택하지 않아서 그렇게 된 것이기에, 그 사람은 자신의 악에 대해 책임을 져야 한다고 말할 수 있다는 것이다. 혹은 어떤 사람이 악하게 된 것은 그가 자신의 내면에 구비되어 있는 선한 본성이 잘 개화하도록 자기 수양을 하지 않았기 때문이니, 그는 자신의 악에 대해 책임을 져야 한다고 말할 수도 있다. 그러나 맹자가 책임 문제에 대해 이렇게 대답하면서 그는 자기도 모르는 사이에 자유의 개념을 끌어들이고 있는 것이다. 우리에게 좋은 환경이든 나쁜 환경이든 환경을 선택하는 자유가 전제되지 않는다면, 혹은 자신의 선한 본성이 개화하도록 자기 수양을 택할 수 있는 자유가 전제되어 있지 않다면, 우리는 어떤 사람이 악한 사람이 된 것을 그에게 책임 지우지는 못할 것이다. 인간의 본성을 선한 것으로 보는 맹자의 입장에서 볼 때, 교육한다는 것은 그 본성이 잘 개화하도록 환경을 갖추어 주는 것이다. 이런 교육관은 일종의 기르는 교육관이다. 나팔꽃 씨앗 안에는 나팔꽃을 피울 수 있는 본성이 들어 있다. 그런데 어떤 씨앗은 꽃을 피우지 못했다고 하자. 그러면 우리는 그 나팔꽃 씨앗에게 꽃을 피우지 못한 책임을 물을 수 있는가? 그런 책임을 지울 수 있으려면, 그 씨앗이 꽃을 피우지 못할 척박한 땅을 스스로 자유롭게 선택할 수 있다는 것이 전제되어야 한다. 그러나 나팔꽃 씨앗에게는 그런 자유가 없음을 알기 때문에 우리는 그 씨앗에게 그런 책임을 지우지 않는다. 맹자류의 성선설은 도덕적 책임의 문제를 해결할 수 없는 주장이며, 칸트는 성선설을 거부한다.

그러면 순자의 성악설은 책임의 문제를 해명할 수 있는가? 순자에 의하면 인간의 본성은 악하다. 그러면 현실적으로 선한 인간은 어떻게 해서 생겨나는가? 교육을 잘 받았기 때문이다. 이렇게 생각하는 한, 순자 역시 환경을 대단히 중시한다고 할 수 있다. 왜냐하면 교육 역시 넓은 의미에서 볼 때는 일종의 환경이기 때문이다. 그런 한에서 순자 역시 책임의 문제를 명쾌하게 해명할 수 없을 것이다. 어떤 사람이 악하게 된 것은 그가 훌륭한 교사를 못 만났기 때문이다. 그러나 훌륭한 교사를 선택할 자유가 전제되어 있지 않는 한, 어떤 사람이 자신의 악한 본성을 통제하지 못해 범죄를 저질렀다 하더라도, 우리는 그에게 자신의 악행에 대한 모든 책임을 물을 수는 없다. 맹자와 순자 둘 다 환경을 중시함에도 불구하고 그 양자의 교육방법상의 차이는 있다. 맹자는 보살핌과 배려의 교육을 중시한다면, 순자는 외적·물리적 제재를 통한 교육을 중시한다.

마지막으로 성선악혼재설은 책임의 문제를 해결할 수 있는 이론인가? 순수한 마음으로 남을 돕는 행위는 선한 행위이며, 남을 이유 없이 해치는 행위는 악한 짓이다. 그런데 모든 사람이 똑같이 남을 해치려는 마음과 도우려는 마음을 반반씩 갖고 태어난다고 가정하자. 그런데 갑돌이는 성장하여 선한 사람이 되었고 을식이는 성장하여 나쁜 사람이 되었다. 그렇다면 우리는 갑돌이를 칭찬하고 을식이를 비난할 수 있는가? 이 물음에 제대로 답하려면, 이 경우 우리는 다시금 왜 갑돌이는 선한 인간이 되었으며, 을식이는 나쁜 인간이 되었는가 물어보지 않으면 안 된다. 결국 환경 탓으로 돌리거나 자유의지 탓으로 돌리지 않을 수 없다. 환경 탓으로 돌린다면 갑돌이가 선한 인간이 된 것은 칭찬 받을 일이 못되는 것과 마찬가지로 을식이가 악한 인간이 된 것도 비난받을 일이 못 된다. 우리가 성선악혼재설을 받아들인다 하더라도 자유를 전제하지 않는 한 책임의 문제를 해명할 수는 없다. 성선악혼재설은 인간에게는 선한 본성과 악한 본성이 뒤섞여 있다는 것이지만, 과연 개개 인간의 경우 똑같은 비율로 섞여 있는가 하는 것도 문제가 된다. 설령 자유를 끌어들임 없이 책임의 문제를 해결할 수 있다 하더라도, 사람에 따라 선한 본성과 악한 본성이 혼재된 비율이 다르다면, 어떻게 그 비율에 비례해서 칭찬하거나 책임을 물을 것인가 하는 것이 문제시 될 수 있을 것이다.

성선설이나 성악설 혹은 성선악혼재설은 인간의 도덕적 책임의 문제를 제대로 해결할 수 없다. 이런 이유에서 칸트는 인간의 본성을 자유로 규정한다.

그러면 칸트가 인간에게는 선의지도 있고 근본악에로의 성향도 있다고 말한 것은 어떻게 이해되어야 하는가? 우리는 다음 장에서 이런 문제를 포함하여, 성선, 성악 논쟁에 대한 칸트의 입장을 살펴보고자 한다.

제3장 성선 · 성악 논쟁에 대한 칸트의 입장

'인간이란 무엇인가'라는 물음의 중요성은 철학의 역사와 더불어 끊임없이 강조되어 왔던 물음이다. 소크라테스의 유명한 말, '너 자신을 알라'는 것도 결국은 인간 문제의 중요성을 강조한 것이라 할 수 있다. 그러나 그 물음이 그 중요성에 걸맞는 자기 자리를 찾게 된 것은 칸트에 이르러서이다. 칸트는 철학의 모든 물음들, 심지어 인간이 던지는 모든 물음들은 궁극적으로 인간이란 무엇인가라는 물음에 귀착한다고 주장함으로써[1] 인간이란 무엇인가라는 물음을 철학의 중심적인 물음으로 만들었다. 몬딘은 칸트가 인간이란 무엇인가라는 물음이 철학의 중심적인 물음임을 주장한 지 200년쯤 뒤에 내용상 칸트가 했던 말과 본질적으로 동일한 주장을 하고 있다.

> 인간은 인간에게 최대의 문제이다. 인간 문제가 우리들 인간에게 중요하고 근본적인 문제라는 것은 명백하다. 왜냐하면 다른 모든 물음들 예를 들어 지구, 하늘, 달, 별, 공기, 원자, 물, 원자, 세포 등에 관한 물음이나 심지어 신에 과한 물음조차도 우리 인간 존재와의 관련에서만 비로소 중요성을 갖게 되기 때문이다.[2]

---

1) I. Kant, *Immanuel Kants Logik* (in : Immanuel Kant Werkausgabe, W.Weischedel 판, Bd. VI, 1977) 448면 참조.
2) B. Mondin, 『인간 : 철학적 인간학 입문』 (허재윤 옮김, 서광사, 1996) 5면.

그러면 과연 칸트는 인간을 어떻게 보았는가? 필자는 이미 다른 곳에서 칸트가 인간을 가능적 무한자로 보고 있음을 밝힌 바 있다. 그리고 가능적 무한자라는 인간관의 관점에서 볼 때, 칸트 이론철학에서 중요한 해석상의 문제들이 어떻게 해명될 수 있는가를 설명해 보였다. 우리는 인간을 가능적 무한자로 보는 칸트적인 인간관의 현대적 메아리를 코레트에게서 듣게 된다.

> 인간의 정신은 어떤 의미에서는 유한한 존재 일반의 제한성을 돌파하고, 전체로서의 존재의 무한한 넓이에 이르기까지 팔을 뻗치는 것을 우리는 알 수 있다. 그러나 이는 정신 그 자체가 무한하다는 것을 의미하는 것은 확실히 아니다. 모든 개별적인 인식작용은 항상 단지 유한할 뿐이다. … (중략) … 그럼에도 불구하고 인간의 사유작용은 항상 그리고 필연적으로 존재의 무한한 지평에서 이루어지며, 그것은 존재일반의 무한한 넓이에 이르기까지 손을 뻗친다. 이는 다음의 사실을 의미한다 : 인간의 정신이란 현실적 무한성(aktueller Unendlichkeit)의 의미에서 무한한 것은 아니다. 그렇지 않다면 인간은 하나님이 될 것이다. **그러나 인간 정신은, 정신 즉 현실적으로 유한한 정신의 본질을 구성하는 가능적 무한성(virtuellen Unendlichkeit)이라는 의미에서 무한하다.** 바로 여기에 인간정신의 비밀이 있다.[3)]

본 장에서 우리는 성선 · 성악 논쟁에 대한 칸트의 입장이 비록 칸트 자신은 거부했지만, 변형된 절충론임을 밝히고, 그것이 가능적 무한자라는 인간관과 어떤 방식으로 연결되어 있는지를 살펴보고자 한다.

---

3) E. Coreth, *Was ist der Mensch* (Tyrolia-Verlag, Innsburg, 1976) 96면. 강조는 필자에 의함.

Ⅰ. 성선설·성악설 논쟁과 칸트

칸트는 성선설의 입장을 취하고 있는가 성악설의 입장을 취하고 있는가 아니면 제3의 다른 입장을 취하고 있는가 하는 문제를 밝혀보려고 할 때, 우리는 당장 칸트가 『도덕형이상학정초』에서 언급하고 있는 선의지의 개념을 떠올리게 된다. 거기서 칸트는 다음처럼 말한다.

> 이 세계 안에서, 아니 심지어 이 세계 밖에서조차도 무제한적으로 선하다고 간주될 수 있는 것은 오직 **선의지**(guter Wille) 이외에는 아무것도 없다. 지성, 기지, 판단력, 그리고 그것들이 어떻게 불려지던 정신의 다른 **재능들과**, 또는 용기, 결단성, 인내심 같은 기질상의 성질들도 의심의 여지 없이 많은 점에서 선하고 바람직하다고 할 수 있다. 그러나 이러한 자연의 선물도 그것들을 사용하는 의지 – 그래서 그것의 고유한 성질은 **성격**이라고 불려진다 – 가 선하지 못하다면, 극히 악하고 유해한 것이 될 수도 있다.[4]

과연 칸트가 말하고 있는 '선의지'란 것이 구체적으로 무엇인가 하는 문제가 남아 있긴 하지만, 하여간 칸트가 인간에게 그러한 의지가 있음을 인정하고 있다는 점에서 그는 일단 성선설을 지지하고 있는 것처럼 보일 수 있다. 그러나 우리가 시선을 『도덕형이상학정초』에서 『단순한 이성의 한계 안에서의 종교』로 돌리면, 기독교의 원죄설을 연상시키는 '근본악'(radikale Böse)이란 개념을 보게 된다.[5] 뿐만 아니라 칸트는 단정적으로 "인간은 본성적으로 악하다"[6]고

---

4) I. Kant, *Grundlegung zur Metaphysik der Sitten*, 8면. 강조는 칸트에 의함.

5) 물론 칸트는 기독교의 원죄설에 관한 통상적인 해석에 근거한 성악설을 배격한다. "인간 안에 있는 도덕적 악의 근원이 어떤 것이든 간에, 우리 인류의 모든 구성원들과 모든 자손을 통한 악의 전파와 전달에 관한 모든 표상 방식들 중에서 가장 적절하지 않은 것은 악을 최초의 부모들로부터의 **유전**(Anerbung)에 의해서 우리에게 전해져 온 것이라고 표상하는 것이다."(I. Kant,

말한다. 그러면 칸트는 성악설을 지지하고 있는가? 이런 상황에서 사람들은 칸트가 인간의 본성은 선하면서 동시에 악하다고 주장하고 있다는 식의 손쉬운 절충론을 택할 수가 있다. 사실 우리는 이 절충론적 해석을 지지하는 듯이 보이는 다수의 구절들을 『단순한 이성의 한계 안에서의 종교』에서 발견할 수가 있다.

> 인간 본성의 타락성(Bösartigkeit)은, 사람들이 '악의'라는 말을 엄격한 의미로 받아들인다면, 즉 악을 악으로서 자기 준칙의 동기로 받아들이는 심정(준칙들의 주관적 원칙)의 의미로 받아들인다면 그런 **악의**(Bosheit)는 아니다. (왜냐하면 그것은 악마적인 것이기 때문이다.) 인간 본성의 타락성은 오히려 심정의 **전도**라 불려져야 한다. 그것은 그 결과에 따라 **악한 심정**이라고 불려지는 것이다. 이 악한 심정은 일반적으로 선한 의지와 공존할 수 있다.[7]

> 도덕적으로 선한 인간이 되기 위해서는 우리 인류라는 종족 안에 내재하는 선의 종자가 단지 방해 받음이 없이 잘 발전하도록 하는 것만으로는 충분하지 않고, 우리 내부에 있는, 작용하는 악의 원인과도 싸워 이기지 않으면 안 된다.[8]

이런 구절들은 칸트가 성선설과 성악설 간의 논쟁에 있어서 절충론적 입장을 취하고 있다는 생각을 갖게 한다. 그러나 칸트가 이런 절충론적 입장을 배격하고 있음은, 그가 인간이 유사 이래로 더 사악한 상태를 향하여 가속도

Die Religion, 689면) 이런 점에서 본다면 통상적으로 해석된 기독교의 원죄와 칸트의 근본악은 다른 것이다.

6) I. Kant, *Die Religion*, 680면.
7) I. Kant, *Die Religion* 686면. 강조는 칸트에 의함.
8) I. Kant, *Die Religion*, 709면.

적으로 전락해 간다는 입장과 이 입장과는 정반대의 입장, 즉 세상은 악한 상태에서 선한 상태로 끊임없이 진행해 가고 있으며, 적어도 그런 방향으로 나가려는 소질이 인간 본성 안에서 발견되고 있다는 입장을 대비시켜 소개한 뒤[9] 다음처럼 말하고 있는 데서 밝혀진다.

> 앞에서 제출된 두 가지 가설 간의 논쟁은 하나의 선언적 명제, 즉 **인간은 본성상 윤리적으로 선하거나 또는 윤리적으로 악하거나** 둘 중의 하나라는 주장이 그 밑바닥에 놓여 있다. 그러나 모든 사람들에게 다음과 같은 물음들이 쉽게 떠오를 것이다. 즉 이 선언명제는 과연 타당한가? 혹은 어떤 사람은 인간은 본성상 이 양자 중에 어느 것도 아니라고 주장할 수도 있지 않은가? 혹은 다른 사람은 그와는 달리 인간은 동시에 선하기도하고 악하기도 하다고, 즉 어떤 부분은 선하고 어떤 부분은 악하다고 말할 수 있지 않는가? 더욱이 경험은 선과 악의 두 양극단의 이러한 중간을 실증하는 것처럼 보이기조차 한다. 그러나 윤리이론 일반에 있어서 매우 중요한 점은 행위에 있어서나 인간의 성품에 있어서, 가능한 한 도덕적 중간을 허용하지 않는다는 것이다. 왜냐하면 그러한 애매성으로 말미암아 모든 준칙은 그 정확성과 견고성을 박탈당하는 위험에 처하기 때문이다.[10]

칸트는 도덕적 중간을 허용하지 않는 이런 입장을 지지하는 사람들을 엄격주의자(Rigoristen)로 부르고 그 반대론자들을 자유주의자들(Latitudinarier)로 부른다. 그리고 이 자유주의자들을 다시금 중립적인 자유주의자들 혹은 무관심주의자들(Indifferentisten)과 연합의 자유주의자(Latitudinarier der Koalition) 혹은 절충주의자들(Synkretisten)로 구분한다.[11]

---

9) I. Kant, *Die Religion*, 665-666면 참조.
10) I. Kant, *Die Religion*, 668-669면.

인간의 본성에 대한 칸트의 입장이 전통적인 성선설도 성악설도 아니며 그렇다고 절충론도 아니라면, 과연 칸트의 입장은 무엇인가?

II. 인간의 본성과 자유

인간의 본성이 선한가 악한가 아니면 선하기도 하면서 동시에 악하기도 한가 하는 문제에 대해 전통적인 접근방식은, 현대식으로 표현해서, 인간 속에 선이나 악의 유전인자가 있는가 없는가 하는 방식으로 접근했다. 마치 늑대는 포탈자로서의 삶을 살아갈 수밖에 없는 유전인자를 자신 속에 갖고 있으며, 양은 온순한 초식동물로서의 삶을 살아갈 수밖에 없는 유전인자를 갖고 있듯이, 인간도 어떤 유전인자를 갖고 있을 것이라는 것이다. 그러나 칸트의 견해에 의하면 인간에 대한 이러한 접근방식은 그 배후에 인간은 근본적으로 동물이라는 생각을 숨기고 있는 것이 된다. 동물들의 행동은 유전자에 입력된 명령에 따라 환경과 교섭하며 행동한다. 그러나 인간은 자유로운 존재라는 사실을 인정하는 데서 인간에 관한 논의를 시작하지 않으면 안 된다. 인간에게는 선의 유전자나 악의 유전자 같은 것은 없다. 인간에게는 단지 자신의 행위준칙을 스스로 택할 수 있는 자유가 있을 뿐이라는 관점에서 본다면 우리는 다음의 몇 가지 사실을 추리할 수 있다.

첫째로, 기존의 성선설과 성악설 간의 논쟁은 근본적으로 길을 잘못 찾아든 것이 된다. 만약 인간의 선함과 악함이 인간 속에 있는 유전자 탓이라면, 그 성격이 악한 경우에는 그 책임이 자연에게 있는 것이 될 것이고 그 성격이 선한 경우에는 그 공로 역시 자연이 차지해야 할 것이다. 그러나 인간은 그 자신이 "그의 성격의 창시자"[12]이다. 그러므로 "도덕적 악을 자유와 인간 행위

11) I. Kant, *Die Religion*, 669면 참조.
12) I. Kant, *Die Religion*, 668면.

를 통해 규정하려는 칸트의 태도는 성선설과 성악설의 논의 자체를 처음부터 거부한다"[13]고 말할 수 있다.

둘째로, 도덕법칙과의 관계에서 인간의 심성은 선하지도 않고 악하지도 않을 수는 없다. 즉 "인간은 또한 어떤 부분에서는 도덕적으로 선하면서 동시에 다른 부분에서는 악할 수도 없다. ; 왜냐하면 어떤 면에서 인간이 선하다고 한다면 이는 그가 도덕법칙을 그의 준칙으로 삼고 있다는 것을 의미한다. 그런데 인간이 또 다른 한편에 있어서는 악하다고 한다면, 의무의 수행에 있어서 도덕법칙은 유일하고 보편적인 것이므로, 선하기도 하면서 동시에 악하기도 한 사람에게는 도덕법칙과 관계하는 그의 준칙이 보편적이면서 동시에 특수한 것이 된다. 그러나 이것은 모순된 것이기 때문이다."[14]

셋째로, "본성(Natur)이란 표현은 - 통상 그렇듯이 - 자유에 의한 행위들의 근거와 정반대의 것을 의미할 때는, **도덕적으로** 선하다든가 악하다고 하는 술어들과 단적으로 모순을 일으킨다."[15] 이런 이유로 칸트는 인간의 본성이란 말을 "단지 (객관적 도덕법칙 아래에 있는) 자유 사용의 주관적 근거"로 이해해야 한다고 주장한다.[16] 그렇다면 이 주관적 근거는 다시금 그 자체 자유의 행위(Actus der Freiheit)이지 않으면 안 된다. 왜냐하면 그렇지 않다면 도덕법칙에 대한 인간의 선택의지(Willkür)의 사용 또는 오용에 대해 그에게 책임을 물을 수가 없으며, 그의 내부에 있는 선 혹은 악을 도덕적 평가의 대상으로 삼을 수도 없기 때문이다.[17]

그러면 인간은 자유로운 존재라는 관점에서 보았을 때, 인간은 본성적으로 선하다든지 악하다고 말하는 것의 의미는 무엇인가? 칸트에 의하면, 악의

---

13) 강영안, 「칸트의 '근본악'과 자유」(1991년 한민족철학자 대회보, 『현대한국에서의 철학의 제문제』, 도서출판 천지) 212면.
14) I. Kant, *Die Religion*, 671면.
15) I. Kant, *Die Religion*, 667면. 강조는 칸트에 의함.
16) I. Kant, *Die Religion*, 667면.
17) I. Kant, *Die Religion*, 667면 참조.

근거는 경향성을 통해 선택의지를 규정하는 대상들 안에 있는 것이 아니라, 다만 선택의지가 자기의 자유를 사용하기 위하여 스스로 설정하는 규칙, 즉 준칙 안에 있다. 그런데 우리는 이 준칙에 관해서 하필이면 그 준칙을 택하고 그와 반대되는 준칙을 택하지 않는 그 주관적 근거가 무엇인가 하고 물어서는 안 된다. 왜냐하면 만약 이 근거가 결국 그 자체로 어떤 준칙이 아니고 단순히 자연적 본능에 불과한 것이라면, 우리가 자유의 행위라고 생각한 준칙의 채택이 자연적 동기에 의해 규정된 것이 되는데, 이는 이미 확립된 진리인 인간은 자유로운 존재라는 사실에 모순되기 때문이다. 그러므로 인간이 본성적으로 선하다든가 혹은 악하다고 말할 때, 그 말이 의미하는 바는 선한 준칙 혹은 악한 준칙을 채용하는 최초의 근거가 인간 안에 내재한다는 것이다.[18)]

III. 선에의 소질과 악에의 성향

칸트는 인간의 본성 안에 있는 선에의 소질(Anlage)을 세 가지로 구분한다. 첫째로, 생물로서의 인간이 갖고 있는 동물성(Tierheit)의 소질. 둘째로, 생물이면서 동시에 이성적인 존재자인 인간이 갖고 있는 인간성(Menschheit)의 소질. 셋째로, 이성적이며 동시에 책임질 수 있는 존재로서의 인간이 갖는 인격성(Persönlichkeit)의 소질이 그것이다. 동물성의 소질은 물리적이며 단순히 기계적인 자기애, 즉 '이성을 필요로 하지 않는 자기애'라는 일반적인 명칭으로 분류될 수 있는데, 자기보존의 소질, 종족번식의 소질, 공동생활 즉 교제의 소질 등이 여기에 포함된다. 이 동물성의 소질들 중에서 자기애의 소질이 잘못 발전하면 폭식의 악덕을 낳고 자기보존의 소질이 잘못 발전하면 방탕의 악덕을 낳으며 교제의 소질이 잘못 발전하면 타인과의 관계에서의 야만적인

---

18) I. Kant, *Die Religion*, 667-668면 참조.

무법성의 악덕을 낳는다. 인간성의 소질은 '비교하는 자기애'라는 일반적 명칭으로 불려질 수 있는 것으로, 이것은 타인과의 비교를 통해서만 자신의 행 · 불행을 판단하는 것이다. 자연은 인간성 속에 있는 비교하고 경쟁하는 소질들을 단지 문화에의 동기로 사용하기를 원하지만, 이 역시 잘못 발전하면 시기와 배은망덕 그리고 타인의 불행을 기뻐하는 일 등의 악덕이 된다. 마지막으로 인격성의 소질은 그 자체로 선택의지의 충분한 동기가 되는 도덕법칙을 존경하는 능력이다.[19] 과연 인간 안에는 그러한 능력이 존재하는가? 이 물음에 대해 칸트는 다음처럼 답한다.

> 우리 안에 있는, 도덕법칙에 대한 단순한 존경의 능력은 도덕감정인데, 그것은 그 자체로서 자연적 소질의 목적을 형성하는 것이 아니라, 도덕적 선택의지의 동기인 한에서만 그런 목적을 형성한다. 그런데 이것은 단지 자유로운 선택의지가 그러한 도덕감정을 그의 준칙 안에 통합시키는 것을 통해서만 가능해지기 때문에, 그러한 선택의지의 성질은 선한 성격이다. 그리고 대체로 자유로운 선택의지의 모든 성격들이 그렇듯이, 그러한 선한 성격은 획득되어야만 하는 어떤 것이다. 그러나 그것을 획득하는 것이 가능하기 위해서는, 어떤 소질 즉 그것에 어떠한 악도 전혀 접합할 수 없는 소질이 우리의 본성 안에 존재하지 않으면 안 된다.[20]

칸트는 도덕법칙과 그것에 대한 순수한 존경의 감정이 불가분리적으로 결합해 있다고 생각한다. 그러나 칸트는 도덕법칙의 이념과 존경이 불가분리적으로 결합해 있음을 증명한 것만으로 존경의 능력이 인격성의 소질이라고 불리기에 합당치 않음을 알고 있다. 왜냐하면 항상 특정한 시공간 속에서 피와 살을 갖고 행위하는 구체적인 인간에 대해서만 인격을 말할 수 있는데,

19) I. Kant, *Die Religion*, 672-675면 참조.
20) I. Kant, *Die Religion*, 674-675면.

칸트는 **선험적인 도덕주체에 있어서만** 그 양자가 불가분리적으로 결합해 있음을 증명했을 뿐이기 때문이다. 그래서 그는 "존경을 동기로서 우리의 준칙 안에 채용하는 주관적 근거는 인격성에 결합되어 있는 것으로 보인다"[21]는 말을 덧붙인다. 칸트에 의하면 이 세 번째 소질만이 그 자체로서 실천적 이성, 즉 무조건적으로 법칙을 부여하는 이성에 뿌리를 두고 있다.

사람들이 '인간은 선하게 태어났다'고 말할 때, 이 말은 "인간이 선을 지향하도록 창조되었으며, 인간 안에 있는 근원적 소질이 선하다는 것만을 의미할 뿐, 그 이상을 의미하는 것은 아니다."[22] 이 소질을 갖고 있는 것만으로 인간은 아직 선하다고 말할 수가 없다. 이 선에의 소질은 소질인 한, 근절될 수도 부패될 수도 없다. 그러므로 우리에게 있는 선의 근원적 소질을 회복한다고 함은 **상실된** 선의 소질을 회복한다는 뜻이 아니라 오히려 도덕법칙에 대한 존경을 내용으로 하는 선의 동기는 상실될 수 없음을 의미한다. 선에의 소질을 회복한다는 말은 단지 모든 준칙의 최고 근거인 도덕법칙의 순수성을 확립한다는 것에 불과하다.[23]

칸트는 인간의 본성 안에는 선에의 소질이 있음을 인정하면서 다른 한편으로는 악에의 성향이 있음도 인정한다. 인간은 선에의 소질을 갖고 있는 것만으로는 아직 선하다고 말할 수 없듯이 인간이 악에의 성향을 갖고 있다는 사실만으로는 아직 악하다고 말할 수 없다. 왜냐하면 "악은 단지 자유로운 선택의지의 규정으로서만 가능한데, 이 선택의지는 자신이 택하는 준칙을 통해서만 선 또는 악으로 판단될 수 있는 것"[24]이기 때문이다. 그러므로 '인간은 본성상 악하다'는 말은 인간이 도덕법칙을 의식함에도 불구하고 그 법칙으로부터 이탈하게 하는 여러 가지 성향이 인간의 본성 안에 존재한다는 의미로 받아들

---

21) I. Kant, *Die Religion*, 675면.
22) I. Kant, *Die Religion*, 694면.
23) I. Kant, *Die Religion*, 695-696면 참조.
24) I. Kant, *Die Religion*, 676면.

여야 한다.[25] 이를 알렌 우드는 다음처럼 풀이하고 있다.

> 인간이 악하다고 말하는 것은, 선하게 될 수 있는 능력을 갖고 있지만, 그럼에도 불구하고 인간은 악하다고 말하는 것이다. 그리고 인간이 악에의 성향을 갖고 있다고 말하는 것은 인간이 갖고 있는 자연적 소질 덕택에 인간은 도덕적 이성의 자극을 갖고 있지만 그럼에도 불구하고 인간은 선에 대한 자신의 능력을 도덕적 이성의 자극보다도 그의 경향성을 더 선호하려는 경향성으로 인하여 제한한다는 말이다.[26]

칸트는 인간성 속에 있는 악에의 성향을 인간 심정의 연약성, 인간 심정의 불순성, 심성의 사악성으로 나누어 고찰한 뒤에, "악에의 성향은 인간적 본성과 뒤섞여 짜여져 있음"[27]을 강조한다. 그에 의하면 악에의 자연적 성향은 인간의 본성 안에 있는 근본적이며 생득적인 악으로 불려질 수 있다. 그리고 그것이 생득적인 것이라 하더라도 그것은 우리 자신에 의해 초래된 악이라고 한다.[28]

이러한 생득적인 악의 근거는 감성 및 그로부터 발생하는 자연적 경향성 안에 있는 것이 아니다. 감성은 악과는 직접적인 관련이 없다. 감성은 천부적인 것으로서 우리가 그것의 창시자가 아니기 때문에, 우리는 그것에 대해서 책임질 필요가 없다. 마찬가지로 감성에서 유래하는 경향성에 대해서도 우리는 책임질 필요가 없다. 오히려 감성과 경향성은 우리가 유덕해질 수 있는 기회를 부여한다. 그리고 생득적인 악의 근거는 도덕적으로 입법하는 이성의 부패성 안에 있는 것도 아니다. 왜냐하면 그렇다고 한다면 이는

---

25) I. Kant, *Die Religion*, 680면 참조.
26) A.W.Wood, *Kant's Moral Religion* (Cornell University Press, Ithaca & London, 1970) 219면.
27) I. Kant, *Die Religion*, 678면.
28) I. Kant, *Die Religion*, 680면 참조.

마치 이성이 자기 자신 안에 있는 법칙 자체의 권위를 파괴하고 이 법칙으로부터 생기는 구속력을 부인할 수 있음을 인정하는 것이 되는데, 이는 불가능하기 때문이다. 자기가 자유롭게 행위하는 존재이면서 동시에 그러한 존재에 합당한 도덕법칙으로부터 해방된 존재라고 생각하는 것은 법칙이 전혀 없이 작용하는 원인을 생각하는 것과 마찬가지인데, 이는 모순이다.[29] 이런 점에서 본다면 칸트의 인간본성론은 맹자류의 주자학에서 말하는 사단칠정론과는 다르다고 말할 수 있다. 주자학에 의하면 칸트의 이성에 해당하며 본연지성으로 간주되고 있는 사단은 선이고 칸트의 감성에 해당하며 기질지성으로 불려지고 있는 칠정은 악이다. 그러나 칸트에 의하면 감성과 이성은 그 자체로 선도 아니고 악도 아니다. 선과 악은 감성이나 이성에 그 근원을 두고 있는 것이 아니라,[30] 인간의 자유에서 발생한다. 칸트는 자신이 인간의 본성 안에 있는 것으로 인정하는 근본악도 기실은 그 책임이 인간 자신에게 있음을 강조한다. 그러면 칸트가 말하는 근본악이란 과연 어떤 것인가?

칸트는 인간의 행위 즉 도덕적 판단의 대상이 될 수 있는 모든 행위들은

29) I. Kant, *Die Religion*, 683면 참조. 칸트는 인간의 인성은 동물의 수성과 천사나 악마의 영성 사이에 있는 것으로 간주한다. 만약 인간에게서 자유로부터 발생하는 동기들을 제거해 버리면, 인간은 단순한 동물적 존재가 된다. 그러나 인간의 의지가 도덕법칙 아래에 있는 의지가 아니라 도덕법칙을 따르기만 하는 의지라면, 인간은 천사가 될 것이다. 그리고 인간의 의지가 도덕법칙에 얽매이지 않는 의지요 도덕법칙을 무시하는 의지라고 한다면, 인간은 악마적 존재가 될 것이다. 아무리 악한 인간이라 하더라도, 설령 도덕법칙에 자신의 의지를 복종시키기를 거부하는 인간이라 하더라도 도덕법칙을 전혀 염두에 두지 않고 행동하는 인간은 없다. 마찬가지로 아무리 선한 인간이라 하더라도 자신의 감성적 경향성을 전혀 느끼지 않으면서 행동하는 인간도 없다. 인간은 동물도 아니고 천사나 악마도 아니다.(*Die Religion*, 683-684면 참조) 칸트에 의하면 바로 그 때문에 인간에게만 도덕법칙에 대한 존경이 있다.(*Kritik der praktischen Vernunft*, 89면 참조)

30) 주자의 사단칠정론에 의하면, 사단이나 칠정이나 모두 다 감정이기에, 주자가 말하고 있는 사단이 칸트가 말하는 이성에 해당한다는 설명에는 뭔가 무리한 측면이 있다. 그럼에도 불구하고 사단이 이(理)와 연결되고, 이 이는 서양철학에서 말하는 이성과 연결될 수 있는 한, 주자의 사단을 칸트의 이성과 연결시키는 것이 터무니없기만 한 것은 아닐 것이다. 주자가 말하는 사단은 도덕적인 선천적 감정이고, 칠정은 비도덕적인 감정으로 이해할 수도 있는데, 칸트도 이성에서 유래한 선천적인 도덕감정인 '존경'을 인정하고 있다. 이런 관점에서 우리는 주자가 말하는 사단을 이성에서 유래한 선천적인 도덕감정으로 이해할 수도 있을 것이며, 그러한 이해가 가능하다면, 사단과 이성을 연결시키는 것은 더 많은 설득력을 갖게 될 것이다.

도덕법칙과 그것에 대한 순수한 존경심에서 행하겠다는 원칙에 의해 행해진 행위이거나 자기애[31]라는 주관적 원리에 편승한 감성의 동기에 따라 행하겠다는 원칙에 행해진 행위이다. 인간은 항상 이 두 원칙 사이에서 방황하고 갈등하는 존재다. 사람은 자연스러운 방식으로 감성의 동기들을 그의 준칙 안에 채용하기도 하기도 하고 또 도덕법칙을 선택의지의 충분한 근거로서 자신의 준칙 안에 채용하기도 한다. 이 경우,

> 사람들은 자연스럽게 이 둘을 그의 준칙 안에 받아들이므로 또 이 양자 중의 어느 것이라도 그것만으로 의지를 규정함에 있어서 충분한 것으로 생각할 것이기 때문에, 준칙의 차이가 단지 두 가지 동기(준칙의 실질적 내용)의 차이와 마찬가지라면, 즉 동기를 부여하는 것이 법칙인가 감성인가라는 문제라면, 사람은 도덕적으로 선하며 동시에 악하다. 그러나 이것은 (이미 서론에서 살펴본 바와 같이) 모순이다. 따라서 선한 인간과 악한 인간의 차이는 그들이 준칙 안에 채용하는 동기들의 차이에 있는 것이 아니라(동기의 실질적 내용에 있는 것이 아니라) **오히려 준칙의 형식의 종속관계에, 즉 그가 이 둘 중의 어느 것을 다른 것의 조건으로 삼는가에 있는 것이다.**[32]

칸트에 의하면 도덕적 판단의 대상이 되는 인간의 모든 행위에 관한 한, 도덕법칙에 대한 존경심이 전무한 상태에서 행해진 행위란 존재하지 않으며, 마찬가지로 경향성의 영향력을 전혀 느낌이 없이 행해진 행위 역시 존재하지 않는다. 도덕적 판단의 대상이 되는 인간의 모든 행위는 도덕법칙에 대한 존경심과 감성의 경향성이 뒤섞인 상태에서 행해진다. 그러므로 행위의 선악이 행위를 규정하는 동기에 의해 결정된다면, 그래서 동기를 부여하는 것이

31) 자기애는 우리들의 모든 준칙들의 원칙으로 채용될 때, 악의 근원이 된다.(*Die Religion*, 695면)
32) I. Kant, *Die Religion*, 684-685면, 강조는 칸트에 의함.

법칙이면 선한 행위이고 감성이면 악한 행위라고 한다면, 인간은 도덕적으로 선하면서 동시에 악하다는 결론이 나온다. 그러나 인간은 선하면서 동시에 악할 수는 없다. 인간이 선하면서 동시에 악하다는 것은, 어떤 인간이 도덕법칙을 자신의 행위준칙으로 받아들이면서 동시에 도덕법칙 대신에 자기애를 자신의 행위준칙으로 택한다는 것을 의미하는데, 이는 모순이기 때문이다. 그러면 인간이 근본적으로 악하다는 것은 무엇을 의미하는가? 앞서 말한 이유에서 인간은 선하면서 동시에 악할 수가 없는데, 이는 도덕법칙과 자기애가 동등하게 양립할 수 없다는 것이나 마찬가지다. 이리하여 인간은 도덕적 평가의 대상이 되는 행위를 함에 있어서, 그러한 행위의 수행**조건**인 도덕법칙, 자기애 및 그의 경향성들 중에서 어느 하나를 최고의 조건으로 삼고 나머지를 그 최고의 조건 아래에 종속시켜야 함을 알게 된다. 이런 상황에서 인간들에게는 자기애에 따라 행동한다는 원칙을 도덕법칙에 따라 행동한다는 원칙보다 하위에 두는 것이 옳음에도 불구하고 상위에 두려는 강력한 전도에의 성향을 갖고 있다. 바로 이것이 인간성 안에 있는 근본악이다.[33] 이러한 악에의 자연적인 성향은 결국은 자유로운 선택의지 안에서 발견되는 것이며, 따라서 그것에 대한 책임은 인간에게 있는 것이다.[34] 칸트에 의하면,

> 이 악은 모든 준칙들의 근거를 부패시키기 때문에 **근본적인**(radikal) 것이다. 또한 동시에 그것은 자연적 성향으로서의 인간의 힘으로는 근절시킬 수 없는 것이다. 왜냐하면 그것의 근절은 선한 준칙들을 통해서만 일어날 수 있는 것인데, 모든 준칙들의 최고의 주관적 근거가 부패한 것으로 가정된다면 그런 일은 발생할 수 없기 때문이다. 그럼에도 불구하

33) 알렌 우드에 의하면, 칸트에 있어서 '열정'(Leidenschaft ; passion)은 경향성에 의해 그에게 주어진 목적으로부터 행위하기 위해 주관의 준칙을 미리 가정하는 욕구의 형식이라는 점에서, 그리고 고의적이란 점에서 근본악과 매우 커다란 유사성을 갖고 있다.(A.W.Wood, *Kant's Moral Religion*, 218면 참조)

34) I. Kant, *Die Religion*, 685면 참조.

고 악에의 성향은 자유롭게 행위하는 존재로서의 인간 안에서 발견되는 것이므로 **극복**될 수 있는 것이다.[35)]

이런 관점에서 본다면, "인간 본성의 타락성은 '악의'라는 말을 … (중략) … 악을 악으로서 자기 준칙의 동기로 받아들이는 심정의 의미로 받아들인다면, 그런 '악의'는 아니다.(왜냐하면 그것은 악마적인 것이기 때문이다) 인간 본성의 타락성은 심정의 **전도**라고 불려야 한다. 그것은 그 결과에 따라 **악한 심정**이라고 불리는 것이다"[36)]는 칸트의 말은 잘 이해가 된다. 칸트는 근본악에 대한 자신의 이런 관점에서 통상적으로 해석된 기독교의 원죄설을 거부할 뿐만 아니라 더 나아가서 원죄설을 새롭게 해석한다. 『성서』의 「창세기」 타락 설화는 신의 명령으로 주어진 "(도덕)법칙으로부터 나오는 동기를 능가하는 감성적 충동의 우월성을 행위의 준칙으로 채용하며, 마침내 죄를 범하는"[37)] 인간의 모습, 즉 근본악에의 성향에 굴복한 인간의 모습을 보여주고 있다. 그런데 칸트에 의하면 이 이야기는 개체로서의 아담이라는 하나의 특수한 인간에 대한 이야기가 아니라, 바로 우리 자신에 관한 이야기로, 우리가 매일 똑같이 그렇게 하고 있다. 바로 이것이 "아담 안에서 모든 인간이 죄를 지었고"라는 성경 말씀의 참된 뜻이다.

만약 칸트가 말하는 근본악이란 것이 도덕법칙과 자기애의 원칙 사이에서 갈등하고 방황하는 인간이 도덕법칙보다 자기애를 더 우선시키려는 강력한

---

35) I. Kant, *Die Religion*, 686면. 칸트는 근본악은 근절될 수 없으면서 극복될 수는 있다고 말하는데, 이는 일견 잘 이해되지 않는 흥미로운 주장이지만, 이 문제는 본 장의 범위를 넘어서 있다. 근본악의 극복과 관련하여 칸트는 『단순한 이성의 한계 안에서의 종교』에서, 은혜의 교리나 구원 혹은 구속의 문제를 다루고 있지만, 이는 도덕의 형이상학에 대한 자기 자신의 견해에 의해 설정된 한계를 넘어서는 것으로 보인다.(A. E. Teale, *Kantian Ethics*, Oxford University Press, London, 1951, 293면 참조) 그럼에도 불구하고 '근본악'은 야스퍼스가 말하고 있듯이, 칸트의 종교철학을 그 심연에서부터 점화시킨 개념이다.(K. Jaspers, *Rechenschaft und Ausblick*, R. Piper & Co. Verlag, München, 1951, 108면 참조) 근본악의 개념이 없었다면, 은혜와 구원에 대해서 언급할 필요가 없었을 것이기 때문이다.

36) I. Kant, *Die Religion*, 686면. 강조는 칸트에 의함.

37) I. Kant, *Die Religion*, 692면.

자연적 · 보편적 성향이라고 한다면, 『도덕형이상학정초』에서 무조건적으로 선한 것이라고 예찬된 선의지란 무엇인가? 그것은 자기애의 유혹에도 불구하고 도덕법칙을 자기애의 원칙보다 상위에 두려는 의지 이외의 다른 것이 아닌 것이다.[38] 바로 그 때문에 동일한 하나의 인간 속에는 근본악에의 성향과 선의지가 다 들어 있을 수 있는 것이다. 그렇다면 칸트는 성선 · 성악 논쟁에서 절충론적인 입장을 택하고 있는 것이 아닌가?

IV. 칸트는 성선 · 성악 논쟁을 무효화시켰는가?

성선설과 성악설 간의 논쟁은 인간은 본성상 선한가 악한가 하는 문제를 축으로 하여 전개되어 왔다. 이때 문제가 되고 있는 '인간'은 유(類)로서의 인간이지 개별적 인간은 아니다. 그러나 칸트는, 우리가 앞서 살펴보았듯이, 이 문제를 인간의 의지는 자유롭다는 관점에서 개별적 인간의 문제로 바꾸어 다루고 있다. 칸트의 입장을 보다 자세히 요약하면 다음처럼 될 것이다.

> 유로서의 인간은 자유로운 존재이기 때문에, 인간의 본성이 선한가 악한가 하는 문제는 잘못된 문제다. 유로서의 인간에 대해서 우리가 보편적으로 말할 수 있는 것은 그가 자유로운 존재라는 것뿐이다. 전통적인 성선 · 성악 논쟁은 인간이 자유로운 존재라는 사실을 염두에 두지 않고 행해지고 있다. 그러나 선과 악이란 것은 자유를 떠나서 논의될 수는 없다. 그 자유가 올바로 행사될 때 선이 되고, 잘못 행사될 때 악이 된다. 그런데 선과 악의 주체는 유로서의 인간일 수가 없고, 구체적인 현실 속에서

38) 칸트는 *Grundlegung zur Metaphysik der Sitten* 70면에서 의지의 준칙이 보편적 법칙이 되더라도 자기 자신과 모순을 일으키지 않는 그런 의지를 '단적으로 선한' 의지로 간주한다. 그러므로 선의지란 결국 자기애의 유혹에도 불구하고 도덕법칙을 따르려는 의지 이외의 다른 것이 아니다.

> 도덕법칙과 자기애 사이에서 갈등하고 방황하는 자유로운 개별적 인간이다. 바로 그 때문에 항상 구체적 · 개별적 인간만이 도덕적 공과에 대한 책임을 지는 것이다. 그러므로 우리는 유로서의 인간의 본성이 선한가 악한가 물어서는 안 되고, 그 본성이 자유인 개별적 인간이 선한가 악한가 물어야 한다. 이 물음에 관한 한, 우리는 어떤 일률적인 대답을 기대할 수가 없다. 왜냐하면 물음 자체가 유로서의 인간을 향하고 있는 것이 아니라, 본성이 자유인 개체로서의 인간을 향하고 있기 때문이다. 개체로서의 인간이 자신의 자유를 올바로 사용하면 그는 선한 인간이 되고 잘못 사용하면 악한 인간이 된다.

성선 · 성악 논쟁에 자유를 개입시킴으로써, 그 논쟁 자체를 무효화시키려는 칸트의 이런 시도는 과연 성공하고 있는가? 인간은 자유롭다는 사실을 고려해 넣기 시작하면, 성선 · 성악 논쟁은 무의미해진다는 칸트의 생각은 많은 설득력을 갖고 있는 듯이 보인다. 그러나 칸트가 말하는 '인간의 자유'란 것이 과연 무엇인가를 생각해보면, 칸트는 성선 · 성악 논쟁을 무효화 시키고 있다기 보다는 오히려 일종의 새로운 절충주의자로 분류될 수 있는 것이 아닌가 하는 의구심을 갖게 된다.

칸트는 "인간의 본성 안에 있는 선에의 근원적 소질"[39]을 인정할 뿐만 아니라, "인간의 본성 안에 있는 악에의 성향"[40]도 인정한다. 인간이 자유로운 것은 인간이 바로 선에의 소질과 악에의 성향 사이에서 갈등하면서 선택하는 선택의지를 갖고 있기 때문이다. 선에의 소질과 악에의 성향은 인간의 자유를 구성하는 양 축이다. 어느 한쪽이 없어도 인간은 자유일 수가 없다. 그러므로 인간이 본성상 자유로운 존재라는 것은, 인간의 본성 안에는 선한 측면도 있고 동시에 악한 측면도 있음을 인정하는 것이 될 것이고, 이는 결국 절충주

---

39) I. Kant, *Die Religion*, 672면.
40) I. Kant, *Die Religion*, 675면.

의자의 입장이 될 것이다.

우리는 칸트가 '소질'(Anlage)과 '성향'(Hange)을 구분하고 있다는 점에 착안하여, 그가 절충주의자가 아님을 밝힐 수 있는지 검토해 볼 필요가 있다. 우선 소질과 성향에 대한 칸트의 설명을 들어보자.

> 어떤 존재자의 소질이란 말로써 우리는 그 존재자에게 필수적인 구성요소뿐만 아니라, 또한 그 구성 요소들의 결합방식 – 이것에 의해 그 존재자가 존재하게 된다 – 으로 이해한다. 소질들은, 그들이 어떤 존재에게 필연적으로 포함되어 있을 경우 **근원적**인 것이다. 그러나 그 존재가, 그 소질들이 없어도 스스로 존재하는 것이 가능할 경우 그들은 **우연적**인 것이다.[41]

> 나는 성향(propensio)이라는 말로, 인간성 일반에 대해 우연적인 한에서 경향성(습관적 욕망, concupiscentia)을 가능케 하는 주관적인 근거라고 이해한다. 성향은 실로 생래적일 수 있으나, 그런 것으로 생각되어서는 안 된다. 오히려 그것은(그 성향이 선한 것이라면) **획득된** 것으로, 또는 (그 성향이 악한 것이라면) 인간이 스스로 자기 자신에게 **초래한** 것으로 생각될 수 있다는 점에서 소질과 구별된다.[42]

칸트는 『실용적 관점에서 본 인간학』에서는 성향을 다음처럼 규정한다.

> 성향이란 그 욕망 대상의 표상에 선행하는, 어떤 욕망 성립의 주관적 가능성이다.[43]

---

41) I. Kant, *Die Religion*, 675면. 강조는 칸트에 의함.
42) I. Kant, *Die Religion*, 675-676면. 강조는 칸트에 의함.
43) I. Kant, *Anthropologie in pragmatischer Hinsicht (in: Immanuel Kant Werkausgabe*, XII) 599면.

칸트는 인간이 갖고 있는 여러 성향들이 결국은 천부적으로 주어진 것이 아니라 인간 자신에 의해 선택된 것임을 말하고 싶어한다. 모든 도덕적 악의 책임은 결국 인간에게 있음을 신앙처럼 믿고 있었던 칸트로서는, 모든 도덕적 악의 근원인 악에의 성향, 즉 근본악조차도 그 책임이 인간에게 있음을 주장하고 싶어하는 것은 당연한 일이다. 그러나 문제는 근본악이 모든 인간 안에서 발견되는 것이라면 그것은 천부적인 것, 생득적인 것이 되며 따라서 인간은 근본악에 대해서 책임질 필요가 없게 되며, 근본악에 대해 책임을 지우려면 그것은 모든 인간 안에서 발견되는 공통적이고 보편적인 성향일 필요가 없게 된다. 이런 딜레마적 상황에서 칸트는 근본악이 인간의 생래적이고 근원적인 소질은 아님을 말하기 위해, '악에의 성향'으로 부르면서[44], "성향은 실로 생래적일 수 있으나, 그런 것으로 생각되어서는 안 된다"[45]고 말한다. 그러나 이 말은 참으로 이해하기 힘든 말처럼 들린다. 이 말은 성향의 생래성을 인정하면서 동시에 부정하기 때문이다. 물론 우리는 이 말을, "생득적이라 하더라도 (그 성격이 악하다면) 그 책임이 자연에 있다거나 또는 (그 성격이 선하다면) 자연에게 그의 공로가 있는 것으로 여겨서는 안 된다는 것, 그리고 인간 자신이 그의 성격의 창시자라는 것을 확실히 해두어야 한다."[46]는 칸트의 말에 비추어 다음처럼 해석할 수도 있다.

> 인간에게는 도덕법칙보다 자기애를 앞세우려는 생득적 · 생래적인 성향이 있다. 그러므로 근본악은 생득적인 것이다. 그렇다고 우리는 '근본악은 생득적인 것'이라고 말할 때의 '생득적'이 사람들이 흔히 '생득적인 모든 것에 대해서는 책임이 없다'고 말할 때의 '생득적'과 같은 것으로 생각해서는 안 된다.

---

44) 근본악을 소질로 부르건 성향으로 부르건, 중요한 것은 그것이 인간 본성 안에 생래적으로 주어져 있는 것인가 아닌가 하는 것이다.

45) I. Kant, *Die Religion*, 676면.

46) I. Kant, *Die Religion*, 668면.

만약 "성향은 실로 생래적일 수 있으나, 그런 것으로 생각되어서는 안 된다"는 칸트의 말이 이렇게 해석되는 것이 옳다면, 칸트가 선에의 소질과 근본악 혹은 악에의 자연적 성향이 인간의 본성과 함께 밀접하게 짜여져 있음을 인정한다는 그 사실에 근거하여, 칸트를 절충론자로 해석하는 것이 무리하게 보일 수가 있다. 그리고 칸트가 절충론자인가 아닌가를 결정함에 있어서 선에의 소질과 악에의 성향이 생득적인가 아닌가는 중요하지 않은 문제가 된다. 그러나 우리가 문제를 『순수이성비판』에서의 칸트의 오류론과 연결시켜 더 근본적으로 파고 들어가면, 상황이 달라짐을 보게 된다.

V. 『순수이성비판』의 오류론의 입장에서 조명해 본 성선·성악 논쟁에서의 칸트의 입장

칸트에 의하면 인간은 감성과 오성이라는 두 개의 이질적인 요소가 결합해 있는 존재이며, 이 양자가 결합함으로써만 인식이 성립할 수 있다.[47] 그는 이 사실을 『순수이성비판』의 범주의 선험적 연역에서 설명하고 있다. 학자들은 칸트가 감성과 오성이 결합될 수 있음을 증명하지 못했다고 생각한다. 예컨대 에머리히 코레트나 리하르트 크로너는 칸트가 감각적 직관과 개념적 사유의 대립을 통일시키지 못하고 있다고 주장한다.[48] 필자는 칸트에 대한 이러한 비판이 잘못된 것임을 인간을 가능적 무한자로 보는 칸트의 인간관의 입장에서 밝힌 바 있다.[49] 성선·성악 논쟁에 있어서 칸트의 입장이 절충론이 아닌가 여부를 검토하는 우리의 입장에서 중요한 것은 칸트가 감성과 오성이

---

47) I. Kant, *Kritik der reinen Vernunft*, B74-76 참조.

48) E. Coreth, *Was ist der Mensch ; Grundzüge einer philosophischen Anthropologie*, 33면 참조. *Richard Kroner, Von Kant bis Hegel*, (J. C. B. Mohr, Tübingen, 1921/1924) 제2판 서문 참조.

49) 이에 대해서는 『칸트와 현대철학』(하영석외, 형설출판사, 1995)에 수록된 필자의 논문 「칸트이론철학에 있어서 사유와 직관」을 참조하기 바람.

결합해 있는 존재에게만 인식이란 것이 성립한다고 생각했다는 사실이다. 이와 관련하여 다음과 같은 칸트의 말은 의미심장하다.

> 따라서 사람들이 감관은 오류를 범하지 않는다고 말하는 것은 참으로 옳다. 그러나 그 이유는 감관이 항상 올바로 판단하기 때문이 아니라 감관은 전혀 판단하지 않기 때문이다. 그러므로 진리이건 오류이건, 또 오류로 인도하는 것으로서의 가상이건, 그 어느 것이나 판단 중에서만, 즉 대상과 우리 오성의 관계 중에서만 발견된다. 오성의 법칙에 완전히 일치하는 인식에는 오류가 없다. 감관의 표상 중에도 (감관의 표상은 판단을 포함하지 않기 때문에) 오류는 없다. 그러나 자연의 어떤 힘도 저절로 자기 본래의 법칙으로부터 벗어날 수 없다. 그래서 오성도 그 자체로는 (다른 원인의 영향이 없다면) 오류를 범하지 않겠고, 감성도 그 자체로는 오류를 범하지 않는다. 오성은 자기의 법칙에 따라서 활동하기만 하면 그 결과(즉 판단)는 그 법칙과 반드시 일치하기 때문에 오성은 오류를 범하지 않는다.[50)]

이 구절에 의하면 인간이 오류를 범하건 진리를 찾아내건 그것은 전적으로 판단하는 주체로서의 인간의 과실이나 공로다. 칸트 이전에는 사람들은 주로 감성은 오류의 근원이고 이성은 진리의 근원으로 생각했다. 그러나 칸트는 앞서 살펴보았듯이 그렇게 생각하지 않았다. 그에 의하면 **오류나 진리의 근원은 감성이나 이성 그 자체가 아니라, 감성적이면서 동시에 오성적인 존재인 인간의 판단행위 그 자체다.** 칸트는 성선 · 성악 논쟁에서도 자신의 입장을 이와 유사한 방식으로 전개시키고 있다. 사람들은 감각을 악의 근원이라고 생각하지만, 칸트는 그렇게 생각하고 있지 않음을 우리는 이미 앞에서 살펴보

---

50) I. Kant, *Kritik der reinen Vernunft*, B350.

았다. 감성뿐만이 아니라 자기애, 행복에의 갈망도 도덕적 악의 원조가 아니다. 왜냐하면 도덕적 악은 자유로운 결단의 결과로서만 존재할 수 있기 때문이다.[51] 또한 칸트는 이성을 선의 근거라고 생각하지도 않는다. 만약 인간의 실천 이성 즉 의지가 도덕법칙을 따르기만 하는 의지라면, 그런 존재에게는 선과 악의 구분이 일어날 수 없을 것이다. 도덕법칙을 따르는 것 이외에는 다른 것을 생각할 수조차 없는 존재는 자기분열과 자기갈등을 의식하지 않을 것이기 때문이다. 이는 인식에 있어서 오성이 그 자신만으로써는 오류를 범하지 않는 것이나 마찬가지다. 칸트에 의하면 **선이나 악의 근원은 이성이나 감성이 아니라, 이성적이면서 동시에 감성적인 존재로서의 인간의 자유로운 선택행위 그 자체다.** 인간은 한편으로 감성적이기에 자기애와 그에 따른 경향성의 유혹을 받지만, 다른 한편으로는 이성적이기에, 이성이 우리에게 부과하는 도덕법칙을 무시하지도 못한다. 인간은 아무리 선하다 하더라도 자기애로부터 완전히 자유로울 수가 없고, 아무리 악하다 하더라도 도덕법칙을 완전히 무시하지는 못한다. 그러므로 인간을 그가 행하는 행위의 실질적 동기라는 측면에서 고찰한다면, 모든 인간은 다소간 선하면서 동시에 악하다. 이런 식으로 나가면 칸트는 필경 자신이 성선 · 성악 논쟁에서 절충론자가 될 수밖에 없음을 알고 있었다. 그래서 칸트는 "선한 인간과 악한 인간의 차이는 그들이 준칙 안에 채용하는 동기들의 차이에 있는 것이 아니라(동기의 실질적 내용에 있는 것이 아니라) **오히려 준칙의 형식의 종속관계에, 즉 그가 이 둘**(자기애의 주관적 원리와 도덕법칙: 필자 집어넣음) **중의 어느 것을 다른 것의 조건으로 삼는가에 있는 것이다.**"[52]고 말한다. 인간은 도덕법칙을 자기애 아래에 종속시키려는 생득적 성향 즉 근본악에 굴복할 것인가 아니면 자기애를 도덕법칙 아래에 종속시켜야만 한다는 선의지의 요구를 충족시킬 것인가 하는 선택의 기로에

51) Reiner Wimmer, *Kants kritische Religionsphilosophie* (Walter de Gruyter, Berlin, 1990) 110면 참조.

52) I. Kant, *Die Religion*, 685면, 강조는 칸트에 의함.

서게 된다. 인간에게는 이 두 가지 선택지 이외에 다른 제3의 선택지는 없다. 그러므로 선하면서 동시에 악한 인간은 있을 수가 없는 것이다.

그러면 칸트는 인간의 선악을 어떤 인간이 준칙 안에 채용하는 동기들의 차이에서 판별하는 대신에 자기애와 도덕법칙 중에서 어느 하나를 다른 것의 조건으로 종속시키는 준칙들 간의 형식적 종속관계에서 판별하는 방식을 택함으로써, 절충론자라는 혐의를 완전히 벗을 수 있는가? 비록 칸트가 인간의 생득적 근본악과 선의지를 성선 · 성악 논쟁에서 흔히 말하는 '악'과 '선'의 의미로 사용하지 않았다 하더라도, 그래서 인간의 생득적 근본악을 인정한다는 것이 그 악에 대해 인간이 책임질 필요가 없다는 것을 의미하는 것이 아니며, 인간의 선의지를 인정하는 것이 그 선에 대해 인간은 아무런 공로가 없다는 것을 의미하는 것이라 하더라도, 선의지와 근본악 그 자체는 궁극적으로 도덕법칙과 자기애라는 두 가지 구성요소에 의해 가능해지는 것인 한, 우리는 칸트에게 절충론자로서의 측면이 없다고 말하지는 못할 것이다. **도덕법칙과 자기애는 인간 삶의 두 가지 구조적 조건으로서 이 조건 자체를 인간이 자유롭게 선택한 것은 아니다.** 물론 칸트의 말대로 어떤 사람은 도덕법칙을 자기애 아래에 종속시키는 선택을 할 수도 있고, 다른 사람은 자기애를 도덕법칙 아래에 종속시키는 선택을 할 수가 있다는 점에서, 인간은 자신의 선택에 책임을 져야 한다. 그러나 인간은 자기 스스로 앞서 말한, 삶의 두 가지 구조적 조건을 선택한 것은 아니기에, 그것에 대해서 책임질 수는 없다. 인간이 책임질 수 없는, 삶의 두 가지 구조적 조건 - 이 조건에서 근본악이 생겨나고 또 선의지가 생겨난다 - 을 선험적 · 생득적으로 인정하고 있다는 점에서 칸트는 유선유악론자로서의 변형된 절충주의적 면모를 보여주고 있다고 하겠다. 그러면 칸트적인 절충론이 어떤 점에서 '변형된' 것인가? 통상 전통적으로 인간은 감성적이면서 이성적이라고 생각한다. 이 점에서는 칸트도 마찬가지다. 그러나 사람들은 감성은 악이고 이성은 선이라고 생각하는 방식으로 절충론적인 입장을 취한다면, 칸트는 감성 그 자체는 악이 아니고, 이성 그 자체는 선이 아니라고 생각하는 점에서, 그럼에도 불구하고 감성과 이성이라는 인간의 이중성에서부터 자기애를 도덕법칙에 종속시키려는 선의지와 도덕법칙을 자기애에 종속시키려는 근본악이 생겨나며, 그리고 이 양자 중에서 어느 것을 택할 수 있는 자유를 인정했다는 점에서 '변형된' 절충론자라고 말할 수 있을 것이다.

칸트는 인간성 안에 있는 근본악에 대해서 그것이 인간의 책임임을 누누이 강조하고 있지만, 필자가 보기에 이는 칸트가 성경에서 말하는 최초의 인간인 아담의 타락을 신이 아담에게 준 자유의지의 오용에 기인하며, 따라서 타락의 책임은 유혹자인 뱀에게 있는 것도 아니고 아담의 타락을 미리 알고 있었던 신에 있는 것도 아니라는 식으로 설명하는 통상적인 기독교 교리에 집착함으로써 생겨난 잘못된 주장이다. 근본악 즉 '자기애를 도덕법칙보다 우선시키려는 자연적이고 생득적인 성향'은 자기애와 도덕법칙이라는, 인간 삶의 두 가지 선험적 조건, 따라서 인간이 책임질 수 없는 조건에서 생겨난 것이기에, 우리는 근본악에 대해 책임질 필요가 없다고 말하는 것이 논리에 부합한다. 더군다나 '모든 인간은 악하다. 왜냐하면 모든 인간은 생득적으로 근본악을 갖고 있기 때문이다'고 말한다 하더라도, 이 말은, 칸트 식으로 풀이하면, 어떤 구체적이고 개별적인 인간이 선한가 악한가 하는 문제에 대해서는 말해주는 것이 아무것도 없다. 단지 그 인간도 '자기애를 도덕법칙보다 상위에 두려는 타고난 성향을 갖고 있다'는 것만을 말해줄 뿐이다. 물론 그 인간은 동시에 자기애를 도덕법칙 아래에 종속시켜야 한다는 선의지의 요구를 동시에 느낀다. 그러므로 근본악은 아직 현실적인 악이 아니다. 자기애와 도덕법칙 중에서 어느 것을 상위에 둘 것인가로 갈등 중에 있는 인간은 아직 현실적으로 악을 범한 것은 아니다. 그러므로 그에게 책임을 물을 수는 없다. 인간은 선의지와 근본악을 다 갖고 있기 때문에 인간은 잠재적으로 선하면서 동시에 악하다고 말할 수 있다. 그러므로 칸트는 변형된 절충론자로 간주될 수밖에 없다. 물론 잠재적으로 선하기도하고 동시에 악하기도 한 어떤 인간이 현실적으로 도덕적 평가의 대상이 되는 어떤 행위를 할 때, 인간은 자유로운 선택의지를 가진 존재라는 칸트의 입장을 받아들인다면, 그는 선하면서 동시에 악할 수는 없다. 이로써 성선·성악 논쟁에서의 칸트의 입장을 다음처럼 정리할 수 있을 것이다. **유로서의 인간의 잠재적 도덕성에 관한 한 칸트는 절충론자라면, 개별적 인격체의 현실적 도덕성에 관한 한 칸트는 엄격주의자다.** 이 경우 칸트가 절충론자라는 말의 의미는 칸트가 인간에게는 선의 요소와 악의 요소가 혼합되어 있음을 주장하는 것을 의미하는 것이 아님을 분명히 기억해 둘 필요가 있다. 칸트가 **선험적으로 유로서의 인간에 대해 증명할 수 있는 것은 인간이 갖고 있는 자유의 가능성**이며 (그리고 칸트가 선험적 윤리학을 정초하기 위해 필요로 하는 것은 바로 유로서의 인간이 갖고 있는 자유의 가능성 그 이상도 이하도 아니다.)[53] 이 자유의 가능성은 현실적으로는 선이 될 수도 있고 악이 될 수도 있는데 - 선이면서 동시에 악이 되는 것은 불가능하다 - 이처럼 인간이 가진 가능적 자유가 선이 되거나 악이 되게 하는 구조적 조건은 인간이 만든 것이 아니라는 점에서, 그리고 그 가능적 자유는 아직 선도 아니고 악도 아니란 점에서 칸트는 '변형된 절충론자'인 것이다.

VI. 성선·성악 논쟁과 가능적 무한자로서의 인간

이제 우리는 보다 근원적인 질문을 던져보고자 한다. 왜 인간에게는 그가 도덕법칙을 의식하고 도덕법칙에 따라 행동하겠다고 결의하게 하는 능력이 있는가 하면, 다른 한편으로는 종종 그 법칙으로부터의 이탈을 부추겨 다른 준칙을 받아들이게 하는 성향이 존재하는가? 우리는 이 물음에 답하기 위해 다시금 감성은 그 자체만으로는 오류의 근원이 아니며 오성은 그 자체만으로는 진리의 근원이 아니라는 칸트의 주장을 검토해 볼 필요가 있다. 순전히

53) 이에 대해서는 한국 칸트학회에서 펴낸 「칸트연구」 2집인 『칸트와 윤리학』(서울, 민음사, 1996)에 수록된 필자의 논문 「칸트의 양립론」 214면 이하를 참조하기 바람.

감성적이기만 한 존재, 예컨대 하등동물에게는 인식이란 것이 없다. 감각적 본능에 따라서 살아가기에 그런 것들에게는 개념이란 것이 없기 때문이다. 그들에게는 단지 감각적 지각만이 있을 뿐이다. 그런데 지각작용에 대해서 우리는 옳고 그름을 말할 수가 없다. 예컨대 꿈 속에서 빨간 사과를 본 사람의 경우, 그가 꿈 속에서 빨간 사과를 보았다는 사실 그 자체가 잘못되었다고 말할 수는 없다. 꿈 속의 빨간 사과를 구성하고 있는 감각자료 역시 깨어 있을 때 그가 본 빨간 사과를 구성하는 감각자료와 마찬가지기 때문이다. 순전히 감성적이기만 한 존재에게는 인식이란 것이 없다. 따라서 이런 존재는 진리와 오류의 구분을 모른다. 그런 존재는 인식 이전의 존재다. 이와 마찬가지로 순전히 오성적인 존재에게도 인식이란 것이 없다. 순수하게 감성적이기만 한 존재는 판단하지 않기 때문에 오류를 범하는 것이 원칙적으로 불가능하다면, 순수하게 오성적이기만 한 존재는 그것이 자신의 법칙에 따라 활동하기만 하면 그 판단이 법칙에 완전히 일치하기 때문에 오류를 범하는 것이 불가능하다. 이런 존재는 인식 초월적 존재라고 말할 수 있다. 따라서 이런 존재는 진리와 오류의 구분을 알고 있을지는 모르지만, 그 구분은 무의미하다. 그러나 감성적이면서 동시에 오성적인 존재, 즉 인간에게는 진리와 오류의 구분이 있다. 그는 자신이 감관으로써 지각한 것을 오성으로써 판단하는 존재다. 인간만이 인식적인 존재다. 그는 오류와 진리 사이에서 탐구하는 존재다.

칸트는 앞서 말한 것과 동일한 사고방식으로 도덕의 문제를 다룬다. 사람들은 감성을 그 자체로 악의 근원으로 이해하지만, 칸트는 이를 부정하고 있음을 이미 살펴보았다. 순전히 감성적인 존재에게는 악이란 것은 없다. 우리는 흔히 늑대는 악한 동물이고 양은 선한 동물이라고 생각하지만, 사실 늑대나 양에 대해서 도덕적 범주를 적용해서는 안 된다. 그것들은 오로지 자기애의 본능에 따라 살 뿐, 그 어떤 도덕적 당위도 의식하지 않는다. 그들은 자기애(특수자의 요구)와 도덕적 당위(보편자의 요구) 사이에서 전혀 갈등하지 않는다. 왜냐하면 그들에게는 갈등을 유발시키는 한 축인 도덕적 당위가 없기 때문이다. 말하자면 그들은 도덕 이전의 존재다. 그들은 선과 악의 구분을 모른다. 그러면 순전히 이성적이기만 한 존재는 어떤가? 이런 존재는 그 자체가 보편자이기 때문에 아무런 갈등도 느끼지 않는다. 그에게 있어서는 갈등의 한 축인 특수자의 요구, 즉 자기애와 그에 수반되는 경향성이 없기 때문이다. 칸트는 이처럼 순전히 이성적이기만 한 존재자의 의지를 신성한 의지니[54] 혹은 도덕법칙을 따르는 의지니[55] 하는 말들로 묘사하고 있다. 이런 존재는 선악을 초월한 존재로, 선악의 구분을 알고는 있지만 그 구분이 그들에게는 무의미하다. 순전히 감성적인 존재가 윤리 이전의 존재라면, 순전히 이성적인 존재는 윤리 초월적 존재다. 그러나 인간은 윤리적 존재로, 선과 악 사이에서 갈등하고 고민한다. 인간은 자기애라는 특자수자로서의 요구와 도덕적 당위라는 보편자로서의 요구를 자기 속에서 동시에 느끼고 갈등한다. 그런데 칸트에 의하면 자기애의 요구는 감성에서 생겨난 것이고 도덕적 당위의 요구는 이성에서 생겨난 것이기에, 인간이 윤리적인 존재인 이유는 인간이 감성과 이성의 결합체이기 때문이다. 바로 그 때문에 인간에게는 선과 악의 구분이 존재한다.

칸트에게 있어서 인간만이 인식적인 존재요 윤리적인 존재인 이유는, 인간만이 감성적이면서 동시에 이성적인 존재이기 때문이다. '감성적'과 '이성적'은 칸트적 인식론의 문맥에서는 인간을 규정하는 근원적인 양극성이요, 칸트적인 윤리학의 문맥에서는 인간성을 규정하는 근원적인 이중성이다. 그러면 감성이란 무엇인가? 감성은 근본적으로 직관능력이다. 그래서 칸트는 인간의 직관을 감성적 직관으로 간주한다. 감성적 직관은 그 본질상 유한한 것에

54) I. Kant, *Kritik der praktischen Vernunft*, 38면에서 신성한 의지(heiliger Wille)를 "도덕법칙에 거스르는 그 어떤 준칙도 느낄 수 없는 의지"로 규정한다.

55) 칸트는 '도덕법칙을 따르는 의지'와 '도덕법칙 아래에 있는 의지'를 구분한다. 칸트에 의하면 도덕법칙을 따르는 의지는 언제나 도덕법칙에 부합하는 행위만을 하는 의지라면, 도덕법칙 아래에 있는 의지는 정언명법을 인식하지만, 그렇다고 필연적으로 그 명령에 복종하지는 않는 의지다.(I. Kant, *Kritik der Ueteilskraft*, 320면 참조)

대한 직관이다. 바로 그 때문에 칸트는 「이율배반론」에서 인간적 직관은 무한한 것을 한꺼번에 직관할 수 없다고 하면서, 인간이 무한에 도달하기 위해서는 단위를 계기적으로 보태는 수밖에 없다고 말한다.[56] 하이데거는 칸트 인식론에 있어서는 사유가 직관에 종속되어 있다고 해석하면서, 칸트 철학을 유한성의 철학으로 풀이한다.[57] 칸트 철학을 유한성의 철학으로 풀이한 것은 잘못이지만, 하이데거가 직관의 본질을 유한성에서 찾은 것은 올바른 일이다. 감성이 유한성과 관계 맺고 있다면, 그것은 또한 구체성, 제한성, 특수성과도 관계 맺고 있는 셈이다. 그러면 이성이란 무엇인가? 칸트는 이성을 무제약자, 보편자와 관계 맺고 있는 것으로 간주한다.[58] 따라서 이성은 완전성, 무한성, 통일성과도 관계 맺고 있다. 감성은 유한성과, 이성은 무한성과 관계 맺고 있다면, 감성적이면서 동시에 이성적인 존재인 인간은 유한하면서 동시에 무한한 존재요 곧 가능적으로만 무한한 존재가 된다.[59]

인간이 가능적 무한자라는 칸트의 인간관이 칸트의 인식론과 어떻게 연결되어 있는가에 대해서는 필자는 이미 졸고 「칸트의 선험철학적 인간관」에서 충분히 논했으므로, 여기서는 칸트의 그런 인간관이 칸트의 윤리학과 어떻게 연결되어 있는지를 살펴보고자 한다. 인간이 가능적 무한자라는 것은 인간이 어떤 고정된 즉자 존재, 즉 사물 존재가 아님을 말해 준다. 마찬가지로 그것은 인간이 헤겔식으로 표현해서 즉자적인 대자 존재, 즉 사물적이면서 자기 의식적인 존재도 아님을 말해 준다. 인간은 끊임없이 운동하는 존재요 활동하는 존재로, 그것은 어떤 규정될 수 있는 것이 아니다. 그것은 사르트르 식으로 표현하자면, '그것이 아닌 바의 어떤 것'이다. 인간이 '그것이 아닌 바의 어떤

---

56) I. Kant, *Kritik der reinen Vernunft*, B454-456 참조.

57) M. Heidegger, *Kant und das Problem der Metaphysik*, (Vittorio Klostermann, Frankfurt, 2 Auflage, 1951), 195-196면 참조. 칸트를 유한성의 철학자로 해석하는 하이데거에 대한 필자의 비판에 대해서는 영남철학회(지금은 새한철학회로 개명되었음) 논문집 『철학논총』 제8집(1992년 10월)에 실린 필자의 논문 「칸트의 선험철학적 인간관」 제1장 3절을 참조하기 바람.

58) I. Kant, *Kritik der reinen Vernunft*, B363-364 참조.

59) 이에 대해서는 필자의 논문 「칸트의 선험철학적 인간관」을 참조하기 바람.

것'인 한, 그것은 자기모순적인 존재다. 이는 인간이 끊임 없이 '그것임'을 부정하는 '그것'이기 때문이다. 인간의 자기모순성은 인간이 특수성과 보편성의 요구를 자기 내부에서 동시에 느끼기 때문이다. 바로 이 사실이 인간의 역동성을 규정한다.

이제 이상의 것들을 염두에 두고 우리가 본 절의 첫 부분에서 던졌던 물음, 즉 '왜 인간에게는 그가 도덕법칙을 의식하고 도덕법칙에 따라 행동하겠다고 결의하게 하는 능력이 있는가 하면, 다른 한편으로는 종종 그 법칙으로부터의 이탈을 부추겨 다른 준칙을 받아들이게 하는 성향이 존재하는가?'라는 물음에 답해보고자 한다. 인간에 있어서 감성과 결부된 특수성의 요구는 윤리적인 문맥에서 자기애와 그에 수반되는 경향성으로 표현되며, 이성과 결부된 보편성의 요구는 도덕적 당위로 표현된다. 인간은, 아무리 선한 인간이건 아무리 악한 인간이건, 이 두 가지 요구를 자기 속에서 함께 느낀다. 이 경우 우리는 먼저 왜 인간이 자신의 자기애에 따라 행동하는 것은 악이고 도덕적 당위에 따라 행동하는 것은 선인가 하고 물어볼 수 있다.[60] 가능적 무한자로서 인간의 천부적 임무는 가능적 무한 그 자체의 본질에서 밝혀진다. 그것은 자신 속에 있는 무한성, 완전성, 보편성의 요구를 실현하는 것이다. 즉 무한성의 요구를 현실화하는 것이다. 무한성의 요구를 현실화시키기 위해 무한히 노력하는 것 자체가 바로 가능적 무한이다. 그런데 인간이 자기애에 따라 행위한다는 것은 무한성, 완전성, 보편성의 요구를 유한성, 불완전성, 특수성의 요구에 종속시킴을 의미한다. 이는 가능적 무한자로서의 인간이 가능적 무한이기를 그치는 것이 된다. 그렇게 함으로써 인간이 인간이기를 그만두는 것이 된다. 왜냐하면, 인간은 인간인 한, 자신 속에 있는 무한의 가능성을 실현시키기 위해 무한히 노력해야 하기 때문이다. 물론 유한성, 불완전성, 특수성은 그 자체로 죄가 아니다. 단지 천부적으로 무한성, 완전성 그리고 보편성을 향해

60) 동물들의 경우는 자기애에 따라 행동해도 악이 되는 것은 아니다.

무한히 나아가게끔 되어 있으며, **그렇게 나아가는 역동성 그 자체를 통해서만 자신의 동일성을 유지할 수 있는 존재에 있어서만** 그것은 죄가 된다. 마찬가지로 완전성과 무한성과 보편성은 그 자체로는 선이 아니다. 단지 그것들을 꿈꾸며 그것들을 향해 나아가는 역동성 그 자체를 통해서만 자신의 동일성을 유지할 수 있는 그런 존재에 있어서만 그것들은 선이 된다. 그런 존재에 있어서는 유한성과 불완전성과 특수성에다 보편성과 완전성과 무한성을 종속시키는 것은 자신의 존재의 본질을 부정하고 자신의 동일성을 파괴하는 것이 된다. 바로 그 때문에 특수성의 요구와 보편성의 요구 사이에서 인간에게 있어서는 보편성의 요구를 특수성의 요구 아래에 종속시키는 것은 악이 되고, 그 반대는 선이 되는 것이다. 이런 관점에서 본다면, '왜 인간에게는 그가 도덕법칙을 의식하고 도덕법칙에 따라 행동하겠다고 결의하게 하는 능력이 있는가 하면, 다른 한편으로는 종종 그 법칙으로부터의 이탈을 부추켜 다른 준칙을 받아들이게 하는 성향이 존재하는가?'라는 물음에 대해 우리는 다음처럼 말할 수 있다. 즉 그것은 인간이 감성적이면서 동시에 이성적이라는 사실이 칸트적인 윤리학의 문맥에서는 인간성을 규정하는 근원적인 이중성 때문이라는 것이다. 인간은 한편으로는 이성적이기에 보편적인 요구를 의식하고 그에 따라 행동해야 한다는 당위를 느끼지만, 다른 한편 감성적이기에 자기애의 유혹을 쉽사리 물리치지 못하는 존재다. 요컨대 인간은 가능적 무한자이기 때문이라는 것이다. 야스퍼스는 "사실상 근본악은 나의 이성의 심연에 가로놓여 있다"[61]고 말하고 있거니와, 이성이 가능적 무한자로 해석될 수 있는 한, 이 말은 핵심을 적중시켰다고 말할 수 있다.

우리는 앞에서 칸트가 인간의 본질을 자유에서 찾고 있음을 살펴보았다. 그런데 가능적 무한의 본질이 자유임을 주목할 필요가 있다. 무한자란 곧 무제약자를 의미하는데, 제약된 것들이란 결국 범주적 · 인과법칙적으로 규

61) K. Jaspers, *Rechenschaft und Ausblick*, 94면.

정된 것들이다. 그러므로 인간이 가능적 무제약자라는 것은 인간은 인과법칙적으로 규정되지 않을 수 있는 가능성을 갖고 있다는 것, 즉 인간은 자유의 가능성을 갖고 있는 존재라는 것이다. 인간은 자신이 갖고 있는 자유의 가능성을 끊임없이 현실화시키기 위해 애쓰는 한에 있어서만 인간으로 머물 수가 있다. 칸트에 있어서 인간은 인간 그 자신에게 있어서 하나의 과제인 셈이다. 인간이 된다는 것은 태어나면서 저절로 되는 것이 아니다. 늙어 죽을 때까지 끊임없이 도덕적으로 완전한 인격체가 되기 위해 노력하는 과정 중에 매 순간 되어가는 것이다. 따라서 인간은 인간 자신에게 영원한 과제다.[62] 바로 그 때문에 인간은 영원히 방황하는 존재다. 왜냐하면 괴테(J. W. Goethe)의 말대로 인간은 노력하는 한 방황할 수밖에 없기 때문이다.

VII. 변형된 절충론자로서의 칸트

우리는 인간을 가능적 무한자로 보는 칸트의 인간관의 입장에서 볼 때, 성선·성악 논쟁에 있어서 칸트의 입장이 '변형된 절충주의자'가 될 수밖에 없음을 이해할 수 있다. 또 그러한 인간관의 입장에서 볼 때, 인간의 '선의지'를 언급한 칸트가 인간의 '근본악'에 대해 침묵할 수가 없었음을 이해하게 된다. 혹자는 칸트가 『단순한 이성의 한계 안에서의 종교』에서 인간의 본성 안에는 근본악이 있다고 말한 것은 『실천이성비판』이나 『도덕형이상학정초』에서의 낙관적인 인간 이해를 버린 것을 의미한다고 말한다. 그러나 칸트는 근본악의 개념을 도입함으로써 자신의 인간 이해를 바꾼 것이 아니라 오히려 가능적 무한자로서의 인간이라는 자신의 인간관에 충실한 모습을 보여주고

62) "도덕적 완전성을 구비한 인간은 … (중략) … 세계창조의 목적이다. … (중략) … 도덕적 완전성이라는 이념, 즉 전적으로 순수한 도덕적 심성의 원형으로 우리를 이끌어 올리는 것이 인간의 보편적 의무이다."(*Die Religion*, 712-713면). 또 *Kritik der praktischen Vernunft*, 97면 참조.

있다. 인간의 양면성과 이중성을 자기 철학의 중심적인 모티브로 삼고 있는 칸트 같은 철학자가 인간의 '선의지'에 대해서만 설교하는 것은 거의 상상하기 힘든 일이다.[63] 이런 점에서 본다면, 미셀 데스프랜드의 다음과 같은 말은 적절하다 할 것이다.

> 나는 … (중략) … 그것(근본악 ; 필자 집어넣음)이 칸트 사상에 이질적인 부분이라고 생각하지 않는다. 그리고 또한 그것이 어떤 종교적 정통파를 용인하려는 정신에서 도입된 것이라고 생각하지도 않는다. 그것은 차라리 일원론적이며 형이상학적인 신학적 사유로부터 칸트가 끊임없이 이탈되면서 최종적으로 만들어진 결과물이며, 사실의 세계와 도덕적 이상의 세계 간의 균열에 대한 통찰과 그 양세계의 궁극적 화해에 대한 신앙에 의해 특징지워지는 보다 깊고 활기찬 종교적 감각이 완만하게 발전하면서 최종적으로 만들어진 결과물이다.[64]

---

63) 시드니 액신(S. Axinn)은 "개인으로서의 인간의 양면성에 대한 칸트의 생각을 고려함이 없이는 윤리학, 정치학, 역사, 종교 그리고 예술에 관한 칸트의 분석에 대해 불완전하고 잘못된 견해를 갖게 된다."고 말하고 있다.("Ambivalence : Kant's View of Human Nature", *Kant Studien*, Bd.72, 1981, 174면) 또한 고범서 교수가 정확하게 관찰하고 있듯이(『개인윤리와 사회윤리』, 한국신학연구소, 1988, 62-63면 참조) 칸트는 이미 *Grundlegung zur Metaphysik der Sitten*에서 "의무의 법칙을 근본적으로 파괴하고 그 위엄을 멸하려고 하는 성향"에 대해서 언급하고 있다.

64) M. Despland, *Kant : On History and Religion* (McGill-Queen's University Press, Montreal & London, 1973) 186면.

제4장 형식과 실질

사람들은 흔히 칸트 윤리학을 형식주의로 규정한다. 적어도 형식주의라는 말로 알맹이보다는 껍데기를 중시하는 사고방식을 지칭하는 것이 아니라면, 그런 규정이 틀린 것이라고 말할 수는 없을 것이다. 실상 칸트 철학이 그 인식이론에 있어서도 형식주의적인 특징을 갖고 있음은 부인할 수 없는 사실이다. 일반적인 해석에 따르면 칸트에 있어서 인식이란 감성과 오성의 결합에 의해서 가능하게 되는데, 우리가 인식의 영역에서 선험적으로 언급할 수 있는 것은 감성과 오성의 형식뿐이며, 우리가 선험적 차원에서 인식의 질료적 부분에 대해서 언급할 수 있는 것은 없다는 것이다.

> 그것(『순수이성비판』: 필자 집어넣음)의 대부분의 중요한 주장들은 지속적으로 형식 혹은 형식성의 언어로 표현되고 있다. 칸트의 직관 이론은 "감성의 형식들"에 관한 이론이며, 순수한 혹은 경험적 개념들에 대한 그의 이론은 "대상에 대한 사유형식"의 이론이며, "경험의 가능성"에 대해 그 자신이 특징지운 바에 따르면 "통일"이 경험의 가능성을 위해 반드시 필요하며, 통각의 통일은 유일한 "형식적 원리"로 간주되어야만 하며, 그리고 …[1)]

---

1) R. B. Pippin, *Kant's Theory of Form : An Essay on the Critique of Pure Reason* (New Haven & London, Yale University Press, 1982) ix. 필자는 선험철학이 성립하기 위해서는 인식의 질료적 부분에 대해서도 선험적 차원에서 반드시 언급하지 않으면 안 되는 것이 있음을 다른 곳에서 밝힌 바 있다. 졸저 『칸트철학과 물자체』(울산, 울산대출판부, 1995) 45-51면 참조.

사람들은 칸트 인식론의 형식주의를 칸트 철학의 코페르니쿠스적 전회와 연관 지어 설명한다. 흔히 칸트 철학의 코페르니쿠스적 전회는 인식론적인 것으로 설명된다.[2)] 이런 인식론적 설명에 의하면, 진리란 대상과 판단의 일치에서 성립하는바, 칸트 이전에는 이 일치를 대상본위의 방식으로 설명하였으며, 이런 설명방식을 모사설(Abbildtheorie)이라 불렀으나, 칸트는 그 일치를 주관 본위의 방식으로 바꾸었다는 것이다. 그리고 사람들은 대상과 판단의 일치에 대한 이런 주관 본위의 설명방식을 구성설이라고 부른다. 칸트적인 구성설에 의하면 현상적 대상은 주관이 선험적으로 갖고 있는 개념이나 원칙에 의해 구성된 것에 불과하다. 그러므로 우리가 선험적으로 언급할 수 있는 것은 대상의 질료가 아니라, 대상의 형식이다.

『순수이성비판』을 형식주의라는 관점에서 이해한 사람들은, 『실천이성비판』도 아무런 의심 없이 형식주의의 관점에서 해석한다. 이리하여 『순수이성비판』은 형식주의 인식론으로 규정되고, 『실천이성비판』은 형식주의 윤리학으로 규정된다.

필자는 본 장에서 첫째로 비록 칸트 윤리학에 형식주의적 요소가 강하게 작용한다 하더라도, 그에 못지않게 '최고선'이나 '목적 자체로서의 인간'이라는 개념과 결부된 실질주의적(목적론적) 요소도 존재함을 밝히고자 한다. 둘째로 칸트가 자신의 윤리학에서 형식주의적인 요소와 실질주의적인 요소를 성공적으로 조화시키지 못하고 있음을 밝힐 것이다.

---

2) 필자는 다른 곳에서 칸트 철학의 코페르니쿠스적 전회는 인식론적인 것이 아니라 형이상학적인 것임을 증명하였다. 졸저『칸트철학과 물자체』의 부록「칸트철학의 코페르니쿠스적 전회에 대한 고찰」참조. 또한 졸고「칸트에 있어서 형이상학의 새로운 길」각주 (85)번 참조. 칸트의 코페르니쿠스적 전회를 형이상학적으로 해석하는 것이 바람직한 일이긴 하나, 그것을 칸트 인식론의 주객관계 역전을 특징짓기 위해 쓰는 관례가 형성되어 있기에, 필자 역시 때로는 코페르니쿠스적 전회라는 말을 인식론의 문맥에서 사용하는 경우가 있음을 밝혀 둔다.

Ⅰ. 윤리학에서의 코페르니쿠스적 전회와 칸트 윤리학의 형식주의

칸트는 행위자의 개인적인 사정이나 문화적·시대적·종족적인 특수상황과 무관하게, 요컨대 일체의 경험적인 제약과 무관하게 통용될 수 있는 보편화 가능한 준칙(도덕법칙)을 밝혀내는 방식으로 비판적 형이상학의 후반부를 구성하는 도덕의 형이상학을 건설하려 했다.[3] 어떤 준칙이 일체의 경험적인 제약과 무관하게 통용될 수 있는 보편화 가능한 준칙이 될 수 있다는 것은 순수실천이성의 관점에서 채택할 수 있는 도덕법칙이 존재한다는 것이다. 과연 그런 도덕법칙은 존재하는가? 만약 존재하지 않는다면, 윤리학은 학이 될 수 없을 뿐만 아니라, 그런 도덕법칙을 발견하는 작업을 통해 비판적 형이상학을 건설하려는 칸트의 시도는 헛일이 될 것이다.

그러면 인간에게 존경의 대상으로서 명령의 형식으로 다가오는 도덕법칙은 어떻게 알려지는가? 이 문제에 제대로 대답하려면, 우리는 소위 칸트 윤리학의 형식주의에 대해 고찰하지 않으면 안 된다. 칸트 이전에 윤리학자들은 인간은 어떻게 행위해야 하는가 라는 문제에 답하기 위해서는 먼저 선이 무엇인지를 알아야 한다고 생각했다. 선이 무엇인지를 파악하면 그 선을 추구하는 것이 도덕적 규범이 된다. 이런 점에서 본다면 선에 대한 인식이 우선이고, 법칙은 그 인식에서 뒤따라 나오는 것이다. 그런데 선은 통상 윤리적 탐구의 대상으로 간주되기에, 이런 선악 중심적 윤리학은 결국 대상 중심적 윤리학이요 또 실질주의 윤리학이라 말할 수 있다.[4] 그리고 이런 실질주의 윤리학은

---

3) 칸트는 자기 이전의 독단적 형이상학과는 다른, 학의 안전한 길에 들어선 새로운 형이상학을 건설하는 것을 자신의 학문적 과업으로 삼았다. 필자는 칸트가 제시하고자 했던 학의 안전한 길에 들어선 새로운 형이상학을 '비판적 형이상학'으로 명명했다. 이는 전반부인 '자연의 형이상학'과 후반부인 '도덕의 형이상학'이 유기적 상호 보완관계를 맺고 있는 지하 1층, 지상 1층의 건물과 유사하다. 이에 대한 자세한 논의는 졸고 「칸트에 있어서 형이상학의 새로운 길」 참조 바람.

4) 칸트에 있어서 형식과 실질(질료 혹은 내용)의 구분에 대해 실버는 다음처럼 설명한다. "우리는 형식이나 실질이라는 용어들이 개념이나 인식에 관계하게 될 때, '형식적인 것(formal)'과 '실질적인 것(material)'에 대한 칸트의 구분을 염두에 두어야 한다. 인식 혹은 하나의 개념이 어떤

통상 목적론적 윤리학이다. 예컨대 아리스토텔레스는 우선 최고선이 무엇인가 하는 문제를 자신의 윤리학적 탐구의 첫머리에서 제시한다. 그 다음에 행복이 최고선이요 그 자체 목적이며, 다른 어떤 것을 위한 수단이 될 수 없음을 확인한 뒤, 행복을 추구하는 것을 도덕규범으로 권장한다. 행복주의에 대해 칸트는 다음처럼 말한다.

> 행복의 원리는 실로 준칙들을 줄 수는 있으나, 설령 보편적인 행복이 대상이 될 때라 할지라도, 의지의 법칙들로 사용될 수 있을 정도의 준칙들을 줄 수는 없다. 왜냐하면 행복에 관한 인식은 단순히 경험적인 소여에 의존하고, 행복에 관한 모든 판단이 한 개인에 있어서도 매우 변하기 쉬운 각인의 자기 의견에 의존적이기에 그것은 일반적인 규칙들을 줄 수는 있으되, 보편적인 규칙들을 줄 수는 없기 때문이다. 다시 말하면 평균하여 가장 적합한 규칙들을 줄 수는 있으나, 항구적이고 필연적 타당성을 갖는 규칙들을 줄 수는 없는 것이다. 따라서 어떠한 실천법칙들도 행복의 원리 위에 세워질 수는 없다.[5)]

쾌락주의 윤리학도 마찬가지로 대상중심적 윤리학이다. 벤담(J. Bentham)이나 밀(J. S. Mill)은 쾌락을 선으로 규정한 뒤, 최대다수의 최대행복이 선이라고 말한다. 그러나 칸트는 대상중심의 윤리학처럼 의지의 규정근거를 행복이니 쾌락이니 하는 경험적 대상에서 구하는 방식으로는, 윤리학을 학문으로 성립

대상을 언급할 때, 그것은 실질적인 것이다. 그러나 인식이나 개념이 단순히 오성이나 이성의 형식을 언급한다면, 달리 말해서 어떤 인식이나 개념이 그 대상들의 차이점을 고려함이 없이 오로지 사유 그 자체의 보편적 법칙에 대해서만 언급한다면 그것은 형식적인 것이다. 그러므로 특수한 대상에 대한 언급이 있느냐 없느냐 하는 것이 개념이나 인식이 형식적인 것인가 실질적인 것인가를 결정한다. 이런 규정에 의하면, 선에 대한 전통적인 개념은 실질적인 개념임이 분석적으로 도출된다."(J. R. Silber, "The Copernican Revolution in Ethics : The Good Reexamined", *Kant Studien*, Bd. 51, 1959/60, 86면)

5) I. Kant, *Kritik der praktischen Vernunft*, 42-43면.

시킬 수 없다고 생각했다. 행복에 대한 관념이 사람에 따라 다르듯이 쾌락도 마찬가지다. 칸트는 쾌락을 의지의 규정근거로 삼아야 한다는 쾌락주의 윤리설이 우리에게 실천법칙을 줄 수 없는 이유로 두 가지를 든다.[6] 첫째로 어떤 대상이 우리에게 쾌 또는 불쾌를 낳을지 아니면 쾌도 불쾌도 아닌 중성적 감정을 낳을지에 대해 우리는 선천적으로 인식할 수 없다. 따라서 우리는 어떤 대상이 우리에게 쾌를 낳고 어떤 대상이 불쾌를 낳을지에 대해 경험적으로밖에는 말할 수 없으며, 즉 자의의 규정근거는 항상 경험적인 것이 될 수밖에 없다. 그렇다면, 이런 규정근거를 조건으로 전제하는 실천적인 실질적 원리들도 경험적인 것들 일 수밖에 없다. 둘째로 쾌 · 불쾌란 항상 경험적으로만 인식될 수 있고 모든 이성적 존재자에 대해 똑같이 타당할 수 없는데, 이런 쾌 · 불쾌의 감수성이라고 하는 주관적 조건에만 기인하는 원리는 그러한 감수성을 가진 주관에 대해서 확실하게 준칙으로 쓰일 수는 있으나, 그 주관 자신에 대해서도 선천적으로 인식되어야 하는 객관적 필연성이 이 원칙에는 없기 때문에, 결코 실천법칙으로 쓰일 수 없다. 칸트에 의하면 도덕감정설도 결국에는 자기 행복의 원리에 귀착한다.

> 한층 더 세련되나 행복설과 마찬가지로 잘못된 이론은, 이성이 아니라 어떤 도덕적인 특수감관이 도덕법칙을 규정한다고 주장하는 것이다. 이 주장에 따르며, 덕의 의식은 직접적으로 만족이나 쾌락과 결합해 있고, 반면에 악덕의 의식은 마음의 불안이나 고통과 결합해 있다. 그래서 모든 것이 자신의 행복에 대한 욕구에로 환원된다.[7]

칸트에 의하면 도덕법칙에 대한 탐구보다 선과 악에 대한 탐구를 우선시키는 모든 윤리학은 실질주의 윤리학이다.[8] 그러나 실질주의 윤리학의 문제점은

---

6) I. Kant, *Kritik der praktischen Vernunft*, 24면 참조.
7) I. Kant, *Kritik der praktischen Vernunft*, 45면.

첫째로 어떤 실질(내용)이 행위의 보편적 목표가 될 수 있는가 하는 문제에 대해 아무런 해답을 제시할 수 없다는 것이다. 만인에 의해 모든 시대 모든 장소에서 받아들여질 수 있는 실질이란 존재할 수 없다는 것이다.

> 만약 선의 개념이, 그것에 선행하는 실천법칙에서 도출되지 않고, 오히려 실천법칙의 근거로 기능해야 한다면, 선이란 것은 그것의 존재가 쾌락을 약속하며, 그리하여 주관의 원인성 즉 욕망능력을 결정하여 쾌락을 산출하게 하는 어떤 것의 개념일 뿐이다. 그런데, 어떤 관념이 쾌락을 수반하며 어떤 관념은 반대로 불쾌를 수반하는지를 선천적으로 알 수 없기 때문에, 무엇이 직접적으로 선 혹은 악인가를 판별하는 것은 오로지 경험의 문제가 될 것이다.[9)]

> 욕망능력의 대상 – 실질 – 을 의지의 규정근거로 전제하는 모든 실천원리는 모두 경험적이며 어떠한 실천법칙도 발생시킬 수 없다.[10)]

경험은 우리에게 보편적인 정보를 줄 수는 없다. 실질주의 윤리학의 두 번째 문제점은 인간에게서 발견되는 이성의 임무를 제대로 설명할 수가 없다는 것이다. 실질주의 윤리학은 결국 우리에게 쾌 – 그것이 행복이건 명예건 아니면 돈이건 지식이건 그것도 아니면 사랑이건 우정이건 – 를 가져다주는 것은 선이요, 고통을 가져다주는 것은 악으로 규정한 뒤에, 쾌를 획득할 수 있는 효율적인

---

8) 칸트는 도덕의 원리에 있어서 실질적인 규정근거를 크게 주관적 근거와 객관적 근거로 구분한다. 그리고 주관적 근거를 교육(몽테뉴)과 사회제도(맨더빌)에서 찾는 외적인 것과 자연적 감정(에피쿠로스)과 도덕적 감정(허치슨)에서 찾는 내적인 것으로 구분하고 있다. 그리고 객관적 근거를 다시 완전성(볼프와 스토아 학파)에서 찾는 내적인 것과 하나님의 뜻(크루시우스)에서 찾는 외적인 것으로 구분한다.(*Kritik der praktischen Vernunft*, 48면 참조)

9) I. Kant, *Kritik der praktischen Vernunft*, 69면.

10) I. Kant, *Kritik der praktischen Vernunft*, 23면. 칸트는 욕망능력의 '실질'이란 말로써 우리가 현실이기를 욕망하는 대상을 의미한다고 말한다.

규칙을 도덕적 의무로 제시한다. 예컨대 홉스는 삶을 욕구 충족을 위해 애쓰고 혐오를 회피하면서 생명활동을 유지하는 운동과정으로 이해하면서, 선을 어떤 사람이 욕구하는 대상으로, 악을 혐오하는 대상으로 정의한다.[11] 인간의 삶에 대한 이런 이해방식에 관한 칸트의 평가에 따르면, 삶에 대한 홉스식 이해방식에 있어서 이성은 단지 "감성적 존재로서의 그(인간)의 욕구를 만족시키는 도구로만"[12] 쓰일 뿐이다. 그러나 이성의 임무는 그것 이상이지 않으면 안 된다.

> 왜냐하면 만약 이성이 인간에 대해서, 동물에 있어서 본능에 의해 취해진 목적의 충족에 봉사하기만 한다면, 인간이 이성을 갖는다는 것은 가치상으로 인간을 순 동물성보다 조금도 더 높이지 않기 때문이다. 만약 그렇다고 한다면, 이성이란 인간에게 더 높은 목적을 위한 자격을 주는 일 없이, 동물에 준 목적과 동일한 목적을 인간에게 갖추어 주고자 자연이 사용한 특수한 기교가 될 뿐이다. 말할 필요도 없이 인간은, 그에게 이미 마련된 자연조직을 따라서, 그의 복·불행을 항상 고찰하고자 이성을 갖지만, 인간은 그것 이외에 한층 더 높은 사명을 위해서 또한 이성을 가지고 있다.[13]

『도덕형이상학정초』에서도 칸트는 이와 유사한 주장을 제시한다. 만약 자연이 유기적 생명체에다 제공한 자연적 소질들이 그 생명체에게 가장 적합한 것이라는 가정을 받아들인다면, 인간에게 이성이 주어진 이유를 그것의 도움으로 행복을 얻기 위함이라고 설명하는 것은 인간에게 이성을 준 자연의 조치를 아주 졸렬하게 만드는 것이 된다. 왜냐하면 우리가 행복해지기 위해서는

11) T. Hobbes, *Leviathan*(London, Penguin Books, 1980) 120면 참조.
12) I. Kant, *Kritik der praktischen Vernunft*, 73면.
13) I. Kant, *Kritik der praktischen Vernunft*, 73면.

이성보다도 본능에 따르는 것이 더 낫기 때문이다. 그렇게 되면 이성은 인간에게 하나의 잉여물이요 불필요한 혹이다. 그래서 인간에게 이성을 준 자연의 조치를 졸렬한 것이 되지 않도록 하려면, 이성의 본래 사명을 행복으로 간주해서는 안 된다.[14)]

칸트는 이성이 욕구 충족의 도구이기만 하다면, 인간에게 이성을 붙여준 자연은 잘못을 저지른 것이라고 생각한다. 욕구 충족을 위해서는 본능만으로 충분하기 때문이다. 그럼에도 불구하고 자연이 인간에게 이성을 붙여주었다면, 이성에게는 욕구충족 이외의 다른 어떤 고차원의 임무가 부여되어 있다는 것이 칸트의 확신이다. 칸트에 의하면 쾌나 불쾌의 감정에 의해서 촉발되는 의지는 순수한 의지가 아니다. "순수한 의지는 순수한 이성이 자기 자신만으로 실천적일 수 있는 것에만 관심을 가진다."[15)] 문제는 그런 순수한 의지가 과연 존재하는가 하는 것이다.

만약 윤리학을 학문으로 성립시키려면, 대상중심적 사고방식을 포기하고, 법칙 중심적 사고방식을 취하지 않으면 안 된다는 것이 칸트의 생각이다. 칸트는 대상중심적 윤리학은 필연적으로 내용적인 것과 연결되고, 윤리학이 내용을 다루게 되면, 경험적 내용과 연관될 수밖에 없으며, 그런 한 엄밀학이 될 수 없다고 생각한다. 사람들이 의지가 외적인 것에 의해 규정되지 않고, 그 자신에 의해 규정되는 가능성에 대해 미처 생각조차 하지 못한 것은 바로 그러한 대상중심적 사고방식 때문이다. 그리고 이 대상중심적 사고방식이야말로 종래 윤리학의 영역에서 일어난 모든 혼란의 원인이다.

> 만일 우리가 실천법칙을 미리 분석적으로 탐구했더라면, 대상으로서의 선의 개념이 도덕법을 규정하고 가능하게 하는 것이 아니라, 반대로 도덕법이 선의 개념을 … (중략) … 규정하고 가능하게 하는 것임을 우리는

---

14) I. Kant, *Grundlegung zur Metaphysik der sitten*, 20면 이하 참조.
15) I. Kant, *Kritik der praktischen Vernunft*, 74면.

> 발견했을 것이다. 최상의 도덕연구의 방법에 관해 언급하고 있는 이상의 관찰은 중대한 것이다. 이는 철학자들이 일으킨 도덕의 최상원리에 관한 모든 혼란의 원인을 단번에 설명해주고 있다.[16)]

칸트는 순수실천이성이 존재한다는 것, 그리고 도덕법칙이 가능하다는 것을 증명하기 위해 윤리학에서의 실질주의를 단호히 거부하고 형식주의를 채택한다. 달리 말해서 선악중심주의에서 법칙중심주의로 나아간 것이다.

> 실천이성을 비판함에 있어서 방법론상의 역설(das Paradoxon der Methode)을 설명해야 할 지점에 이르렀다 : (일견 선과 악의 개념이 도덕법의 근본에 두어져야 할 듯이 보임에도 불구하고) 선과 악의 개념이 도덕법에 앞서 규정되어서는 안 되고, 오히려 (여기서도 그랬듯이) 선과 악의 개념이 도덕법 이후에 그리고 도덕법에 의해서 규정되어야 한다는 것이다.[17)]

사람들은 칸트가 윤리학의 영역에서 이룩한 사고방식의 전회를 그가 『순수이성비판』에서 진리의 기준을 대상본위에서 주관본위로 바꾼 것에 비교해서, '윤리학에 있어서의 코페르니쿠스적 전회'라고 부른다.[18)] 이제 진리의 기준이 대상 쪽에 있는 것이 아니라 주관 쪽에 있듯이, 선의 기준도 대상 쪽에 있는 것이 아니라 주관 쪽에 있게 된다. 주관(이성)은 이론적으로건 실천적으로건 법칙의 근원으로서, 우리가 할 것은 주관(실천이성) 안에 내장되어 있는 실천법칙 즉 도덕법칙의 선천적 형식을 밝혀내는 일이다. 칸트는 도덕판단의 영역에서도, 인식론의 영역에서와 마찬가지로 보편적으로 채택될 수 있는 실천

16) I. Kant, *Kritik der praktischen Vernunft*, 75면.
17) I. Kant, *Kritik der praktischen Vernunft*, 74면.
18) J. R. Silber, "The Copernican Revolution in Ethics : The Good Reexamined", 85면 이하 참조.

규칙들 – 그 내용은 각기 다르겠지만 – 의 형식은 실천이성에서 유래한다고 생각했다. 그리고 더 나아가서 보편적으로 받아들여질 수 있는 도덕 규칙의 형식은 그 자체가 실천적일 수 있다고 생각했다. 그래서 칸트는 다음처럼 말한다.

> 순수한 이성이 실천적인 근거, 즉 의지를 규정하기에 하기에 충분한 근거를 자신 내부에 갖고 있음을 우리가 가정한다면, 실천법칙들은 존재하는 것이다. 그렇지 않다면 모든 실천 원칙들은 준칙들일 뿐이다.[19)]

19) I. Kant, *Kritik der praktischen Vernunft*, 21면. 염두에 두어야 할 사항은 첫째로 칸트가 윤리학에서의 코페르니쿠스적 전회를 통해 과연 타당한 절차를 거쳐 도덕성의 순 형식적인 법칙을 발견했는가 하는 것은 별개의 문제라는 것이다. 요점은 칸트가 형식주의적 전회를 통해서만 윤리학을 학의 안전한 길에 들어서게 할 수 있다고 생각했다는 것이다. 둘째로 칸트가 윤리학의 영역에서 대상중심적 사고로부터 법칙중심적 사고로의 혁명을 이룩하면서, 쾌락주의, 행복주의, 도덕감정주의, 효용성주의를 배격했다고 하더라도, 우리는 그가 도덕적 행위자는 행복감이나 쾌락을 느껴서는 안 된다고 주장한 것이 아님을 기억해두어야 한다. 우리가 행위를 함에 있어서 일차적으로 도덕법칙을 중심에 두고 행동해야 한다는 것, 그리고 그렇게 행동한 결과 필연적으로건 우연적으로건 어떤 행복감이나 쾌감이 수반될 수도 있다는 것을 칸트는 인정한다. 물론 칸트는 누군가가 도덕법에 대한 존경심으로만 행동한 결과 다행스럽게도 추후적으로 명예를 얻게 된다면, 그는 그 명예를 존중한다. 칸트가 말하고자 하는 것은 우리가 행위를 결의할 때, 염두에 두어야 하는 것은 오로지 법칙이지 행복이나 명예나 쾌락과 같은 것들이어서는 안 된다는 것이다.

칸트가 윤리학에서의 코페르니쿠스적 전회를 통해 과연 타당한 절차를 거쳐 도덕성의 순 형식적인 법칙을 발견했는가 하는 문제에 관해서, 우리가 『실천이성비판』에서의 칸트의 논의를 '증명'으로 간주해서는 안 된다고 생각한다. 필자는 다른 곳에서 『순수이성비판』에서의 범주의 선험적 연역에 관해서도, 그것을 '증명'의 논리로 간주해서는 안 되고, '경험이 있다'는 이론이성의 사실에 대한 '설명'의 논리로 간주해야 한다고 말한 적이 있다. 『순수이성비판』의 「선험적 논리학」을 꼼꼼히 읽어보면 칸트는 그 부분에서 되풀이해서 '오성의 순수 범주가 경험을 가능하게 하는 근본조건임을, 그리고 그렇게 생각할 때에만 어떤 식으로도 부정하는 것이 불가능한 이론이성의 사실이 무리 없이 설명될 수 있음'을 주장한다. 그는 이 주장을 제1판과 제2판을 통해 다양한 방식으로 변주해서 우리에게 들려주고 있다. 이런 점에서 본다면, 칸트가 제시하고 있는 범주의 선험적 연역에서 제1판 과 제2판의 차이점을 지적해가면서 모종의 증명구조를 밝히려는 모든 시도만큼 부질없는 철학적 작업도 없을 것이다. 칸트가 범주의 연역을 제2판에서 전면적으로 새롭게 쓴 이유는 간단하다. 그것은 제1판에서의 자신의 논의가 잘못된 증명이었음을 발견해서가 아니라 – 그는 처음부터 무슨 증명을 제출하려는 의도를 갖고 있지 않았다 – 제1판에서 감성과 오성을 매개하는 것으로 도입된 구상력의 개념이 감성과 오성의 결합을 설명하기에는 설득력이 약하다고 생각했기 때문이다. 마찬가지로 칸트가 『실천이성비판』의 전반부인 「순수한 실천이성의 분석론」에서 제시하고 있는 「순수한 실천이성의 원칙들의 연역」에서 모종의 증명을 제출했다고 생각하는 것은 잘못이다. 칸트는 그곳에서도 의지가 순 형식적인 방식으로 자신을 직접 규정할 수 있다고 생각할 때에만 어떤 경우에도 부정할 수 없는 '실천이성의 사실'이 무리 없이 설명될 수 있다고 생각했다. 칸트가 윤리학의 영역에서 수행한 칸트는 자기 윤리학의 형식주의적 측면을 다음처럼 분명하게 진술한다.

> 만약 이성존재자가 그의 준칙들을 실천적인 보편법칙들이라고 생각해야 한다면, 그는 법칙들을 그것들이 갖고 있는 실질 때문이 아니라 그 형식 때문에 의지의 규정근거를 포함하는 원리로 간주할 수 있을 뿐이다. 실천원리의 실질은 의지의 대상이다. 이 대상은 의지의 규정근거이거나 아니거나 이다. 의지의 규정근거라면, 의지의 규칙은 경험적인 조건(즉, 쾌·불쾌의 감정에 대한 규정하는 표상의 관계)에 종속하고 따라서 그것은 실천법칙이 아니다. 법칙의 모든 실질 즉 의지의 규정근거로 간주된 의지의 모든 대상이 법칙으로부터 사상(捨像)될 때, 보편적인 법칙수립의 형식만이 법칙에 남는다.[20]

> 가능한 모든 실질적인 원리들은 최상의 도덕법이 되기에 전적으로 부적합하므로, 순수이성의 형식적인 실천원리만이 - 이 형식적 실천원리에 따라서 보편적 입법의 단순한 형식(이는 우리들의 준칙을 통해 가능하다)은 의지를 규정하는 최상의 그리고 직접적인 근거를 구성한다 - 정언명법을 제공할 수 있는 유일한 원리라는 것이다.[21]

칸트는 질료적으로 이해된 선의 개념을 도덕법칙에 앞세우는 모든 윤리학은 결국 타율의 윤리가 됨을 말한 뒤, 다음처럼 자신의 형식주의를 재삼 천명

코페르니쿠스적 전회라는 것도 바로 그 실천이성의 사실이 여하히 가능한가를 설명하기 위한 것이다. 칸트에 의하면 "선과 악의 개념에 의해서 대상이 미리 모든 실천법칙의 기초가 되어버렸고, 그리고 대상에 선행하는 어떠한 법칙도 존재하지 않는 상황에서는 대상은 오로지 경험적인 개념에 따라서만 생각될 수 있었기에, 순수한 실천법칙을 상상해보는 가능성조차 이미 제거되어 버렸다"고 한다.(*Kritik der praktischen Vernunft*, 75면) 그리고 칸트는 그 가능성이 필연적이어야 함을 그 어느 곳에서도 증명하지 않는다. 단지 그 가능성을 필연적인 것으로 받아들일 때에만 실천이성의 사실이 잘 설명된다는 논조를 반복할 뿐이다.

20) I. Kant, *Kritik der praktischen Vernunft*, 31면.

21) I. Kant, *Kritik der praktischen Vernunft*, 49-50면.

하고 있다.

> 형식적인 법칙만이 즉 준칙의 최상조건으로서 이성의 보편적 법칙수립의 형식 이외의 그 어떤 것도 이성에 보내주지 않는 그런 법칙만이, 실천이성의 선천적인 규정근거일 수 있다.[22]

그러면 칸트가 윤리학의 영역에서 형식주의적 전회를 통해 도달하게 된 순수한 실천이성의 근본법칙은 무엇인가? 그것은 학자들에 의해 흔히 '보편적 법칙의 법식'으로 불려지는 것으로 다음과 같다.

> 그대 의지의 준칙이 항상 동시에 보편적 법칙수립의 원리로서 타당할 수 있도록 그렇게 행위하라.[23]

칸트에 의하면 이 근본법칙은 사람이 단적으로 어떤 방식으로 행위하기를 요구하며, 따라서 이 법칙은 무조건적, 절대적, 선천적으로 실천적인 명제이며. 또한 단적 · 직접적으로 의지를 규정하며 객관적으로 규정한다. 의지는 일체의 경험적인 것으로부터 독립해서 직접 법칙을 수립하기 때문이다.[24]

II. 칸트 윤리학에 있어 최고선과 실질주의적 요소

『실천이성비판』보다 3년 앞서 1785년에 출간된 『도덕형이상학정초』에서 칸트는 '보편법칙의 법식' 이외에, '자율의 법식'이나 '목적 자체의 법식'에

---

22) I. Kant, *Kritik der praktischen Vernunft*, 76면.
23) I. Kant, *Kritik der praktischen Vernunft*, 36면.
24) I. Kant, *Kritik der praktischen Vernunft*, 36면 참조.

대해서도 언급한다. 그러나 그는 『실천이성비판』에서는 도덕의 근본법칙으로서 앞서 언급된 보편적 법칙의 법식만을 제시한다. 『도덕형이상학정초』에서 언급된 '목적 자체의 법식'은 『실천이성비판』에서 강하게 부각되어 있는 윤리적 형식주의와 조화하지 못한다고 생각했던 것 같다. 그러나 『실천이성비판』에서도 우리는 칸트가 윤리적 형식주의를 일관되게 밀고 나가지 못했음을 발견할 수 있다.

『실천이성비판』의 후반부, 「순수한 실천이성의 변증론」에서 칸트는 최고선의 개념을 도입한다. 칸트에 의하면 우리가 순수이성을 사변적 차원에서 고찰하건 실천적 사용에서 고찰하건, 이성이 피제약자에 대해서 제약들의 절대적 전체를 추구하는 능력인 한, 이성은 '변증론'을 갖게 된다.

> 순수한 실천이성으로서 이성은 실천적으로 제약된 것 – (경향성과 자연적 욕구에 기인하는 모든 것) – 에 대해서 마찬가지로 무제약자를 추구한다. 그러면서도 실로 이성은 의지의 규정근거로서가 아니라, 비록 이 근거가 (도덕법 중에서) 주어졌더라도, 순수한 실천이성의 대상의 무제약적 전체를 **최고선**의 이름 아래서 추구한다.[25]

그러면 최고선이란 무엇인가? 칸트는 최고선의 개념을 규정하기 위해, 스토아 학파와 에피쿠로스 학파의 최고선 개념을 비판적으로 검토한다.

> 스토아 학도는 덕이 모든 최고선이요, 행복은 오직 주관의 상태에 속하는 것으로서 덕을 소유하고 있다는 의식이라고 주장하였다. 이와는 반대로 에피쿠로스 학도는 행복이 모든 최고선이요, 덕은 행복을 추구하기 위한 '준칙의 형식', 달리 말해서 행복을 얻기 위한 수단을 합리적으로

25) I. Kant, *Kritik der praktischen Vernunft*, 125면.

사용할 때 획득될 수 있는 준칙의 형식일 뿐이라고 주장하였다.[26]

간략히 말한다면, 스토아 학파에 의하면 유덕한 사람이 되려고 노력한 결과 유덕한 사람이 되면, 그 사람은 곧 행복한 사람이다. 반면에 에피쿠로스 학파에 의하면, 행복한 사람이 되려고 노력한 결과 행복한 사람이 되면, 그 사람은 유덕한 사람이다. 전자는 행복을 덕으로 환원시키고 있으며, 후자는 덕을 행복으로 환원시키고 있다. 그러나 칸트가 보기에 스토아 학도나 에피쿠로스 학도처럼 일방을 타방으로 환원시키는 방식으로 덕과 행복의 결합에서 성립하는 최고선의 가능성을 설명하는 것은 아주 잘못된 것이다.

> 그러나 결코 통합될 수 없는, 원리상의 본질적 차이를 언어상의 모순으로 번역함으로써, 그리고 다른 용어들로써 개념들의 표면적인 통일을 고안해내는 방식으로 원리상의 본질적 차이를 극복하고자 한 것은, 그들 시대의 변증적 정신에는 어울리는 일이었다. 그리고 지금에도 치밀한 인간을 이따금 헷갈리게 만든다.[27]

칸트는 덕과 행복을 이질적인 것으로 간주한다. 유덕한 사람이 불행할 수 있으며, 행복한 사람이 부덕할 수 있다는 상식을 받아들인다.

> 행복과 도덕성은 종자적으로 서로 다른, 최고선의 두 요소이기에 양자의 결합은 분석적으로 - 마치 자기의 행복을 추구하는 사람은 자신의 문제를 해결하는 방식으로 자신이 유덕함을 발견하게 되거나, 혹은 덕을 따르는 사람이 그의 행위를 의식함에 있어서, 의식한다는 바로 그 사실에 의해서 그 자신이 행복한 것임을 발견하게 되듯이 - 인식될 수는 없

---

26) I. Kant, *Kritik der praktischen Vernunft*, 130면.
27) I. Kant, *Kritik der praktischen Vernunft*, 129면.

고, 두 개념의 종합이라는 것이다.[28)]

덕과 행복이 이질적인 것임은 덕의 준칙과 행복의 준칙이 이질적인 것이라는 「분석론」에서의 증명에서 필연적으로 귀결된다. 덕은 순전히 형식적인 도덕법에 대한 순수한 존경심에 따라 행위하는 데서 성립하지만, 행복은 행위의 실질을 고려하는 데서 성립한다. 우리의 순수의지 즉 실천이성은 덕을 의욕하면서 동시에 행복을 의욕한다. 그러나 덕을 의욕하는 것과 행복을 의욕하는 것이 많은 경우 상호 충돌한다.

> 「분석론」으로부터 다음의 사실이 명백해졌다. 즉 덕의 준칙들과 행복의 준칙들은 그 최상의 실천원리에 관해서 전적으로 이질적인 것이요, 같은 것이 되기에는 너무나 멀리 빗나가고 있다는 것. 비록 최고선을 가능하게 하려고 동일하게 최고선에 속하지만, 양자는 서로 일치하지 않을 뿐만 아니라, 동일한 주체에 있어서 서로 강력하게 제한하고 저지한다는 것이었다.[29)]

그럼에도 불구하고 칸트는 덕과 행복을 최고선을 구성하는 두 가지 요소로 간주한다. 칸트는 행위가 도덕에 일치하는 것을 최상선이라고 부르고, 그 덕에 상응하는 행복이 실현된 상태를 완전선이라고 부른다.

> (행복을 누릴 만한 자격이 있는 것으로서의) 덕은 우리에게 바랄 만한 것으로 보이는 모든 것의 최상조건이요, 따라서 우리들의 행복에 대한 모든 추구의 최상조건이며, 따라서 그것이 최상선임은 「분석론」에서 증명되었다. 그러나 이 사실이 덕은 유한한 이성적 존재자의 욕망능력의 대상으로서 '전체적 완전선'임을 말하는 것은 아니다. 왜냐하면 이러

28) I. Kant, *Kritik der praktischen Vernunft*, 130면.
29) I. Kant, *Kritik der praktischen Vernunft*, 130면.

> 한 선이 되기 위해서는 행복이 또한 요구되기 때문이다.[30)]

칸트의 이런 설명을 요약하자면, 최고선이란 행위와 덕과 행복, 이 삼자가 일치한 상태를 의미한다고 말할 수 있겠다.

우리는 지금까지 칸트가 『실천이성비판』에서 도입하고 있는 최고선의 개념을 설명하였다. 사람들은 이쯤에 이르러 최고선과 칸트 윤리학의 실질주의적 측면과 무슨 관계가 있는가 라는 의문을 제기할 수 있다. 필자는 이하에서 이 의문에 답해보고자 한다. 칸트는 인간에게 부과되는 지상의 도덕명령은 '너는 마땅히 최고선을 실현하라'는 것으로 간주한다. 그런데, 앞서 살펴보았듯이, 최고선에는 행복이 포함되어 있다. 그런 한, 최고선에는 모종의 실질적인 것이 내포되어 있는 것이 된다. 의무의 준칙은 형식적인 것이지만, 행복의 준칙은 실질적인 것이기 때문이다. 따라서 최고선이 행위의 궁극적 목적으로 간주되는 한, 그 구성요소 중의 하나인 행복도 목적으로 추구되고 있는 것이 된다. 이런 점에서 본다면 칸트 윤리학에는 실질주의적 측면, 행복주의적 측면, 결과주의적인 측면이 없지 않다고 말할 수 있다. 물론 칸트는 최고선의 개념으로 말미암아 자신의 윤리학의 형식주의와 동기주의가 일관되게 유지되지 않는 듯이 보일 것을 염려하여 다음처럼 말한다.

> 도덕법만이 순수한 의지의 규정근거이다. 도덕법은 단지 형식적이기에 (즉 보편적으로 법칙수립적인 것으로서의 준칙의 형식만을 요구하기에), 그것은 규정근거로서의 모든 실질을, 따라서 의욕의 모든 대상을 사상(捨像)한다. 결과적으로, 비록 최고선만은 항상 순수한 실천이성 즉 순수한 의지의 대상일지 모르나, 그것은 여전히 순수한 의지의 **규정근거**라고 생각되어서는 안 된다. 그리고 우리는 도덕법만이 최고선과 최고선의

---

30) I. Kant, *Kritik der praktischen Vernunft*, 127-128면.

실현 혹은 촉진을 순수의지의 대상으로 삼게 하는 근거로 보아야 한다.[31)]

그러나 최고선이 의지의 규정근거가 아니라, 오로지 도덕법만이 의지의 규정근거라고 한다면, 칸트는 도덕법과 최고선이 어떻게 필연적으로 결합할 수 있는지를 설명해야 한다. 다시 말해서 '너는 마땅히 최고선을 실현하라'는 명령이 도덕법이 아니고 따라서 의지의 규정근거가 아니라면, 그래서 칸트가 『실천이성비판』에서 인정하는 유일한 도덕법이 "네 의지의 준칙이 항상 동시에 보편적인 법칙 수립이라는 원리로서 타당할 수 있도록 행위하라"는 것뿐이라고 한다면, 어떻게 이 법칙과 최고선이 필연적으로 결합할 수 있는가를 설명해야 한다. 그러나 앞서 말한 그 도덕법만이 의지의 규정근거라고 말하는 한, 최고선이 도입될 필요는 없다. 나는 단지 나의 준칙이 보편적 법칙이 될 수 있도록 행위하려고 노력하면 그뿐이다. 그 노력 중에 나는 준칙이 보편적 법칙이 되도록 행위하는 경우도 있을 것이고, 그렇게 행위하지 못하는 경우도 있을 것이다. 이 경우 우리는 왜 나는 나의 준칙이 보편적 법칙이 되는 방식으로 행위해야 하는가 하고 물어볼 수 있다. 그렇게 행동함으로써 '그대는 유덕한 사람이 된다'는 것이 칸트의 대답이다. 우리는 칸트에게 또 왜 나는 유덕해야 하는가 라고 물어 볼 수 있다. "네 의지의 준칙이 항상 동시에 보편적인 법칙 수립이라는 원리로서 타당할 수 있도록 행위하라"는 것만을 의지의 규정근거로 인정하는 한, 다시 말해서 '너는 마땅히 최고선을 실현하라'는 명령을 도덕법에 포함시키지 않는 한, 칸트는 '너는 유덕해야 하기 때문에 유덕해야 한다'고 말할 수밖에 없다. 그러나 그것은 우리가 유덕해야 하는 이유에 대한 설명이 될 수가 없다. 그래서 칸트는 우리가 방금 위에서 인용한 그 구절 바로 뒤에서는 최고선이 의지의 규정근거일 수 있음을 인정한다.

---

31) I. Kant, *Kritik der praktischen Vernunft*, 126면.

> 「분석론」에서 우리가 알 수 있었던 것은 우리가 선의 이름 아래서 어떤 대상을 도덕법에 선행해서 의지를 규정하는 근거로 간주한다면, 그리고 그것으로부터 최상의 실천원리을 도출해 낸다면, 이것은 항상 타율을 발생시키며, 도덕적 원리를 배제시켜 버린다는 것이었다. 그러나 만일 도덕법이 최고선의 개념 안에 최상의 조건으로서 이미 포함되어 있다면, 이때 최고선은 단순히 (순수의지의) 대상이기만 한 것이 아니라, 도덕법의 개념과 우리의 실천이성에 의해서 가능하게 된 존재(최고선 : 필자 집어넣음)의 표상, 이 양자가 순수의지의 **규정근거**이기도 하다는 사실도 자명하다.[32)]

최고선의 개념 안에는 행위와 도덕의 일치를 명하는 최상선이 포함되어 있으므로, 최고선의 개념은 순수의지의 객관이면서 동시에 규정근거이기도 하다는 것이다. 이렇게 말함으로써 칸트는 행복에의 열망도 의지의 규정근거로 몰래 받아들인다. 왜냐하면 최고선에는 행위와 도덕의 일치를 명하는 최상선만이 아니라, 덕과 행복의 일치를 요청하는 완전선도 포함되어 있기 때문이다. 행복에의 열망이 의지의 규정근거로 밀반입된 이상, 칸트는 형식주의를 일관되게 밀고 나가지 못하게 된다. 그러나 행복에의 열망이 최고선의 개념을 통해 의지의 규정근거로 밀반입됨으로써, 그는 왜 유덕해야 하는가 라는 질문에 대해서는 설득력 있는 답을 제시할 수 있다. 유덕한 행위가 우리에게 행복을 보장해준다는 것이 바로 그 답이다. 칸트는 『실천이성비판』의 「분석론」에서는 행복주의를 사정없이 배격했지만, 「변증론」에서는 어느새 행복주의자가 되어버린 것처럼 보인다. 물론 칸트는 그의 윤리학적 저술들 여러 곳에서 행복을 목적으로 해서 행위해서는 안 된다고 누누이 말한다. 그리고 칸트는 도덕은 행복에의 합리적 조건만을 문제 삼으며, 행복을 손에 넣기

---

32) I. Kant, *Kritik der praktischen Vernunft*, 127면. 강조는 칸트에 의함.

위한 수단을 문제 삼을 것이 아니기에, 풀어 말하자면, 도덕은 그 자체 목적으로 추구되는 것이지, 행복을 위한 수단으로 추구되는 것이 아니기에, 도덕 자체를 행복론으로 간주해서는 안 된다고 말한다. 다음의 말은 칸트가 도덕을 행복론으로 보아서 안 된다고 생각하는 이유를 더 분명하게 설명해준다.

> 비록 전체 개념으로서의 '최고선의 개념' - 이 최고선의 개념에서는 최대의 행복과 (피조물에 있어서 가능한) 최대한 도덕적 완전성이 가장 정확한 비례를 이루며 결합되어 있다고 생각된다 - 중에는 **내 자신의 행복도 함께** 포함되어 있다 하더라도, 최고선을 촉진하도록 의지를 규정하는 근거로 입증된 것은 행복이 아니라 여전히 도덕법이다. … (중략) … 그러므로 도덕이란 실로 어떻게 우리를 **행복하게 만들 것인가**에 대한 가르침이 아니라, 어떻게 하면 우리가 행복을 **누릴 만한 자격이 있게 되겠는가** 하는 것에 대한 가르침이다.[33]

그러나 최고선이 의지의 규정근거일 수 있음이 일단 인정된 이상, 도덕론과 행복론을 이렇게 구분하는 것이 과연 설득력이 있는지는 의문스럽다. 더군다나 칸트는 다음처럼 말한다.

> 무릇 행복을 필요로 하고 또 행복할 만한 자격을 갖고 있으되, 행복을 누리지 못하는 일은 이성적 존재자의 완전한 의욕과 … (중략) … 도저히 조화할 수 없다.[34]

이 말은 도덕론과 행복론이 구분될 수 없다는 말이 아닌가? 행복이 실천이성의 필연적 요청내용으로 인정된다는 사실이 실천철학적으로 증명된 이상,

---

33) I. Kant, *Kritik der praktischen Vernunft*, 149면, 강조는 칸트에 의함.
34) I. Kant, *Kritik der praktischen Vernunft*, 128면.

도덕과 행복을 구분하는 것은, 의도와 결과의 이분법에 지나치게 집착하는 것이 될 것이다. 도덕법에 따르는 것 그 자체가 행위자의 의도이며, 행복은 의도된 결과가 아니므로, 이 양자는 구분되어야 한다는 것이 칸트의 생각이다. 칸트의 이런 사고방식은 카톨릭에서 말하는 '이중결과의 원칙'(principle of double effect)을 연상시킨다.[35] 그러나 **유덕함에는 행복이 필연적으로 수반된다는 것이 실천철학적으로 증명된 이상, 유덕함을 의욕하는 것은 동시에 행복을 의욕하는 것이 되어버린다**. 사실 칸트는 다른 한편으로는 도덕론이 행복론으로 불려질 수 있음을 인정하기도 한다. 중요한 구절이라 판단되어 생략함이 없이 인용하겠다.

> 그러나 (이기적 소망에 대한 방책을 제공하는 대신에 단지 의무만을 부과하는) 도덕이 완전히 논술되었을 때에는, 그리고 (우리를 하나님의 나라에 데려가는) 최고선을 촉진하려는 도덕적 소망이 각성될 때에는 - 이런 소망은 도덕법에 기초한 소망이며, 그 어떤 이기적인 마음도 갈망할 수 없는 소망이다 - 그리고 이것을 위해서 종교에로의 행보가 생긴 뒤에는, 오로지 그럴 때에만 윤리학은 행복론이라 불릴 수 있다. 왜냐하면 행복에 대한 희망이 오직 종교와 함께 생기기 때문이다. 이로부터 다음의 사실이 밝혀진다. 즉 만약 우리가 세계를 창조하신 하나님의 최후목적을 탐구한다면, 그것은 세계에서의 이성존재자의 행복이 아니라 최고선(이 최고선은 행복해지고자 하는 이성 존재자의 소망에다 하나의 조건을 부가하는데, 그 조건은 이성적 존재자의 도덕성인 바, 행복을 누릴 자격을 갖춘다는 조건이며, 오로지 이것만이 이성적 존재자가 현명하신 창조자의 손을 통해서 행복에 참여하기를 바랄 수 있는 기준을 포함하고 있다)이라는 것이다.[36]

35) 졸저, 『현대인의 삶과 윤리』(대구, 형설출판사, 2000) 235면과 358면 참조.
36) I. Kant, *Kritik der praktischen Vernunft*, 150면.

창조의 목적이 이성존재자의 행복이 아니라, 최고선이라 하더라도, 최고선에는 덕에 상응하는 행복이 필연적으로 결합해 있기에, 칸트의 이런 설명에도 불구하고 도덕론과 행복론을 구분하는 것은 납득되지 않는다. 만약 칸트가 어떻게 도덕이 가능한가하는 문제를 해명하는 것으로 만족하고 신의 존재나 영혼불멸에 대해서는 아무런 실천철학적 증명을 제시하지 않았다면, 그리고 우리가 도덕에 따르는 이유는 도덕 그 자체를 위한 것이지 그에 상응하는 행복을 얻기 위함이 아니었으며, 만약 영혼이 불멸이고 신이 존재한다면 우리의 유덕함은 보상받을 것이고 존재하지 않는다면 보상받지 못할 것이지만, 그래도 영혼의 불멸과 신의 존재는 실천철학적으로도 증명될 수 없다고 말했다면, 도덕론과 행복론은 구분될 수 있다. 그러나 칸트는 최고선의 실현 가능성 조건으로서 영혼의 불멸과 신의 존재를 실천철학적 필연성을 갖고서 증명한다. 그런 한, 도덕설과 행복설의 구분은 불가능할 뿐만 아니라 불필요하다는 것이 필자의 생각이다.

칸트 윤리학의 실질주의적 측면은 『도덕형이상학정초』에서도 발견할 수 있다. 이에 대해 살펴보기 전에 먼저 우리는 칸트가 『도덕형이상학정초』에서 언급했던 '목적 자체의 법식'에 대해, 3년 뒤에 출간했던 『실천이성비판』에서는 언급하지 않은 이유가 무엇인지에 대해 물어 볼 수 있다. 필자가 보기에 칸트는 『도덕형이상학정초』에서는 『실천이성비판』을 집필할 때 보다 자신의 형식주의적 사고방식에 덜 집착하고 있었던 것 같다. 그러나 『실천이성비판』을 집필하면서 그는 실버가 '윤리학에서의 코페르니쿠스적 전회'라고 부른 사고방식의 전회 즉 선악중심주의에서 법칙중심주의로의 전환을 감행하게 되면서, 『도덕형이상학정초』에서는 덜 철저하였던 형식주의를 보다 더 철저하게 밀고 나아가려는 생각을 갖게 된 것 같다. 일단 자신의 윤리적 형식주의를 철저하게 밀고 나가려 할 때, '목적 자체의 법식'은 하나의 걸림돌로 보였을 수가 있다. 바로 이런 이유에서 칸트는 『실천이성비판』에서는 목적 자체의 법식에 대해 언급하지 않고 있는 것 같다. 인간을 목적 그 자체로 대접하라는 명법은 분명히 어떤 형식적인 명법이 아니라 실질을 담고 있는 명법이기 때문이다. 그 명법은 인간을 수단시하지 말라는 실질적인 지침을 주고 있다. 그런데 목적 자체의 법식을 법칙중심주의적 사고방식으로 정당화하는 것은 불가능해 보인다. 법칙중심주의적 사고방식에 따르면, 윤리적 행위의 대상(실질)을 도덕법칙에 선행시키는 것은 잘못이기 때문이다. 그럼에도 불구하고 목적 자체의 법식은 인간성을 도덕법칙보다도 우선시키는 듯이 보인다. 칸트는 형식의 범주와 관계하는 보편적 법칙의 법식과 실질의 범주와 관계하는 목적 자체의 법식이 같은 것임을 주장한다.

> "각각의 이성적 존재자(네 자신과 타인)와의 관계에 있어서 이성적 존재자는 너의 준칙에 있어서 동시에 그 자체 목적 자체로 타당하도록 행위하라"는 원칙은 결국 "각각의 이성적 존재자에 대한 보편적 타당성을 동시에 내포하는 준칙에 따라 행위하라"는 원칙과 동일하다. 왜냐하면 어떤 목적에 대한 수단을 사용함에 있어서 나는 나의 준칙을 그것이 또한 모든 주관에 대한 법칙으로서 보편적으로 타당하다는 조건에로 제한하지 않으면 안 된다고 말하는 것은, 목적의 주체 즉 이성적 존재자 자신은 결코 수단으로서가 아니라 모든 수단의 사용을 제한하는 최상의 조건으로서(즉 항상 동시에 목적으로서) 행위의 모든 준칙의 근저에 두어져야만 한다고 말하는 것과 마찬가지이기 때문이다.[37)]

그러나 우리가 형식과 실질의 이분법을 받아들이는 한, 이는 받아들이기 힘든 주장이다. 만약에 칸트가 형식주의를 일관되게 밀고 나가기 위해 보편적 법칙의 법식만을 인정한다면, 그는 도덕법칙의 필요조건을 제시하는 것일 뿐, 충분조건을 제시하지는 못할 것이다. **칸트로서는 트리레마에 빠지게 된다.**

37) I. Kant, *Grundlegung zur Metaphysik der Sitten*, 71-72면.

목적 자체의 법식을 받아들이면 도덕법칙의 충분조건을 제시할 수 있는 이점이 있으나, 윤리학에서의 코페르니쿠스적 전회가 말뿐인 것이 된다. 목적 자체의 법식을 내버리고 보편적 법칙의 법식만을 받아들이면, 윤리학에서의 형식주의에는 일관성을 줄 수는 있으나 도덕법칙의 필요조건밖에 제시할 수 없다. 이런 상황에서 칸트는 보편적 법칙의 법식과 목적 자체의 법식이 동치임을 주장하게 되지만, 이는 형식과 실질의 이분법을 부정하는 것이 된다.

필자가 보기에 칸트는 어떤 경우든 실질의 범주와 관계된 '목적 자체의 법식'을 받아들일 수밖에 없는 입장이다. 그 이유를 이하에서 설명하고자 한다. 칸트적인 의무론적 윤리학에서는 도덕적 행위는 다른 어떤 실질적인 것(목적)을 성취하기 위한 수단으로서 행해져서는 안 된다. 도덕적 행위는 그 자체가 목적이다. 효도는 유산을 상속받기 위한 수단으로서 행해져서는 안 되고 효도 그 자체를 목적으로 행해져야 한다는 것이다. 도덕 그 자체가 목적 그 자체이다. 그런데 도덕법은 칸트에 따르면 형식적으로만 표현된다. 그 형식은 자기 입법적 존재로서의 인간 이성의 형식이다. 따라서 **도덕이 목적 그 자체라면 그러한 형식의 담지자로서의 인간 그 자체도 목적 그 자체이지 않으면 안 된다. 칸트 윤리학의 형식주의는 바로 그 형식주의의 필연적 귀결로서 목적 자체로서의 인간을 받아들이지 않으면 안 되게 되어 있다.** 이 점을 칸트는 우리가 바로 앞에서 인용했던 『도덕형이상학정초』에서의 인용문에서 분명하게 말하고 있다. **그러나 그렇게 받아들여진 목적 그 자체로서의 법식과 목적자체로서의 인간이 칸트의 형식주의와 배치된다는 데에 칸트 윤리학의 근본적인 고뇌가 발견된다.** 물론 인간이 순수사유라면, 칸트가 목적 자체의 법식을 받아들이더라도 자신의 윤리적 형식주의와 모순을 일으키지는 않을 것이다. 순수사유로서의 인간은 피와 살이 없는 순수 영혼, 순수 이성, 순수 형식으로서의 인간이기 때문이다. 이 경우 인간을 목적으로 대하라는 말은 특정 시공간 안에 있는 구체적인 개인을 목적으로 대하라는 말이 아니라, 그 개인에게서 뼈와 살을 제거한 뒤에 남는 순수 이성을 목적으로 대하라는 말이 될 것이다. 그러므로 칸트가 목적 자체의 법식에서 언급하는 인간이 이런 순수 사유로서의 인간이라면, 그런 인간을 목적으로 대하라는 것은 자신의 형식주의와 모순을 일으키지 않는 것은 당연한 일이다. 그러나 인간이 순수사유라면 경향성의 유혹도 받지 않을 것이고 따라서 도덕적 갈등도 생기지 않을 것이며, 윤리적인 존재가 아니게 될 것이다. 인간이 윤리적인 존재로 규정되는 한, 인간은 피와 살을 가진 인간이지 않으면 안 된다. 그런 한, 목적 그 자체의 법식 칸트 윤리학의 형식주의와 충돌하는 것은 불가피한 일이다.

칸트가 『실천이성비판』에서 이룩한 코페르니쿠스적 전회의 관점에서 본다면 매우 의외적이라고 말할 수밖에 없는 다음과 같은 진술을 만나게 된다. 칸트는 도덕성의 원리를 제시하는, 앞서 언급된 세 가지 방식은[38] 근본적으로는 단지 동일한 법칙의 다양한 법식들일 뿐이며, 그들 각각의 법식은 나머지 다른 두 법식을 자기 안에 포함하고 있다고 말한 뒤, 다음처럼 말한다.

> 모든 준칙들은 간단히 말해서 다음과 같은 세 가지 측면을 갖고 있다. 1) 형식 : 이 형식은 보편성 중에 있다. 이런 점에서 도덕적 명법의 법식은 다음과 같이 표현되었다. '준칙은 마치 보편적 자연법칙으로 타당해야 하는 듯이 선택되어야 한다.' 2) 실질 : 즉 목적을 갖는다. 이 법식은 '이성적 존재자는 성질상 목적으로서, 그렇기에 목적 자체로서, 모든 준칙에 대해 일체의 상대적이고 임의적인 목적을 제한하는 조건으로 되어야 한다'로 표현된다. 3) 다음의 법식에 의한 모든 준칙의 완전한 규정 : '모든 준칙은 자기 입법에 의해 자연의 왕국으로서의 가능적인 목적의 왕국과 조화하여야 한다'는 법식이다. 이 경우의 진행은 의지

---

38) 이 세 가지 방식이란, 첫째, "네 행위의 준칙이 너의 의지를 통하여 보편적인 자연법칙이 되어야 하는 듯이 행위하라"는 것, 둘째, "너는 너 자신의 인격에 있어서건 또는 타인의 인격에 있어서건 인간성을 단순히 수단으로서만 사용하지 말고 항상 동시에 목적으로 사용하도록 행위하라는 것", 셋째, "의지가 자신의 준칙에 의해 동시에 자기 자신을 보편적 입법적이라고 간주할 수 있도록 행위하라"는 것이다.

> 형식의 단일성(의지의 보편성)의 범주, 실질(의지의 대상 즉 의지의 목적)의 수다성의 범주, 그리고 이 양자의 종합인 전체성 즉 총체성의 범주라는 순서로 진행한다. 도덕적 평가에 있어서는 항상 엄격한 방법에 따르고, 또 '동시에 보편적 법칙이 될 수 있는 준칙에 따라 행위하라'는 정언명법의 보편적 법식을 근본에 두는 것이 좋다. 그러나 도덕법칙들을 널리 보급시키기를 원한다면, 동일한 행위를 상술한 세 가지 개념을 통과하도록 하고, 그렇게 함으로써 그 도덕법칙들을 가능한 한 직관에 근접시키는 것이 매우 유익하다.[39]

위 인용문에서의 칸트의 주장에 의하면, 근본에 있어서 하나인 정언명법은 세 가지 측면을 갖고 있다. 즉 '형식'과 '실질', 그리고 이 양자의 종합인 '완전한 규정'이 그것이다. 근본에 있어서 하나인 정언명법이 어떻게 정식화되든 '보편적 법칙의 법식'은 그 명법을 형식적 측면에서 표현한 것이며, '목적 자체의 법식'은 그 명법을 실질의 측면에서 표현한 것이다. 그리고 '목적 왕국의 법식'은 그 명법을 완전하게 규정한 것이다. 그렇다면 근본에 있어서 하나인 정언명법이 어떻게 정식화되든, 그것은 실질의 요소를 갖고 있다. 물론 그것은 목적 그 자체인 인간이다. 그리고 목적 그 자체인 인간은 일체의 상대적이고 임의적인 목적을 제한하는 조건이다. 물론 칸트는 '목적 그 자체인 인간'이란 개념으로 생물학적 의미의 인간, 즉 호모사피엔스라는 종족의 유전적 특징을 가진 생명체를 지칭하는 것은 아니다. 그런 생명체라 하더라도 도덕적으로 행위할 수 있는 능력을 영구히 상실하면 그 생명체는 목적 그 자체가 될 수 없다. 그래서 칸트는 다음처럼 말한다.

> 이성적 존재자는 도덕성을 가질 때에만 목적 자체가 될 수 있다. 왜냐하

---

39) I. Kant, *Grundlegung zur Metaphysik der Sitten*, 69-70면.

> 면 이성적 존재자는 이 도덕성에 의해서만, 목적의 왕국에서 입법하는 성원이 될 수 있기 때문이다. 그러므로 도덕성과 도덕적 능력이 있는 인간성만이 존엄을 가진다.[40)]

칸트는 『도덕형이상학』에서는 같은 의미의 말을 다음처럼 말하기도 한다.

> '자연의 체계 속에서의 인간(현상적 인간 : homo phaenomenon)'은 사소한 중요성만을 가지며, 땅의 자손으로서 여타의 다른 동물과 똑같은 가치(pretium vulgare)를 가진다.[41)]

다시 말해서 인간에게서 목적 그 자체를 형성하는 부분은 인간의 예지적 부분이지 현상적 부분은 아니라는 것이다. 이런 식으로 생각한다면, 칸트가 비록 인간성을 목적 그 자체로 간주했다 하더라도, 그것이 자신의 형식주의를 파괴하지 않는 것처럼 보일 수 있다. 인간성이 목적 그 자체인 이유는 인간만이 도덕성의 담지자이기 때문이요, 이때 도덕성은 순전히 형식적인 것이기에, 인간이 목적 그 자체로 대접받아야 한다는 것은 인간 내부에 있는 도덕의 형식성이 목적 그 자체로 간주되어야 한다는 말이나 마찬가지이기 때문이다. 도덕성의 담지자로서의 인간 내부에 도덕의 선천적 형식성이 없다면, 인간은 목적 그 자체가 아니라는 것이다. 그러나 칸트는 인간성 혹은 인간성 내부에 내장된 도덕의 형식성만을 목적 그 자체로 간주하고 싶어하지만, 그렇게 함으로써 결국 모종의 실질적인 것을 끌어들이지 않을 수 없다는 것이 필자의 생각이다. 인간이 도덕을 의식하면서 살 수밖에 없는 이유가 인간이 자연법칙의 지배를 받는 경험적 자아와 도덕법칙을 의식하는 예지적 자아의 결합체이

---

40) I. Kant, *Grundlegung zur Metaphysik der Sitten*, 68면.

41) I. Kant. *Metaphysik der Sitten* (in: Immanuel Kant Werkausgabe Bd. VIII, hrsg. W. Weischedel, Suhrkamp, 1982) 569면.

기 때문이라면, 우리는 인간에게서 도덕성의 형식성만을 담지하고 있는 예지적 부분만을 목적 그 자체로 간주하고, 쾌고를 감수하는 능력으로서의 경험적·신체적 부분은 목적 그 자체가 될 수 없다고 하는 것은 작위적이고 부자연스런 이분법이 될 것이다. 인간이 정신과 신체의 종합인 한, 정신과 마찬가지로 신체도 결국 목적 그 자체로 간주하지 않으면 안 된다. 신체가 일단 목적 그 자체로서의 인간의 중요한 구성요소로 간주될 수밖에 없는 한, 인간성을 목적 그 자체로 대접하기를 명령하는, 인간 존엄성의 정언명법은 칸트 윤리학의 형식주의적 입장과 상치된다고 하겠다.

III. 실패한 실천형이상학

칸트는 『실천이성비판』에서는 『순수이성비판』에서 그 존재증명의 불가능성을 증명했던 영혼과 신을 실천철학적으로 증명하려고 한다. 그리하여 그는 윤리학을 통해 형이상학으로 나아가는 새로운 실천형이상학 체계를 건설하려고 했다. 이러한 학문적 계획을 착수함에 있어서 그는 자유의 개념을 사용한다. 그리고 그가 자유로써 정초하려 했던 도덕성은 실천철학상의 코페르니쿠스적 전회를 통해 규정되는데, 그것은 순전히 형식적인 것에 불과했다. 그가 도덕성의 내용이 아니라 형식에만 관심을 가진 이유는 형식에 관한 지식만이 객관성과 보편성과 필연성을 가진다고 생각했기 때문이다. 그리고 형이상학적 지식은 비록 그것이 실천형이상학이라 하더라도 객관성과 보편성과 필연성을 가지지 않으면 안 된다고 생각했다. 그러나 그가 자유의 개념을 통해 말할 수 있었던 것은 자유란 도덕성의 가능성 조건이라는 것뿐이었다. 자유라는 것이 도덕성의 가능성 조건이라는 사실로부터는 영혼불멸과 신의 존재로 나아갈 수가 없다. 이는 자유를 통해 영혼불멸과 신의 존재를 증명하는 실천형이상학에로 나아가려는 칸트의 학문적 계획에 치명적인 문제를 발생시킨다.

칸트는 이 문제에 직면하여 최고선의 개념을 끌어들이며, 최고선의 개념과 함께 행복을 밀반입한다. 행복의 개념을 매개로 해서만 그는 신의 존재를 증명할 수 있었다. 그는 최고선의 실현가능 조건으로서 영혼불멸과 신의 존재를 요청한다. 결국 칸트는 하나의 심각한 딜레마에 직면하게 된다. **실천형이상학의 건설을 위해서는 행복을 의지의 규정근거로 인정해야 하고, 실천철학상의 코페르니쿠스적 전회를 통해 확립한 윤리적 형식주의를 일관되게 밀고 가려면, 최고선의 개념을 버려야 한다.**

제5장 선험적 자유에서 자율로서의 자유로

윤리적 회의주의와 윤리적 상대주의를 극복하여 윤리학을 엄밀학으로 정립하려 했던 칸트 윤리학의 체계에 있어서 그 근본에 놓여 있는 개념이 '실천이성의 사실'이며, 이 개념은 본질적으로 책임의 문제와 밀접한 연관을 맺고 있음을 앞서 말했다. 칸트 윤리학의 근본에 가로 놓여 있는 문제의식은 인간이 도덕적 책임을 지는 일이 어떻게 가능한가 하는 것이었었다. 이를 위하여 칸트는 실천이성의 사실이란 개념을 도입하였으며, 자연법칙과 도덕법칙, 혹은 경향성과 의무를 구분하였고, 이러한 구분을 이용하여 성선 · 선악 논쟁을 해결하려 하였다. 그 결과 그는 선의지와 근본악의 개념을 도입하게 된다. 그리고 도덕법칙의 개념을 설명하기 위해, 준칙과 법칙을 구분한다. 이제 우리는 자유의 개념을 통해 도덕적 책임의 가능성의 조건을 탐색하는 작업의 한가운데로 진입한 셈이다. 또한 자유의 문제는 윤리학이 형이상학과 관계하게 되는 접점이기도 하다. 과연 자유란 무엇인가? 칸트는 "자유는 도덕법칙의 존재근거요, 도덕법칙은 자유의 인식근거다"라고 말한다. 자유와 책임이 불가분리적으로 결합해 있다면, 칸트 윤리학 전체가 책임의 문제를 축으로 하여 돌고 있다고 말하는 것은, 칸트 윤리학 전체가 자유의 문제를 축으로 하여 돌고 있다는 말이나 마찬가지일 것이다. 그래서 칸트는 "자유의 개념은 그것의 실재성이 실천이성의 의심할 나위 없는 법칙에 의해서 증명되는 한에서 순수한 이성의 - 따라서 사변이성까지 포함해서 - 전 체계의 요석(要石)이다"[1]라고 말한다. 만약 인간의 의지작용을 포함한 모든 것이 필연의 인과법칙에 따라 발생한다면, 우리는 타인의 잘못에 대한 책임을 물을 수 없을 것이다. 따라서 도덕이란 것도 있을 수 없을 것이다. 바로 그 때문에 자연계 안에서 우리는 도덕을 발견할 수 없다. 비가 40일 동안 계속 와서 홍수로 인하여 수많은 사람이 죽어도, 그것은 도덕적 평가의 대상이 아니다. 다시 말하면 우리는 홍수를 일으킨 자연에 대한 책임을 물을 수가 없다. 타인의 잘못에 대한 책임을 물을 수 있으려면, 그가 인과법칙의 지배로부터 자유로울 수 있음을 인정해야 한다. 그러므로 책임지는 일의 가능성 조건을 설명하는 문제, 따라서 도덕의 가능성 조건을 설명하는 작업의 핵심은 자유의 가능성 조건을 설명하는 일이다. 이 작업이 성공하지 못한다면, 인간의 존엄성을 확보하는 일도 불가능하게 되고, 자연법칙으로부터 전적으로 구별되는 도덕법칙을 실천하는 것도 불가능할 뿐만 아니라, 자유를 통해 영혼불멸과 신의 존재에로 나아가는 도덕의 형이상학을 건설하는 일도 불가능하게 된다.[2]

---

1) I. Kant, *Kritik der praktischen Vernunft*, 3면. 어떻게 해서 자유의 개념이 칸트철학의 전 체계의 요석이 될 수 있는가 하는 문제가 제기될 수 있다. 이 물음에 대한 대답을 하기 위해 우리는 『순수이성비판』 첫머리에 나오는 유명한 말을 환기할 필요가 있다. "인간의 이성은 어떤 종류의 인식에 있어서는 특수한 운명을 지니고 있다. 즉 이성은 그 자신이 거부할 수도 없고, 그렇다고 해서 대답할 수도 없는 문제로 괴로워하는 운명이다. 거부할 수 없음은 문제가 이성 자체의 본성에 의해서 이성에 과해져 있기 때문이요, 대답할 수 없음은 그 문제가 인간 이성의 모든 능력 밖에 있기 때문이다"(A vii) 이성이 대답할 수도 거부할 수도 없는 문제란 자유와 영혼의 불멸과, 신에 관한 문제다. "사변이성이 선험적 사용에서 귀착하는 최후 의도는 세 대상에 상관하는 일이다. 의지의 자유, 영혼의 불멸, 신의 존재가 그것이다."(『순수이성비판』, B826) 이 세 가지 문제 중에 자유의 문제는 순수이성의 제3이율배반에서 다루어지고 있는데, 칸트는 제3이율배반을 통해 이론이성에 대한 제한을 가함으로써 이론이성의 타당영역을 가능한 경험의 한계 내로 국한시킨다. 그리고 제3이율배반을 통해 『실천이성비판』으로의 길을 예비한다. 그러므로 칸트철학에 있어서 자유의 개념은 이론이성과 실천이성이 만나는 접경에 위치하고 있다. 만약에 자유가 없다면 이론이성은 아무런 제한을 받지 않고, 가능한 경험의 한계를 넘어서 있는 영혼이나 신에 대한 인식을 획득할 수 있다고 주장하면서 독단적 형이상학의 길로 나아가게 될 것이다. 뿐만 아니라 자유가 없다면 실천이성은 고유의 본래적인 임무 즉 영혼불멸과 신의 존재에 대한 도덕적 증명이라는 임무를 완수하지 못할 것이다. 그러므로 자유가 없다면 칸트철학의 전 체계가 한순간에 붕괴되어 버릴 것이다. 이런 점에서 칸트는 정당하게도 자유가 자기의 전 철학체계를 성립시키는 결정적인 요석이라고 말한다.

2) 주지하다시피 데카르트는 사유하는 자아의 확실성에서 출발하여, 물체와 신의 존재를 증명하려 했다. 그러나 칸트는 이런 데카르트적 기획에 반대한다. 사유하는 자아의 확실성에서 출발하면 우리는 자연의 기계적 필연성을 증명할 수는 있으나, 자유와 세계, 그리고 영혼과 신에 대해서는 아무런 증명도 할 수 없고, 오히려 수습할 수 없는 이율배반에 봉착하게 된다는 것이 칸트의 생각이었다. 칸트는 『순수이성비판』에서 이를 증명하고 있다. 그래서 그는 '사유하는 자아의

우리는 여기에서 『순수이성비판』「변증론」의 '제3이율배반'과 「방법론」의 '순수이성의 규준'에 나타난 칸트의 자유론을 주목하고자 한다. 칸트는 『순수이성비판』의 전반부에서는 사변적 · 초월적 형이상학이 학으로 성립할 수 없음을 밝히고 있다. 그러나 『실천이성비판』에서는 사변적 · 초월적 형이상학의 3대 주제인 영혼불멸, 신, 자유에 대해 실천형이상학의 이름으로 적극적인 주장을 펼치고 있다. 『순수이성비판』의 전반부와 『실천이성비판』에서의 칸트의 주장 간에는 건너기 힘든 간격이 있는 듯이 보인다. 『순수이성비판』의 후반부에서 다루어지고 있는 자유개념이 이 간격을 가로 질러 양자를 연결시켜주는 교량 역할을 한다는 것이 일반적으로 받아들여지는 해석이다. 그러므로 우리는 그 교량을 '자유의 다리'로 명명할 수도 있을 것이다. 그러나 이 자유의 다리가 양자 사이에 있는 거대한 간격을 가로질러 연결시켜 줄 수 있을 정도로 충분히 튼튼한가 하는 것은 여전히 문제가 될 수 있을 것이다.

『순수이성비판』에서 칸트는 사변적 · 초월적 형이상학은 참다운 의미의 학문이 될 수 없다는 사실을 증명하였으나, 『실천이성비판』에서는 실천적 · 초월적 형이상학의 체계를 건설하였다.[3] 주지하다시피 이때 중요한 역할을 하는 것이 자유의 개념이다. 문제는 칸트가 '제3이율배반론'을 통해, 세계의 만상이 인과법칙에 의해서만 규정되지 않고 인과법칙을 가능하게 하는 근거로서의 자유를 인정하지 않을 수 없다고 하면서 구출했던 자유는 우주의 시원(시초)을 설명할 때 문제되는 우주론적 자유이지만, 칸트가 『실천이성비판』이나 『도덕형이상학정초』에서 다루고 있는 자유는 인간 행위의 영역에서 문제되는

확실성'에서 출발하는 대신에 '행위하는 자아의 확실성'에서 출발하는 새로운 길을 제시한다. 행위하는 자아의 확실성이란 자신의 행위에 대해 책임지는 자아가 확실하게 존재한다는 것이다. 그는 책임지는 자아의 확실성이란 결국 자유의 확실성이지 않으면 안 된다고 생각한다. 이래서 이 자유의 실재성을 어떻게 증명하느냐 하는 것이 문제의 관건이 된다. 칸트는 자유의 실재성이 확보되기만 하면, 영혼과 신의 문제도 해결될 수 있다고 생각했던 것이다. 그는 책임 혹은 자유에서 출발하여 영혼과 신에 이르는 도덕형이상학의 길을 『실천이성비판』에서 보여주려고 한다.

3) 바로 이 때문에 럿셀(B. Russell)은 칸트가 흄을 통하여 독단의 선잠에서 깨어났으나 『실천이성비판』에서는 새로운 수면제를 발견하여 다시 깊이 잠들어버렸다고 비난하였다.

'자율로서의 자유'라는 것이다. 만약 우주론적 자유와 자율적 자유 이 양자가 아무런 공통점이 없다면, 비록『순수이성비판』전반부와『실천이성비판』사이에 '자유의 다리'가 놓여져 있다 하더라도, 그 다리 자체가 붕괴의 위험에 노출되어 있다고 말할 수 있을 것이다. 필자는 이하에서 선험적 자유와 자율적 자유를 연결시키는 칸트의 논리가 과연 설득력이 있는지를 검토해볼 것이다.

I. 선험적 자아와 선험적 자유

자유에 대한 칸트의 논의는 매우 다층적이며 난해하게 전개되고 있다. 우리는 먼저 칸트가『순수이성비판』에서 언급하고 있는 선험적 자아의 선험적 자유에 대해서 고찰해보는 방식으로 논의를 시작해보고자 한다. 칸트는 7+5=12 라는 판단에 대해 모든 사람이 반드시 동의할 수밖에 없는, 판단의 강제성이 어디에서 유래하는가를 고찰한다. 그는 그 이유를 인간이라면 누구나 이성을 갖고 있다는 사실, 그리고 이 이성은 시간적, 공간적 제약으로부터 영향을 받지 않기 때문이라는 사실에서 그 해답을 찾는다. 물론 유치원에 다니는 아이들은 7+5=13이라고 잘못 대답할 수 있다. 이는 그 아이의 이성이 충분히 계발되지 않았기 때문이지, 7과 5의 합은 몇인가 라는 물음에 여러 가지 해답이 있기 때문은 아니다. 혹은 성인이라도 방금 잠에서 깨어난 사람에게 같은 질문을 던지면, 그 사람은 잘못된 대답을 할 수도 있다. 그러나 이 경우도 그가 12라고 말하지 않고 11이라고 말했다 하더라도, 그렇게 말하는 이유는 그 문제에 대한 답이 여러 개 있기 때문이 아니라, 잠에서 깨어난지 얼마 안 되어 정신을 차리지 못했기 때문이다. 칸트는 이처럼 모든 인간에게서 공통된 방식으로 작용하는 바로 이것을 선험적 자아의 사유하는 능력으로 간주했다. 선험적 자아의 사유하는 능력은 전통 철학자들이 말하는 이성의 능력과는 다른 것이다. 데카르트가 말하는 이성은 육체 즉 감각의 제약과 무관하게 사유할 수 있는 이성이지만,[4] 칸트가 말하는 선험적 자아의 사유하는 능력은 항상 감성의 제약하에서만 사유할 수 있는 이성이다.[5] 바로 그런 이유로 칸트는 수학상의 판단들도 감성의 제약하에서 이루어지며, 따라서 직관의 요소를 그 안에 포함하고 있다고 생각한 것이다. 칸트는 5와 7의 합은 12가 된다는 판단과 같은 판단들을 선천적 종합판단이라 부르며, 이런 선천적 종합판단들이 어떻게 가능한지 그 가능성의 조건들을 탐구하는 이성을 이론이성이라 부른다. 이론이성은 인식의 영역에 있어서 판단의 강제성의 가능성 조건을 탐구하는 이성이다. 또 칸트는 행위의 강제성을 규정하는 도덕법칙의 가능성 조건을 탐구하는 이성을 실천이성이라고 부른다.[6] 칸트는 5와 7의 합은 12라고 판단하는 능력이 있다는 것은 인간에게 선험적 자아가 있음을 말해주는 것이라고 생각한다.[7] 선험적 자아는 경험적 자아와 엄격히 구분되는데, 전자는 모든 인간에게서 공통적으로 기능하는 자아라면, 경험적 자아는 뼈와 살을 가진, 그래서 시대적 · 문화적 제약하에 있는 자아이다.

사람들은 이런 의문을 가질 수 있다. 만약 선험적 자아가 감각의 제약하에서 사유하는 자아라고 한다면, 그것은 결국 뼈와 살을 가진 자아라는 말이 되는데, 그렇다면 선험적 자아와 경험적 자아가 같은 것이 아닌가? 그러나 이는 오해이다. 물론 선험적 자아는 감각의 제약하에서 사유하는 자아임은 분명하다. 칸트의 선험적 자아는 데카르트의 코기토처럼 신체가 없이도 사유

4) 데카르트는 방법적 회의의 과정 중에서 '나는 신체를 가진 존재다'는 판단도 오류일 수 있다고 말한 뒤에, 그럼에도 불구하고 '나는 생각한다. 그러므로 나는 존재한다'는 판단은 악마조차도 그 판단을 오류로 만들 수 없는 그런 판단이라고 말한다. 그러므로 자신의 사유만을 통해서 존재할 수 있는 자아란 결국 신체 없이도 존재할 수 있는 자아가 된다.

5) 이에 대한 자세한 논의는 졸고 「순수이성의 제 4 오류추리와 심신문제」(대한철학회 논문집 『철학연구』 제53집, 1994. 11.) 및 「칸트에 있어서 선험적 자아와 통각」(대한철학회 논문집 『철학연구』 제67집, 1998. 8.)을 참조.

6) 칸트는 이론이성과 실천이성을 구분하지만, 이 양자는 하나의 동일한 이성의 구분되는 두 가지 기능으로 이해한다. 이에 대해서는 뒤에서 상론할 것임.

7) 칸트는 5와 7의 합은 12라고 판단하는 것도 선험적 자아의 사유하는 능력이요, 그러한 능력이 어떻게 가능한가를 검토하는 이론이성의 작업도 선험적 자아의 능력에 의해 가능하다고 생각한다. 마찬가지로, '거짓말을 해서는 안 된다'라는 실천적 판단을 내리는 것도 실천이성이고, 그러한 판단의 가능성의 가능성 조건을 검토하는 것도 실천이성의 능력에 의해 가능하다고 생각한다.

할 수 있는 그런 실체가 아니다. 선험적 자아는 감각을 매개로 해서만 사유할 수 있다. 그런 한, 그것은 몸을 갖고서 사유하는 자아이다. 그러나 선험적 자아의 몸은, 사람들이 갖고 있는 경험적 자아의 몸이 각인 각색으로 다르듯이, 사람에 따라 다른 몸이 아니다. 각인 각색의 상이한 경험적 자아의 몸이 하는 직관을 칸트는 경험적 직관이라 부른다. 그러나 모든 사람에게서 공통된 선험적 자아의 몸이 하는 직관을 순수직관이라 부른다. 그렇다면 선험적 자아란 순수 사유(오성)와 순수 몸(감성)의 불가분리적 결합체라 할 수 있을 것이다. 그러면 도대체 '순수 몸'이라는 것은 무엇인가? 세상에 존재하는 수많은 사람들은 각기 상이한 몸을 갖고 있는데, 그들 모두에게 공통된 순수 몸이 있다는 말인가? 칸트는 세상에 존재하는 수많은 사람들의 몸이 각기 상이한 몸임을 인정한다. 그래서 어떤 사람은 다른 사람보다 뜨거운 것을 더 잘 만지기도 하고, 차가운 물 안에서고 더 잘 인내하기도 하는 개인차가 존재한다고 생각한다. 그럼에도 불구하고 모든 사람의 몸이 작용하는 공통된 방식이 있다고 생각한다. 즉 모든 사람의 몸은 시간 · 공간적인 직관 방식으로만 직관한다는 것이다. 칸트는 모든 사람들의 몸에서 공통된 바로 이 시간 · 공간적인 직관능력의 담지자를 '순수 몸'이라고 생각했던 것이다.

칸트는 5와 7의 합이 12라는 판단의 강제성을 우리 모두가 인정할 수밖에 없다면, 우리는 선험적 자아의 존재를, 어떤 방식으로도 실증할 수는 없지만, 인정하지 않으면 안 된다고 생각한다. 그런데 칸트는 진리의 기준은 대상 쪽에 있는 것이 아니라 주관 쪽에 있다는, 인식론 상의 코페르니쿠스적 전회를 통해 이 선험적 자아가 자연법칙의 입법자임을 증명한다. 자연의 입법자로서의 선험적 자아는 자연법칙의 지배를 벗어나 있다. 그런데 자연의 법칙은 필연의 인과법칙이기 때문에, 선험적 자아가 자연법칙의 지배를 벗어나 있다는 것은 선험적 자아가 인과법칙의 규제를 벗어나 있다는 것이 된다. 인과법칙은 필연의 법칙이므로, 선험적 자아는 인과필연성으로부터 벗어나 있다. 우리는 인과필연성의 지배를 벗어난 것을 자유라고 한다. 그러므로 선험적 자아는 자유이다. 그런데 우리가 염두에 두지 않으면 안 될 것은 자연법칙의 입법자로서의 선험적 자아가 비록 자연법칙으로부터 벗어나 있다 하더라도, 그 벗어남은 온전한 것이 못된다는 사실이다. 선험적 자아는 순수한 몸과 순수 사유의 불가분리적 결합체인 한, 수용성의 원리인 그 몸의 측면에서는 자연법칙의 지배를 받으면서, 자발성의 원리인 그 사유의 측면에서는 자연법칙의 지배를 벗어나 있다. 자연의 입법자로서의 선험적 자아가 입법한 자연법칙은 자연의 일부인 인간의 몸에 대해서도 무차별적으로 적용된다. 그래서 높은 곳에서 떨어지는 인간의 몸도 자유낙하의 법칙의 지배를 받는다. 그러나 자발성의 능력으로서의 인간의 사유는 자연법칙으로부터 벗어나 있다. 다시 말해서 선험적 자아는 자신이 입법한 자연법칙의 규제를 받기도 하면서 벗어나 있기도 하다. 이 말은 선험적 자아의 자유란 인과적 필연성으로부터 끊임없이 벗어나려고 노력하는 한에서만 그 자유를 유지할 수 있는 그런 자유라는 것이다. 칸트는 『순수이성비판』에서 순수이성의 제3이율배반을 다음처럼 정식화한다.

> 정　　립 : 자연의 법칙에 따르는 원인성은 그것으로부터 세계의 모든 현상들이 나올 수 있는 유일한 원인성이 아니다. 현상을 설명하자면 자유에 의한 원인성을 상정함이 필요하다.[8)]
>
> 반 정 립 : 자유란 없다. 세계의 만상은 자연 법칙에 따라 생긴다.[9)]

정립의 기본적인 입장은, 우리가 주어진 현상의 원인을 소급해가는 일은 한없이 계속되므로, 만약 우리가 인과 계열이 선행하는 원인 없이 시작할 수 있는 자발성에서 시작했음을 가정하지 않는다면, 그 계열 전체는 최초의 원인이 없는 계열이 되는데, 이는 불합리하므로 자유가 있어야 된다는 것이

8) I. Kant, *Kritik der reinen Vernunft*, B472.
9) I. Kant, *Kritik der reinen Vernunft*, B473.

다. 이때 언급되는 자유는 결국 현상의 원인을 소급해가는 무한한 작업을 통해 무한히 연결되는 인과연쇄의 고리를 단적으로 초월해 있는 상태를 의미하게 된다. 이제 우리는 인과필연성으로부터 끊임없이 벗어나려는 열정인 선험적 자아의 소극적 자유라는 개념을 획득하게 된 것이다.

그러면 칸트는 제3이율배반을 어떻게 해결하고 있는가? 칸트는 원인성을 현상적 원인성과 가상적(可想的) 원인성으로 구분하면서, 제3이율배반의 정립의 주장은 예지계에 대해 타당하고 반정립은 현상계에 대해 타당하다는 방식으로 해결한다. 칸트 스스로도 이러한 양시론적(兩是論的) 해결이 "아주 미묘하고 불분명한 것으로"[10] 여겨질 것을 염려하면서, 이 해결을 실제로 적용해보기를 제안한 뒤, 동일한 행위에서 자유는 자연필연성과 모순되지 않음을 입증하려 한다.[11] 이 대목에서 우리는 결정론적 자연관과 인간의 자유를 동시에 정당화하려는 칸트철학의 근본동기를 분명하게 읽을 수 있다. 데카르트는 자연에 대한 기계론적 사고방식을 확립하면서, 기계론적 인과법칙의 지배를 받는 인간의 몸이 정신과 상호작용 한다고 말함으로써, 자신의 철학체계에 커다란 모순을 발생시켰다. 인간의 몸이 정신과 상호작용 한다는 것은 인간의 몸이 기계론적 인과법칙의 지배를 벗어날 수 있음을 인정하는 것이 되기 때문이다. 칸트가 동일한 행위에서 자유는 자연필연성과 모순을 일으키지 않음을 입증하려 할 때, 그는 데카르트가 미해결로 남겨둔 문제에 대한 해답을 제출하고 있는 것이다. 그럼에도 불구하고 『순수이성비판』에서 칸트는 다음처럼 말한다.

> 우리는 자유를 감성계의 현상들의 원인을 포함하고 있는 능력들 중의 하나로 간주해서 그런 자유의 **실재성**을 확립하려고 한 것이 아님을 사람들은 충분히 주목해야 한다. … (중략) … 또 자유의 **가능성**을 증명하는

---

10) I. Kant, *Kritik der reinen Vernunft*, B565.
11) I. Kant, *Kritik der reinen Vernunft*, B565 이하 참조.

것도 우리의 의도가 아니었다.[12)]

통상 사람들은 칸트가 제3이율배반을 양시론적으로, 즉 정립은 예지계에 반정립은 현상계에 타당하다는 식으로 해결하면서 자유를 구제하려 했다고 생각하는데, 그런 관점에서 본다면 칸트가 자유의 실재성은커녕 가능성조차도 증명하려 한 것이 아니라고 말하는 것은 이상하게 들릴 수 있다. 그러나 칸트가 위의 인용문에서 하고 싶은 말은 <나는 제3이율배반의 양시론적 해결을 통해 자유의 실재성을 인식할 수 있다고 말하는 것도 아니고, 자유의 실재성에 대한 인식가능성을 증명하는 것도 아니다. 나는 단지 자유에 대해 사고할 수 있다는 사실을 말하고 있을 뿐이다>는 것이다. 칸트가 이렇게 말하는 이유를 파악하는 것은 어려운 일이 아니다. 자유나 예지계란 어떤 경우에도 감각적 직관의 대상이 아니므로, 자유의 실재성이나 예지계의 존재를 증명했다(인식했다)고 말하는 것은, 물자체 불가지론을 일관되게 주장해온 칸트 자신의 입장에 정면으로 충돌하기 때문이다.

일단 선험적 자아의 존재를 증명한 뒤, 선험적 자아의 자유의 가능성을 확인한 칸트는 『순수이성비판』의 「선험적 방법론」에서 실천적 자유에 대해 언급한다.

II. 선험적 자유와 자율적 자유의 동질성과 이질성

칸트는 『순수이성비판』 「선험적 변증론」 '제3이율배반'에서 자유 문제를 최초로 제기함을 앞서 살펴보았다. 거기서 그는 우주론적 이념으로서의 자유를 다룬다. 칸트는 제3이율배반에서 이 우주론적 이념으로서의 자유를 기계적

12) I. Kant, *Kritik der reinen Vernunft*, B586. 강조는 칸트에 의함.

인과성 혹은 자연인과성과 대비하면서 다루고 있다. 기계적 인과성의 원칙에 따르면 모든 발생하는 사건에는 선행하는 원인이 있다. 그리고 이 원인 역시 시간 속에 있는 하나의 사건이기에 그 역시 선행하는 원인에 의해 규정된다. 이런 식으로 따져 본다면 원인의 소급은 끝없이 이루어지게 된다. 제3이율배반에서 다루어지는 문제는 기계적 인과성의 원칙에 따른 원인 측 계열의 무한 소급에 의해서는 세계의 시초를 설명할 수 없기에, 세계의 시초를 설명하기 위해서 기계적 인과성과는 그 종류가 완전히 다른 새로운 인과성 즉 자유에 의한 인과성을 인정해야 하는가 아니면 자연 인과성만을 인정할 것인가 하는 것이다. 칸트는 이 문제를 우리가 앞서 살펴보았듯이 이율배반의 형식으로 제출한다. 그리고 칸트는 제3이율배반의 첨예한 대립을 현상과 물자체의 구분을 끌어들여 해소시킨다. 칸트에 의하면 현상들이란 경험법칙에 의해서 서로 연관지워진 표상들이다. 그러므로 이러한 현상 자신은 '현상이 아닌 근거'를 갖지 않을 수 없다.

> 현상이 아닌 이 가상적 원인은 그것의 원인성에 관해서는 현상에 의해 규정되지 않는다. 물론 그것의 결과는 현상으로 되고 그러므로 다른 현상에 의해 규정될 수 있다. 그렇고 보면 이 가상적 원인은, 그것의 원인성과 함께 현상들의 계열의 외부에 있으나, 그것의 결과는 경험적 제약들의 결과 중에 보인다. 하기에 결과는 그것의 가상적 원인에 관해서는 자유라고 간주될 수 있고, 그와 동시에 현상에 관해서는 자연의 필연성에 좇아서 현상에서 생긴 결과라고 간주될 수 있다. [13]

정립의 주장은 물자체의 세계에 대해 타당하고 반정립의 주장은 현상계에 대해 타당하다는 것이다.[14] 그러므로 칸트는 "무릇 현상이 '물자체 그것'이라

---

13) I. Kant, *Kritik der reinen Vernunft*, B565.

14) 이에 대한 보다 상세한 논의는 졸저 『인식과 존재』(서울, 서광사, 1991) 122-131면, 141-143면

면 자유는 구제될 수 없다"[15]고 말할 수 있는 것이다.

칸트는 이렇게 구제된 우주론적 자유를 선험적 자유로 부르기도 한다. 칸트는 선험적 자유를 "하나의 상태를 자발적으로 개시할 수 있는 능력"[16]으로 규정한다. 우주 혹은 세계의 시초로서의 선험적 자유가 인정되어야 하는가 부정되어야 하는가 하는 문제는 자기 원인자로서의 제1원인자가 존재하는가 하지 않는가 하는 문제이다. 문제는 설령 칸트처럼 우리가 현상과 물자체의 구분을 끌어들여 우주론적 자유를 구제할 수 있다 하더라도, 그 자유가 어떻게 "자유는 도덕법칙의 존재근거요, 도덕법칙은 자유의 인식근거다"[17]고 말

참조. '제3이율배반'에 대한 칸트의 해결방식, 즉 정립은 가상계에 대해 타당하고 반정립은 현상계에 대해 타당하다는 식의 해결방식은 그의 물자체 불가지론과 연계해서 생각할 때 문제점을 노정시킨다. 즉 그러한 해결방식은 물자체 불가지론을 부정하는 듯한 인상을 풍기게 된다. 물자체의 세계 혹은 가상계는 자유의 세계라는 주장은 명백히 물자체에 대해서는 아무것도 알 수 없다는 주장과는 사뭇 다른 주장이다. 그리고 설령 정립의 주장은 물자체의 세계에 대해 타당하다 하더라도 우리는 여전히 생물이나 무생물을 포함한 모든 자연물도 그 물자체의 측면에서는 자유인가하고 물어볼 수 있을 것이다. 이런 질문을 예상하고서 칸트는 다음처럼 말한다. "생명이 없는 자연, 혹은 동물적 생명을 갖는 자연에 있어서 우리는 어떠한 능력도 감성적 제약을 받는 것으로 생각하는 이외의 다른 근거를 발견하지 않는다."(B574) 이 경우 '감성적 제약'은 곧 인과적 제약을 의미한다. 그러므로 동물이나 무생물들은 철두철미 인과법칙에만 종속되어 있고 도덕법칙과는 무관하기에, 이것들은 물자체의 측면에서 고찰될 수 없다는 것이다. 그러나 이는 명백히 일관성이 없는 주장이다. 돌이건 나무건 존재하는 모든 현상적 사물들은 물자체의 차원을 갖는다는 것이 『순수이성비판』「분석론」에서의 칸트의 주장이었다. 만약 칸트가 자신의 논리를 일관되게 밀고 갔다면, 그는 인간 이외의 생명체나 자연물들도 그 물자체의 측면에서는 자유임을 인정하게 되었을 것이다. 이 길은 칸트를 스피노자로 데려갈 것이다. 왜냐하면 스피노자에 있어서 실체(=신=자연)는 능산적 관점에서는 자유이지만 소산적 관점에서는 필연의 법칙의 지배를 받는바, 칸트가 현상은 필연의 법칙의 지배를 받고 물자체의 세계는 자유의 법칙의 지배를 받는다고 말한다면, 이는 스피노자의 주장과 매우 흡사한 주장을 하는 것이 될 것이기 때문이다. 물론 우리는 칸트가 말하는 '가상적 원인의 관점'이 스피노자가 말하는 '능산적 관점'과 동일한 것인지를 문제 삼을 수 있겠지만, 이 양 개념이 유사하다는 것을 부인하기는 힘들 것이다. 왜 칸트는 스피노자로 이르는 길을 따라가지 않았는가? 인간 이외의 모든 무생물과 동물들도 가상적 원인의 관점에서는 자유라고 말한다면 – 그렇게 말하는 것이 모든 현상적 사물들은 물자체의 차원을 갖는다는 주장과 정합적인 것이 되겠지만 – 인간의 경우 자유가 있느냐 없느냐 하는 문제에 대해, 현상적 측면에서는 인간은 필연의 법칙의 지배를 받지만 가상적 측면에서는 자유라고 말하는 것이 의미 없는 말이 되어버리게 됨을 칸트는 알고 있었다. 무생물이나 동물조차도 가상적 측면에서는 다 갖고 있는 그런 자유는 인간을 특별히 고귀하고 존엄하게 만들지는 못할 것이다.

15) I. Kant, *Kritik der reinen Vernunft*, B564.

16) I. Kant, *Kritik der reinen Vernunft*, B561.

17) I. Kant, *Kritik der praktischen Vernunft*, 4면.

할 때의 그 자유와 같은 자유일 수 있는가 하는 것이다.

우리는 이하에서 자율적 자유에 대해 간략하게 살펴볼 것이다. 칸트가 『실천이성비판』에서 다루고 있는 자유는 순수의지의 자유이며, 순수의지는 곧 실천이성이므로 순수의지의 자유란 곧 실천이성의 자유이다.

> 자연의 만물은 법칙에 따라 움직인다. 오직 이성적 존재자만이 **법칙의 표상**에 따라, 즉 원리에 따라 행위하는 능력 즉 **의지**를 갖고 있다. 법칙으로부터 행위를 도출하기 위해서는 이성을 필요로 하기 때문에, 의지는 실천적 이성 외의 아무것도 아니다. 만약 이성이 의지를 결정하는 것이 필연적이라면, 객관적으로 필연이라고 인식되는 이성존재자의 행위는 주관적으로도 필연이다. 다시 말하면 의지란 이성이 경향성에서 독립하여 실천적으로 필연이라고 인정하는 **것** 즉 선이라고 인정하는 것**만을** 선택하는 능력이다.[18]

약간의 부연설명을 한다면, 자연계의 모든 만물은 외부로부터 그들에게 강제로 부과된 철칙인 필연의 자연법칙에 따라 움직일 수밖에 없도록 되어 있지만, 이성적 존재인 인간만은 자연계 속에서 유일하게 스스로 생각해봤을 때 마땅히 따라야 할 것으로 생각되는 법칙 - 이 법칙은 경향성에서 독립하여 있다 - 의 요구에 맞추어 자신의 행위를 규제하고 규정하는 능력을 갖고 있다는 것이다. 칸트는 이와 본질적으로 동일한 주장을 다음처럼 표현하기도 한다.

> 의지란 **어떤 법칙의 표상에 적합해서** 행위를 규정하는 능력이라고 생각된다. 그리고 이러한 능력은 이성적 존재자에게서만 발견된다.[19]

---

18) I. Kant, *Grundlegung zur Metaphysik der Sitten*, 41면. 강조는 칸트에 의함.
19) I. Kant, *Grundlegung zur Metaphysik der Sitten*, 59면. 강조는 칸트에 의함.

의지는 경향성의 유혹을 물리치고 스스로 택한 행위법칙에 스스로를 복종시킬 수 있다. 물론 이 경우 의지가 어떤 행위법칙을 택할 때, 그 법칙은 모든 사람들에게 보편적으로 받아들여질 수 있는 그런 법칙이어야만 한다. 그러므로 의지의 능력은 자유의 능력이며, 이런 자유는 곧 자율성이다. 이 자율적 자유의 능력이 없다면 도덕이 존재할 수가 없을 것이다. 도덕적 명령은 인과법칙적으로는 불가능한 것이라 하더라도 마땅히 있어야 할 것이 발생하기를 요구하기 때문이다. 그런데 인과법칙적으로 불가능한 모든 어떤 것 배후에는 자유가 있다. 그러므로 자유가 없다면 인과법칙적으로 불가능한 어떤 것이 발생하는 것은 불가능하게 되며, 따라서 도덕도 불가능하게 된다.

문제는 칸트가 제3이율배반의 해결에서 구제한 제1원인자로서의 우주론적 자유와 이 자율적 자유가 어떤 점에서 유사한가 하는 것이다. 우주론적 자유는 세계의 시초를 설명하려는 형이상학적 욕구로부터 만들어진 개념(선험적 이념)이며, 자율적 자유는 도덕의 가능성을 정초하려는 욕구에서 만들어진 개념이다. 그 양자가 다 함께 자유로 불리지만 유감스럽게도 우리는 그 양자 사이에서 유사성을 발견하기가 쉽지 않다. 우주론적 자유는 그냥 우주의 제1원인자일 뿐이다. 그러나 자율적 자유는 도덕적 행위자가 실천이성에 따라 스스로 정한 도덕법칙에 스스로를 복종시킬 때 성립하는 자유이다. 이 양 자유가 서 있는 문제 지평이 상이하기 때문에, 전자의 자유를 통해 후자의 자유로 나아가려는 칸트의 시도는 성공 가능성이 매우 낮아 보인다. 물론 우주론적 자유나 자율적 자유는 자기원인적으로 어떤 사태를 개시할 수 있는 자발성의 능력을 가졌다는 점에서 공통적인 요소를 갖고 있다.

III. 우주론적 자유의 문제에서 인간의 자유 문제로

칸트는 제3이율배반의 해결을 통하여 우주론적 이념으로서의 자유와 자연

필연성이 양립할 수 있음을 증명했다고 생각했지만, 그렇게 구출된 자유가 인간 이외의 자연물에는 적용될 수 없는 자유라 하더라도 그 자유가 인간의 의지자유와 어떤 연관성이 있는가를 설명하지 않으면 안 된다. 이 문제에 대한 칸트의 대답은 제3이율배반의 정립에 대한 주석에서 매우 불분명한 방식으로 표현된다.

> 자유의 선험적 이념은 심리학적인 자유 개념의 전부를 구성하는 것은 아니다. 심리학적 자유개념의 내용은 대부분 경험적이다.[20]

풀어서 말하자면 선험적 자유는 심리학적 자유의 일부를 구성하고 있으며, 심리학적 자유개념은 대부분 경험적이지만 경험적이지 않고 선험적인 부분도 있다는 것이다. 그러므로 심리학적 자유 개념의 일부를 구성하는 선험적 이념으로서의 자유와, 경험적이지 않은 심리학적 자유 개념 사이에는 모종의 공통성이 있어야 한다. 그 공통성은 자발성이다. 즉 심리학적 자유의 행위 속에는 제3이율배반의 정립에서 긍정되고 있는 우주론적 이념으로서의 자유가 갖고 있는 자발성의 요소가 포함되어 있다는 것이다.[21] 이리하여 우주의 제1원인자로서의 자유문제가 인간의 심리학적 의지자유의 문제 차원으로 옮겨오게 된다. 칸트는 세계의 근원을 이해하는데 필요한 한에 있어서의 최초의 시초가 선험적인 의미에서 자유라는 방식으로 선험적 이념으로서의 자유의 가능성을 일단 생각할 수 있는 길을 열어 놓은 뒤, 그 다음에 칸트는 우주론적 자유를 인간의 심리학적 자유와 연관 지어 논하면서 문제 차원을 옮겨놓는다. 그리고는 다음처럼 대담하고도 괴상한 주장을 하게 된다.

---

20) I. Kant, *Kritik der reinen Vernunft*, B476.

21) 이런 맥락에서 본다면 동물이나 무생물에는 현상적 원인만을 인정하고 가상적 원인을 인정해주지 않는 이유가 분명해진다. 즉 그 이유는 그런 것들에는 자발성의 요소가 없기 때문이라는 것이다. 그러나 칸트의 이런 주장은 현실적 설득력은 있어 보이나, 앞서 언급했듯이 이론적 일관성은 없어 보인다.

> 이제야 세계의 경과 내에 있어서의 여러 가지 계열의 원인성을 스스로 개시하는 일이 우리에게 허용되고 또 세계의 실체들에게 자유로이 행위하는 능력을 주는 일이 우리에게 허용된다.[22)]

달리 말해서 인간에게서도 우주론적 이념으로서의 자유 행위가 가능하다는 것이다. 칸트의 이런 입장에 대해 우리는 다음과 같은 의문을 제기할 수 있을 것이다.

> 칸트는 처음에는 선험적 자유를 세계의 시초를 논하는 문맥에서 끌어들였다. 그리고는 이 우주론적 자유가 인간의 행위 속에서도 발견된다고 말한다. 그렇다면 세계는 많은 시초를 갖는다고 생각하고 있는 것은 아닌가? 왜냐하면 세계 속에는 무수하게 많은 인간의 자발적 행위가 존재하기 때문이다.

칸트는 이런 의문에 답하기 위해 시간상의 시초와 인과상의 시초를 구분한다.

> 그러나 이즈음에 사람들은 오해에 구류되어서는 안 된다. 즉 사물의 한 상태 이전에는 다른 상태가 있기 때문에 세계에서의 계속적 계열은 오직 상대적인 첫째의 시초만이 있을 수 있고 그러므로 세계의 진행에는 '계열의 절대적인 첫째 시초'같은 것은 불가능하다고 하는 오해이다. 무릇 우리가 여기서 문제 삼고 있는 것은 시간상의 '절대적인 처음 시초'가 아니라 원인성에 관한 절대적인 처음의 시초이다.[23)]

전자는 단순히 최초의 사건 혹은 자기보다 선행하는 사건이 없는 사건을

22) I. Kant, *Kritik der reinen Vernunft*, B478.
23) I. Kant, *Kritik der reinen Vernunft*, B478.

의미하며, 후자는 새로운 인과계열의 개시 혹은 다른 사태와 하등의 인과적 연결이 없는 새로운 인과계열의 개시를 의미한다. 선험적 자유는 후자의 의미에서만 시초로 간주되기 때문에 세계 내에 그런 시초가 얼마든지 많이 있을 수 있다는 것이 칸트의 생각이다. 칸트는 제1이율배반에서 세계의 시간상의 시초 문제를 다루면서 시초가 있다는 정립이나 없다는 반정립은 변증적 대당관계를 형성하므로 둘 다 틀렸다고 말한다.[24] 이런 점에서 본다면 칸트가 선험적 자유를 인과상의 시초로 보는 이유가 용이하게 이해된다. 선험적 자유가 시간상의 시초라고 한다면, 그리고 선험적 자유의 가능성을 주장하고 있는 제3이율배반의 정립이 물자체에 대해 타당하다고 한다면, 이는 명백히 제1이율배반에 대한 자신의 해결방식과 모순을 일으키게 된다. 칸트로서는 시간상의 시초와 인과상의 시초를 구분하지 않을 수 없었던 것이다. 그럼에도 불구하고 우리는 칸트가 제3이율배반에서 다룬 자유가 우주론적 이념으로서의 자유인 한, 그것이 인과상의 시초이면서 동시에 시간상의 시초가 될 수 있지 않는가 하고 물어볼 수 있을 것이다. 우주론적 이념으로서의 자유가 있느냐 없느냐 하는 문제가 곧 제1원인자가 있느냐 없느냐 하는 문제와 같은 것인 한, 우주론적 자유가 인과상의 시초는 될 수 있지만 시간상의 시초는 될 수 없다는 주장은 설득적이지 못한 것으로 보인다.

IV. 실천적 자유에 대한 상호 모순적인 설명

칸트는 『순수이성비판』 「변증론」에서의 우주론적 자유 개념과 자율적 자유 개념을 어떤 방식으로든 연결시키지 않으면 안 되는 입장에 놓이게 된다. 그래서 '실천적 자유'의 개념을 끌어들인다. 칸트는 『순수이성비판』의 「변증

24) I. Kant, *Kritik der reinen Vernunft*, B552-553.

론」과 「방법론」에서 실천적 자유의 개념에 대해 논하고 있다. 그러나 문제는 실천적 자유의 개념에 대한 「변증론」과 「방법론」에서의 설명이 상호 모순적이라는 것이다. 이미 무어(G. E. Moore)가 1897년에 이 모순을 지적하고 있다.[25] 카노이스는 단호하게 "「방법론」에서 제시된 도덕성에 대한 이론은 「변증론」에서의 주장과 부합하지 않는다는 결론은 불가피하다"[26]고 말한다.

칸트는 우주론적 자유와 실천적 자유의 관계에 대해서 『순수이성비판』의 두 곳, 「변증론」과 「방법론」에서 다루고 있다. 「변증론」에서 칸트는 다음처럼 말한다.

> 자유의 선험적 이념에 자유의 실천적 개념이 기인해 있고, … (중략) … 실천적 의미의 자유란, 결의가 감성의 충동에 의하는 강제에 의존하지 않는 것이다. 무릇 결의는 그것이 수동적으로(즉 감성의 동인에 의해서) 촉발되는 한에서 감성적이다. 하기에 그것이 수동적으로 강제 받을 때에는 그것은 동물적(맹목적 의지)이라고 한다. 인간의 결의는 확실히 감각적 결의이기는 하나, 맹목적이 아니고 자유이다. 감성은 인간의 결의 작용을 필연화하지 않고, 인간에게는 감성적 충동의 강제에서 독립하여, 자기에서 자기를 결정하는 능력이 내재하기 때문이다.[27]

우리는 이 인용문에서 언급되고 있는 실천적 자유의 개념이 『실천이성비판』이나 『도덕형이상학정초』에서 언급되고 있는 자율적 자유와 매우 유사함을 확인할 수 있다. 실천적 자유는 감각적 충동의 강제로부터 의지가 독립해 있다는 측면에서 본다면, 'X로부터의 자유'요 소극적 자유이

25) W. Michael Hoffman, *Kant's Theory of Freedom : A Metaphysical Inquiry*(Washington D. C., University Press of America, 1979) 74면 참조.

26) B. Carnois, *The Coherence of Kant's Doctrine of Freedom*(trans. D. Booth, The Univ. of Chicago Press, 1987) 29면.

27) I. Kant, *Kritik der reinen Vernunft*, B561-562.

다. 자율적 자유도 감각적 충동의 강제로부터 독립해 있다는 점에서는 실천적 자유와 마찬가지이다. 그리고 위 인용문 마지막 구절에서 보게 되는 "자기에서 자기를 결정하는 능력"이란 표현은 실천적 자유의 자발성을 강하게 표현해 주고 있다. 이 자발성의 능력이란 측면에서 본다면 실천적 자유는 적극적인 자유이다. 이 점 또한 자율적 자유와 마찬가지이다. 이런 점에서 본다면 우리는 반함이 다음처럼 말하는 것은 잘못임을 알 수 있다.

> 두 유형의 자유 간의 구분이 A534/B562에서 최초로 제시되고 있다. 거기에서 선험적 자유는 새로운 인과계열을 개시하는 능력으로 – 이 능력이 우리에게 이성적 행위자를 자기원인자로 간주하는 것을 허락해준다 – 묘사되고 있는 반면에, 실천적 자유는 감성의 충동에 의하는 강제로부터 선택하는 능력의 독립에서 성립함을 지적하고 있다.[28)]

반함은 실천적 자유의 소극적 측면만을 지적하고 있을 뿐이다. 그러나 실천적 자유는 앞서 살펴봤듯이 소극적 측면과 적극적 측면을 다 갖고 있다. 그리고 우리는 또 칸트가 이 실천적 자유는 선험적 자유에 기초해 있다고 말하고 있는 것을 확인할 수 있다.

> 만일 감성계에서의 일체 원인성이 한갓 자연이라면, 어떤 사건도 딴 사건에 의해서 시간상 필연법칙에 좇아 규정되어 있을 것은 쉽게 아는 일이다. 현상이 결의를 규정하는 한에서 현상은 결의에서 생기는 자연적 결과인 모든 행위를 필연이도록 하기 때문에, 선험적 자유의 폐기는 동시에 실천적 자유를 소멸하게 할 것이다. [29)]

---

28) G. Banham, *Kant's Practical Philosophy : From Critique to Doctrine* (New York, Palgrave Macmillan, 2003) 48면.

29) I. Kant, *Kritik der reinen Vernunft*, B562.

선험적 자유에 기초해 있는 실천적 자유가 반함의 생각처럼 자발성의 요소를 갖지 않는 소극적 자유일 뿐이라고 생각하는 것은 설득력이 없는 일일 것이다.

칸트는 「방법론」의 '순수이성의 규준'에서도 실천적 자유에 대해 설명하고 있다. 거기서도 그는 「변증론」에서처럼 동물적 의지와 자유로운 의지 즉 인간의 의지를 구분하면서 실천적 자유의 개념을 도입하고 있다. 전자는 감성적으로 규정되는 의지로 후자는 "감각적 충동으로부터 독립적이며 따라서 이성에 의하여 표상된 동기에 의하여 규정되는 의지"[30]로 설명된다. 여러 사람들이 지적하고 있듯이 칸트는 실천적 자유라는 용어를 매우 애매하게 사용하고 있다. 즉 한편으로는 자율성을 언급하기 위해 사용하지만, 다른 한편으로는 심리학적 자유를 언급하기 위해 사용한다.[31] 그런데 더 심각한 문제는 선험적 자유와 실천적 자유의 관계에 대해서 칸트는 「변증론」에서와는 판이한 주장을 한다는 것이다. 「방법론」에서 칸트는 "실천적 자유는 경험을 통하여 증명될 수 있다"[32]고 말한다. 또한 다음처럼 말하기도 한다.

> 그리하여 우리는 경험을 통하여 실천적 자유가 자연 속의 한 원인이 될 수 있다는 사실을 즉 의지의 규정에 있어서의 이성의 인과성인 것을 인식한다.[33]

> 선험적 자유에 관한 문제는 한갓 사변적인 앎에 관한 것이기 때문에, 우리가 실천적인 것을 다룰 적에는, 우리는 선험적 자유를 냉담하게 도외시할 수 있다.[34]

---

30) I. Kant, *Kritik der reinen Vernunft*, B830.
31) D. P. Quinn, *An Examination of Kant's Treatment of Transcendental Freedom*(Boston, University Press of America, 1988) 62면 참조.
32) I. Kant, *Kritik der reinen Vernunft*, B830.
33) I. Kant, *Kritik der reinen Vernunft*, B831.
34) I. Kant, *Kritik der reinen Vernunft*, B832.

칸트의 이런 말이 의미하는 바는 곧 실천적 자유는 선험적 자유와 아무런 연관성이 없다는 것이다. 선험적 자유가 실재하지 않는다 하더라도, 실천적 자유는 인정될 수 있으며, 더 나아가서 실천적 자유는 경험을 통해 증명될 수 있다는 것이다. 이런 주장은 확실히 "선험적 자유의 부정은 실천적 자유의 폐기를 의미한다"고 한 「변증론」에서의 주장과는 앞뒤가 맞지 않는다. 만약 칸트의 주장대로 선험적 자유가 부정되어도 실천적 자유가 경험적으로 증명되는 것이 가능하다면, 우리는 칸트가 제3이율배반의 해결에서 무엇 때문에 선험적 자유를 구출하려고 했는지 그 이유를 이해할 수 없을 것이다. 왜냐하면 제3이율배반 역시 정립과 반정립이 모두 틀렸다는 양비론적 해결방식으로 선험적 이념으로서의 자유를 구제하지 않는다 하더라도 경험을 통해 실천적 자유를 증명할 수 있으며 그리고 도덕의 존재근거로 요구되는 자유는 선험적 자유가 아니라 실천적 자유이기 때문이다.

V. 칸트의 트리레마

『순수이성비판』「분석론」의 결론은 물자체 불가지론이었다. 제3이율배반의 해결에서 칸트가 항상 염두에 두고 있었던 것은 바로 이 물자체 불가지론이었다. 그는 정립은 물자체계에 반정립은 현상계에 대해 타당하다는 식으로 해결될 수 있다고 주장하면서도 이러한 주장이 물자체 불가지론을 파괴하는 듯이 보이지 않도록 하기 위해, 다음처럼 말한다.

> 사람이 충분히 주의해야 할 것은 상술한 것에 의해서 우리가 자유를 '우리의 감상계의 현상을 낳게 하는 원인'을 포함하는 능력들 중의 하나로 보아서 그런 **자유의 실재성**을 증시하려 한 것이 아니라는 점이다. 만일 자유의 실재성을 증시하려고 했다면, 이런 시도는 개념만을 다루어

> 야 할 선험적 고찰이 아니었던 것이 될 것이다. 이런 점은 고사하고라도 그런 연구는 성공할 수도 없겠다. 왜냐하면 우리는 경험으로부터 경험적 법칙에 좇아 생각될 수 없는 것을 추리할 수 없기 때문이다. 또 우리는 **자유의 가능성**조차도 증명하려고 하지 않았다. 무릇 이런 시도 역시 성공하지 않았을 것이다. 왜냐하면 일반적으로 어떠한 실재적 근거도 또 어떠한 원인성도 그것들이 가능하다는 것을 한갓 선천적인 개념에서 우리가 인식할 수 있는 것은 아니기 때문이다. 여기서 자유는 한갓 선험적 이념으로서만 취급된다.[35]

일견 사람들은 '자유가 있다'(실재성)는 것을 증명하려 한 것도 아니고, '자유가 있을 수 있다'(가능성)는 것도 증명한 것이 아니라면 칸트가 제3이율배반의 해결에서 구출한 자유는 도대체 어떤 것이란 말인가 하고 의아해 할 수 있다. 혹은 선험적 이념으로서의 자유를 구출했다면, 그 자체가 자유의 가능성을 구출한 것이 아닐까하고 반문할 수 있다. 인용문의 뜻을 보다 전체적으로 파악해본다면 이 인용문에서 칸트가 말하고자 했던 것은 아마 제3이율배반의 해결을 통해 구출한 자유는 그 실재성이나 가능성이 **인식된** 자유가 아니라, 단지 선험적 이념으로서만 **사고할 수 있는** 자유라는 것일 것이다. 다시 말해서 선험적 이념으로서의 자유는 그 실재성이나 가능성이 선험논리적으로 인식될 수는 없지만, 그 개념을 모순 없이 사고할 수 있다는 것이다.[36] 어쨌건 칸트는 앞의 인용문에서 우주론적 이념으로서의 자유에 대한 자신의 모든 주장이 물자체 불가지론을 파괴하는 것이 아님을 강조하고 싶었던 것이다. 그러나 문제는 이런 식으로 구제된 우주론적 이념으로서의 자유는 도덕법칙의 존재근거로서의 자유가 될 수 없다는 데 칸트의 고민이 있다. 칸트 자신도 "그것을 부정할 적극적인 장애가 없다는 것만으로는 아직도 무엇을 상정하

35) I. Kant, *Kritik der reinen Vernunft*, B585-586.
36) 인식과 사고에 대한 칸트의 구분에 대해서는 *Kritik der reinen Vernunft*, B146, B302-303 참조.

기에는 불충분하다"[37]고 말한다. 기껏해야 모순 없이 생각될 수 있다는 정도로만 확인된 그런 '문제투성이 개념'(problematic concept)인 이 우주론적 이념으로서의 자유 위에 도덕의 전 체계를 매단다는 것은 매우 위험한 일이 될 것이다. 만약 이 개념에 근거하여 윤리학이 건설된다면, 그 윤리학의 체계는 공허한 상상의 허구가 되어버릴 가능성을 그 자체 안에 갖고 있는 불완전한 체계가 될 것이다. 그리하여 칸트는 이 선험적 자유와 인간의 의지자유를 연결시키기 위해 실천적 자유의 개념을 도입하게 된다. 이 개념은 선험적 자유와 윤리적 자유 즉 자율적 자유를 연결시키기 위한 교량적 개념으로 도입되었다. 그러나 칸트는 「변증론」에서처럼 이 개념이 선험적 자유에 근거해 있다고 주장하는 한, 윤리학이 허구의 상상물에 매달리게 될 수도 있음을 알고 있었다. 이리하여 그는 「방법론」에서는 선험적 자유와 실천적 자유의 연관성을 부정해버리고 더 나아가서 실천적 자유는 경험을 통해 증명될 수 있다는 과감한 주장을 하기에 이른다.

지금까지의 논의를 통해 서서히 밝혀지는 바는 칸트가 모종의 트리레마에 걸려 있다는 것이다. 칸트는 제3이율배반의 해결을 통해 선험적 자유의 실재성을 증명했다고 말하면, 그 위에 건설되는 윤리학 체계가 허구 위에 건립될 가능성이 없어지지만, 그는 물자체 불가지론을 포기해야 한다. 만약 그가 물자체 불가지론을 고수하기 위해 제3이율배반의 해결을 통해 구출된 자유가 단지 이념으로서의 선험적 자유라고 한다면, 그는 그 자유 위에 윤리학의 체계를 건설할 수 없다는 것이다. 만약 그가 윤리학을 허구의 가능성 위에 건설하게 되는 것을 방지하기 위해 선험적 자유와 실천적 자유의 연관성을 부정하고 실천적 자유는 경험을 통해 증명될 수 있다고 말한다면, 이는 자유란 본디 경험적 개념이 아니고 형이상학적 개념이라는 그의 또 다른 주장[38]과

---

37) I. Kant, *Kritik der reinen Vernunft*, B701.

38) 칸트는 자유, 영혼불멸, 신의 문제를 형이상학의 3대 주제로 간주하고 있다. "형이상학은 그 탐구의 본래 목적으로서 하나님, 자유, 영생이라는 세 종류의 이념만을 갖는다."(*Kritik der reinen Vernunft*, B395)

모순을 일으킨다.

VI. 실천적 자유는 경험을 통해 증명될 수 있는가?

앞서 살펴보았듯이 실천적 자유는 감각적 충동의 강제로부터 의지가 독립해 있으면서 자기에서 자기를 결정하는 자유이다. 우리는 앞에서 실천적 자유와 자율적 자유가 유사한 측면이 있음을 지적하였지만, 그 양자가 동일하다고 말해서는 안 될 것이다. 우리는 실천적 자유는 경험을 통해 증명될 수 있는가 하는 문제를 본격적으로 다루기 전에 이 양 자유의 차이점부터 분명히 해둘 필요가 있다.

자유의지(arbitrium liberum)의 본질적 특징은 그 이성에 있다. 그러한 의지는 외적인 자극에 대해서 기계적인 방식으로 반응하지 않고 일반적인 규칙이나 원칙에 의거해서 행위 과정을 선택할 수 있다. 그러한 의지가 경향성에 저항할 수 있음은 바로 그 이성의 능력 때문이다. 이성에 의거한 행위 능력이 있다는 점에서 실천적 자유의 적극적 측면이 부각되고, 경향성으로부터의 독립이란 점에서 실천적 자유의 소극적 측면이 부각된다. 여기서 주의해야 할 사실은 실천적으로 자유로운 의지의 적극적 측면과 소극적 측면에 대한 설명이 칸트가 후에 자유의 적극적 개념과 적극적 개념을 구분하는 것을 생각나게 한다 하더라도, 그 유사성으로 말미암아 동일한 구분으로 오해해서는 안 된다는 것이다. 첫째로 칸트가 『도덕형이상학정초』에서 행하는 구분에 의하면, 자유의 적극적 개념은 자율과 동의어이며 단순한 이성적 행위 능력을 의미하는 것은 아니다. 둘째로 이성에 의거한 행위능력으로서의 실천적 자유의 적극적 측면에 있어서 '이성'이란 말은 광의로 해석되어야 한다. 심지어 무분별한 정열로 행위하는듯이 보이는 사람조차도 그에게 행위의 원칙이 있는 한에서는 이성적이다.

실천적 자유는 감각적 충동의 강제로부터 독립적인 의지가 자기에서 자기를 결정하는 자유인 한, 실천적 자유에는 자기 결정적 자발성의 요소가 내포되어 있다. 허기야 자기 결정적 자발성이 없는 것을 자유라고 말하는 것은 어불성설일 것이다. 그러면 이런 자발성이 어떤 행위 속에 포함되어 있다는 것을 어떻게 경험적으로 증명할 수 있는가?

칸트는 자연필연성과 자유가 양립할 수 있음을 논하기 위해 인과성을 가상적 인과성과 기계적 인과성으로 구분하였지만, 칸트 스스로도 이런 구분은 그것이 일반적으로 또 추상적으로 진술될 경우에는 아주 교묘하고 불분명한 것으로 여겨질 것을 염려한다. 그러나 그는 그 구별을 적용함으로써 보다 명백하게 이해될 것이라고 말한다.[39] 그 구별의 적용 사례가 인간이다. 그러면 어떻게 인간의 경우에는 자연필연성과 자유가 양립할 수 있는가? 칸트는 "감관의 대상에 있어서 그 자체 현상이 아닌 것을 가상적이라고 부른다"[40]고 한다. 따라서 감성계에서 현상이라고 보아야 할 것이, 그 자체는 감성적 직관의 대상이 되지 않는 능력을 갖고 그러면서도 그 능력을 통하여 현상의 원인이 될 수 있을 때, 그런 존재의 원인성을 우리들은 두 가지 측면에서 고찰할 수 있다는 것이 칸트의 생각이다.

> 그런 존재를 물자체 그것으로 보아 이런 원인성이 작용하는 면에서 가상적이라 간주할 수 있고, 그런 원인성이 감성계의 현상으로 된 것으로 보아 이런 원인성의 결과들이라는 면에서는 감성적이라고 간주할 수 있다.[41]

물론 그런 존재는 인간이다. 인간은 현상적 관점에서 보면 인과법칙에 따라

39) I. Kant, *Kritik der reinen Vernunft*, B565.
40) I. Kant, *Kritik der reinen Vernunft*, B566.
41) I. Kant, *Kritik der reinen Vernunft*, B566.

규정되는 존재이지만 가상적 관점에서 보면 일체의 인과적 규정으로부터 전혀 영향을 받지 않는다는 것이다. 그러면 인간이 그런 존재라는 것을 어떻게 인식할 수 있는가? 이에 대해 칸트는 다음처럼 말한다.

> 인간은 전 자연을 보통 감관을 통해서 알게 되지만, 인간은 자기 자신을 순 통각에 의해서도 인식한다. 자세히 말하면 그가 감관의 인상이라고 간주할 수 없는 '작용과 내적 규정'에 있어서도 인간은 자기를 인식한다.[42]

칸트의 이 말은 결국 인간은 가상체로서의 자기 자신이 자유라는 사실을 지적 직관능력으로 인식할 수 있음을 말하는 것이 된다. 그러나 이는 물자체 불가지론을 부정하는 것이며, 감성적 직관능력만을 인정하고 지적 직관능력을 부정하는 「감성론」이나 「분석론」에서의 주장과 상치된다. 앨리슨은 칸트의 이 구절이 "통각은 사유(이성과 오성)의 자발성의 의식을 제공한다는 통상의 논점 이상을 주장하고 있는 것으로 받아들일 필요가 없다"[43]고 한다. 그러나 필자는 앨리슨의 변호가 그렇게 설득적이라고 생각하지는 않는다. 칸트가 인간의 성격을 경험적 성격과 예지적 성격으로 구분하는 근거가 앨리슨의 설명에서처럼 '사유의 자발성의 의식'에 의거한다면 그러한 의식은 아직 인식이 아니기에 그 의식에서부터 두 개의 성격을 추리해 내는 것은 근거 없는, 혹은 기껏해야 근거가 불충분한 추리이다. 그리고 칸트가 사유의 자발성에 대한 인식에서부터 인간의 예지적 성격을 추리한다면 그 추리 자체는 근거를 갖지만, 사유의 자발성에 대하여 우리가 인식을 가질 수 있다는 칸트의 주장은 「오류추리론」에서의 '자기인식'에 대한 칸트의 공식적인 견해와 충돌하게 된다.

실천적 자유는 경험을 통해 증명될 수 있다는 칸트의 말을 방금 위에서

---

42) I. Kant, *Kritik der reinen Vernunft*, B574.
43) H. E. Allison, *Kant's Transcendental Idealism* (Yale Univ. Press, 1983) 323면.

우리가 했듯이 인간이 갖고 있는 지적 직관의 경험을 통해 확인할 수 있다는 식으로 풀이하는 대신에 – 이런 풀이 방식은 칸트 자신에 의해 지지되고 있지만 – '우리는 실천의 영역에서 경향성에 저항하고 이성에 따라 행위하려는 의지의 활동을 경험적으로 확인할 수 있다'는 의미로 풀이할 수 있을 것이다. 그러나 이렇게 풀이한다 하더라도 우리는 여전히 실천적 자유의 실재성을 증명할 수 없을 것이다. 왜냐하면 자유의 의식 즉 경향성에 저항하고 이성에 따르려는 의지의 활동을 우리가 의식한다 하더라도, 그 경우 우리는 자유의 의식에서 자유의 실재성을 결코 추리해낼 수는 없을 것이기 때문이다. 자유의 의식에서 자유의 실재성을 증명하는 논리는 마치 완전히 밀폐된 감옥에 있는 사람이 단지 감옥 밖으로 나가서 자유롭게 행동하고 싶다는 의지를 의식한다고 해서 그가 자유롭다고 주장하는 것과 마찬가지 논법이 될 것이다.

칸트로서는 선험적 자유건 실천적 자유건 자유의 실재성을 증명하는 것은, 자유라는 것이 예지계의 특성을 표현해주는 말인 한에서는 그리고 예지계는 인식불가능하다는 주장이 포기되지 않는 한에서는, 불가능한 일처럼 보인다.

VII. 칸트의 모순적 발언에 대한 찬반해명

실천적 자유와 선험적 자유의 관계에 대해 칸트가 「변증론」과 「방법론」에서 서로 모순되는 말을 하고 있음을 앞서 살펴보았다. 이런 뻔한 모순이 발생하게 된 경위를 설명하기 위해 짜깁기이론(patchwork theory)의 해석방식이 도입되었다. 모순의 이유는 칸트가 상이한 시기에 상이한 논조로 작성한 주장들을 한 책에 묶었기 때문에 발생했다는 것이다. 즉 실천적 자유와 선험적 자유의 관계에 대한 '순수이성의 규준'에서의 설명방식은 전 비판기의 이론이며, 칸트의 도덕철학의 발전에서 초기 단계를 나타내는 것이지만, 「변증론」에서의 설명은 비판철학기의 입장을 보여주며 따라서 『실천이성비판』이나 『도덕형이상학정초』에서의 설명과 일치하는 것으로 간주된다는 것이다. 이러한 입장의 대표자로 슈바이처가 있다.[44] 슈바이처는 인간은 오로지 선험적으로 자유로울 때에만 실천적으로 자유롭다는 것이 칸트의 진의라고 생각하고 있다. 칸트를 이런 식으로 해석하는 것은 일견 자연스러우며 또 그렇게 해석될 수 있는 여지도 있다고 생각한다. 그럼에도 불구하고 슈바이처의 해석에 따르면 실천적 자유의 실재성이 선험적 자유의 실재성을 전제한다는 것이 되는데, 이는 제3이율배반의 해결에서 칸트가 비록 정립의 주장이 예지계에 대해 타당하다고 말했음에도 불구하고 그는 거기에서 선험적 자유의 실재성을 증명하고 있는 것은 아니라고 한 것과 충돌하게 된다는 치명적인 문제점을 갖고 있다.

「변증론」과 「방법론」의 모순에 대해 앨리슨은 대략 다음과 같은 해결책을 제시한다. 즉 칸트는 두 가지 유형의 자유의 실재성 간의 상호연관성을 문제 삼고 있는 것이 아니라, 실천적 자유 개념과 선험적 자유라는 이념 간의 필연적 연관성을 주장하고 있다는 것이다. 이렇게 해석할 때에만 선험적 자유와 실천적 자유의 관계에 대한 칸트의 진술이 무모순적으로 설명된다고 한다. 즉 「변증론」에서는 실천적 자유의 개념이 자유의 선험적 이념에 기초해 있다고 주장하는바, 이 말은 이론적 입장에서의 주장이라는 것이다. 그러나 '순수이성의 규준'에서 "선험적 자유에 관한 문제는 한갓 사변적 앎에 관한 것이기 때문에, 우리가 실천적인 것을 다룰 때에는 선험적 자유를 냉담하게 도외시할 수 있다"[45]고 말할 때에, 칸트는 실천적 관점에서 두 종류의 자유의 상호관계에 대해 말하고 있다는 것이다. 앨리슨은 이상의 주장을 다음처럼 요약한다. 즉 이론적 관점에서 볼 때 선험적 자유와 실천적 자유는 필연

44) A. Schweizer, *Die Religionsphilosophie Kants von der Kritik der reinen Vernunft bis zur Religion innerhalb der Grenzen der blossen Vernunft* (Freiburg, J. C. D. Mohr, 1988) 4면 이하 참조. 필자는 칸트의 『순수이성비판』에는 짜깁기적인 요소가 없지 않아 있을 수 있다고 생각하지만, 그렇다고 그 책에서 발견되는 모든 문제점을 그것으로 설명하려는 방식은 잘못이라고 생각한다.

45) I. Kant, *Kritik der reinen Vernunft*, B832.

적 연관성을 갖는다. 칸트식으로 표현하자면 자유의 선험적 이념은 실천적 자유의 개념에 대해 통제적인 기능을 가진다는 것이다. 그러나 실천적 관점에서 볼 때, 우리는 선험적인 자유를 고려함이 없이도 자유를 논할 수 있다.[46) 만약 앨리슨의 해석이 옳다면 그래서 실천적 관점에서 볼 때, 우리는 선험적인 자유를 고려함이 없이도 자유를 논할 수 있다면 왜 칸트가 제3이율배반에서 우주론적 이념으로서의 선험적 자유를 그토록 구제하려고 했는지, 그리고 선험적 자유를 심리적 자유와 연결시켜 다루면서 그것을 인간 심리학의 의지자유 차원으로 전이시키려 했는지 하는 문제가 제기될 수 있을 것이다. 과연 실천적 관점에 서면 선험적 자유를 고려함이 없이도 실천적 자유를 논할 수 있을까? 칸트는 실천적 자유에도 선험적 자유의 요소가 있다고 생각했기 때문에, 선험적 자유가 부정되면 실천적 자유도 성립할 수 없음은 명백한 이치이다. 물론 선험적 자유가 세계의 근원을 설명하기 위한 제1원인 정도로만 이해된다면, 우리는 그런 자유를 고려함이 없이도 실천적 자유를 논할 수 있을지 모르겠다. 그러나 선험적 자유가 "한 상태를 개시하는 자발적인 능력"이라는 자발성의 의미로 이해될 경우에, 선험적 자유 없는 즉 자발성 없는 실천적 자유는 성립할 수 없는 개념임이 분명하다.

VIII. 요약 및 결론

칸트는 제3이율배반의 해결을 통하여 자연필연성과 자유가 상호 모순을 일으키지 않고 양립할 수 있음을 입증하려 했다. 그런데 제3이율배반에서 문제시된 자유는 선험적 자유였으며, 그것도 단지 "세계의 근원을 이해하는

---

46) H. E. Allison, *Kant's Transcendental Idealism*, 319면. Allison은 자신의 이런 입장을 *Kant's Theory of Freedom*(Cambridge Univ. Press, 1990) 54-70면에서 더 정교화시켜서 전개하고 있다.

데 필요한 한에서만"[47] 논하였다. 더욱이 선험적 자유의 실재성이 입증된 것도 아니기에 현상계는 필연의 법칙의 지배를 받으며 가상계는 자유라는 식의 해결은 공허한 해결처럼 보일 수 있었다. 칸트는 그 해결이 공허한 해결이 아님을 다시 설득해보여야 할 처지에 놓이게 된다. 이 때문에 칸트는 "동일한 행위에 있어서 인간의 자유는 자연필연성과 모순되는지"[48]의 문제를 다루게 된다. 그런데 인간의 행위에 있어서 문제되는 자유는 비록 선험적 자유가 갖고 있는 자발성의 요소를 갖고 있다하더라도 선험적 자유가 아니라 실천적 자유이다. 그러므로 우리는 여기에서 문제가 변경되는 것을 본다. 처음에는 선험적 자유와 자연필연성 간의 조화가 문제였으나 나중에는 실천적 자유와 자연필연성 간의 조화가 문제로 된다. 이러한 문제의 변경은 『순수이성비판』에서 『실천이성비판』으로 이행해가려는 칸트의 의도에서는 불가피한 것이긴 하지만 그러한 변경의 정당성 문제가 제기될 수 있다. 우리는 칸트가 선험적 자유와 실천적 자유의 상호관계에 대해 「변증론」과 「방법론」에서 서로 다른 설명을 하게 된 이유를 이런 관점에서 고찰해야 할 것이다. 만약 두 종류의 자유개념의 관계를 「변증론」에서처럼 설명하게 되면 앞서 말한 것처럼 칸트가 문제를 그렇게 변경시키는 것은 정당성이 없다는 비판에 대해 아무런 변호도 못하게 될 것이다. 왜냐하면 문제의 그러한 변경은 선험적 자유와 실천적 자유가 동일한 자유임을 전제할 때에만 가능한 것인데, 이 두 종류의 자유는 다른 것이기 때문이다. 그러므로 칸트로서는 이러한 비판을 피해가려는 한, 선험적 자유와 실천적 자유가 상호 무관한 것임을 주장하지 않을 수 없을 것이다. 그렇게 되면 칸트는 문제를 부당하게 변경시키고 있다는 비판에 대해, 자신은 문제를 변경시키고 있는 것이 아니라, 전혀 상이한 문제를 전혀 다른 각도에서 다루고 있다는 식으로 자신을 변호할 수 있기 때문이다. 이런 이유에서 그는 「방법론」에서는 실천적 자유가 경험을 통하여 증명될

---

47) I. Kant, *Kritik der reinen Vernunft*, B476.
48) I. Kant, *Kritik der reinen Vernunft*, B585.

수 있다는 주장을 하는 것이 아닌가 한다. 그럼에도 불구하고 칸트는 우리가 앞에서 언급한 트리레마에서 빠져나오지 못하고 있는 것 같다.

제6장 의지자유론

우리는 칸트의 자유론을 두 가지 논술 방향에서 생각해 볼 수 있다. 첫 번째 방향은 우주론적 자유에서 실천적 자유로, 그 다음에 자율적 자유로 나아가는 칸트의 자유론의 변화 과정 혹은 발전 과정을 추적해 보면서 칸트의 자유론이 일관성을 갖고 있는가 하는 시각에서 칸트의 자유론을 논해 보는 방향이다. 필자는 앞 장에서 이 문제를 다루었다. 두 번째 방향은 칸트가 선험적 자유에서 자율적 자유로 나아가는 이론의 전개 과정이 일관성을 갖고 있는가 없는가 하는 문제와는 무관하게, 보다 더 근본적으로 의지 자유의 문제에 대해 칸트가 본래적으로 말하고자 했던 바가 무엇인가 하는 관점에서 칸트의 자유론을 고찰해 보는 방향이다. 후자의 방향은 윤리학의 중심 문제 중의 하나인 의지자유의 문제에 대한 칸트의 입장을 살펴보는 방식으로 진행된다. 필자는 본장에서 후자의 관점에서 의지자유는 기계적 결정론과 양립할 수 있다는 칸트적 양립론의 문제점을 중심으로 칸트의 의지자유론을 고찰해 보고자 한다.

I. 의지자유 문제의 신학적 기원

의지자유의 문제를 철학의 중심 문제로 부각시킨 공적은 아마도 성 어거스틴(St. Augustine)에게로 돌아가야 할 것이다. 우리는 물론 아리스토텔레스도 자유로운 선택에 대해 논하고 있음을 발견할 수 있다. 그는 『니코마크스 윤리학』 제3권에서 유의적(voluntary) 행위와 무의적(involuntary) 행위를 구분하고, 더 나아가서 유의적 행위와 선택의 행위를 구분하고 있지만 의지자유의 문제를 다루고 있지는 않다.[1)] 대체적으로 말하자면, 그리스인들은 의지자유의 문제에 대해 무관심했었다. 소크라테스는 죄와 무지를 동일시하고 있거니와, 키에르케고르(S. Kierkegaard)에 의하면 죄에 대한 소크라테스의 규정 속에 결여되어 있는 것은 의지 즉 반항하는 의지라고 한다.[2)] 키에르케고르의 이러한 입장에서 볼 때, 우리는 기독교 신학에서 의지자유의 문제가 최초로 제기될 수밖에 없었던 이유를 알게 된다. 기독교의 가르침에 의하면 하나님의 뜻에 인간이 반항할 때, 그것은 곧 죄가 된다. 그러므로 우리가 어거스틴을 의지자유의 문제를 철학의 중요한 문제로 부각시킨 최초의 인물로 간주하는 한, 우리는 그 문제가 처음에는 신학적인 문제 의식의 지평에서 제기되고 있음을 예측할 수 있다. 사실 어거스틴은 두 개의 신학적인 문제를 해명하기 위하여 의지자유의 문제를 논하고 있다. 즉 악(죄)의 기원에 관한 문제와, 하나님의 예지와 인간의 자유와의 관계에 관한 문제이다.[3)] 보에티우스(Boethius)는 두 번째 문제를 다음과 같이 표현하고 있다.

> 만일 신이 모든 것을 보고 있으며 기만당하는 일이 있을 수 없다면 신의 섭리는 미래에 일어날 일을 필연적으로 예견해야만 한다. 그러므로 만세

---

1) 아리스토텔레스의 설명에 의하면 강제(强制)혹은 무지에 의한 행위는 무의적인 것이다. 유의적인 것이란 움직이게 하는 시초가 행위자 자신 속에 있는 것, 그리고 그가 그 행위의 특수한 상황을 잘 알고 있는 경우이다. 〔R. Mckeon (ed.) *The Basic Works of Aristotle* (Random House, New York, 1941), 964-967면 참조〕 또한 아리스토텔레스에 의하면 선택의 행위는 유의적인 것이지만 유의적 행위의 범위는 선택의 행위의 범위보다 더 넓다고 한다. 왜냐하면 아이들이나 저급한 동물들에 있어서도 유의적인 행동은 있지만 선택의 행위는 없기 때문이라는 것이다.(*The Basic Works of Aristotle*, 967-969면 참조)

2) S. Kierkegaard, *Fear and Trembling & The Sickness unto Death*, (trans. Walter Lowrie, Doubleday & Company, 1955) 220면 참조.

3) Augustin, *Earlier Writings* (ed. J. Burleigh, Philadelphia, The Westminster, 1962) "On Free will" 제1권, 제3권 참조.

> 전부터 신이 인간의 행위뿐만이 아니라, 인간의 계획과 의지를 미리 알고 있다면, 자유의지는 있을 수 없다.[4)]

보에티우스의 이런 말에서 알 수 있듯이 중세에는 인간의 의지자유는 신의 예지와 대립되는 개념이었다.

그런데 칸트에 있어서 자유는 자연 필연성과 대립되는 개념으로 이해되고 있다. 우리는 이러한 문제 변경의 이유를 근세 자연과학의 발달에서 찾아볼 수 있을 것이다. 근세 철학은 어떤 의미에서 새롭게 발흥하는 근세 자연과학의 학으로서의 근거를 철학적으로 해명하는 작업에 전념하였다고 말할 수 있을 것이다. 데카르트가 물질과 정신이라는 두 유한 실체를 분리시켜 양자가 상호 독립적임을 주장했을 때, 그러한 주장은 자연과학의 학적인 근거를 제공하기 위한 배려에서 나왔다고 할 수 있을 것이다. 만약 정신 작용이 물질에 모종의 영향을 미친다는 사실을 인정하게 되면, 물질 상호간의 기계적 관계가 부인되어야 하고 결국에는 자연과학도 포기되지 않으면 안 된다. 데카르트는 기계적 자연관이 성립할 수 있는 근거를 생각해 보았을 때, 물질과 정신이 상호 독립적이라는 결론에 도달하지 않을 수 없었을 것이다. 그런데 데카르트는 정신과 물질을 분리시킴으로써 자연을 하나의 거대한 기계로 간주하는 근세 자연과학이 학문으로 성립할 수 있음을 설명하는 일에 성공하지만, 인간을 설명함에 있어서는 매우 불리한 입장에 놓이게 된다. 왜냐하면 인간의 경우에는 물질(신체)과 정신이 상호영향을 미치고 있다는 것은 부정하기 힘든 경험적 현상이기 때문이다. 데카르트가 자신의 학설을 고집하여 인간의 경우 물질과 정신이 상호영향을 미치고 있는 듯이 보이는 것은 심리적 착각일 뿐이라고 강변(强辯)하지 않은 것은 그의 학자적 솔직성의 한 단면이긴 하지만, 그의 이원론적 체제의 이러한 문제점은 데카르트 이후의 철학자들의 사유를

4) F. Coplestone, *Histoty of Philosophy* II (The Newman Press, 1962) 103면에서 재인용.

자극하였다. 특히 스피노자(B. Spinoza)는 데카르트 철학을 철저하게 논리화시킴으로써, 데카르트적인 이원론의 난점을 극복하는 데 성공하지만, 그는 그 대가로 인간의 자유를 희생시킬 수밖에 없었다. 스피노자는 다음처럼 말한다.

> 인간은 스스로 자유롭다고 생각함으로써 기만당하고 있다. 그렇게 생각하는 유일한 이유는 그들이 그들 자신의 행위를 의식하고 있다는 것이며 그들 자신의 행위를 규정하는 원인을 모르기 때문이다. 그러므로 자유에 대한 그들의 관념은 그들 자신의 행동의 원인을 모르고 있다는 데에 있는 것이다.[5)]

순전히 철학사적인 맥락에서만 말한다면, 데카르트는 이신론자(理神論者) 혹은 무신론자가 되고 싶어했던 유신론자라면, 스피노자는 데카르트가 우유부단하게 머뭇거리고 있는 바로 그 지점에서 단호한 일보를 내디딤으로써 기독교적인 신관을 결정적으로 포기하게 된다. 그렇게 된 이유는 스피노자에 있어서 신은 기독교에서처럼 초자연적인 존재가 아니라 자연 그 자체로 이해되었기 때문이다. 그런데 자연은 근세 자연과학의 탐구 대상이었던 것이다. 스피노자는 '자연 = 신'이라는 공식을 주장하면서 '신에 취한 무신론자'가 되어버렸다. 데카르트 역시 자연과 신을 동일시하고 싶었으나 용기가 부족하였다. 이제 스피노자에 의하면 신은 곧 자연이요, 자연은 필연의 법칙에 따라 움직이므로 의지의 자유란 것은 환상에 불과하다. 중세 신학에 있어서 '신의 뜻'으로 이해되던 것이 스피노자에 있어서는 '필연의 자연(=신) 법칙'에 의하여 대치된다. 그러므로 이 필연의 자연법칙으로부터 벗어남으로써 자유를 행사할 수 있다는 생각은 애초부터 터무니없는 생각이다. 왜냐하면 벗어날 수 있는 법칙은 이미 필연의 법칙이 아니기 때문이다. 이 때문에 스피노자는

---

5) B. de Spinoza, *Die Ethik* (in: Saemtliche Werke II, Hamburg, Felix Meiner Verlag, 1976) 84면.

자신의 주저를 『윤리학』이라는 이름으로 출간했지만, 그의 『윤리학』 속에는 통상적인 의미의 윤리학이[6] 발붙일 여지가 없었던 것이다. 칸트는 스피노자가 근세 자연과학의 학으로서의 근거를 정초하면서 희생시켜 버린 인간의 의지자유를 새로이 부활시키려고 한다. 그럴 때에 그는 더 이상 인간의 의지자유를 신의 예지 혹은 예정(豫定)과 대립시킬 수가 없었다. 이제 자유는 자연 필연성과 대립되는 개념으로 이해된다. 이런 점에서 본다면 스피노자는 인간의 자유와 신의 예지 간의 신학적 이율배반을 자연 필연성과 자유의 대립이라는 철학적 이율배반으로 변경시킴에 있어서 기여한 바가 크다고 할 것이다.

II. 순수이성의 제3이율배반

근세 자연과학의 발달은 철학자들로 하여금 중세 신학의 '신의 예정'을 '필연의 자연법칙'으로 바꾸어 생각하게 만들었다. 칸트에 있어서 자유와 자연 필연성의 대립은 순수이성의 제3이율배반이 된다. 순수이성의 이율배반이란 "우리가 어느 것에 대해서도 타자보다고 우월하다고 하는 요구에 찬동함이 없이 외견상으로 독단적인 두 인식 즉 정립과 반정립 간의 모순"을 의미한다.[7] 자유와 자연 필연성 간의 이율배반은 이미 앞 장에서 한번 소개했었지만 논의의 편의상 다시 한번 소개한다.

정　　립 : 자연의 법칙에 따르는 원인성은 그것으로부터 세계의 모든 현상들이 나올 수 있는 유일한 원인성이 아니다. 현상을 설

6) 이때 '통상적인 의미의 윤리학'이란, 의지의 자유로운 행사를 통해서 인간이 자신의 행위를 스스로 결정할 수 있음을 전제하거나 증명하면서 인간의 행위규칙을 설정하는 윤리학을 의미한다. 그러므로 이것에 칸트식의 법칙주의 윤리학만이 포함될 필요는 없다. 플라톤의 윤리학, 아리스토텔레스의 행복주의 윤리학도 여기에 포함될 수 있다.

7) I. Kant, *Kritik der reinen Vernunft*, B448.

명하자면 자유에 의한 원인성을 상정함이 필요하다.

반 정 립 : 자유란 없다. 세계의 만상은 자연 법칙에 따라 생긴다.

이상의 것이 소위 칸트가 '순수이성의 제3이율배반'이라고 부르는 것이다. 자유와 자연 필연성 간의 이러한 대립에 있어서 우선 우리는 가능한 세 가지 해결 방식을 생각해 볼 수 있다. 첫째로 정립을 배척하고 반정립을 지지함으로써 결정론을 진리로 간주하는 해결 방식이다.

> 결정론의 지지자들은 인간이 자유의 감정이나 직관을 가지는 것은 사실이지만 합리적인 인간은 직관에 의해서 인도되어서는 안 되고 객관적인 과학적 증거에 의하여 인도되어야 한다고 주장한다.[8)]

둘째로 반정립을 배척하고 정립을 지지함으로써 의지자유론을 진리로 간주하는 해결 방식이다. 의지자유론자에 의하면 결정론은 우리들의 직접적인 체험이 가르쳐주는 사실과 양립할 수 없는데, 이럴 경우 우리는 기껏해야 복잡한 이론에 불과한 결정론보다 직접적이고도 확실한 우리들의 체험을 믿는 것이 더 안전하다고 한다. 세 번째 해결 방식은 칸트에 의하여 제시된 것으로, 이 해결 방법에 의하면 결정론과 자유는 둘 다 참이며 양자가 서로 대립하는 듯이 보이는 것은 오해 때문이라는 것이다. 적어도 칸트의 입장에서 볼 때 첫 번째와 두 번째 해결방식은 애초부터 거절되지 않으면 안 된다. 왜냐하면 그러한 해결 방식은 자유와 자연필연성 간의 대립을 이율배반적인 대립으로 생각하지 않고 있기 때문이다. 우리가 자유와 자연 필연성 간의 이율배반을 참된 이율배반이라고 생각하는 한, 대립되는 두 명제 중 어느 한쪽의 일방적인 승리로 귀착되는 해결 방식은 처음부터 받아들일 수 없다. 물론 우리는

---

8) Paul Edwards & Arthur Pap(eds), *A Modern Introduction to Philosophy*(New York, Free Press, 1973, 제3판) 5면.

칸트에게 해결될 수 있는 이율배반이 참으로 이율배반일 수 있는가 라고 물어볼 수 있다. 사실 자유와 자연 필연성의 대립을 칸트는 이율배반으로 제출하면서도, 그 대립이 해결될 수 있다고 말하기 때문에, 이러한 질문은 매우 정당한 것으로 여겨진다. 우리는 이 질문에 대한 칸트의 대답이 아마 다음처럼 전개되리라고 생각한다.

> 인식의 제한된 차원에서는 해결될 수 없는 모순이 있다. 나는 그런 모순을 이율배반이라고 부른다. 그러나 인식의 제한된 차원에서 생겨나는 이율배반도 보다 더 진보된 인식의 차원에서는 해결될 수 있다. 물론 이때의 해결은 대립되는 두 명제 중 어느 한쪽만이 옳다는 방식으로 전개될 수는 없다. 왜냐하면 어떤 모순이, 비록 인식의 제한된 차원에서이긴 하지만, 이율배반인 한에 있어서 그러한 해결은 그 모순을 이율배반적인 것으로 간주하지 않는 것이 되기 때문이다. 그러므로 이율배반의 해결은 논리적 모순의 해결과는 좀 다른 방식으로 전개되어야 한다. 즉 정립과 반정립이라는 대립되는 두 명제가 모두 틀렸다는 방식으로 해결되든지 아니면 그 두 명제가 모두 옳다는 방식으로 해결되든지 이다.

필자는 이하에서 결정론과 자유를 조화시키려는 칸트의 시도를 살펴보고자 한다.

III. 자유와 자연 필연성의 양립 가능성

칸트의 인식론에 의하면 현상이란 경험 법칙에 의해서 서로 관련하는 표상들이다. 때문에 이러한 현상 자신은 '현상이 아닌 근거'를 갖지 않을 수 없다. 현상이 아닌 이 가상적(可想的) 원인은 그것의 원인성에 관한 한 현상에 의해 규정되지 않는다. 물론 그것의 결과는 현상으로 되고 그러므로 딴 현상에 의해 규정될 수 있다.

> 그렇고 보면 이 가상적 원인은 그것의 원인성과 함께 현상들의 계열의 외부에 있으나 그것의 결과는 경험적 제약들의 계열 중에 보인다. 하기에 결과는 그것의 가상적 원인에 관해서는 자유라고 간주될 수 있고, 그와 동시에 현상에 관해서는 자연의 필연성에 좇아서 현상에서 생긴 결과라고 간주할 수 있다.[9)]

칸트는 '가상적 원인'이라는 개념을 도입함으로써 두 종류의 원인성을 구분한다.

> 감성계에서 현상이라고 보아야 할 것이 자신 그것에 있어서는 직관의 대상이 되지 않으며 그러면서도 현상의 원인이 될 수 있는 그런 존재는 두 가지 면에서 그 원인성을 고찰할 수 있으니 즉 그런 존재를 '물자체 그것'으로 보아 그 원인성이 작용하는 면에서는 가상적이라고 보고 그런 원인성이 감성계의 현상으로 된 것으로 간주하여 이런 원인성의 결과들이라는 면에서 감성적이라고 할 수 있다.[10)]

요컨대 정립은 물자체에 대해 타당하고 반정립은 현상계에 대해 타당하다는 것이 칸트의 주장이다. 그러면 우리는 여기에서 하나의 문제를 제기할 수 있다. 즉 이 물(物)이 그 자체의 측면에서 고찰된다면 그 물도 가상적 원인이라는 점에서 자유인가 아닌가 하는 문제이다. 이 물음에 대해 칸트는 다음과 같이 답변한다.

---

9) I. Kant, *Kritik der reinen Vernunft*, B565.
10) I. Kant, *Kritik der reinen Vernunft*, B566.

> 생명이 없는 자연 혹은 동물적 생명을 갖는 자연에 있어서 우리는 어떠한 능력도 감성적 제약을 받는 것으로 생각하는 이외의 다른 근거를 발견하지 않는다.[11]

칸트는 오로지 인간의 경우에 있어서만 어떤 행위를 현상적 측면에서 고찰할 수도 있고 가상적 측면에서도 고찰할 수 있다고 생각했다. 이런 이유로 칸트는 인간에 있어서 자유와 자연 필연성의 대립은 어떻게 조화할 수 있는가 하는 문제를 다루게 된다. 이 문제는 "동일한 행위에 있어서 자유는 자연필연성과 모순되는가"[12] 라는 문제로 제기된다.

칸트에 의하면 자유의 선험적 이념에 자유의 실천적 개념이 근거해 있기 때문에, 선험적 자유의 폐기는 실천적 자유의 소멸을 의미하게 된다.[13] 만약 정립의 주장이 틀렸고 반정립이 옳다면 인간에게는 행위의 죄과를 책임질 아무런 근거가 없다. 왜냐하면 인간이 자기 행위의 죄과를 책임지기 위해서는 의지자유의 존재가 전제되어야 하기 때문이다. 그런데 인과원칙은 가능한 경험계 내에서는 절대 필연적으로 타당한 원칙이다. 이는 칸트가 「선험적 분석론」에서 확립한 것이다. 그러므로 인간의 행위는 그 현상적 측면에서 볼 때 자유가 없다는 결론에 도달할 수밖에 없다. 그런데도 불구하고 현실적으로 도덕률이 존재한다는 것은 의심할 수 없는 사실이다. 즉 우리는 실천의 영역에 있어서는 당위를 갖고 있다. 당위란 '너는 마땅히 해야 한다'는 것이다.

---

11) I. Kant, *Kritik der reinen Vernunft*, B574.

12) I. Kant, *Kritik der reinen Vernunft*, B585.

13) I. Kant, *Kritik der reinen Vernunft*, B562 참조. 칸트는 같은 곳에서 실천적 자유를 다음처럼 설명하고 있다. "실천적 의미의 자유란, 결의가 감성의 충동에 의하는 강제에 의존하지 않는 것이다." 또 "실천적 자유는 비록 무슨 일이 발생하지 않았더라도 발생**했어야 할 것**을 전제하는 것이다. 그러므로 실천적 자유는 현상에서의 이런 발생의 '원인'만은 반드시 결정적인 것이 아니고, 우리의 결의 중에는 하나의 원인성이 있어서 그것이 자연적 원인에서 독립하여, 또 자연적 원인의 강제력과 영향력에 반항하기도 해서, '그 어떤 것'을 산출하고, 그러면서도 시간 질서에 있어서는 경험적 법칙에 의해 규정되어 있는 '그 어떤 것'을 산출하며, 따라서 시간의 계열을 **전혀 자기에서** 개시한다는 것을 전제하는 것이다."(강조는 칸트에 의함)

이 당위는 현상계의 인과계열의 한 항이 될 수 없는 것이 존재해야 함을 주장한다. 어떻게 이런 일이 가능한가? 인간의 행위는 현상적 측면에서 볼 때 자유가 없음에도 불구하고 어떻게 인간은 인과계열의 한 항이 될 수 없는 것을 행할 수 있는가?

칸트에 의하면 "인간은 전(全) 자연을 감관을 통해서 알게 되지만 인간은 자기 자신을 감관이 아닌 다른 어떤 것, 즉 작용과 내적인 규정에 있어서도 자기를 인식한다."[14] 칸트의 이러한 주장은 인간이 가상적 대상으로서의 자기 자신을 파악할 수 있다는 것이다. 인간이 만약 자기 자신을 다른 사물들을 인식하듯이 감관에 의해서만 안다면, 자기 자신을 단지 현상으로밖에는 알지 못하며 현상 배후에서 현상으로서의 자기를 가능하게 하는 가상적 대상으로서의 자기 자신을 도무지 이해함이 없겠지만, 인간은 자기 자신을 만지거나 보거나 느끼거나 함이 없이도 자기 자신을 파악할 수 있다는 것이다. 그렇게 할 수 있는 근거는 어디에 있는가? 감관에 주어진 것에서부터 영향 받지 않는 독자적인 '작용과 내적 규정'이란 것은 일종의 비감성적 직관을 의미하는데, 이러한 직관 능력에 의해 인간은 자기 인식을 가질 수 있기 때문이다. 이러한 가상적 대상으로서의 인간의 활동은 오성과 이성에만 특히 이성에만 의거한다. 이리하여 칸트는 절대적 자발성으로서의 인간의 이성을 가상적 성격이라고 부르면서 현상적 자아인 경험적 성격과 대비시킨다. 경험적 성격으로서의 주관의 행위는 자연법칙에 좇아 다른 현상들과 연결되며 이런 한에 있어서 인간에게는 자유가 없다.[15]

> 그러나 주관의 가상적 성격에서 보면 동일한 주관은 감성과 현상에 의한 규정으로 부터의 모든 영향을 받지 않는다.[16]

---

14) I. Kant, *Kritik der reinen Vernunft*, B575.
15) I. Kant, *Kritik der reinen Vernunft*, B568 참조.
16) I. Kant, *Kritik der reinen Vernunft*, B569.

이 가상적 성격은 이성을 통해서 작용한다. 그리고 현상계의 인관 계열의 한 항이 될 수 없는 것이 존재하기를 요구하는 당위는 이성에서 생겨난다. 그래서 칸트는 다음처럼 말한다.

> 우리가 동일한 행위를 이성과의 관계에서 고려한다면 … (중략) … 우리는 자연적 질서인 것과는 전혀 다른 '규칙과 질서'를 발견한다.[17)]

왜냐하면 이성의 본성은 자발성이요, 이성은 이 자발성으로써 자기 입법적인 당위를 우리에게 부과하기 때문이다. 이 **당위의 보편타당한 형식이 곧 정언명법이다. 그런데 당위의 법칙이 인간에게 행위를 요구할 때, 그 행위는 자연적 조건 아래서만 가능하다.** 그러나 자연적 조건들은 행위자의 가상적 성격에 의한 내면적 결의까지 규정하는 것은 아니다. 왜냐하면 가상적 성격의 결단이 의거하는 이성은 순수한 자발성으로서 감성적 제약의 영향 즉 자연적 조건들로부터 독립되어 있기 때문이다.

> 나를 의욕 하도록 하는 자연적 근거가 아무리 많더라도. … (중략) … 이러한 것들은 당위를 산출할 수가 없고, 도저히 필연적이 되지 않는 항상 제약된 의욕을 산출할 뿐이다.[18)]

이에 반하여 이성은 완전한 자발성으로서 이념에 따라 독자적인 질서를 형성한다. 이성이 현상적 질서와 다른 독자적인 질서를 형성한다는 것은 곧 이성이 자유라는 것이요, 이성이 자유라는 것은 가상적 성격으로서의 주관이 자유라는 것이다. 요컨대 인간 행위는 그 내면적 결의의 원인에 있어서는 자유이며 그 현상적 원인에 있어서는 필연이면서도, 그 내면적 결의의 자유에

---

17) I. Kant, *Kritik der reinen Vernunft*, B578.
18) I. Kant, *Kritik der reinen Vernunft*, B576.

의한 원인이 현상계의 인과계열을 절단하지 않는다고 함으로써 칸트는 자유와 자연필연성이 조화할 수 있음을 주장한다.

> 이 법칙(도덕법칙)은 … (중략) … **감성계의 기계성**(Mechanismus)**을 깨트림이 없이** 감성적 자연으로서의 감성계에다 오성계의 형식을 즉 초감성적 자연을 부여해야 한다.[19]

IV. 칸트의 의지자유론을 향한 비판들에 대한 검토

1. 무원인의 행위는 가능한가?

칸트는 자연인과성과 대립되는 자유를 선험적 자유로 부르고 있다. 그리고 그는 선험적 자유를 "행위가 귀속하는 참 근거인 행위의 절대적 자발성"[20]으로 정의한다. 칸트가 선험적 자유를 이렇게 정의함으로써 그가 말하고자 했던 바는 곧 인간의 행위가 선행하는 인과원인성의 법칙에 의하여 규정당하지 않고 단적으로 자발적인 내면적 결의에 의하여 일어날 때, 그 행위는 자유로운 행위가 된다는 것이다. 칸트는 이를 다음의 예로써 설명한다.

> 가령 내가 지금 완전히 자유롭게 그리고 자연원인이 필연적으로 규정하는 영향력을 입지 않으면서도 의자에서 일어설 때에, 무한하게 진행하는 자연적 결과를 수반하는 이런 사건에 있어서 전혀 새로운 계열을 개시(開始)한 것이다.[21]

---

19) I. Kant, *Kritik der praktischen Vernunft*, 51면 참조. 강조는 필자에 의함.
20) I. Kant, *Kritik der reinen Vernunft*, B467.
21) I. Kant, *Kritik der reinen Vernunft*, B478.

칸트의 이런 주장에 대해 사람들은 다음처럼 비판할 수 있다.

> 칸트는 자연 필연성이 규정하는 영향력을 전혀 받지 않는 상태에서 오로지 나의 내면적 결의가 원인이 되어 의자에서 일어설 수 있다고 생각하고 있으나, 만약 그렇게 일어설 수 있다면, 그때의 일어섬은 아무런 원인이 없이 생겨난 사건이 된다. 그러나 아무런 원인 없이는 어떠한 사건도 발생할 수 없다.

우리는 파울 레(Paul Ree)가 이러한 입장을 취하고 있음을 볼 수 있다. 그는 다음처럼 말한다.

> 나는 나의 팔을 들어올리기를 원하기 때문에 나는 내 팔을 든다. 이 경우 팔을 들려는 나의 의욕은 들어올림의 원인이다. 흔히 우리는 말하기를 이 의욕은 그 자체 인과적으로 결정되지 않는다고 말한다. 차라리 그것은 하나의 절대적인 시초라고 말한다. 나는 단순히 내 팔을 들어올리기를 원했고 그것이 전부이라고 생각한다. 그러나 우리는 속고 있는 것이다. 의지의 이러한 행위 역시 원인을 가진다. 실험을 통하여 나의 의지가 자유임을 증명하려는 나의 의도가 내 팔을 들어올리려는 나의 의욕을 유발시켰다. 그러나 어떻게 해서 이러한 의도가 생겨나게 되었는가? 담화를 통해서 혹은 의지의 자유에 대한 반성을 통해서이다.[22)]

김태길 교수도 이와 동일한 입장에 서 있다.

> 우리가 자유를 의식하는 것은 사실이다. 그러나 이 자유의 의식이 바로

---

22) Paul Ree, "Determinism and the Illusion of Moral Responsibility"(in : *A Modern Introduction to Philosophy*, eds., Paul Edwards & Arthur Pap, The Free Press, 1973) 18면.

우리의 의지작용의 무원인성을 증명하는 근거가 되는 것은 아니다.[23)]

내 결심이 아무런 원인의 제약도 받지 않는다는 것은 믿어지지 않는다.[24)]

필자의 견해에 의하면 칸트의 의지자유론에 대한 이러한 반론은 오해에 기인한 것 같다. 흔히 결정론자들은 무원인의 행위는 불가능하기 때문에 결정론이 옳다고 생각한다. 그리하여 그들은 자유 옹호론자들이 자유의 행위라고 간주하는 행위들도 사실은 여러 가지 선행하는 원인에 의하여 제약받고 있음을 보여줌으로써, 결정론이 옳음을 증명하려고 한다. 그러나 칸트의 입장에서 보면 무원인의 행위가 불가능하다는 것이 사실이라 하더라도 – 칸트 역시 그렇게 생각하고 있다 – 그 사실이 결정론을 옹호해주는 것은 아니다. 결정론자들은 자유와 무원인성을 동일시한다. 때문에 그들은 자유가 없다는 사실을 증명하는 대신에 무원인의 행위가 없음을 증명한다. 그러나 그러한 동일시는 잘못이다. 만약 자유와 무원인성이 동일시된다면, 그리하여 유일하게 가능한 원인성이 인과원인성뿐이라고 한다면 칸트의 제3이율배반은 처음부터 이율배반으로 성립할 수 없을 것이다. 칸트의 제3이율배반이 이율배반으로 성립할 수 있는 이유는 인과원인성만이 유일한 원인성이라는 주장이 의심될 수 있기 때문이다. 이렇게 의심될 수 있는 주장을 참인 것으로 전제할 때에만 우리는 자유와 무원인성을 동일시할 수 있다. 그러나 인과원인성만이 유일한 원인성이라는 주장은 전제되어야 할 것이 아니라 증명되어야 한다.

칸트 역시 무원인의 행위는 불가능하다고 생각한다. 인간의 행위는 그것이 자연 원인성에 의한 것이든지 **자유 원인성에 의한 것이든 둘 중에 하나이다. 자유원인성은 결코 무원인성이 아니다. 그것은 자연원인성과 마찬가지로 하나의 적극적인 원인성이다. 사람들은 원인성의 개념에 오직 인과원인성만을**

23) 김태길, 『윤리학』, 378면.
24) 김태길, 『윤리학』, 379면.

포함시킨 뒤 인과원인성이 아닌 모든 것, 따라서 자유원인성 마저도 무원인성으로 간주하지만, 칸트는 원인성에 인과원인성과 자유원인성을 포함시키고 있으며, 인과원인성도 아니고 자유원인성도 아닌 것을 무원인성으로 간주하고 있다. 그러므로 자유와 무원인성을 동일시하는 한에 있어서 의지자유의 문제는 올바른 방식으로 제기될 수 없다. 왜냐하면 그러한 동일시 하에서는 '인간에게 의지자유가 있는가?'라는 물음은 곧 '인간에게 무원인의 어떤 행위는 가능한가?'라고 묻는 것이 되는데, 이는 처음부터 부정적인 대답을 유도하고 있는 물음이 되기 때문이다.

그럼에도 불구하고 칸트의 의지자유론을 칸트 자신이 들고 있는 바로 그 의자의 예를 통해 고찰하는 한, 결정론자의 입장에서 여전히 다음과 같은 반대를 할 수 있을 것이다.

> 설령 자유를 무원인과 동일시하지 않는 칸트의 입장에 선다고 하더라도, 그리고 더 나아가서 자유를 인과원인성과 마찬가지로 하나의 적극적인 원인성으로 간주한다 하더라도, 의자에서 일어나는 나의 행위가 자유원인성에 의한 행위라면 그 행위는 하나의 새로운 인과계열을 개시한 것이 될 것이다. 그러나 그 행위가 하나의 새로운 인과계열의 시초라고 말하는 것은 아무런 설득력도 없다. 왜냐하면 우리는 그 행위를 선행하는 원인의 결과로 설명할 수 있기 때문이다. 예컨대 의자의 못이 튀어 올라왔기 때문이거나 아니면 갑자기 엉덩이가 가려워서 엉덩이를 긁기 위해서이거나 아니면 자유에 의한 행위가 가능함을 보여주기 위하여 의자에서 일어났을 것이다. 물론 나는 내가 의자에서 일어난 이유를 모르면서도 의자에서 일어날 수 있다. 그렇다고 의자에서 일어나는 나의 행위를 자유라고 말해서는 안 된다. 왜냐하면 그 행위는 어릴 때의 어떤 신경증적인 콤플렉스가 원인이 되어 일어날 수도 있을 것이기 때문이다. 칸트는 그 어떤 자연적 원인으로도 의자에서 일어나는 나의 행위를 설명할 수

> 없다고 말한다. 그러나 그러한 주장은 아궁이에 불을 때지 않았는데도 연기가 난다고 말하는 것과 마찬가지로 설득력이 없다.

칸트에 대한 결정론자들의 이러한 비판은 그 나름의 설득력을 가진다. 그러나 이처럼 설득력을 갖게 되는 이유는 칸트에 대한 결정론자들의 비판이 적중했기 때문이 아니라 칸트가 제시하고 있는 그 의자의 예가 적절하지 못하기 때문이다. 그러므로 필자는 칸트의 진의를 좀 더 분명하게 나타낼 수 있다고 생각되는 다른 예를 들어보고자 한다. 필자가 사용하고자 하는 예는 윤리적인 예이다. 사실 칸트 자신도 인간의 행위의 자유가 확증될 수 있다고 믿은 영역은 윤리적 당위의 영역이라고 생각했기 때문에 자유가 실재함을 증명하려는 칸트의 논리를 설명하기 위하여 필자가 윤리적인 예를 사용하는 것은 정당하고도 당연한 일이 될 것이다.[25)]

예컨대 '남의 물건을 훔치지 말라'는 도덕명령의 경우를 생각해 보자. 어떤 사람이든지 극도로 배가 고프면 음식이 자기 소유의 것이 아닌 남의 음식이라도 일단 집어서 먹고 싶어진다. 그러한 욕구가 발생하는 것은 인간이 자연인과성의 영향을 받는 존재이기 때문이다. 만약 자연인과성만이 유일의 원인성이라고 한다면 그 사람의 마음 속에는 '내가 비록 배가 무척 고프지만 저 음식은 남의 음식이니까 먹어서는 안 된다'는 생각이 처음부터 생겨나지 말아야 할

25) 이렇게 함으로써 필자는 칸트가 『순수이성비판』의 '제3이율배반'에서 문제 삼고 있는 선험적 자유와 '방법론'에서 다루고 있는 실천적 자유 그리고 『도덕형이상학정초』』이나 『실천이성비판』에서 다루고 있는 자율적 자유를 구분함이 없이 칸트의 의지자유론을 논하고 있는 것이 된다. 그러므로 칸트철학의 맥락에서 선험적 자유, 실천적 자유, 자율적 자유를 구분함이 없이 칸트의 자유론을 고찰하는 것이 허용될 수 있는가 하는 문제가 제기될 수 있을 것이다. 그러나 이런 문제에 대해서는 현재의 논의를 위해서 무시하는 입장을 취하고자 한다. 필자가 그런 문제를 이처럼 고의적으로 무시하는 이유는, 칸트에 있어서 자유의 문제가 선험적 관념론이라는 몸에 맞지 않는 외피로 인하여 그 문제의 생명력, 그 해결의 탁월성이 억압당하고 있다고 생각하기 때문이다. 이 점에서 필자는 하르트만(N. Hartmann)의 견해에 동의한다.(*Ethik*, 650-652면 참조) 칸트가 선험적 자유, 실천적 자유, 자율적 자유를 구분하고 있긴 하지만, 그 공통점이 있다. 그것은 곧 절대적 자발성이다. 그러므로 필자는 절대적 자발성으로서의 자유가 실재한다는 칸트의 주장을 윤리적 예로써 설명해보고자 한다.

것이다. 왜냐하면 자연인과성만이 유일한 원인성이라고 한다면, 배가 고픈 것은 원인이요 음식을 먹는 것은 결과이며 원인은 결과를 필연적으로 규정하기 때문이다. 이러한 인과법칙에도 불구하고 인간은 '비록 내가 배가 고프지만 남의 음식을 먹어서는 안 된다'는 결심을 한다. 이 결심은 결코 인과법칙에서 오는 결심이 아니다. 왜냐하면 이 결심은 인과법칙이 우리에게 행위하기를 요구하는 것과는 정반대의 행위를 요구하기 때문이다. 그러면 이 결심의 원인은 무엇인가? 칸트에 의하면 그것이 곧 자유라는 것이다. 자유가 원인이 되어 그 사람은 자연인과성이 규정하는 행위와는 다른 행위를 하려고 한다는 것이다. 인간은 한편으로는 자연인과성에 의하여 규정되는 수동성의 측면을 가지지만, 다른 한편으로는 자연인과성의 필연의 법칙으로부터 벗어나서 자발적[26]으로 행동할 수 있는 것이다. 물론 어떤 배고픈 사람이 마음으로 '도둑질해서는 안 된다. 나는 도둑질 하지 않겠다'고 결심했음에도 불구하고 결과적으로는 식욕의 자연법칙에 규정되어 버려 도둑질했다고 하더라도, 그는 자신의 내면에 있어서는 단지 그렇게 결단했다는 이유 하나만으로도 – 비록 그 결단이 행동으로 옮겨지지 않았다 하더라도 – 자유인 것이다. 왜냐하면 식욕이라는 자연법칙은 그 사람의 외적인 행위를 자기 아래에 종속시켰지만, 그의 내면적 결의까지는 자기 아래에 굴복시키지 못했기 때문이다. 칸트의 이러한 설명에 대해 결정론자의 입장에서 다음처럼 말할 수 있다.

> 그 배고픈 사람이 식욕이라는 자연법칙이 규정하는 바와는 달리 행위하려 했던 원인이 있다. 그 원인은 그가 도둑질은 나쁘다고 생각했기 때문이다.

물론 칸트는 그 생각이 그의 행동의 원인이 되었음을 부정하는 것은 아니

26) 이때 '자발적'은 곧 '자율적' 혹은 '윤리적'으로 해석해도 무방하다.

다. 그러나 그 원인은 물리학과 생리학과 심리학의 인과 법칙적 원인이 아니라 바로 자유에 의한 즉 이성의 절대적 자발성에 의한 원인인 것이다. 이 경우 물론 그의 행위가 진정으로 자유에 의한 행위가 되기 위해서는 도둑질을 하지 않겠다고 결심하는 그의 마음이 순수해야 한다. 즉 오로지 도덕법칙에 대한 존경의 마음에서만 도적질하지 않았어야 한다.

2. 도덕적으로 선한 행위만이 자유로운 행위인가?

칸트의 의지 자유론에 대해 크랜스톤은 『자유, 그 새로운 분석』(Freedom : A New Analysis)에서 다음과 같이 비판한다.

> 칸트의 이론에 의하면 나쁜 행위는 자유롭지 못하고 결정되어 있는 것이 된다. 그리고 결정된 행위는 피할 수 없는 입장에 놓이게 된다. 다시 말하면 그는 어떤 나쁜 행위를 해서는 안 되었다고 말할 수 없는 입장에 놓이게 된다. 다시 말하면 그는 어떤 나쁜 행위를 해서는 안 되었다고 말할 수 없다. 그의 이론은 모든 나쁜 행위를 자유의지의 영역으로부터 몰아내고 필연성의 영역에 속하게 하기 때문이다.[27]

크랜스톤의 이러한 비판에 따르면 칸트의 주장은 도덕적으로 선한 행위만이 자유로운 행위라는 것이 된다. 그러나 칸트가 말하고자 하는 바를 이렇게 해석하는 것은 명백한 잘못이다. 우리는 크랜스톤의 잘못을 몇 가지로 나누어 지적할 수 있다. ① 크랜스톤은 선한 행위는 자유롭고 악한 행위는 부자유라고 생각한다. 이렇게 생각함으로써 그는 마치 자유의 주체가 행위인 듯이 생각하고 있다. 그러나 자유의 주체는 행위가 아니라 인간이다. 그러므로 우리는

---

27) M. Cranston, 『자유, 그 새로운 분석』(황문수 옮김, 경희대학교 출판국, 1983) 147면.

칸트의 의도를 다음처럼 해석해야 한다. 즉 '선한 행위를 한 사람은 자유이고 악한 행위를 한 사람은 자유가 아니다'고. 그런데 칸트에 따르면 사람은 선한 행위를 할 수도 있고 악한 행위를 할 수도 있다. 그러므로 우리는 악한 행위를 한 사람을 비난할 수 있는 것이다. ② 크린스톤은 악한 행위를 범하기 전과 악한 행위를 범한 후라는 시간적인 차이를 고려하지 않고 있다. 칸트는 물론 도덕적으로 악한 행위는 자연인과성의 지배를 받은 행위임을 인정한다. 그럼에도 불구하고 칸트는 우리가 악한 행위를 한 사람을 비난할 수 있다고 생각한다. 그 이유는 칸트가 사물이나 동물에 있어서의 인과법칙과 인간에 있어서의 인과법칙을 달리 생각하고 있기 때문이다. 다시 말하면 사물이나 동물에게 있어서는 자연 인과법칙이 유일의 원인성이지만 인간에게 있어서는 그것이 유일의 원인성이 아니라고 생각한다. 인간에게는 자연원인성 이외에 자유원인성이 있다.

> 의지는 살아 있는 존재 - 그 존재가 이성적인 한 - 에 속하는 원인성의 일종이다. 그리고 자유는 이런 원인성의 특성일 것이다. 이 원인성은 자기를 규정하는 외래의 원인들로부터 독립하여 작용할 수 있다. 이에 대해 자연적 필연성은 이성 없는 모든 존재자의 원인성의 특성이며, 외래원인들의 영향에 규정되어 활동하게 되는 것이다.[28)]

칸트의 이 말에서 우리는 칸트가 인간의 경우는 두 종류의 원인성과 관계하고 있는 것으로 생각하고 있음을 알 수 있다. 그런데 사물이나 동물은 오직 자연원인성과 관계하기 때문에 그것들은 철저하게 인과법칙의 지배를 받으며, 받을 수밖에 없다. 그러므로 흐린 날씨를 비난할 수 없듯이, 잉크병을 엎질러 버린 고양이를 비난할 수 없다. 그러나 인간의 경우에 있어서는 사정이

28) I. Kant, *Grundlengung zur Metaphysik der Sitten*, 81면.

다르다. **인간은 어떤 도덕적인 갈등 상항에 처해서 자연인과성에 따라 행위할 수도 있고, 자유인과성에 따라 행동할 수도 있다. 인간이 두 가지 인과성과 관계 맺고 있다는 사실이 인간이 자유로운 존재라는 말의 근본적 의미이다.**[29] 그런데 만약에 그가 자연 인과성에 따라 행위해 버렸다면 그의 행위는 악한 행위가 되고 자유원인성에 따라 행위 한다면 그의 행위는 선한 행위가 된다. 이 경우 그의 악한 행위는 물론 인과법칙에 따라 설명될 수 있다. 그렇다고 하더라도 그의 악한 행위가 결정되어 있었다고 생각해서는 안 된다. 왜냐하면 그가 도덕적 갈등 상황에 처해 있는 **바로 그 순간에는** 그는 자유원인성에 따라 행동할 수도 있었기 때문이다. 그러나 그가 결과적으로 자연인과성에 따라 악행을 범했다고 가정해 보자. 이 경우 범해진 악행은 하나의 사건이다. 그리고 우리가 이 사건을 추후적으로 설명하기를 원한다고 가정해 보자. 우리는 그 사건을 무엇으로 설명할 수 있을까? 우리는 오직 인과법칙에 의존해서 설명할 수밖에 없다. 그런 한에 있어서 그 사건은 우리에게 결정되어 있었던 것처럼 설명될 수밖에 없다. 그러므로 **행해져 버린 악을 추후적으로 설명할 때는 항상 불가피했던 것으로 인식되지만 다가올 도덕적 악의 가능성은 항상 피해질 수 있다.**[30] 바로 이 때문에 우리는 악한 행위를 한 사람을 비난할 수 있는 것이다.

---

29) 이 같은 근원적 선택상황에서 인간이 어느 쪽을 선택할 수 있는 '선택의 자유'가 있음을 인정한다면, 인간이 자연인과성을 택하든 자유인과성을 택하든 인간은 자유여야 한다는 결론이 따라 나오는 것처럼 보일수 있다. 바로 이 때문에 뒤에서 살펴보게 되듯이 하르트만이나 크랜스톤 같은 학자들은 칸트가 자유인과성을 택했을 때만 자유로 간주한 것은 잘못이라고 주장한다. 그러나 그들은 칸트가 말하는 자유가 '선택의 자유'가 아님을 모르고 있다. 이에 대해서는 뒤에서 상론할 예정이다.

30) 우리는 이런 관점에서 마르크스의 역사 결정론을 비판할 수도 있다. 마르크스에 의하면 지나온 과거의 역사진행은 한결같이 계급간의 모순에 의해 필연적으로 진행되어 왔기 때문에 미래에 사회주의가 도래하는 것은 역사적 필연이라고 말한다. 그러나 지나간 과거는 항상 필연의 법칙에 따라 진행해온 것처럼 생각될 수밖에 없다. 과거 속에서 필연을 찾아내는 것이야 말로 역사학이 하는 일이기 때문이다. 과거 속에서 필연의 인과고리를 찾아내는 일에 성공할 때에만 우리는 '드디어 과거가 설명되었다'고 말하는 것이다. 그러나 과거가 필연의 법칙으로 설명되었다 하더라도 그 사실로부터 '그러므로 미래도 필연의 법칙에 따라 진행한다'는 결론을 끄집어 낼 수는 없는 일이다. 왜냐하면 현재는 어디까지나 가능성 속에서 움직일 뿐이기 때문이요, 아직 과거가 되지 않았기 때문이다.

칸트의 입장에서 볼때, 인과법칙은 사물이나 동물에 대해서만 절대적인 지배력을 갖는다. 물론 어떤 사람이 도덕적인 갈등 상황에서 자유 원인성에 따라 행위하지 않고 자연원인성에 따라 행위함으로써 악한 행위를 했을 경우 우리는 그 행위를 인과법칙으로써 설명한다. 그리고 그 행위는 불가피했다고 생각한다. 그렇게 생각하는 것은 당연하다. 왜냐하면 그는 악한 행위를 하는 그 순간에 마치 자유원인성이 없는 듯이 즉 동물인 듯이 행동했기 때문이다. 행해진 악행을 인과법칙으로 설명한다는 것은 그 악행의 주체를 사물이나 동물화시켜서 요컨대 물화(物化)시켜 고찰한다는 것이다. 그럼에도 불구하고 우리는 도덕적 악행자를 비난한다. 왜냐하면 인간은 사물이 아니고 인간이기 때문이다. 따라서 우리가 도덕적인 비난을 할 때 우리는 그 비난을 받는 사람이 사물이나 동물과는 달리 인격임을 전제하고 있다. 칸트는 이상의 내용을 다음처럼 표현한다.

> 가령 한 사람이 악의에 찬 거짓말을 해서 사회에 혼란을 가져왔다고 하자. 사람은 첫째로 거짓말을 하게 된 동인을 연구하고 그 다음에 거짓말과 그것의 결과가 당자에 지울 수 있는 책임을 판정한다. 첫째의 점에 관해서는 사람은 행위 당자의 경험적 성격을 그것의 원천에 이르기까지 정밀하게 조사한다. 이래서 그 원천이 좋지 않은 교육, 교우(交友), 일부는 수치에 대한 무감각적인 천성의 사악을 탐지하고 일부는 무사려에 있었다고 한다. 이 경우에 사람은 그런 행위를 야기한 기인(機因)을 간과하지 않는다. 이런 모든 사정에 대해 취하는 절차는 주어진 자연적 결과에 대한 일정한 원인을 탐구할 때와 마찬가지이다. 그래서 거짓말의 행위가 그런 사정들에 의해서 규정되어 있었다고 믿는다. 그럼에도 불구하고 행위 당자를 비난한다. 그러면서도 이처럼 비난하는 까닭은 그의 불행한 천성, 그에게 미친 환경의 영향, 아니 그가 이전에 했던 품행 등에 있지 않다. 왜냐하면 사람은 다음의 것을 전제하기 때문이다. 즉 이전의 품행

> 이 어떠했든 간에, 그런 것을 도외시해도 좋고 지나간 제약 계열이 없었다 하더라도, 이번 행위는 이전 행위가 전혀 제약이 되지 않고, 따라서 행위 당자는 결과의 계열을 새로이 자신에서 시작한 것처럼 보아져야 한다는 전제다.[31)]

③ 크랜스톤은 칸트가 '도덕법칙 아래에 있는 의지'와 '도덕법칙을 따르는 의지'를 구분하고 있음을 간과하고 있다. 칸트에 의하면 도덕법칙에 따르는 의지는 언제나 도덕법칙에 부합하게 행동하는 의지라면 도덕법칙 아래에 있는 의지는 정언명법을 인식하지만 그렇다고 그 명법에 기계적으로 복종하게 되어 있는 그런 의지는 아니다.[32)] 이런 구분을 간과하는 한 칸트가 선한 의지만이 자유롭다고 말하는 것처럼 생각될 수 있고, 따라서 선한 행위만이 자유롭다고 말하고 있는 듯이 생각될 수 있다. 물론 칸트는 '자유로운 의지'와 '도덕법칙 아래에 있는 의지'를 동일시하고 있기는 하다. 그러나 이때 우리는 '자유로운 의지'라는 말에서의 '자유'를 현실적 자유로 생각해서는 안 된다. 그 자유는 가능적 자유인 것이다. 만약 그 '자유'를 현실적 자유로 생각한다면 칸트가 도덕법칙 아래에 있는 의지와 도덕법칙을 따르는 의지를 구분하고 있는 것이 이해될 수 없기 때문이다. 만약 도덕법칙 아래에 있는 의지가 현실적으로 자유로운 의지라면 그 의지는 곧 도덕법칙에 따르는 의지(즉 자유를 현실화시키는 의지)가 되어 버릴 것이다. 그러므로 칸트가 도덕법칙 아래에 있는 의지와 자유로운 의지를 동일시할 때, '자유로운 의지'의 '자유'는 자유의 가능성으로 생각하지 않으면 안 된다. 우리가 앞서 말했듯이 동물은 오직 인과법칙 아래에만 있기 때문에 자유가 아니다. 그러나 인간은 인과법칙 아래에 있으면서 동시에 도덕법칙 아래에 있다. 그러므로 인간은 자유인 것이다. 그렇다고 갑이라는 이름의 어떤 구체적 인간이 현실적으로 자유인 것은 아니

31) I. Kant, *Kritik der reinen Vernunft*, B583.
32) I. Kant, *Kritik der Urteilskraft*, 320면.

다. 그는 단지 자유의 가능성을 소유하고 있을 뿐이다. 인간이 도덕적으로 선행을 한다는 것은 인간이 소유한 가능적 자유를 현실적 자유로 만든다는 것을 의미한다. 칸트의 입장에서 볼 때 인간이 자유존재라는 것은 일차적으로 인간이 자유일 수 있는 가능성을 소유하고 있음을 의미한다.

3. 예지적 자유는 공허한 자유가 아닌가?

칸트에 의하면 만약 우리가 모든 경험적 사실들을 알고 그들 상호간의 자연법칙을 인식한다면 인간의 미래 행위는 일식이나 월식의 발생을 예언할 수 있는 것과 마찬가지로 확실성을 갖고 예언될 수 있다고 한다.

> 그러므로 내적 · 외적 행위를 통해서 나타나는 인간의 사고방식에 있어서 모든 동기를 또한 가장 작은 동기에 이르기까지 다 알 수 있을 정도의 깊은 통찰을 갖는 일이 우리에게 가능하고 동시에 동기에 작용하는 모든 외적인 기인(Veranlassungen)을 알 수 있을 정도의 깊은 통찰을 갖는 일이 우리에게 가능하다면, 우리가 미래에 행해질 인간의 행동을 월식이나 일식처럼 확실하게 예측하는 것이 가능하다는 사실을 받아들일 수 있겠지만, 그래도 이 경우 인간은 자유롭다고 주장할 수 있다.[33)]

칸트는 또한 다음처럼 말하기도 한다.

> 당위가 행위하기를 노릴 때에, 행위는 물론 자연적인 조건 아래서만 가능하다. 그러나 이런 자연적 조건들은 내면적 결의 자신의 규정에는 관여하지 않는다. 결의의 '현상에 있어서의 영향과 결과'에만 관여한다.[34)]

---

33) I. Kant, *Kritik der praktischen Vernunft*, 115면.
34) I. Kant, *Kritik der reinen Vernunft*, B576.

> 철학은 동일한 인간의 행위에 있어서 자유와 자연적 필연 사이에는 참된 모순이 없음을 전제하지 않을 수 없다. 왜냐하면 철학은 자유의 개념뿐만 아니라 자연의 개념도 포기할 수 없기 때문이다. … (중략) … 자기 자신을 자유라고 생각하는 주관이, 자신을 자유라고 말할 때에 그가 동일한 행위에 관해서 자기를 자연법칙에 종속되는 것으로 생각할 때와 **동일한 의미** 혹은 **정확하게 동일한 관계에서** 자기 자신을 생각한다면, 이 모순으로부터 벗어나는 것은 불가능하다.[35)]

칸트의 이런 주장에 의하면 우리들의 예지적 자아는 내적 결의의 자유를 갖지만 우리들의 경험적 자아는 현상계를 지배하는 인과법칙에 종속된 것이 된다. 도덕적 행위자로서 내가 내면적으로 어떤 식으로 결의를 하건, 그것과 무관하게 나의 외적 운명은 결정되어 있다는 것인데 이는 참으로 괴상한 주장이 아닌가?

칸트의 의지자유론과 관계된 이러한 난 문제와 관계하여 벡(Beck)은 다음과 같은 딜레마를 구성하여 칸트를 비판한다.

> 만약 예지적 자유(noumenal freedom)를 소유하는 것이 자연의 제일성(uniformity)을 다르게 만든다면, 제일성은 존재하지 않는다. 만약 예지적 자유를 소유하는 것이 자연의 제일성을 다르게 만들지 못한다면, 그것을 '자유'라고 부르는 것은 공허한 허식이다.[36)]

필자가 생각하기에 이것은 칸트의 의지자유론에 있어서 반드시 대답되어져야 할 중요한 문제라고 생각한다. 벡은 칸트 자유론에 대한 이러한 문제를 제기한

---

35) I. Kant, *Grundlegung zur Metaphysik der Sitten*, 92-93면.

36) L. W. Beck, *A Commentary on Kant's Critique of Practical Reason* (The University of Chicago Press, Chicago, 1960) 192면.

뒤에 자기 나름의 해결책을 제시한다. 이하에서 벡의 해결책을 살펴보고자 한다.

벡에 의하면 이 딜레마에서 빠져 나오는 유일한 길은 세계를 두 개의 영역 즉 자연법칙의 지배를 받는 현상의 영역과 도덕법칙의 지배를 받는 가상계(可想界)로 구성된 것으로 생각하는 대신에 두 개의 관점에서 고찰된 하나의 세계라고 생각하는 것이다. 이때 '관점들'은 동일한 세계에 대한 이들 두 조망을 주장함에 있어서 우리가 갖고 있는 목적과의 연관에서 **방법론적으로** 정의되어져야 하며 **존재론적으로** 정의되어서는 안 된다. 칸트가 양 세계론(two world theory)을 주장한 것이 아니라, 이중 관점론(two aspect theory)을 주장하고 있음은 그가 관찰하는 이론적 태도와 행위하는 실천적 태도를 대비시키고 있다는 사실에서도 분명하다. 또한 칸트는 다음처럼 말하기도 한다.

> 초감성적 자연계는, 우리가 그런 개념을 만드는 것이 허용된다면, **순수 실천이성의 자율 아래에서의 자연** 이외의 다른 것이 아니다.[37)]

이런 점에서 본다면 두 종류의 법칙이 공존적이라고 생각해야 되며, 하나가 다른 하나에 종속적이라고 생각해서는 안 된다. 벡에 의하면 칸트가 이러한 견해를 품고 있음은 그가 『판단력비판』에서 자연에 대한 완전한 기계적 규정성을 주장하는 정립이 목적론적인 인과성의 규정성을 주장하는 반정립과의 이율배반적인 관계에 있어서, 심지어 자연에 관해서도 통제적 이념이라고 말하고 있다는 사실에서도 알 수 있다. 만약 자연 인과성조차도 통제적 이념에 불과한 것이라는 주장이 칸트가 『순수이성비판』의 제3이율배반의 해결에서 말하고자 했던 본의라면 우리는 자유와 자연필연성의 조화에 대한 칸트의 견해를 다음과 같은 격률로 표현할 수 있다고 벡은 생각한다.

---

37) I. Kant, *Kritik der praktischen Vernunft*, 51-52면, 강조는 칸트에 의함.

> (과학에 있어서) 항상 기계적 원인을 탐구하라. 그리고 자연현상의 설명 속에 비인과적 원인이 개입되는 것을 허용하지 말라. (윤리학에 있어서) 의지의 격률은 수행되거나 판단될 행위의 충분한 규정근거인 것처럼 항상 그렇게 행위하라.[38)]

이상의 것이 벡의 입장에서 보았을 때, 칸트가 자유와 자연필연성 간의 대립을 화해시키고자 하면서 마음에 품고 있었던 본래의 의도라는 것이다.[39)]

우리는 칸트를 이렇게 해석할 수 있는 여지가 충분히 있다고 생각한다.[40)] 그런데 이러한 해석은 앞의 그 딜레마를 해결한다기 보다는 오히려 해소시켜 버리고 있다. 즉 우리가 딜레마라고 생각한 것이 딜레마가 아니라는 사실을 밝힘으로서 딜레마 그 자체를 없애버리고 있다. 사람들은 자연 필연성과 자유의 대립을 **두 개의 사실 간의 대립으로** 믿고 있으나 사실은 세계를 보는 **두**

---

38) L. W. Beck, *A Commentary on Kant's Critique of Practical Reason*, 193면.

39) L. W. Beck, *A Commentary on Kant's Critique of Practical Reason*, 191-193면 참조. 카울바하 역시 칸트를 이중관점론자로 해석한다. 이중관점론적인 칸트해석은, 그 나름의 설득력을 갖고 있음에도 불구하고, 하나의 일반적인 문제점을 갖고 있다. 그 해석에 의하면 동일한 세계와 동일한 인간에 대한 자연과학적 관점(자연필연성의 관점)과 윤리적 관점(자유의 관점)이 서로 항쟁하게 될 때 우열을 정할 수 없지만, 정작 칸트 자신은 이론이성(자연과학적 관점)에 대한 실천이성(윤리적 관점)의 우위를 인정하고 있다는 데서 문제가 발생한다. 카울바하의 이중관점론적 칸트해석과 그 문제점에 대해서는 졸저『칸트철학과 물자체』(울산대학교 출판부, 1995) 213-226면 참조.

40) 물론 칸트가 제시한 자유와 자연필연성의 양립론을 두 관점 간의 양립론으로 해석하는 것이 칸트의 본의에 부합한다는 벡의 입장에 반대하는 견해가 없지 않다. 벡이 칸트의 양립론을 두 관점 간의 양립론으로 해석하는 이유는 자유가 인정되면서도 자연필연성이 파괴되지 않는다는 칸트의 말을 중시하기 때문이다. 그런데 알렌 우드(Allen Wood)는 칸트의 양립론을 벡과는 달리 두 관점 간의 양립론으로 해석하는 것에 반대하고 있다. 물론 그도 벡처럼 자신이 이해한 칸트의 양립론에 아무런 문제점이 없다고 생각하는 것은 아니다. 단지 칸트의 양립론을 자기 식으로 해석하는 것이 칸트의 본의에 부합한다는 것이다. 알렌 우드는 다음처럼 말한다. "그러나 칸트의 양립론은 현상(phenomena)과 가상체(noumena)간의 형이상학적 구분에 적극적으로 의존하고 있다. 그것은 자아들에 대한 우리들의 견해를 통일시키기는커녕, 자유와 결정론은 자유로운 도덕적 행위자로서의 자아가 자연적 대상으로서의 자아가 속한 세계와는 상이한 세계에 속할 경우에만 양립할 수 있다고 주장한다"(Allen Wood, "Kant's Compatibilisn" in *Self and Nature in Kant's Philosophy*, ed A. Wood, Ithaca, Cornell University Press, 1984, 75면) 벡은 견해는 칸트를 이중관점론자로 간주하는 것이 칸트의 본의에 부합하는 것이라고 주장한다면, 우드는 칸트를 양세계론자로 보는 것이 칸트의 본의에 부합하는 것이라고 주장한다.

관점 간의 대립이라는 것이다. 자연필연성과 자유의 대립이 두 개의 사실 간의 대립이라고 한다면 자유가 인정되면서 자연의 제일성이 부정되든지 아니면 자연의 제일성이 인정되면서 자유가 부정되어야 한다. 그리고 자연의 제일성이 부정되지 않으면서도 인정되는 자유는 공허한 허식적 자유일 뿐이다. 그러나 자유와 자연필연성 간의 대립은 두 개의 사실 간의 대립이 아니라, 동일한 사물 혹은 자연을 보는 두 관점 간의 대립으로 본다면, 우리는 이 두 개의 관점이 동시에 공존적일 수 있음을 인정할 수 있다. 즉 자연은 기계적 관점에서 고찰될 수 있으면서 동시에 목적론적 관점에서 고찰될 수 있다. 인간의 행위도 이와 마찬가지이다. 동일한 행위를 기계적 관점에서 고찰할 때 우리는 자연필연성만을 보게 된다. 그러나 목적론적인 관점에서 고찰하게 될 때 우리는 자유를 보게 된다. 우리는 이 두 개의 관점 중에서 어느 것이 보다 더 궁극적인 타당성을 갖는가 라고 물을 수 없다.[41)]

벡은 칸트의 의도를 이렇게 해석한 뒤에 다음처럼 비평한다. 〔그러니까 벡은 칸트의 자유의지론의 중요한 문제점을 딜레마 형식으로 제출한 뒤, 칸트의 입장에서 그 해결(혹은 해소)책을 제시한 후에, 다시 그 해결책의 문제점을 지적하고 있다.〕 이러한 해결은 구성적 범주와 통제적 이념 간의 예리한 구분을 포기하기를 요구한다. 그리고 심지어 범주조차도 경험을 규제하기 위한 방안으로 간주되어야 하며, 자연에 대한 우리들의 경험의 고정된 체제(constitution)속에 필연적으로 주어진 구조로 간주되지 않기를 요구하며, 더 나아가서 칸트가 매우 소극적 의미에서 '통제적'이라고 부르는 경험의 유추들이 '변증론'에서의 '통제적'처럼 적극적인 것으로 재해석되기를 요구한다.[42)] 만약 이렇게 되면;

> 우리는 더 이상 과학이 현상을 - 이 '현상'은 존재론적으로 경멸적인 의미

41) 이 단락은 예의 그 딜레마에 대한 벡의 해결책에 대한 필자의 보충설명임.
42) L. W. Beck, *A Commentary on Kant's Critique of Practical Reason*, 193면 참조.

> 를 갖는다 – 다룬다고 말할 수 없고, 도덕이 가상체(可想體) – 이 '가상체'는 인식론적으로 경멸적인 의미를 가진다 – 를 다룬다고 말할 수 없다.[43)]

필자는 제3이율배반에 대한 칸트의 해결이 본래적으로 의도하는 바를 벡처럼 해석하는 것은 가능한 일이고, 그렇게 해석하는 한 그에 대한 벡의 비평은 매우 타당하다고 생각한다. 벡의 칸트해석은 칸트를 일종의 스피노자주의자로 해석하는 것이 되며 칸트에 대한 벡의 비판도 스피노자주의자로 해석된 칸트에 대한 비판이 될 것이다. 그러나 칸트 자유론의 본래 목적이 스피노자식의 자유론의 한계를 극복하고자 하는 것이었다는 점을 염두에 둔다면, 칸트에 대한 벡의 비판에는 문제점이 내포되어 있는 듯이 보인다. 물론 칸트 자신의 말 속에서 우리는 칸트를 스피노자주의자로 해석할 수 있는 여지를 많이 발견할 수 있다. 그런 한, 벡의 칸트해석은 일리가 있다. 그럼에도 불구하고 우리는 여전히 칸트가 스피노자주의자인가 라고 물어볼 수 있을 것이다.

4. 칸트는 스피노자주의자인가? : 자유는 인과계열을 절단하지 않는가?

우리가 앞서 살펴보았듯이 칸트에 따르면 인간은 현상적 측면에서 보면 필연의 법칙의 지배를 받고 있는 것이 되며, 그 가상적 측면에서 보면 자유라는 것이다.

> 자연적 필연성은 – 이는 주체의 자유와 공존할 수 없다 – 시간의 제약 아래에 있는 사물의 성질에만 따라서 현상으로서의 행위 주체의 성질에만 상관한다. 그러므로 그런 한에서 주체의 모든 행위를 규정하는 근거는

43) L. W. Beck, *A Commentary on Kant's Critique of Practical Reason*, 194면. 벡은 칸트의 자유와 자연필연성의 양립론을 이중관점의 양립론으로 해석한 뒤, 양세계론적 칸트의 관점에서 비판하고 있다.

> 과거에 속하는 것 안에 있고, 이미 **주체의 힘이 좌우하지 못하는 것** 안에 있다. … (중략) … 그러나 동일한 주체가 다른 한편으로는 자기를 물자체 그것으로 의식하고, **시간의 제약 아래에 있지 않는 한의** 자기 존재를 고찰하며, 이성에 의해서 주체가 자기 자신에게 준 법칙들에 의해서만 자기 자신을 규정할 수 있다고 본다. 주체의 이러한 존재에 있어서는 그의 의지 결정에 선행하는 것은 아무것도 없다.[44)]

상기 인용문에서 칸트는 명백히 현상적 자아는 필연의 법칙의 지배하에 있고 예지적 자아 혹은 물자체로서의 자아는 자유임을 주장하고 있다. 그리고 그는 한 걸음 더 나아가 다음처럼 말함으로써 예지적 자아의 자유를 단순한 내면적 자유로 만들어 버린다.

> 이런 식으로 고찰한다면 이성적 존재자는 그가 행해버린 그 어떤 불법적인 행위에 대해서도, 비록 그것이 현상으로서 과거의 시간 속에서 충분히 규정되고, 그런 한 불가피하게 필연이라고 하더라도, 자기가 그런 행위를 하지 않을 수도 있었다고 정당히 말할 수 있는 것이다. … (중략) … 우리 안에 있는 놀랄 만한 능력인 양심의 판결은 이런 사리와 완전히 일치하고 있다.[45)]

현상적 자아가 필연의 법칙의 지배하에 있다하더라도 우리들의 예지적 자아는 자유임을 그러므로 우리는 '달리 행위할 수도 있었음'을 우리의 양심이 증언하고 있다는 것이다. 칸트는 이런 식으로 자유와 자연필연성 둘 다를 구하려 하고 있다. 그러나 칸트가 말하는 예지적 자아의 자유는 현상적 자아의 진행에는 아무런 영향을 미치지 못하는 자유에 불과하다는 데 문제가 있다.

---

44) I. Kant, *Kritik der praktischen Vernunft*, 113면, 강조는 칸트에 의함.

45) I. Kant, *Kritik der praktischen Vernunft*, 114면.

바로 그 때문에 칸트는 스피노자주의자로 해석된다. 비록 나의 현상적 자아가 자연법칙의 지배하에서 자연법칙이 지시하는 대로 움직이는 바로 그 순간에도 나는 나의 예지적 자아가 자유임을, 따라서 '자연법칙이 지시하는 것과는 달리 행위할 수 있음'을 즉 예지적 자아가 자유임을 느낀다. 그럼에도 불구하고 나의 예지적 자아의 자유가 끝내 나의 현상적 자아의 진행에 아무런 현상적인 변화를 일으키지 못한다면, 그 자유는 순전히 내면적인 자유에 불과한 것이 될 것이다. 우리는 정당하게도 칸트의 양립론이 스피노자의 심신병립설과 다른 점이 무엇인가를 물어볼 수 있다. 스피노자의 심신병립설이란 곧 능산적 관점에서 보면 실체(즉 자연)는 자유이지만 소산적 관점에서 보면 실체는 필연의 법칙에 종속되어 있으며, 이 두 개의 인과관계는 상호 영향을 미치지 않고 평행적이라는 것이다. 그러므로 스피노자에 따르면 동물조차도 그 능산적 관점에서 보면 자유로운 존재이다. 이 경우 스피노자의 '능산적'이 칸트의 '가상적'과 대비될 수 있다고 한다면, 칸트는 동물에게는 가상적 성격이 없다고 주장한다는 점에서, 스피노자와 칸트의 상이점이 발견될 수 있을 것이다. 그러나 칸트가 자신의 학설이 스피노자의 이론과 차이나는 점이 무엇이냐고 질문 받았을 때, 칸트의 대답이 이런 식으로 주어져서는 안 될 것이다. 왜냐하면 칸트의 관점에서 보면, 스피노자의 학설은 자유와 필연의 상호조화를 설명하지 못하고 그 양자가 상호 평행되도록 방치했다는 것이 근본적인 불만이었기 때문이다. 그럼에도 불구하고 칸트에 의하면 인간이 비록 예지적 관점에서는 자유이긴 하지만, 한 인간에 대한 과거를 충분히 알고 있으면, 그 인간의 현재는 예측될 수 있다. 왜냐하면 자연법칙은 그 본질적 속성 중의 하나가 예측 가능성이며, 인간은 그 경험적 성격에 있어서는 자연법칙의 지배를 받기 때문이다. 만약 이것이 칸트 자유론의 귀결이라면 이는 결국 스피노자의 심신병립설과 다를 바가 없지 않는가? 왜냐하면 인간이 비록 예지적 차원에서는 자유이긴 하지만, 그 자유는 인간의 미래를 바꾸지 못하며 인간의 미래의 운명은 현실적으로는 이미 필연적으로 규정되어 있기 때문이다.

우리는 칸트가 스피노자와는 다른 자유론을 주장하려 했다고 생각하는 한 자유는 인과계열을 절단하지 않는다는 칸트의 주장 그 자체를 검토해 보지 않으면 안 될 것이다. 과연 자유가 인정된다 하더라도 인과계열은 절단되지 않는가? 만약 그렇다면 우리는 인간이 자유이면서도 운명은 결정되어 있다는 기묘한 결론을 받아들여야 한다.

우리는 이하에서 자유가 인과계열을 절단하지 않는다는 칸트의 생각을 받아들일 수 없는 이유를 논해보고자 한다. 예컨대 어떤 사람이 거짓말을 하고 싶어지는 자연적(현상적) 유혹을 받는 도덕적 갈등 상황에 처하게 되었다고 가정해 보자. 이 갈등 상황에서 그는 두 가지 인과성을 느낀다. 즉 자연인과성과 자유인과성이다. 그런데 그는 도덕법칙에 대한 순수한 존경심에서 단호한 결단을 하고, 그 결단을 통해서 거짓말에의 유혹을 물리쳤다고 가정해보자. 이 경우 칸트는 그 사람이 자신의 자유를 현실화시켰다고 주장할 것이다. 그리고 동시에 자연인과성의 연쇄가 절단되지 않았다고 주장할 것이다. 그러나 이때 '자연인과성의 연쇄가 절단되지 않았다'고 말하는 것은 칸트가 자신의 의지자유론을 신비화시키는 것이 되거나, 무의미한 말을 하는 것이 되거나 일 것이다. 왜냐하면 이 경우 글자상의 의미에 있어서 '자연 인과성의 연쇄가 절단되지 않았다'는 것이 참된 주장이 되기 위해서 그는 거짓말을 했어야만 했기 때문이다. 거짓말에의 유혹이라는 자연적 원인이 주어지면 거짓말을 하게 될 때에만 자연인과성이 절단되지 않았다고 말할 수 있다. 물론 거짓말에의 유혹을 느끼는 도덕적 갈등 상황에서 자연인과성의 연쇄가 절단되지 않으면서도 자유로울 수가 있기는 하다. 즉 그것은 도덕적 갈등 상황에서 행위자의 내면적 결심이 외면화되지 않을 때이다. 즉 행위자가 내면적으로 '거짓말을 하지 않겠다'고 결심했음에도 불구하고 결과적으로 거짓말을 했다고 가정해 보자. 이 경우 그는 결단의 내적 자유(즉 자유의 가능성)를 가지면서도 동시에 그의 자유는 인과 연쇄를 절단하지 않은 것이 된다. 그리고 그의 양심은 "나는 그 순간에 거짓말을 하지 않았을 수도 있었다. 즉 나는 그 순간에 자유였다."

고 말할 것이다. 그러나 칸트가 '자유는 인과 연쇄를 절단하지 않는다'고 말했을 때 그가 의중에 두었던 자유는 이런 내면의 자유는 아닐 것이다. 그것은 단지 가능적 자유일 뿐이요, 진정한 자유는 가능적 자유가 실현된 현실적 자유 즉 도덕법칙에 대한 단호한 존경심을 갖고 거짓말에의 유혹을 **행동으로** 물리칠 때 성립하는 자유다. 그러므로 거짓말에의 유혹을 느끼는 도덕적 갈등 상황에서 자연인과성의 연쇄가 절단되지 않으면서도 인간이 단지 가능적으로가 아니라 현실적으로 자유로울 수가 있다고 주장하는 것은 일종의 신비주의적 자유론이든지 아니면 전혀 무의미한 소리이다. 어떤 행위자가 도덕적 갈등 상황에 처해서, 그가 거짓말을 하던 참된 말을 하던 그의 미래 운명은 변경되지 않고 동일한 모습으로 남는다는 칸트의 주장은 명백히 무리한 주장이다. 우리는 자유가 인과 연쇄를 절단한다고 말하지 않으면 안 된다. 그렇게 생각할 경우에만 칸트가 스피노자주의자가 아닌 인물로 해석될 수 있고 또한 칸트 윤리학을 숙명론으로부터 구출할 수 있는 것이다. 그리고 그렇게 해석된 칸트가 칸트의 본의에 더 부합하는 칸트일 것이다.

만약 우리가 자유는 인과 연쇄를 절단한다고 생각한다면 다음과 같은 의문이 생겨날 수 있다. '그러면 자연의 제일성이 부정되어야 하는가?' 이 물음에 대해 '자유는 인과계열을 절단하지만 파괴하지 않는다'고 대답할 수 있다. 만약 자유가 인과계열을 파괴해 버린다면, 동시에 자유도 파괴된다. 왜냐하면 목적론은 기계론을 전제하기 때문이다. 비유적으로 표현하자면, 절단된 나무는 예컨대 가구 제작을 위해서 필수적으로 필요하지만 파괴된 나무는 가구제작을 위해서 무용하다.

5. 칸트 자유론에 대한 하르트만의 비판

하르트만에 의하면 칸트는 행위의 자유 혹은 법률적 자유, 종교적 자유, 선택의 자유와의 혼돈 없이 또는 내적 · 외적 자유와의 혼돈없이 순전히 새로운 의미에서 즉 원인의 절대적 자발성이라는 선험적 자유의 문제를 제기함으로써 철학사에서 자유 문제를 올바르게 제기했다. 칸트 이전에는 문제의 해결은 고사하고 올바른 문제 설정조차 없었다.

> 칸트철학은 누구보다도 먼저 자유 문제를 정확하게 제기한 점에서 중요한 것이다. 이 문제 제기는 칸트가 사용한 해결의 방법과는 관계없이 성립하는 것이다. … (중략) … 칸트가 '제3이율배반'을 내세웠을 때에 이룩한 것은 철학적 윤리학의 역사에 있어서 일대 전환점이다. 그러나 그 뒤에 자유 문제를 위해서 이루어진 모든 것은 완전히 후퇴하고 말았다. 그렇기 때문에 칸트가 마련한 출발점이 또한 우리의 출발점이 되지 않을 수 없게 된 것이다.[46)]

하르트만은 칸트 자유론의 두 가지 업적을 다음처럼 요약한다.

> 도덕적인 당위 속에 이질적(비인과적) 규정 요소로서 인과 연쇄에 간섭하는 힘이 있다는 사실에 대한 증명, 둘째로 인과 연쇄의 구조를 파괴함이 없이 이러한 개입을 가능케 한다는 사실에 대한 증명.[47)]

칸트의 자유론을 이렇게 평가한 후, 하르트만은 칸트를 다음처럼 비판한다.

> 칸트는 의지의 자유를 증명하려고 하고서 실제는 별개의 것을, 의지자유의 예비적 조건으로서는 본질적이지만 의지자유 자체는 아닌 것 즉 원리의 자율에 지나지 않는 것을 증명하고 있다. 도덕적 의식에는 자율적 원리가 있으나 이에 따르기를 강요하지 않는다. 이 원리로부터 의식에

---

46) N. Hartmann, *Ethik*, 630면.
47) N. Hartmunn, *Ethik*, 654면.

> 들어오는 것은 하나의 당위, 하나의 요구일 뿐이다 … (중략) … 도덕법칙은 자연법칙과 같은 의미에서 법칙이 아니라 명령이다. 이는 곧 사람이 원리의 당위요구에 속박되지 않는다는 것을 의미한다. 사람은 이 요구를 받아들여 그것에 따를 수도 있으나 또한 거부할 수도 있다. 만약에 의지가 당위에 속박되어 있다면 그것은 벌써 도덕적인 의지는 아니다. 의지의 결단은 자기의 책임일 수 없다. 책임은, 강제되지 않는 한에서 원리에 대하여 찬부의 자유를 지니는 한에서 있을 수 있다. 여기에서 자유는 비단 자연법칙에만 대립할 뿐만 아니라, 당위 원리에도 대립하고 있음을 알 수 있다.[48]

이상이 하르트만이 의지는 도덕원리로부터도 자유로와야 한다고 주장하면서 당위이율배반(Sollensantinomie)를 도입하는 이유이다. 만약 의지가 도덕법칙에 규정당하는 것이, 사물이 자연법칙에 의하여 규정당하는 것과 같이 그런 식으로 규정당하여 의지가 도덕법칙에 따를 수밖에 없다면 그런 의지는 도덕적인 의지가 아니라는 것이 하르트만의 생각이다. 그러나 필자가 보기에 칸트는 단순히 원리의 자율만을 증명하고 있는 것은 아니다. 왜냐하면 칸트는 인간을 순수한 자발성의 능력인 이성만을 가진 존재가 아니라, 수용성의 능력인 감성도 가진 존재로 보기 때문이다. 칸트가 만약 인간을 순수한 이성적 존재로만 간주하고 있으며, 이성적 존재로서의 인간은 자기입법적인 자율의 원리를 가지고 있음을 증명했다면, 칸트는 하르트만의 주장대로 의지의 자유를 증명한 것이 아니라 원리의 자율을 증명한 것이 될 것이다. 만약 그렇다면 인간은 반드시 도덕법칙에 따를 수밖에 없는 존재가 될 것이다. 그런 인간은 명백히 도덕법칙에 예속된 인간이 될 것이다. 그러나 칸트가 인간이 도덕법칙에 예속되어 있음을 증명하고 있다고 생각할 수는 없다. 칸트는 인간을 감성적

48) N. Hartmann, *Ethik*, 688-689면 참조.

인 동시에 이성적인 존재로 간주하기 때문에 인간은 자연법칙에 예속되어 있지도 않고 도덕법칙에 예속되어 있지도 않다고 생각했다. 만약 인간이 순전히 감성적 존재라면, 인간은 자연법칙에 예속된 존재가 될 것이다. 그러나 인간은 감성적인 동시에 이성적이다. 이 사실이 인간을 규정하는 근본적 긴장성이다. 우리가 만약 하르트만의 견해를 따라, 의지가 자연법칙과 도덕법칙 양자 모두로부터 자유로우며 의지는 이 양자에 대하여 찬반을 표시할 수 있으며 임의로 자연법칙을 선택할 수도 있고 도덕법칙을 선택할 수 있다고 한다면, 우리는 마치 도덕법칙에 예속된 의지를 도덕적 의지라고 부를 수 없는 것과 마찬가지로, 이러한 의지를 도덕적 의지라고 부를 수 없을 것이다. 예컨대 어떤 범죄 직전에서 고민하는 사람의 경우를 생각해 보자. 만약 그가 '범죄하지 말아야 한다'는 당위의 법칙으로부터도 자유로울 뿐만 아니라 범죄에로 이끌리는 경향성 즉 자연법칙으로부터도 자유로운 의지를 갖고 있어서 당위와 범죄 중 어느 하나를, 마치 어린 아이가 장난감 가게에서 두 개의 물건 중 어느 하나를 선택하듯이 선택한다면, 그의 행위는 도덕적 행위가 아니라 아마도 도덕을 넘어선 행위일 것이다. 사실 도덕 법칙으로부터도 자유로운 의지는 인간적 의지가 아니라 신적인 의지이다. 인간적 의지는 결코 선과 악을 물건 고르듯이 선택할 수 있는 의지는 아니다. 인간은 도덕법칙에 따라 행위해야 한다고 스스로 다짐함에도 불구하고 빈번히 악에로 이끌리는 그런 의지를 갖고 있다. 우리는 이러한 도덕 현상의 사례를 많이 발견할 수 있고, 우리 자신도 그와 같은 경험을 많이 하고 있다. 인간은 자연법칙과 도덕법칙 사이에서 고민하고 갈등하는 존재이지, 결코 자연법칙으로부터도 자유롭고 도덕법칙으로부터도 자유로운 그런 존재가 아니다. 인간은 도덕법칙과 자연법칙이라는 두 법칙이 빚어내는 긴장의 장(場)으로부터 결코 벗어날 수 없는 그런 존재이다. 인간이 자연법칙에 예속되어 있지 않은 이유도 그가 도덕법칙을 의식하기 때문이며, 그가 도덕법칙에 예속되어 있지 않는 이유는 경향성(Neigung) 혹은 자연법칙을 의식하기 때문이다. 인간은 자연법칙으로부터 자유로우면 도덕법칙에 따를 수밖에 없고, 또한 도덕법칙으로부터 벗어나려면 자연법칙에 굴복할 수밖에 없다. 그러므로 칸트의 입장에서 볼 때 새삼스럽게 의지가 도덕법칙으로부터도 자유롭다는 것을 증명할 필요성을 느끼지 않는다. 김영철 교수도 하르트만과 유사한 비판을 한다.

> 그러나 문제는 우리의 의지가 오로지 의무의 법칙을 따를 때에만 자유일 수 있고, 감성의 욕구에 따를 때에는 자유가 아니라고 보는 데 있다. 칸트의 말대로 인간은 이성적이면서도 감성적이라는 이원적인 존재임에는 틀림없다. 따라서 의지는 이성적인 도덕법칙에 따를 수도 있고 감성적인 욕구에 따를 수도 있다. 어느 쪽을 선택하든 거기에는 선택의 자유가 전제되지 않으면 안 된다. 그럼에도 불구하고 오직 도덕법칙에 따르는 의지만이 자유라고 하는 것은 쉽사리 수긍이 가지 않는다.[49)]

이러한 비판도 칸트의 자유론의 핵심적인 구조를 파악하지 못한 데서 생겨나는 오해에 불과하다. 칸트에 의하면 인간의 의지는 도덕법칙과 인과법칙 사이에서 방황하는 의지다. 물론 그 양자 사이에서 방황하다가 어느 하나의 법칙에 따라 행동하게 된다는 점에서는 결과적으로 그 양자 중에 하나를 선택하는 듯이 보일 수 있다. 그러나 인간의 의지는 그 양자 중에 하나를 선택하는 의지가 아님은 이미 앞서 말한 대로다. 만약 선택하는 의지라고 한다면, 선택의 자유가 인정되어야 하고 결국 의지가 도덕법칙을 선택하건 인과법칙을 선택하건 의지는 자유롭게 된다. 그러나 칸트가 말하고자 하는 것은 그런 것이 아니다. 인간은 도덕법칙과 인과법칙 사이에서 갈등하고 방황하는 의지인데, 도덕법칙은 자유의 법칙이고 인과법칙은 자연의 법칙이다. 그런데 인간은 그 양자 사이에서 방황하는 한, 그는 도덕법칙(자유법칙)을 향한 결단의

---

49) 김영철, 『윤리학』, 150면.

가능성을 갖고 있는 것이 되며 자유의 내적 가능성을 갖고 있다. **칸트가 인간은 자유로운 존재라고 말할 때, 인간의 자유는 앞서 말한 그런 종류의 선택의 자유가 아니라 자유의 내적 가능성을 말한다. 이 가능적 자유로서의 인간이 도덕법칙을 향해 자신을 결단하면 그는 자신의 자유의 내적 가능성을 현실화시킨 것이 되고 자연법칙의 강제에 굴복하게 되면 그는 자신의 자유의 가능성을 상실한 것이 되는 것이다. 왜냐하면 도덕법칙은 자신의 존재근거로 그 배후에 자유를 두지만 자연법칙은 자신의 존재근거로 그 배후에 필연의 인과성을 두고 있기 때문이다.** 칸트가 '인간의 의지는 자유다'고 말할 때, 그 자유를 보편적 도덕법칙과 필연의 자연법칙 사이에서 둘 중 하나를 선택함에 있어서 아무런 외적 강제를 받지 않는 '선택의 자유'로 이해한다면, 이런 관점에서는 인간이 설령 악을 선택해도 그가 자신의 자유를 실현했다고 말해야 할 것이다. 그러나 칸트가 '인간의 의지는 자유다'고 말할 때, 그 자유는 '인과법칙으로부터 벗어날 수 있는 자발성의 능력으로서의 자유'임을 명심할 필요가 있다. 만약 이런 능력으로서의 의지 자유를 선택의 자유로 해석한다면, 이런 해석은 인과법칙으로부터 벗어나는 능력인 자유를 갖고서 인과법칙에 종속되는 행위를 택한다는 것이 되는데, 이는 정말 이해하기 힘든 주장이 될 것이다. 이런 점에서 본다면 칸트가 '인간의 의지는 자유이다'고 말할 때 그 자유는 어린아이가 장난감 가게에서 장난감을 고를 때 느끼는 그런 '선택의 자유'가 아님은 분명해진다.

그럼에도 불구하고 이런 의문이 여전히 남을 수 있다. <아무리 칸트가 말하는 의지자유가 '인과법칙으로부터 벗어날 수 있는 자발성의 능력으로서의 자유'라 하더라도, 그 자유에는 '선택의 자유'의 요소도 포함되어 있지 않으면 안 되는 것이 아닌가? 그렇지 않다면, 어떻게 선 대신에 악을 행한 사람을 비난할 수 있는가?> 이런 의문에 대해 필자식으로 해석된 칸트는 이렇게 대답할 것이다. <그 사람이 비난을 받아야 하는 이유는 그가 갖고 있는 자유의 능력, 즉 인과법칙으로 벗어나서 자발적으로 행동할 수 있는 능력을 실현시키

는 것이 옳음에도 불구하고 그것을 실현시키지 못했기 때문이다.> 설령 칸트가 말하는 의지자유가 '선택 자유'의 요소를 갖고 있다 하더라도, 그것은 가령 어떤 사람이 점심 때가 되어서, 짜장면을 먹을 것인가 아니면 냉면을 먹을 것인가 하는 갈등 상황에서 갖게 되는 선택의 자유와는 전적으로 다른 것이다. 칸트의 입장에서 본다면 사람들에게 그런 선택의 자유가 있다는 사실은 인간의 의지자유를 증명하는 데 아무런 도움이 되지 않는다. 기실 그런 선택의 자유는 동물들에게서도 발견되는 것이다. 칸트는 말할 것이다 <우리가 짜장면을 먹을 것인가 냉면을 먹을 것인가 하는 갈등 상황에서 내적으로 느끼는 선택 자유의 느낌은 갈등상황으로부터 오는 일시적인 심적 미결정의 느낌에 불과하며, 우리들은 선행하는 원인들에 대한 충분한 분석을 통해 짜장면을 먹게 될지 냉면을 먹게 될지는 충분히 계산될 수 있다.> 그렇다면 이런 유형의 선택의 자유는 사실은 자유의 이름을 빌린 필연일 뿐이다. 칸트가 말하는 의지의 자유에 선택자유의 요소가 포함되어 있다 하더라도 그 선택자유는 결국 도덕법칙과 경향성 사이에서 어느 하나를 선택하는 의지의 자유일 수는 있겠다. 그러나 하르트만이나 김영철 교수는 이런 선택 자유를 짜장면과 냉면 사이에서의 선택 자유를 의미하는 것으로 받아들이는 것이 된다. 그렇게 되면 짜장면을 택하든 냉면을 택하든 행위자의 선택의 자유는 실현되는 셈이 되므로 짜장면을 택할 때에만 자유가 실현되었다고 말하는 것은 잘못된 주장이 될 것이다. 그러나 칸트가 말하는 의지의 선택자유를 그런 식으로 받아들이는 것은 잘못이다. 칸트의 자유론에 관해 우리가 명심해야 할 사항은 칸트가 말하는 선험적 자유는 하나의 인과계열을 새롭게 개시하는 능력이라는 사실이다. 만약 인간이 도덕법칙과 자연법칙 사이에서 갈등하다가 자연법칙을 선택했다고 하자. 그럴 경우 그가 선택의 자유를 행사했다 하더라도, 그는 그 선택 행위를 통해 하나의 새로운 인과개열을 개시한 것이 아니라 자기를 유혹하는 자연인과성에 종속되는 것을 선택한 것이 되므로, 그는 자유가 아닌 것이 된다. 예컨대 극도로 배가 고픈 어떤 사람이 '아무리 배가 고파도 남의 음식을 먹어서는 안 된다'는 도덕법칙과 생리적 법칙에서 생겨나는 식욕이라는 경향성의 강력한 유혹 사이에서 갈등한다고 하자. 이 경우 만약 그가 도덕법칙을 따른다면, 그는 하나의 새로운 인과계열의 최초항(선험적 자유)을 개시한 것이 되겠지만, 식욕의 유혹에 넘어갔을 때 - 사실 그는 식욕을 '선택했다'기보다 식욕의 '유혹에 넘어갔다'고 말하는 것이 더 적절하다 - 그는 식욕의 생리적 자연법칙에 자신을 종속시킨 것이 되며, 따라서 그는 부자유가 된다. 이와 연관해서 우리는 다음과 같은 칸트의 말을 주목할 필요가 있다.

> 선택의지(Willkür)의 자유는 매우 독특한 성질의 것이어서 오직 인간이 자기의 준칙 안에 받아들인 동기(인간이 그의 행위의 보편적인 규칙으로 삼은 동기) 이외에는 어떤 다른 동기에 의해서도 인간의 선택의지는 규정되지 않는다. 그리고 그러한 경우에 한해서만 하나의 동기는 그것이 어떤 것이든 간에(자유로운) 선택의지의 절대적 자발성과 양립할 수 있는 것이다.[50)]

칸트 자유론에 대한 하르트만의 두 번째 비판은 다음과 같다.

> 칸트적인 의미에서 '이성'은 개인적인 것이 아니라 개인이 분유(分有)하는 것이다. 도덕법칙은 선험적 주관의 원리이며 실천적 '의식일반'의 원리이며 이론적 '의식일반'의 12가지 범주적 원리 이외의 다른 것이 아니다. 그러므로 선험적 자유는 도덕적 인격의 자유가 아니다. 왜냐하면 도덕적 인격은 오직 실재하는 개인뿐이기 때문이다. … (중략) … 그러나 이제 자유가 만일 개인적인 인격으로서의 인간에게 있는 것이 아니라, 보편적인 실천이성에 있는 것이라면, 그때에는 행위의 책임이 인격에게

---

50) I. Kant, *Die Religion*, 670면.

> 돌아가는 것이 아니라, 오직 인격의 배후에 있는 자유스러운 존재자 즉 보편적인 실천이성에게로 돌아간다. 그리하여 인간이 아니라 실천이성이 책임과 의무를 지게 된다.[51)]

필자로서는 칸트에 대한 하르트만의 이러한 비판이 납득되지 않는다. 칸트의 감성이 선험적 주관의 무차별적 감성이요, 칸트의 통각이 선험적 주관의 무차별적 통각이기 때문에 칸트의 인식 이론이 만인에게 타당한 이론이듯이, 칸트의 실천이성의 자유가 선험적 자유의 무차별적 자유이기 때문에, 바로 그런 이유로 만인의 자유는 증명된 것이 아닌가. 정확히 말해서 개개의 모든 인간의 자유의 가능성은 증명된 것이 아닌가. 삼각형의 면적을 구하는 일반적인 법칙이 증명되면 개개의 구체적인 삼각형의 면적이 구해진 것이 아닌가. 만약 하르트만이 칸트식의 증명 즉 인간의 본질적 능력에는 선험적 자유의 능력이 있으며 따라서 현실적인 개개의 인간은 자유라는 식으로 전개되는 증명을 거부한다면, 우리는 어떠한 방법으로도 인간의 의지자유를 증명할 수 없을 것이다. 만약 칸트가 증명한 선험적 주관의 자유가 유(類)로서의 인간의 자유가 아니라면 그 자유는 사물이나 동물의 자유인가? 아니면 천사나 신의 자유인가? 아니다. 그러므로 칸트가 증명한 자유는 인간에게 타당한 자유이며, 따라서 이 사람 저 사람 그 사람 모두에게 타당한 자유이다. 도덕적 개인은 개인에 따라 상이한 문제 상황에 처할 것이다. 진실대로 말하자면 세상이 존재한 어느 누구도 동일한 상황에 처한 경우는 없다. 이러한 다양한 상황 속에 있는 개개인에게는 누구나 도덕법칙에 따라 자신을 결단할 자유가 있다는 것이 칸트의 주장이며, 때문에 위증을 하는 자는 처벌받아야 한다는 것이다. 이런 칸트의 생각에는 특별히 문제시될 것이 없다고 생각된다. 우리가 생각하기에 하르트만은 자유 문제를 필요 이상으로 어렵게 만들고 있는 듯이

---

51) N. Hartmann, *Ethik*, 687-688면.

여겨진다.

하르트만에 의하면 칸트철학은 누구보다도 먼저 자유문제를 정확하게 제기했다. 그리고 이 문제 제기는 칸트가 사용했던 해결 방법과 관계없이 성립한다고 한다. 필자는 하르트만의 이러한 평가에 동의한다. 그러나 칸트의 해결 방법은 대단한 설득력을 갖고 있음에도 불구하고, 더할 나위 없이 만족스럽게 생각되지를 않는다. 왜냐하면 칸트의 해결에 따르면 인간은 자유이면서도 자신의 미래를 바꾸지 못하기 때문이다. 칸트가 자연 필연성과 자유를 실질적으로 조화시키려 했다면 그는 <인간은 자유여서 그의 미래는 예측 불가능하지만, 그 자유는 인간의 몸을 통해서 표현되는 자유여서 인과 연쇄를 파괴하지는 않는다>는 방향으로 결론 내렸어야만 했다.[52] 그럴 때에만 그는 스피노자식의 숙명론으로부터 벗어날 수 있을 것이다. 우리가 칸트의 자유론에 논리적 일관성을 주었을 때 얻게 되는 결론은 <몸과 마음의 통일체로서의 도덕적 행위자가 실제로 도덕법칙에 따라 행위할 때, 자연법칙은 도덕적 행위자의 내부에서 절단되지만 도덕적 행위자의 자유가 자연법칙을 파괴하지 않는다>는 것이다. 우리는 이것이야말로 인간이 행하는 **근원적인 기적**이라고 생각한다.

---

52) 우리가 이미 앞에서 살펴보았듯이 칸트에 의하면 인간은 자유로운 존재이지만 그의 내면의 가장 사소한 동기까지도 완전히 파악하는 일이 가능하다면 그의 미래의 운명은 마치 월식이 예측될 수 있듯이 예측될 수 있다고 주장하고 있다. 그러나 칸트는 다른 곳에서는 이와는 모순된 주장을 함으로써 이 문제에 대해 그가 갈등하고 있음을 보여주고 있다. 그는 1798년에 발표한 『학부간의 논쟁』(Der Streit der Fakultäten)의 제2절 「다시 제기된 문제 : 인류는 더 나은 상태를 향해 계속 진보하고 있는가?」(Erneuerte Frage : Ob das menschliche Geschlecht im beständigen Fortschreiten zum Besseren sei)에서는 다음처럼 말하고 있다. "이 존재들(자유롭게 행위하는 존재들; freihandelnden Wesen)에게는 그들이 마땅히 무엇을 **행해야 하는가**를 미리 **지시**할 수는 있지만, 그들이 실제로 무엇을 **행할 것인가**를 **예언**할 수는 없는 것이다."(*Immanuel Kant Werkausgabe* XI, hrsg. W. Weischedel, Suhrkamp, 1982, 355면. 강조는 칸트에 의함) 또한 다음처럼 말하기도 한다. "비록 우리는 실로 자유로운 인간행위를 **볼 수는** 있지만 확실성을 갖고 **예언**할 수는 없다. (신의 관점에서는 여기에 어떠한 구분도 존재하지 않는다) 예언을 할 수 있기 전에 인간은 자연법칙들의 지배를 받는 연관을 가질 필요가 있는데, 인간이 미래의 **자유로운** 행위들을 다룰 때는 그러한 실마리나 안내자 역할을 하는 것을 가질 수 없기 때문이다."(*Immanuel Kant Werkausgabe* XI, 356면, 강조는 칸트에 의함)

제7장 정언명법론

우리는 쉽사리 칸트의 정언명법을 무조건적 명령, 도덕적 의무를 위해 의무를 행하기를 명하는 명령, 혹은 보편화 가능한 명령 등의 방식으로 설명하고서는 칸트의 정언명법론이 마치 이론(異論)의 여지없이 명료하게 이해된 듯이 말한다. 그러나 우리가 정언명법에 대해 본격적으로 묻기 시작하면 정언명법과 관련된 칸트의 논의는 어느 것 하나 애매하지 않은 것이 없음을 발견하게 된다. 그렇다면 칸트 윤리학은 그 핵심에서부터 우리를 혼란스럽게 만들고 있는 셈이다. 사실 그러한 애매성으로 인하여 칸트의 정언명법론은 부분적으로 오해되고 있기도 하다.

우리는 첫째로 칸트의 정언명법론에 대한 몇 가지 오해를 제거하면서, 둘째로 칸트가 도덕의 최상 원칙을 제대로 확립하려면 결국 윤리적 실질을 받아들일 수밖에 없다는 것을 밝히고자 한다. 그리고 마지막으로 칸트 정언명법론의 몇 가지 문제점들을 살펴보고자 한다.

I. 법칙과 준칙

칸트는 윤리학을 개연성이 높은 처세훈의 집적으로 간주하지 않았으며, 철두철미 법칙들의 체계로 간주하였다. 마치 자연법칙이 자연계에 존재하는 모든 사물들에게 무차별적으로 적용되는 필연의 법칙이듯이, 윤리적 명령은 모든 이성적 존재자에게 무차별적으로 명령되어야 하는 당위의 법칙이라고 생각했다. 그는 윤리학을 엄밀한 학으로 간주했고, 엄밀한 학으로서의 윤리학을 건설하려 했던 최초의 인물이었다. 칸트 이후의 인물인 벤담은 윤리학을 단지 일종의 기술(art) 정도로 이해했다.

> 윤리학이란 대체로 말해서 가능한 최대의 행복의 양을 산출하기 위해 이해가 걸려있는 사람들의 행위를 지도하는 기술이다.[1]

윤리학을 엄밀한 학으로 간주했던 칸트의 의도에서 볼 때, 칸트는 자연을 지배하는 법칙인 자연법칙과는 다른, 인간의 행위를 지배하는 도덕의 법칙을 발견하는 것이 칸트의 임무가 된다. 이런 이유에서 칸트는 『실천이성비판』 제1편 「순수한 실천이성의 분석론」 첫머리에서 정당하게도 준칙과 법칙을 구분한다.

> 실천원칙(praktische Grundsätze)들은 자기 아래에 많은 실천 규칙(praktische Regeln)들을 갖고 있는, 의지의 보편적 규정을 포함하는 명제들이다. 실천원칙들은, 주관이 제약을 자신의 의지에 대해서만 타당한 것으로 간주한다면, 주관적이다. 즉 준칙(Maximen)들이다. 그러나 주관이 제약을 객관적으로 타당한 것으로, 다시 말하면 모든 이성 존재자의 의지에 대해서 타당한 것으로 인식한다면, 실천원칙들은 객관적이다. 즉 실천법칙(praktische Gesetze)들이다.[2]

칸트는 『도덕형이상학정초』에서도 준칙과 법칙을 다음처럼 구분하여 설명한다.

---

1) J. Bentham, *The Principles of Morals and Legislation*(New York, Phrometheus Books, 1988) 310면.

2) I. Kant, *Kritik der praktischen Vernunft*, 21면.

> 준칙은 행위의 주관적인 원리이며, 따라서 객관적인 원리 즉 실천법칙과는 구별되어야 한다. 준칙은, 이성이 주관적 제약에 응해서(종종 주관의 무지와 경향성에도 응해서) 규정하는 실천규칙을 포함하고 있다. 그래서 그것은 주관이 행위할 때 의거하는 원칙이다. 그러나 법칙은 모든 이성적 존재자에게 타당한, 객관적 원리요, 마땅히 따라야만 하는 원칙, 즉 명법이다.[3)]

칸트는 위의 구절들에서 준칙과 법칙을 엄격히 구분하고 있는데, 준칙은 개인적 차원에서 채택된 행위 규칙이라면, 법칙은 모든 이성적 존재자에게 보편적으로 적용될 수 있는 행위 규칙이다. 예컨대 누군가가 자신의 건강을 위해 '나는 매일 아침에 30분씩 조깅을 하겠다'는 규칙을 정했다고 해보자. 그는 자신이 스스로 정한 이 규칙에 따라 조깅을 할 수 있다. 그러나 이 규칙을 모든 인간에게 강요할 수는 없다. 왜냐하면 다리의 골절상을 입은 사람들이 있기 때문이다. 혹은 누군가가 '나는 이제부터 담배를 사서 피우는 대신에 항상 얻어 피우겠다'는 규칙을 정할 수 있다. 그러나 그는 이 규칙을 모든 사람에게 강요할 수는 없다. 왜냐하면 담배를 얻어 피우기 위해서는 담배를 주는 사람의 존재가 전제되어야 하는데, 모든 사람들이 담배를 얻어 피우려고만 한다면 담배를 주는 사람이 없기 때문이다.

칸트는 한 개인 차원에서 혹은 한 민족이나 국가 차원에서는 채택될 수 있으나, 전체 인류 차원에서는 채택될 수 없는 행위 규칙은 도덕법칙이 될 수 없다고 생각했다. 그런데 전체 인류 차원에서 채택될 수 있다는 것은 지금 지구상에 살아 있는 60억 인구가 채택할 수 있다는 말이 아니라, 과거 현재 미래를 통틀어 존재했고 존재하고 있고 또 앞으로 존재할 모든 인간이 채택할 수 있다는 말이다. 따라서 전체 인류 차원에서 채택할 수 있어야 한다는 말은 결국 인간의 이성(실천이성)의 관점에서 채택할 수 있어야 한다는 말이 된다.

---

3) I. Kant, *Grundlegung zur Metaphysik der Sitten*, 51면.

II. 정언명법의 종류

앞에서 밝혔듯이 칸트는 법칙과 준칙을 구분한다. 준칙은 개인적 차원에서 채택된 행위규칙이요 법칙은 인류 전체의 차원에서 채택할 수 있는 행위원칙이다. 그런데 모든 행위 원칙은 그것이 준칙이건 법칙이건 심리학적으로 말한다면 개인이 채택하는 것이다. 가령 3+4=7이라는 수학적 판단은 보편적으로 그 타당성을 인정받지만, 그렇게 판단하는 주체는 바로 지금 이 자리에 있는 개인인 '나'이다. 마찬가지로 '나는 앞으로 어떠한 경우에도 거짓말을 하지 않겠다'는 규칙을 채택했다고 하자. '내'가 채택했다는 점에서 그것은 준칙이다. 그러나 실천이성을 제대로 사용하는 모든 사람이 이의 없이 받아들일 수 있다는 점에서 그것은 동시에 법칙이기도 하다.

칸트는 여러 가지 방식으로 정언명법을 표현하고 있다.

첫째로, '보편적 법칙의 법식'(Formula of Universal Law) : "준칙이 보편적인 법칙이 되도록 그대가 동시에 의욕할 수 있도록 하는 그러한 준칙에 따라서만 행위하라"[4]로 표현된다.

둘째로, '자연법칙의 법식'(Formula of the Law of Nature) : "그대 행위의 준칙이 그대의 의지를 통하여 보편적인 자연법칙이 되어야 하는 듯이 행위하라"[5]로 표현된다.

셋째로, '목적 자체의 법식'(Formular of the End in Itself) : "그대는 그대 자신의 인격에 있어서건 타인의 인격에 있어서건 인간성을 단지 수단으로만 사용하지 말고 항상 동시에 목적으로 사용하도록 행위하라"[6]로 표현된다.

넷째로, '자율의 법식'(Formula of Autonomy) : "보편적 법칙 수립적 의지로서의 모든 이성적 존재로서의 의지라는 이념"이라고 말한다.[7] 이는 곧 '각

---

4) I. Kant, *Grundlegung zur Metaphysik der Sitten*, 51면.
5) I. Kant, *Grundlegung zur Metaphysik der Sitten*, 51면.
6) I. Kant, *Grundlegung zur Metaphysik der Sitten*, 61면.

각의 이성적 존재자는 자신의 의지가 보편적 법칙을 자율적으로 수립하는 의지인 듯이 행위하라'는 것이 될 것이다.

다섯째로, '목적의 왕국의 법식'(Formula of the Kingdom of Ends) : "의지가 자신의 준칙을 통해 동시에 자기 자신을 보편적 법칙을 수립하는 존재로 간주할 수 있도록 행위하라"[8]로 표현된다. 칸트는 『도덕형이상학정초』에서 이렇게 정언명법의 다섯 가지 법식들을 소개해 놓고는, 마치 자신이 세 개의 정언명법에 대해서만 언급한 듯이 말하고 있다.[9] 롤린(Rollin)은 하나의 정언명법만이, 케어드(Caird)와 브로드(Broad)는 세 개의 정언명법이(비록 그들 사이에 세 번째 정언명법에 대해서는 견해가 다르지만), 던칸(Duncan)은 네 개의 정언명법이, 그리고 로쓰(Ross), 페이톤(Paton) 그리고 윌리암스(Williams)는 다섯 개의 정언명법이 있다고 주장한다. 심지어 자너(H. Saner)는 칸트가 정언명법을 10가지 방식으로 표현하고 있다고 말하기도 한다.[10] 칸트가 제시한 정언명법이 세 가지이든 다섯 가지이든, 이는 별도로 논의되어야 할 문제다. 중요한 것은 칸트가 정언명법을 복수의 형식으로 표현했다는 것이다. 그러면 칸트는 실천이성의 본성에서 유래하는 세 가지 혹은 다섯 가지의 상이한 정언명법이 존재한다고 생각했는가 하는 물음을 던져 볼 수 있을 것이다. 이런 물음에 대해 칸트는 다음처럼 말한다.

> 도덕성의 원리를 제시하는, 앞서 언급된 세 가지 방식은 근본적으로는 단지 동일한 법칙의 다양한 법식들일 뿐이며, 그들 각각의 법식은 나머지 다른 두 법식을 자기 안에 포함하고 있다.[11]

---

7) I. Kant, *Grundlegung zur Metaphysik der Sitten*, 63면
8) I. Kant, *Grundlegung zur Metaphysik der Sitten*, 67면.
9) I. Kant, *Grundlegung zur Metaphysik der Sitten*, 69면 참조.
10) Philip Stratton-Lake, "Formulating Caterogical Imperatives", (*Kant Studien*, 84. Jahrgang, Heft 3, 1993, 318면 참조) 칸트가 『도덕형이상학정초』에서 제시한 정언명법이 3개인가 5개인가 하는 문제에 대한 학자들의 논의에 대해서는 T. C. Willams의 *The Concept of The Categorical Imperative*(Oxford, At The Clarendon Press, 1968) 22-23면을 참조하라.

칸트의 이 말은 정말로 이해하기 힘든 수수께끼 같은 말이다. 칸트는 '보편적 법칙의 법식'을 '의지 형식의 단일성'의 범주와 연결시키고, '목적 자체의 법식'은 '의지 목적(실질)의 수다성의 범주'와 연결시키고 있다.[12] 그렇다면 두 법식이 관계하는 범주가 다르다는 말인데, 어떻게 해서 두 법식이 본질적으로 동일한 법식인가 하는 의문이 자연스럽게 제기될 수 있다.[13]

그러면 세 가지 혹은 다섯 가지 정언명법 중에서 어느 것이 가장 근본적인가? 통상 사람들은 '보편적 법칙의 법식'을 근본적인 것으로 간주하고 나머지 정언명법들은 이에서 도출된 것으로 생각하는 경향이 있다. 칸트 역시 다음처럼 말하고 있다.

> 정언명법은 유일한 것일 수밖에 없으며, 그것은 다음과 같다. 그대가 동시에 그 준칙이 보편적 법칙이 되기를 의욕할 수 있는 그러한 준칙에 따라서만 행위하라는 것이다.[14]

이 인용문은 분명히 '보편적 법칙의 법식'이 나머지 모든 정언명법의 근본임을 말하고 있다. 칸트는 이것을 정언명법의 첫 번째 법식과 동일시하며, 이 법식을 "순수한 실천이성의 근본 법칙"으로 부른다.[15] 이 법칙은 우리에게

---

11) I. Kant, *Grundlegung zur Metaphysik der Sitten*, 69면.

12) I. Kant, *Grundlegung zur Metaphysik der Sitten*, 69면 참조.

13) 과연 각각의 법식은 나머지 두 법식을 자기 안에 포함하고 있는가 하는 것은 칸트 연구가들 사이에 논란이 분분하지만, 필자는 칸트의 주장을 타당한 것으로 전제한 위에서 논리를 전개한다. 그렇게 하는 이유는 필자는 칸트가 주장하는 바의 논리적 정당성을 확인해보는 것을 본 장 목표로 삼고 있는 것이 아니라, 칸트가 말하고자 하는 의도를 살펴보는 것을 목표로 하기 때문이다.

14) I. Kant, *Grundlegung zur Metaphysik der Sitten*, 51면.

15) I. Kant, *Kritik der praktischen Vernunft*, 36면. 세 가지 정언명법의 관계에 대해 칸트는 일관되게 진술하지 않고 있는 듯이 보인다. "도덕성의 원리를 제시하는, 앞서 언급된 세 가지 방식은 근본적으로는 단지 동일한 법칙의 다양한 법식들일 뿐이며, 그들 각각의 법식은 나머지 다른 두 법식을 자기 안에 포함하고 있다"는 말과 "정언명법은 유일한 것일 수밖에 없으며, 그것은 다음과 같다. 그대가 동시에 그 준칙이 보편적 법칙이 되기를 의욕할 수 있는 그러한 준칙에 따라서만 행위하라는 것이다"는 말은 분명히 다른 말이다. 앞의 말은 세 가지 정언명법들이

어떤 상황에서 어떻게 행동하라는 식으로 우리에게 어떤 구체적 행위를 지시하지는 않는다. 칸트는 단지 마치 기하학자가 삼각형의 면적을 구하는 공식을 발견해내듯이, 우리가 어떤 경우에도 적용할 수 있는 행위의 공식을 발견하려 했다. 칸트는 자신이 하는 작업이 수학자가 하는 작업과의 유사성을 다음처럼 말한다.

> 『도덕형이상학정초』에 대해 뭔가를 비난하려던 어떤 비평가가 그 책에 대해 그 책에는 도덕성의 새 원리가 아니라 오직 **새로운 공식**이 있을 뿐이라고 말했을 때, 그는 실제로 그가 의도했던 것 이상으로 훌륭한 일을 했다. … (중략) … 수학자들에게는 헷갈리지 않고 문제를 해결함에 있어서 무엇을 해야 할지를 결정함에 있어서 **공식**이 무엇을 의미하는지를 잘 알고 있는 사람들은 누구나, 모든 의무에 대해 이런 의미를 갖고 있는 공식이 중요하지 않거나 불필요하다고 생각하지는 않을 것이다.[16]

근본적으로 하나인 정언명법의 상이한 표현방식임을 그래서 그 세 개의 정언명법들은 서로 간에 동위관계임을 말한다면, 뒤의 말은 '보편적 법칙의 법식'을 근본적인 것으로 간주하고 나머지 두 개는 그것에서 도출된 것으로 설명하고 있다. 통상 사람들은 후자의 입장을 받아들이는 듯이 보인다. 이 입장은 우리가 칸트 윤리학을 순수한 형식주의로 규정하고, 그 형식주의가 수미일관하게 관철되고 있다는 식으로 해석하려 할 때 유리할 것이다. 그러나 이 입장의 난점은 칸트가 『실천이성비판』이나 『도덕형이상학정초』에서 무시할 수 없을 정도로 실질주의적 요소를 받아들이고 있다는 사실을 설명하기가 힘들어진다. 더군다나 칸트는 후기 저서인 『도덕형이상학』에서는 실질주의적 측면을 분명하게 드러내 보인다 "인간이 자기 자신과의 관계에서 또한 타인과의 관계에서 목적이 될 수 있는 것은 순수한 실천이성의 목적이다. 왜냐하면 순수한 실천이성은 일반적으로 목적의 기능이기에 그러므로 순수한 실천 이성이 목적들에 무관심하다는 것 다시 말해서 목적들에 대해 관심을 갖지 않는다는 것은 모순이기 때문이다. 만일 실천이성이 목적에 무관심하다면 실천이성은 행위준칙을 결정하지 못할 것이며(왜냐하면 행위의 모든 준칙들은 목적을 포함하고 있기에) 따라서 실천이성이 될 수조차 없을 것이다."(*Mtaphysik der Sitten*, 526면)고 말한다. 그렇다면 칸트 윤리학을 순수한 형식주의 윤리학으로 해석하려는 입장에서는 칸트가 『실천이성비판』이나 『도덕형이상학정초』에서는 형식주의를 채택했다가 『도덕형이상학』에서는 그것을 포기했다고 말하든지, 아니면 『도덕형이상학』을 칸트 윤리학의 본질적 특징과 조화하지 않는 책으로 간주하여 무시하든지 해야 할 것이다. 『도덕형이상학』조차도 형식주의로만 설명할 수는 없을 것이기 때문이다. 우리는 『실천이성비판』이나 『도덕형이상학정초』에서 발견되는 칸트 윤리학의 실질주의적 측면을 효과적으로 설명하기 위해서, 그리고 이 양 저술과 『도덕형이상학』의 일관된 관계를 설명하기 위해서는 세 가지 정언명법이 근본적으로 하나인 정언명법의 세 가지 다른 표현방식으로 보는 것이 올바르다고 생각한다.

16) I. Kant, *Kritik der praktischen Vernunft*, 8-9면, 강조는 칸트에 의함.

칸트는 이 법칙에 대한 의식을 이성의 사실(Faktum der Vernunft)로 간주한다.[17] 도덕적 명령은 그것의 내용이 어떤 것이건 그 형식은 '너는 마땅히 X 해야 한다'는 식으로 표현된다. 그런데 그 형식을 달리 풀어서 말하면, "네 의지의 준칙이 언제나 동시에 보편적 법칙수립이라는 원리로서 타당할 수 있도록 행위하라."는 것이요, 이는 곧 내가 하는 어떤 행위가 도덕적으로 받아들여질 수 있기 위해서는, 동시에 그 행위를 모든 사람이 받아들일 수 있어야 한다는 것이다. 요컨대 행위의 보편화 가능성이 있어야 한다는 것이다. 그러므로 칸트가 순수한 실천이성의 근본법칙 즉 근본형식에 대한 의식이 이성의 사실이라고 말했을 때, 그리고 이 사실은 의심하거나 부정할 수 없는 사실이라고 말했을 때, 실천이성을 가진 사람이라면 누구나 '인간은 자의적 기준을 갖고서 행동해서는 안 된다'는 의식을 갖고 있다는 것이다. 인간은 누구나 '시험장에서 나는 부정행위를 해도 되지만 너는 해서는 안 된다'고, 혹은 '나는 거짓말을 해도 되지만 너는 거짓말을 해서는 안 된다'고 생각해서는 안 된다는 것을 의식하고 있다. 그것을 의식한다는 것은 곧 "네 의지의 준칙이 언제나 동시에 보편적 법칙수립이라는 원리로서 타당할 수 있도록 행위 하라"는 실천이성의 근본법칙을 의식하고 있다는 것이 된다.

우리는 이하에서 칸트의 정언명법론에 대해 제기될 수 있는 세 가지 의문점을 살펴볼 것이다. 첫 번째 의문은 칸트는 정언명령이 무조건적인 명령이라고 말하지만 사실은 조건적인 명령이 아닌가 하는 것이다. 두 번째 의문은 정언명령은 너무나 형식적이어서 우리가 삶의 구체적인 상황에서 어떻게 행동해야 하는가 하는 문제로 고민할 때 아무란 쓸모가 없는 것이 아닌가 하는 것이다. 세 번째 의문은 정언명법이 도덕성의 필요충분조건이 되지 못하는 것이 아닌가 하는 것이다.

---

17) I. Kant, *Kritik der praktischen Vernunft*, 36면 참조.

III. 정언명법은 무조건적 명령이 아니라 조건적인 명령인가?

모든 도덕적 규범은 우리에게 명령의 형식으로 부과된다. '너는 마땅히 공부해야만 한다', '너는 거짓말을 해서는 안 된다' 등등 수많은 명령이 있다. 명령의 다양성에도 불구하고 모든 명령은 동일한 형식을 취한다. 즉 '너는 마땅히 X 해야 한다'는 것이다. 그러나 우리는 수많은 명령들을 세심히 살펴보면 명령은 크게 두 종류로 나누어짐을 알 수 있다. 즉 '너는 마땅히 X 해야 한다'는 명령의 배후에 모종의 조건을 숨기고 있는 경우와 아무런 조건도 숨기지 않고 있는 경우이다. '너는 마땅히 공부해야 한다'는 명령의 경우, 우리가 공부 그 자체를 위해 공부할 것을 명령하는 것이라면, 그것은 무조건적인 명령이 된다. 거짓말의 경우도 마찬가지다. 거짓말하지 않는 것 그 자체를 위해서 거짓말을 하지 말기를 명령한다면, 그 명령은 무조건적인 명령이다. 그러나 우리가 대학에 합격하기 위해서 열심히 공부해야 한다고 생각한다면, 공부하는 것은 그 자체로서 목적이 아니라, 대학에 입학하기 위한 수단으로서 명령되는 것이다. 마찬가지로 거짓말을 하지 않는 것이 신용을 얻어 돈을 더 많이 벌기 위한 의도에서 명령된다면, 이 경우에도 거짓말을 하지 않는 것은 돈을 벌기 위한 수단으로 된다. 이처럼 명령되는 행위가 바로 그 행위 자체를 위해서 명령되는 것이 아니라 다른 어떤 것을 위해서 명령되는 모든 명령은 조건적인 명령이다.

'A는 x를 행해야 한다'(A ought to do x) – 이런 형식의 문장을 칸트는 '명법'이라 부른다 – 는 정언명법이 될 수도 있고 가언명법이 될 수도 있다. 그 명법의 당위성이 A의 욕구나 어떤 목적(이 욕구나 목적이 명시적으로 표현되었건 표현되지 않았건 간에)에 기초해 있다면, 그것은 가언명법이다. 이 경우 'A는 x를 행해야 한다'는 말은 '만약 A가 y를 욕구한다면, 그는 x를 행해야 한다'는 것이나 마찬가지다. 다른 한편 'A는 x를 행해야 한다'는 것이 A가 갖고 있는 어떤 욕구나 목적에 기초하지 않는다면, 그것은 정언명법이다. 그러므로 정언명법은 도덕상의 명법이라면, 가언명법은 '영리(怜悧)의 명법'(Imperative der Klugheit, Imperative of Prudence)이다.[18] 칸트는 무조건적인 명령을 정언명법(kategorische Imperative)으로 부르고, 조건적인 명령을 가언명법(hypotetische Imperative)으로 부른다.

> 모든 명법들은 가언적으로 명령하거나 정언적으로 명령한다. 가언적 명법은 어떤 가능한 행위의 실천적 필연성을 사람들이 원하는(또는 원할 수 있는) 어떤 다른 것에 도달하기 위한 수단으로 둔다. 정언적 명법은 어떤 행위를 다른 어떤 목적과는 아무런 관계도 없이, 행위 그 자체를 위한 것으로 즉 객관적으로 필연인 것으로 생각하는 것이다.[19]

칸트는 가언명법은 도덕적 명령이 될 수 없다고 생각한다. 가언명법의 경우에 도덕은 항상 도덕 이외의 다른 어떤 것을 실현하기 위한 수단으로 되어버리기 때문이다. 도덕은 도덕 이외의 다른 어떤 것을 위한 수단이 될 수 없으며, 그런 한 정언명법만이 도덕적 명령이 될 수 있다.

칸트적인 관점에서 보면 모든 목적론적 윤리설들은 이런 가언명법의 체계들이다. 예컨대 아리스토텔레스는 감정에 있어서 중용의 덕을 강조하지만, 중용의 덕은 그 자체로서 명령되는 것이 아니라, 행복(eudaimonia)에 도달하는 수단으로 명령된다. 벤담이나 밀의 공리주의도 이 점에서는 마찬가지다. 물론 아리스토텔레스에 있어서는 행복이, 공리주의자들에게 있어서는 최대다수의 최대쾌락이 그 자체로서 선한 것이며, 이것들은 다른 어떤 것을 위한 수단이 아니다. 그러나 쾌락이라든지 행복은 너무나 경험적인 것들이어서, 사람에 따라 행복과 쾌락에 대한 기준이 상이할 수밖에 없으며, 따라서 이런 것들을 윤리적 추구의 대상으로 설정해 놓은 뒤, 이 대상의 실현을 위해 여러 규범들을 만들며, 이렇게 만들어진 규범들에다 체계를 주는 방식으로 건설된

---

18) M. G. Singer, *Generalization in Ethics*(New York, Russell & Russell, 1971) 221-222면 참조.
19) I. Kant, *Grundlegung zur Metaphysik der Sitten*, 43면.

윤리 체계는 엄밀한 학문이 될 수가 없다는 것이 칸트의 생각이다. 이런 노선에서 칸트는 행복주의 윤리학을 다음처럼 비판한다.

> 비록 사람들이 보편적인 행복을 대상으로 삼을 때라도, 행복의 원리는 확실히 준칙들을 줄 수 있으나, 의지의 법칙들로서 쓰이는 준칙들을 줄 수는 없다. 왜냐하면, 행복에 관한 인식은 단순히 경험적인 소여에 의존하기에, 또 행복에 관한 모든 판단이 각인의 사견에 - 더군다나 이 사견은 한 개인에 있어서도 대단히 잘 변한다 - 의존하기에, 행복의 원리는 일반적인 규칙들을 줄 수는 있으되, 보편적인 규칙들을 줄 수는 없기 때문이다. 다시 말하면 평균적으로 적합한 규칙들을 줄 수는 있으나, 항구적 · 필연적으로 타당한 규칙들을 줄 수는 없다. 따라서 어떠한 실천 법칙들도 행복의 원리 위에 세워질 수 없다.[20]

칸트는 적어도 『실천이성비판』 「분석론」에서는 아무런 조건 없이 도덕적 명령에 따르기를 요구한다. 스피노자도 이와 유사하게 덕 자체와 신에 대한 봉사 그 자체가 바로 행복임을 모르고 덕과 선행에 대한 보상을 바라서는 안 된다고 말한다.[21] 또한 그는 "행복은 덕행에 대한 보상이 아니라 덕행 그 자체가 행복이다. 우리들은 쾌락을 참아내기 때문에 행복을 누리는 것이 아니라, 그 반대로 행복을 누리기에 쾌락을 억제할 수 있는 것이다"고 했다.[22] '보답을 받기 위해 주인을 섬기듯이 신을 섬겨서는 안 된다. 보답을 염두에 두지 않고 주인을 섬기는 하인의 방식으로 신을 섬겨라'는 말도 있다. 이 대목에서 우리가 던질 수 있는 질문은 과연 무조건적인 명령 혹은 정언명령이라는 것이 있을 수 있는가 하는 것이다. 가령 테레사 수녀는 인도의 빈민들을

---

20) I. Kant, *Kritik der praktischen Vernunft*, 42-43면.
21) B. de Spinoza, *Die Ethik*, 106면.
22) B. de Spinoza, *Die Ethik*, 295면.

위해 희생하고 봉사하는 삶을 살았다. 그러나 그의 그런 행위도 사후의 천당에 대한 신앙에서 나온 것이 아닌가? 다시 말해서 죽어서 천당 가기 위해 봉사의 삶을 산 것이 아닌가 라는 의문을 제기할 수 있다. 과연, 죽어서 보상받는다는 생각도 없이 목숨을 걸고 정직을 말하는 사람이 있을 수 있겠는가? 만약 내세라는 것이 없고 우리들의 삶은 이승에서의 삶이 전부라면, 설령 거짓말해서는 안 된다는 도덕규범 그 자체를 위해서 행동하는 사람 – 이 사람은 천당이나 내세를 믿지 않는 사람이다 – 이 있다 하더라도, 그런 행위는 현명한 행위인가? 이런 점에서 본다면 모든 도덕 규범은 조건적인 것이라고 말해야 하지 않을까? 그렇다면 죽어서 천당 가기 위해 순교를 택한 역사상의 많은 종교적 순교자들도 정언명법에 따라 행동한 것이 아니고 가언명법에 따라 행동한 것이 될 것이다. 만약 기독교 도덕에서 말하는 사랑과 희생을 실천한 삶이 칸트가 말하는 정언명법에 부합하는 삶이 아니라면, 모든 기독교 성인들은 도덕적인 삶을 산 것이 아니게 된다. 그들은 한결같이 내세의 행복을 위한 조건적인 삶을 산 것이다. 과연 칸트는 그렇게 생각했을까? 물론 칸트는 기독교 도덕이 타율의 도덕이 될 수 있음을 인정한다. '하나님의 뜻'에 따르는 것이 선이고 그것에 거역하는 것은 악이라는 기독교적 신명령론(Divine Command Theory)은, 위력과 복수라는 무서운 관념과 결합한 명예욕이나 지배욕과 같은 성질들을 재료로 해서 도덕성과는 정반대의 도덕체계를 만들 수도 있다고 생각한다. 그래서 칸트는 '하나님의 뜻'이라는 개념으로부터 도덕성을 끄집어내는 대신에 오히려 완전성이라는 존재론적 개념으로부터 도덕성을 이끌어 내어야 한다고 주장한다.[23] 칸트는 이런 작업을 『단순한 이성의 한계 안에서의 종교』에서 구체적으로 하고 있다. 그는 그 책에서 이성에 의해 정화된 기독교 신앙, 칸트 자신의 표현으로는 도덕신앙을 제시하고 있다. 그래서 칸트 역시 「실천이성의 변증론」에서 도덕과 행복의 일치를 위해, 다시

23) I. Kant, *Grundlegung zur Metaphysik der Sitten*, 77–78면 참조.

말해 도덕적인 사람이 행복하고 부도덕한 사람이 불행해지도록 하기 위해서는 신의 존재가 요청됨을 말하고 있다. 그리고 칸트는 다른 곳에서도 다음처럼 말하기도 한다.

> 순수 실천이성의 신앙고백의 세 가지 조항에 있는 신경(credo)은 이렇다 : 나는 세계 안에 있는 모든 선의 궁극적 원천이며 궁극적 목적인 유일한 신을 믿는다. 나는, 그렇게 하는 것이 인간의 능력 안에 있는 한에서, 이 궁극목적에 그리고 세계 안에 있는 최고선에 도달할 수 있는 가능성을 믿는다. 나는 내가 세계 내에서 가능한 최고선에 영속적인 근접하는 조건으로서 미래의 영원한 삶에 대해서 믿는다. 이 신경은, 내가 말하건데, 자유롭게 확언된 것이며, 이것 없이는 어떤 도덕적 가치도, 어떠한 명법도 허용되지 않는다.[24)]

칸트는 여기서도 최고선이 도덕적 명법의 전제조건임을 말하고 있는 셈인데, 이는 결국 행복해지기 위해서는 도덕적인 삶을 살아야 한다는 것이다. 그렇다면, 칸트가 말하는 정언명법에 따르는 도덕적인 삶도 조건적인 삶이 되는 것이 아닌가? 이런 의문에 대해 칸트는 다음처럼 대답할 것으로 예상된다.

> 보편적으로 타당한 도덕규범의 가능성의 조건을 탐구하는 것이 실천이성의 임무다. 우리가 이처럼 도덕규범의 가능성의 조건을 선천적으로 추적해가다 보면, 우리는 필연적으로 최고선의 개념에 도달하게 된다. 물론 이때의 최고선은 행위 주체 외부에 있으면서 주체가 추구해야 할

24) I. Kant, "Welches sind die wirklichen Fortschritte, die die Metaphysik seit Leibnitzens und Wolf's Zeit in Deutschland gemacht hat?"(in: *Immanuel Kant Werkausgabe*, Bd. VI, hrsg., W. Weischedel, Suhrkamp) 636면.

> 질료적인 것으로서, 아리스토텔레스가 말하는 행복과 같은 것은 아니다. 내가 말하는 최고선은 실천이성의 내적 본성에서 필연적으로 도출되는 것이란 점에서 아리스토텔레스의 것과는 완전히 다르다. 우리 인간은 최고선을 추구하고 또 실현해야 할 의무가 있다. 이 의무가 있다는 것은 그 의무를 실현할 수 있다는 뜻이다. 이 최고선이 실현될 수 있기 위해서 우리는 다시금 실천이성의 내적 필연성 – 필연성은 실천적 필연성이다 – 에서 영혼의 불멸과 신의 존재가 요청하지 않으면 안 된다. 이런 점에서 본다면 실천이성에서 유래한 도덕법칙에 따라서 무조건적으로 행위한다는 것은, 그 도덕법칙의 가능성의 조건으로서 영혼의 불멸과 신의 존재가 인정되지 않으면 안 되는 한, 내세를 염두에 두고 신을 의식하면서 행동하는 것이 된다. 따라서 우리가 도덕법에 대한 존경에서 행동하고, 도덕법을 위해 도덕법에 따른다는 것은 달리 말해서 죽어서 천당(도덕과 행복이 일치하는 내세)가기 위해 도덕법을 따른다는 말이나 마찬가지인 것이다.[25)]

이런 식의 답변에 대해 사람들은 또 이렇게 반문할 수 있다. '죽어서 천당 가기 위해 도덕법에 따라 행동하는 것이 조건적인 행위가 아니라, 무조건적인 행위라면 정말로 조건적인 행위라고 말할 수 있는 것은 무엇인가?' 칸트는 이렇게 대답할 것이다. 실천이성의 내적 필연성에서 도출된 목표를 위해 행동하지 않는 모든 것은 조건적이라고. 예컨대 어떤 사람이 정직하게 행동했다고 하자. 그러면 우리는 그에게 왜 정직하게 행동했느냐고 물어 볼 수 있다. 이에

---

25) 칸트가 말하는 정언명법의 무조건성이 이렇게 이해됨으로써 도덕적 행위는 궁극적으로 신과의 합일을 통한 최고선의 실현이라는 실질적 목표를 갖게 된다. 이리하여 칸트 윤리학의 형식주의는 모종의 실질주의적 요소를 포함하게 되며, 이 양자의 관계를 올바로 이해하는 것이 칸트 윤리학을 제대로 해석하기 위한 중요한 과제로 부각된다. 이 양자의 관계를 올바로 이해하기 위해서 칸트가 『실천이성비판』에서 도덕적으로 그 존재를 증명해 보이고 있는 신을 어떻게 이해할 것이냐 하는 것이 또 다른 중요한 문제가 된다.

그는 두 가지로 대답할 수 있다. 첫째로 정직하게 행동한 이유는 죽어서 천당 가기 위함이라고 대답할 수 있다. 이 경우 그는 실천이성의 내적 본성에서 필연적으로 도출된 것을 목표로 행동한 것이기 때문에 그는 무조건적으로 행동한 것이다. 그러나 정직하게 행동함으로써 신용을 얻고, 신용을 얻어 장사함으로써 돈을 많이 벌려고 했다고 하자. 그러면 우리는 왜 돈을 많이 벌려고 하느냐고 물어볼 수 있다. 그러면 그는 돈이 많아야 행복해질 수 있다고 믿는다는 식으로 대답했다고 하자. 이 경우 그가 추구하는 목표는 실천이성의 내적 본성에서 필연적으로 도출된 것이 아니기에, 그는 조건적으로 행동한 것이다.[26)]

이런 관점에서 본다면 우리는 다음처럼 말할 수 있다. 칸트에 있어서 모든 도덕적 명령들은 궁극적으로 최고선의 실현을 위한 것이므로, 정언명법의 한 사례로서의 '거짓말해서는 안 된다'는 도덕법도 문법적으로는 얼마든지 조건적으로 표현될 수 있다. '만약 실천이성의 내적 본성에서 필연적으로 도출되는 최고선을 실현하기를 원한다면, 너는 거짓말을 해서는 안 된다.' 그럼에도 불구하고 '너는 거짓말해서는 안 된다'는 명령은 조건적인 명령이 아니다. 왜냐하면 그 명령을 통해 실현하고자 하는 '최고선'이 조건적인 것이 아니라 무조건적인 것(무제약자)이기 때문이다.

---

26) 페이톤은 다음처럼 말한다. "칸트의 이론이 갖고 있는 커다란 장점들 중의 하나는 그가 선천적인 것과 경험적인 것, 의무와 경향성을 날카롭게 구별하고 있다는 것이다. 그가 그렇게 구별한 이래로, 나의 개인적 선을 일반적 선과 혼동하거나, **의식적이든 무의식적이든 간에 도덕적 동기를 현세 혹은 내세에서의 자신의 사적인 행복에 대한 욕구로 대체하려는 혼란된 생각에 대한 그 어떤 변명도 더 이상 통하지 않게 되었다.**"(H. J. Paton, *The Categorical Imperative ; A Study in Kant's Moral Philosophy*, New York, Harper & Row Publishers, 1967, 77면, 강조는 필자에 의함) 우리는 칸트 윤리학에 대한 이런 해석이 오해를 유발시킬 수 있는 소지가 있다고 생각한다. 칸트의 견해에 의하면, 내세에서의 개인적 행복에 대한 욕구가 실천이성의 본성에서 유래한 것인 한, 다시 말해서 그 욕구가 감성적인 욕구가 아니라, 실천이성의 필연적 요구인 한, 그것이 도덕적 동기가 되어 행동하는 것을 거부할 하등의 이유가 없다. 바로 그 때문에 그는 도덕과 행복의 일치에 대해 말하고 있는 것이다. 물론 칸트가 내세에 도덕적인 사람이 누리게 될 행복을 감각적인 쾌로 구성된 것이 아니라고 생각한 것은 명백한 사실이다. 칸트는 내세에서 도덕적인 사람이 누리게 될 행복을 예지적 행복으로 불렀다. 그러나 이 예지적 행복을 어떻게 이해할 것이야 하는 것 역시 어려운 문제이다.

IV. 정언명법은 순전히 형식적이어서 삶의 구체적 상황에서 아무런 쓸모가 없는가?

이제 우리는 정언명법을 공허하고 형식적인 것으로 보는 입장에 대해 살펴보자. '형식주의'라는 말은 애매한 말이다. 일반적으로 우리가 어떤 사람에 대해 '그 사람은 형식주의자다'고 말한다면, 우리는 그를 동기 혹은 내용보다는 포장, 틀, 절차, 혹은 껍데기를 더 중시하는 사람으로 간주하고 있는 셈이다. 칸트는 이런 의미에서의 형식주의자는 아니다. 칸트는 도덕에 있어서 선천적인 것은 모두 형식적인 것이라고 생각했으며, 막스 셸러(M. Scheler) 같은 철학자가 말하는 '선천적 실질'을 인정하지 않는다는 점에서 형식주의자로 간주될 수가 있다. 그러나 칸트가 이런 의미에서 형식주의자라는 것이 앞서 말한 의미에서의 형식주의라는 말과 뒤섞여 사용되거나 받아들여져서는 안 된다. 전자의 형식주의라는 말에는 비난조의 정의적 의미(emotive meaning)가 들어 있지만, 후자의 형식주의에는 그런 정의적 의미가 포함되어 있지 않기 때문이다. 앞서 살펴보았듯이 칸트는 두 번째 의미에서는 자신이 형식주의자임을 스스럼없이 인정한다. 그는 자신이 제시한 도덕법칙의 역할을 수학에 있어서의 공식의 역할에 비교하여 설명하고 있다. 사람들이 칸트를 형식주의자라고 비난할 때, 사람들은 칸트를 '공허한 형식주의자'로 간주한다. 다시 말하면, 그가 제시한 도덕 법칙은 우리들에게 구체적인 행위규범을 제공하지 못하고 있다는 것이다. 예컨대, 래시달은 정언명법이 아무런 경험의 도움도 없이 우리가 무엇을 행해야만 하는가를 결정할 수 있게 한다고 생각한 것은 칸트의 잘못임을 주장하고 있다.[27] 로쓰 역시 칸트를 다음처럼 비판한다.

---

27) H. Rashdall, *The Theory of Good and Evil: A Treaties on Moral Philosophy*(Oxford, Clarendon Press,1924) Vol.1, 제5장 참조.

> 칸트의 보편성 테스트를 적용하는 확실한 방법은 오로지 행위를 그것이 지닌 모든 구체적인 특수성과 관련시켜 상상하고 난 후, 다음으로 '엄밀하게 유사한 상황에서 모든 사람들이 내가 하는 거짓말과 거의 똑같은 거짓말을 해야 한다는 것을 바랄 수 있는가?'를 물어보는 것이다. 그러나 이때 보편화 가능성은 무엇이 옳은가를 알기 위한 지름길이 되지는 못한다. 왜냐하면 우리 자신이 하려는 행위가 옳은가를 확인하는 일이 그렇듯이 어떤 사람에 의해 행해진 유사한 행위가 그것의 모든 구체적인 특수한 상황과 관련하여 옳은가를 확인하는 일은 몹시 어려운 일이기 때문이다.[28)]

그러나 『실천이성비판』과 『도덕형이상학정초』에 국한해서 말한다면 칸트가 후자의 의미에서의 형식주의자로 보일 수 있지만,[29)] '공허한 형식주의자'는 아니다. 칸트가 단지 말하고 싶었던 것은 이론철학의 영역이건 실천철학의 영역에서건 우리가 선천적으로 언급할 수 있는 것은 형식뿐이라는 것이지, 내용이 무시되어도 된다는 것은 아니다. 칸트에 대한 이런 식의 변호에 대해

---

28) W. D. Ross, *Kant's Ethical Theory*(New York, Oxford University Press, 1954) 34면.

29) 『도덕형이상학정초』나 『실천이성비판』에서의 칸트의 입장에 의하면, 어떤 행위는 도덕법 그 자체를 위해서 행해질 경우에만 도덕성을 가지는 것이지 도덕법 이외의 다른 어떤 것을 목적으로 해서 행해지면 안 된다. 이런 이유에서 일반적으로 사람들은 『실천이성비판』이나 『도덕형이상학정초』에서의 칸트의 윤리적 입장을 형식주의로 분류한다. 물론 칸트는 양 저술들에서 보편화가능성의 개념을 중시하고 있다. 그리고 일견 그것이 단지 '준칙의 논리적 보편화 가능성'을 의미하는 듯이 보이기도 한다. 그러나 칸트 윤리학에 대한 불행한 오해는 그런 해석에서부터 시작하는 것이다. 인간성을 목적(실질) 그 자체로 간주하기를 요구하는 칸트 윤리학을 단순히 형식주의 윤리학으로만 규정하는 것은 해석상의 많은 논란거리를 갖고 있는 듯이 보인다. 물론 칸트 윤리학을 실질주의 윤리학으로 규정하는 입장도 많은 문제점을 갖고 있음은 사실이다. 결국 문제는 칸트 윤리학에서 발견되는 이 두 가지 요소의 관계를 어떻게 규정하고 이해할 것인가 하는 것이 문제다. 이는 『도덕의 형이상학』에서 도덕적 실질(질료)의 개념을 받아들이고 있는 칸트의 입장과 연계된 중요한 문제라고 생각된다. 덕의무(Tugendpflicht)를 중요한 주제 중의 하나로 다루고 있는 『도덕형이상학』에서 덕의무에 대해 설명하면서 "그러나 덕을 행한다는 것은 여전히 엄밀하게 말하자면 덕의무인 것은 아니다. 덕을 행한다는 것은 준칙들에 있어서 형식적인 것에만 관계한다. 그러나 덕의무는 준칙들의 질료(Materie) 즉 동시에 의무로 생각될 수 있는 목적에 관계한다"고 말한다.(*Mtaphysik der Sitten*, 525-526면)

물론 로쓰는 이렇게 응수할 가능성이 크다.

> 칸트에 대한 내 비판의 요점은 칸트가 내용을 무시했다는 것이 아니라, 칸트가 말하는 도덕의 형식적 기준이 삶의 구체적인 상황에서는, 칸트가 의도한 대로, 받아들일 수 있는 내용과 받아들일 수 없는 내용을 가려내는 역할을 하지 못한다는 것이다. 삼각형의 면적을 구하는 공식은 구체적인 삼각형의 면적을 구하는 데 유용하게 사용된다. 그러나 칸트가 말하는 정언명법이라는 행위공식은 우리가 구체적인 상황에서 어떻게 행동해야 하는가 하는 문제로 고민할 때, 아무런 도움이 되지 않는다.

이에 대해 칸트의 입장에서는 다음처럼 대답할 수 있다.

> 내가 제시한 행위의 공식을 갖고서 우리는 '어떤 경우에도 거짓말해서는 안 된다'는 행위 지침을 얻을 수 있다. 그것으로 충분히 내가 제시한 행위 공식의 유용성이 증명된 것이 아닌가? 당신이 내가 제시한 행위공식이 우리가 구체적인 상황에서 어떻게 행동해야 하는가 하는 문제로 고민할 경우 아무런 도움이 되지 않는다고 말할 때, 당신은 예컨대 '사람은 경우에 따라서는 거짓말을 할 수 있다'는 전제를 갖고서 이야기하고 있다. 그리고 당신은 내가 말한 행위공식으로 어떤 경우에는 거짓말을 할 수 있고 어떤 경우에는 거짓말을 할 수 없는지를 가려내려고 한다. 그러나 이 경우 내가 제시한 행위공식은 아무런 도움이 되지 않는다. 내가 제시한 행위공식은 거짓말하는 행위를 원천적으로 부인하기 때문이다.[30)]

---

30) 칸트는 감성에 있어 우리가 할 수 있는 행위가 실천규칙에 종속하는 것이냐 아니냐 하는 것은 실천적 판단력이 할 일이라고 말한다. 이 실천적 판단력이 추상적으로 말해진 규칙을 구체적으로 적용함에 있어서 중요한 역할을 한다.(*Kritik der praktischen Vernunft*, 79면 참조)

테일러는 칸트가 윤리적 형식주의자인 이유를 세 가지로 나누어 설명한다. 첫째로 칸트가 정언명법의 첫 번째 형식에서 주어진 보편화 가능성의 개념을 도덕적 의무의 충분조건으로 간주했다는 점, 둘째로 칸트가 도덕법칙을 법칙이 갖고 있는 내용이나 주제로부터가 아니라 오직 선천적 보편성과 필연성에 관한 고찰을 통해 이끌어 내고 있다는 점, 셋째로 칸트가 도덕을 근본적으로 실천이성을 가진 존재자들 사이에 성립하는 추상적인 관계로 보았다는 점에서 칸트가 윤리적 형식주의자라는 것이다.[31)]

V. 정언명법은 도덕성의 필요충분한 기준이 될 수 없는가?

보편화 가능성만을 도덕성의 필요충분한 기준으로 삼기에는 부적절하다는 비판에 대해 살펴보자. 김영철 교수는 다음처럼 비판한다.

> 칸트에 의하면, 모든 사람들이 행위 하는 상태를 가정해보았을 때, 그것이 모순 없이 성립될 수 있는 행위가 보편타당한 행위이며, 따라서 그것이 도덕법칙에 일치하는 행위라는 것이다. 그러므로 보편타당성은 도덕법칙의 필요조건인 동시에 충분조건인 것이다. … (중략) … 그러나 칸트의 주장처럼 보편적 법칙으로 의욕할 수 있는 준칙은 모두 의무라고 할 수 있을까? '비가 올 때는 언제나 우산을 받치고 가라'는 명법은 보편적 법칙으로서 의욕할 수 있는 준칙이다. 그러나 이것을 도덕적 의무라고 볼 수 없다는 것은 명백하다.[32)]

우선 '비가 올 때는 언제나 우산을 받치고 가라'는 것이 보편적 법칙으로서

---

31) P. F. Taylor, *Principles of Ethics,* 94면 참조.
32) 김영철, 『윤리학』 149면.

의욕할 수 있는 준칙인지가 의문이다. 사람에 따라서는 일부러 비를 맞고 싶어하는 사람이 있을 수 있기 때문이다. 그 다음에 설령 그것이 보편적으로 의욕할 수 있는 준칙이라 하더라도, 칸트 역시 그 준칙이 도덕법칙이 될 수 있다고 생각하지는 않았다는 것이다. 비가 올 때 모든 사람이 우산을 받쳐 드는 것은 '우산을 받쳐 드는 것' 그 자체를 위해서 행해지는 것이 아니다. 그렇게 하는 것은 감기에 들지 않기 위해서거나 옷을 적시지 않기 위해서이다. 비가 올 때 모든 사람이 우산을 들거나, 추울 때 모든 사람이 두꺼운 옷을 입거나 하는 것은 전적으로 도덕과 무관한 영역의 일이다. 그것은 칸트가 말하는 '숙달의 명법'에 속하는 것들이다. 칸트는 '숙달의 명법'에 대해 다음처럼 설명하고 있다.

> 모든 학문은, 어떠한 목적이 우리에게 가능한가 하는 과제와 어떻게 목적이 달성될 수 있는가 하는 명법으로 구성된 실천적 부분을 갖고 있다. 그러므로 이러한 명법을 숙달의 명법(Imperativ der Geschicklichkeit)으로 부를 수 있다. 숙달의 명법에서는 목적이 합리적이냐 그리고 선한 것이냐 하는 것은 전혀 문제시되지 않고 그 목적에 도달하기 위해서 무엇을 해야 하는가 라는 것이 유일한 문제이다.[33)]

비에 옷이 젖지 않는 것이 목표라면, 우리는 비가 올 때 예외 없이 우산을 써야 한다. 추위에 떨지 않는 것이 목표라면, 날씨가 추울 때 예외 없이 옷을 두텁게 입어야 한다. 이 모든 것들은 도덕의 문제에 속하는 것들이 아니다.

김영철 교수는 또 이렇게 비판하기도 한다.

> 그리고 보편화할 수 있지만 보편화되는 것이 바람직하지 못한 준칙이

33) I. Kant, *Grundlegung zur Metaphysik der Sitten*, 44면.

> 있다. 내가 만일 타인이 곤궁할 때, 결코 돕지 않는 것을 결심하고, '타인이 나를 돌보지 않는다면 나도 타인을 돌보지 않는다'는 (준칙을 세운다면, 이)[34] 준칙은 보편화할 수 있을 것이다. 그리고 '당신은 곤궁한 사람을 도와야 하며, 다른 사람들도 역시 당신이 곤궁할 때 당신을 도와야 한다'는 규칙도 역시 보편화 가능하다. 양자는 택일이 가능하다. 그런데 정언명법은 이들 두 가지 규칙 가운데서 어느 쪽을 마땅히 따라야 할 것인가에 대해서는 아무것도 지시해주지 않는다. 어떤 규칙이 보편적으로 적용될 수 있다고 해서 반드시 바람직한 규칙이라고 할 수는 없다. 가령, '김씨 성을 가진 사람은 모두 횡령죄의 처벌에서 제외되어야 한다'는 규칙이 있다면, 비록 그것의 적용범위가 보편적이라고 하더라도 확실히 좋은 규칙은 아니다. [35]

위 인용문에서 우리는 우선 '김씨 성을 가진 사람은 모두 횡령죄의 처벌에서 제외되어야 한다'는 규칙이 정언명법이 될 수 있는가 하는 문제부터 검토해보고자 한다. 왜 하필이면 김씨 성을 가진 사람만이 횡령죄의 처벌에서 제외되어야 하는가? 우리는 앞에서 다음처럼 말했다.

> 칸트가 순수한 실천이성의 근본법칙 즉 근본형식에 대한 의식이 이성의 사실이라고 말했을 때, 그리고 이 사실은 의심하거나 부정할 수 없는 사실이라고 말했을 때, 실천이성을 가진 사람이라면 누구나 '인간은 자의적 기준을 갖고서 행동해서는 안 된다'는 의식을 갖고 있다는 것이다. 인간은 누구나 '시험장에서 나는 부정행위를 해도 되지만 너는 해서는 안 된다'고 혹은 '나는 거짓말을 해도 되지만 너는 거짓말을 해서는 안 된다'고 생각해서는 안 된다는 것을 의식하고 있다. 그것을 의식한다는

34) ( ) 부분은 필자가 집어넣은 것임.
35) 김영철, 『윤리학』, 149-150면.

> 것은 곧 "네 의지의 준칙이 언제나 동시에 보편적 법칙수립이라는 원리로서 타당할 수 있도록 행위하라"는 실천이성의 근본법칙을 의식하고 있다는 것이 된다.

이런 관점에서 본다면 '김씨 성을 가진 사람은 모두 횡령죄의 처벌에서 제외되어야 한다'는 규칙이 정언명법이 될 수 있다고 생각하는 것은 칸트 윤리학의 근본에 대한 오해에서 생겨난 터무니없이 잘못된 비판임을 알 수 있다.

그렇다면 곤궁에 처한 사람을 돕는 문제와 연관해서 만들어 질 수 있는, 보편화 가능한 두 가지 준칙은 어떤가? 김영철 교수에게서 볼 수 있듯이 종종 사람들은 칸트가 말하는 정언명법의 제1법식을 규칙의 논리적 보편화 가능성을 강조한 것으로만 받아들이는 경향이 있다. 그렇게 이해하는 한, 어떤 사람이 '사람들 간에 서로 돕고 살아가는 것'을 준칙으로 택했을 경우, 그 준칙도 논리적으로 보편화 가능하고, 그가 '서로 돕지 않고 각자는 각자의 소유에 의존해서만 살아가는 것'을 준칙으로 택했을 때, 그 준칙도 논리적으로는 보편화 가능하다. 다시 말해서 그 두 가지 준칙은 보편화되었을 때, 아무런 논리적 자기모순도 일으키지 않는다. 그러나 우리는 칸트가 정언명법의 제1법식으로써 규칙의 논리적 보편화 가능성만을 주장한 것이 아님을 알아야 한다. 이는 그가 '자율의 법식'과 '목적 자체의 법식' 그리고 '보편적 법칙의 법식'으로 불려지는 정언명법들이 근본적으로 동일한 하나의 정언명법을 다르게 표현한 것이라고 말한 것을 생각해 보면 분명해진다. 보편법칙의 법식과 자율의 법식과 목적의 법식이 동일한 사상의 세 가지 다른 표현이라면, 어떤 행위규칙이 도덕법칙이 될 수 있기 위해서는 그 규칙이 이 세 가지 법식의 테스트를 모두 통과할 수 있어야 한다. 그러므로 이런 관점에서 본다면 '서로 돕지 않고 각자는 각자의 소유에 의존해서만 살아가는 것'은 보편화시켜서 받아들일 수 없는 준칙이 될 것이다. 왜냐하면 그 준칙은 타인의 인격이나 생명을 수단시하는 것을 허용하는 준칙이 될 수 있기 때문이다. 예컨대 단지 손만 내밀어 주면 생명을 구할 수 있는 이웃이 바로 옆에서 구조를 요청할 때, 어떤 사람이 그 준칙에 따라 행동한다면, 그는 하나의 인격체로서의 타인의 구조 요청에 무관심해야 할 것이다. 그러나 이런 태도는 보편적으로 받아들일 수 없는 태도라 하겠다. 칸트 자신 이 문제와 관련하여 다음처럼 말하고 있다.

> 만사가 잘 풀리는 어떤 사람이 커다란 곤경과 싸우지 않으면 안 되는 타인을 보면서, '그것이 나와 무슨 관계가 있는가? 각각의 사람은 하늘이 뜻하는 만큼 혹은 자력으로 노력하는 만큼 행복하도록 내버려 두자. 나는 그들에게서 아무것도 빼앗은 것이 없고 심지어 질투한 적도 없다. 오직 나는 그들의 행복을 위해서나 곤경에 처한 그를 돕기 위해서 기여하고 싶지 않을 뿐이다'라고 생각한다. 이와 같은 생각이 자연의 보편적인 법칙이라 하더라도 인간이라는 종족이 존속할 수가 있음은 확실한 일이다. 그리고 이러한 상태는 의심할 바 없이 동정과 선의를 말하면서 종종 그것을 실행에 옮기면서도, 할 수만 있다면 남을 속이고 배신하거나 그렇지 않다면 인권을 침해하는 것보다 한층 더 낫다. 그렇지만 비록 이러한 준칙에 부합하는 보편적인 자연법칙이 가능하다 하더라도, 그럼에도 불구하고 이러한 원칙이 모든 곳에서 자연법칙으로서 보편적으로 적용되기를 의욕하는 것은 불가능하다. 왜냐하면 이것을 결단하는 의지는 자기 모순을 범하기 때문이다. 왜 자기 모순을 범하게 되느냐 하면, 그가 다른 사람의 사랑과 동정을 필요로 하는 경우가 종종 발생할 수 있는데 이 경우에 그는 자신의 의지로부터 생겨 나온 이러한 자연의 법칙에 의해, 도움을 받기를 바라는 희망을 완전히 없애버리기 때문이다.[36]

---

36) I. Kant, *Grundlegung zur Metaphysik der Sitten*, 54면.

승계호 교수는 '남을 돕지도 말고, 나도 남의 도움을 바라지 말라'는 준칙과, '가능하다면 남을 돕고, 나도 곤경에 처했을 때 남의 도움을 받아라'는 두 가지 준칙 중에서, 후자의 준칙만이 보편화될 수 있다는 칸트의 이런 입장에 대해 다음처럼 비평한다.

> 우리는 곤경에 처해 있는 사람을 도와주어야 할 도덕률에 대해서 다음 두 준칙 가운데 하나를 선택해야 할 것이다.
>
> 준칙 7 : 나는 곤경에 빠져 있는 사람을 돕지 않겠으며, 나 또한 남으로부터 어떠한 도움도 바라지 않겠다.
>
> 준칙 8 : 나는 곤경에 빠져 있는 사람을 돕겠으며, 나 또한 남으로부터 비슷한 도움을 받기를 바란다.
>
> 칸트에 따르면, 비록 준칙 7이 보편적인 자연법으로 존재할 수는 있겠지만, 합리적인 존재라면 이와 같은 준칙을 보편법으로 받아들일 수 없을 것이다. 이 준칙을 보편법으로 받아들인다면, 합리적인 인간들은 남들의 도움이 필요할 때, 그들의 사랑과 동정을 빼앗겨 버린 처지에 서게 될 것이기 때문이다(GMM91 ; KGS 4 : 423). 여기에서 칸트는 비로소 우리가 가지고 있는 욕망에 호소하고 있다. … (중략) … 칸트의 견해로는 준칙 8을 선택하는 것이 합리적이다. 왜냐하면 이 준칙은 남의 도움을 바라게 될지도 모를 우리의 미래 욕구를 충족시키기 때문이다. 반면에 준칙 7을 선택하는 것은 합리적이지 않은데, 왜냐하면 이 준칙은 그와 같은 우리의 미래욕구를 좌절시키기 때문이다. 그러나 이 주장은 확고하지 못하다. 왜냐하면 이 주장은 뒤집힐 수 있기 때문이다. 우리는 준칙 8을 선택하는 것은 합리적이 아니라고 주장할 수 있다. 왜냐하면 이 준칙은 남의 괴로운 처지에 마음 쓰지 않으려는 나의 미래 욕구를 좌절시킬 수 있기 때문이다. … (중략) … 칸트가 기껏 주장할 수 있는 것은, 남의 도움을 받으려 하는 욕구가 남의 괴로운 처지에 무관심하려는 욕구

> 보다 더 세거나 낫기 때문에 준칙 8이 준칙 7보다 더 낫다는 것이리라. 그러나 이 같은 논증이야 말로 욕구의 질이나 강도에 호소하는 것으로서, 형식적인 실천원리를 위배하는 것이다. 욕구의 가치와 강도는 좋은 것의 실질개념에 속한다.[37)]

그러나 이에 대해 칸트는 다음처럼 응수할 수 있다.

> 당신은 내가 준칙 7을 버리고 준칙 8을 취하기 위해 욕구의 가치와 강도라는 질료 개념에 호소할 수밖에 없다고 말한다. 그래서 순전히 형식적인 절차를 통해서는 이 두 준칙 중에서 어느 것을 택해야 할지를 결정할 수 없다는 주장을 하고 싶어 한다. 그러나 이는 오해다. 나는 두 준칙 중에 어느 준칙을 택하는 것이 이치에 맞는지를 파악하기 위해서 결코 욕구의 강도라는 실질을 끌어들이고 있는 것이 아니다. 당신이 잘 지적하고 있듯이 "두 가지 준칙 가운데 어느 것도 두 가지 욕구 가운데 하나만 충족시키지만 다른 하나는 좌절시킨다"는 사실은 바로 내가 주장하는 것, 즉 어떤 준칙이 도덕규칙으로 받아들여 질 수 있는가를 판단하기 위해서는 목적 그 자체로서의 인간의 인간성 실현과 무관하게 실질만을 고려해서는 안 된다는 주장을 뒷받침해 주고 있다. 내가 준칙 7을 버리고 준칙 8을 택하는 것이 옳다고 말했을 때, 나는 '보편법칙의 법식'과 마찬가지로 형식적이며, 보편법칙의 법식과 본질적으로 동일한 또 다른 법식인 '목적 자체의 법식'을 염두에 두고 있다. 인간성을 목적 자체로 대하라는 명령의 관점에서 보면, 곤경에 처한 이웃을 돕는 것이 받아들여져야 함은 당연한 일이다.[38)]

---

37) 승계호, 『직관과 구성』, 301-302면.

38) 이 글을 쓸 때만 해도 필자는 칸트를 칸트의 입장에서 변호하려 했었지만, 지금 생각해보면 '목적 자체의 법식'이 과연 '보편법칙의 법식'과 마찬가지로 형식적인지는 의문스럽다. 이 문제에 대해서 필자는 이 책의 제4장에서 양 법식의 동일성을 주장하는 칸트의 입장을 비판적으로

칸트는 우리가 앞서 따온 인용문에서 '나도 남을 돕지 않고 남도 나를 돕지 않는 것'이라는 준칙은 논리적으로 보편화 가능하지만, 그 준칙을 보편적으로 수용할 수는 없음을 말하고 있다. 보편화 가능성의 개념을 논리적 보편화 가능성, 규칙의 보편적 적용가능성, 마지막으로 규칙의 보편적 수용가능성으로 나누어 설명하고 있는 폴 테일러는 "칸트의 윤리설에는 비록 그 의미들이 서로 구분되어 있지는 않지만, 이 세 가지 의미가 모두 포함되어 있다"[39]고 말한다.

칸트에 있어서 준칙이 도덕법칙으로 승격될 수 있기 위해서는 그 준칙이 자율의 원칙(자유 실현의 원칙)과 인간을 목적으로 대하라는 원칙 둘 다에 그리고 동시에 위배되지 않는 한에서, 또한 규칙의 자의성을 배제하는 방식으로 논리적 보편화 가능성을 가져야 한다. 이것은 기억해두어야 할 중요한 사항이다. 칸트가 다양한 방식으로 표현된 정언명법들이 근본에 있어서는 같은 것임을 주장한 이상, 참다운 도덕법칙은 자율의 원칙, 인간성 목적의 원칙, 자의성 배제의 원칙 그리고 논리적 보편화 가능성의 원칙을 동시에 충족시켜야 한다고 추리하는 것은 너무나 당연한 일임에도 불구하고 사람들은 유감스럽게도 칸트가 논리적 보편화 가능성만을 도덕성의 필요충분조건으로 간주했다고 오해했던 것이다.[40] 보편적 법칙의 법식을 형식적으로만 이해하게 되면, 그 법식은 도덕법의 논리적 보편화 가능성을 강조한 것으로 읽힐 수 있다. 그러나 칸트 윤리학이 비록 형식주의 윤리학이라 하더라도, 인간성을 목적 그 자체로 대접하기를 요구하는 형식주의이다.[41] 이와 관련하여 다음

다루었다.

39) P. F. Taylor, *Principles of Ethics*, 95면 이하 참조. 필자는 보편화 가능성에 대한 폴 테일러의 분석에 대해 많은 부분 동의하지 않고 있다. 다만 칸트가 보편화 가능성의 개념으로 염두에 두었던 것이 단지 논리적 보편화 가능성만이 아니었다는 점에서 그의 입장에 동의하고 있다.

40) 물론 다양한 방식으로 표현된 정언명법들이 근본에 있어서는 같은 것이라는 칸트의 주장 자체는 문제투성이 주장임은 분명하며, 칸트가 왜 그런 무리한 주장을 하게 되었는가 하는 것은 별개의 문제이다.

41) 물론 칸트가 윤리학의 영역에서 자신의 형식주의를 얼마나 일관되게 밀고 나갔는가 하는 문제는 별도로 논의되어야 할 문제다. 칸트 윤리학이 비록 필자가 해석하듯이 "인간성을 목적 그 자체로

과 같은 칸트의 말이 학자들에 의해 주목받지 못했다는 것은 참으로 이상한 일이다. 칸트는 "도덕성의 원리를 제시하는, 앞서 언급된 세 가지 방식은 근본적으로는 단지 동일한 법칙의 다양한 법식들일 뿐이며, 그들 각각의 법식은 나머지 다른 두 법식을 자기 안에 포함하고 있다"고 말한 뒤, 다음처럼 말한다.

> 모든 준칙들은 간단히 말해서 다음과 같은 세 가지 측면을 갖고 있다. 1) 형식 : 이 형식은 보편성 중에 있다. 이런 점에서 도덕적 명법의 법식은 다음과 같이 표현되었다. '준칙은 마치 보편적 자연법칙으로 타당해야 하는 듯이 선택되어야 한다.' 2)실질 : 즉 목적을 갖는다. 이 법식은 '이성적 존재자는 성질상 목적으로서, 그렇기에 목적 자체로서, **모든 준칙에 대해 일체의 상대적이고 임의적인 목적을 제한하는 조건으로 되어야 한다**'로 표현된다. 3) 다음의 법식에 의한 모든 준칙의 완전한

대접하기를 요구하는 형식주의이다"고 하더라도, 여전히 남는 문제는 그 형식주의 체계 내에서 인간성을 목적으로 대하는 것이 과연 모순 없이 가능한가 하는 것이다.(필자는 이 책의 4장에서 이 문제에 대한 부정적인 결론을 내리고 있다) 승계호 교수는 "윤리학에 있어서 칸트의 코페르니쿠스적 혁명이란 것은 단지 겉모습에 불과하게 된다. 그는 형식적인 실천원리 뿐만이 아니라 실질적인 실천원리도 제시하고 있기 때문이다. 게다가 형식적인 실천원리는 너무도 공허하기 때문에, 그가 원하는 어떤 결과를 얻기 위하여 형식적인 실천원리를 적용할 때에 칸트는 실질 내용을 비밀리에 끌어들인다"(『직관과 구성』, 311면)고 말하면서 칸트를 비판한다. 이에 반해 칸트 윤리학은 형식주의 윤리학이 아니라고 주장하는 사람도 있다. 케이쓰 와드는 "칸트 윤리학은 근본적인 의미에서 무엇보다도 행위의 목적과 인간의 완성에 관심을 갖고 있는 목적론적 윤리학이다"고 주장한다.[Keith Ward, "Kant's Theological Ethics"(in : *Immanuel Kant, Critical Assessments* III, edited by Ruth F. Chadwick & Clive Cazeauk, London & New York, Routledge, 1992) 243면] 필자는 칸트 윤리학에는 목적론적인 요소가 발견됨을 부인할 수 없다고 생각하지만, 그렇다고 칸트 윤리학을 법칙주의 윤리학 혹은 의무론적 윤리학이 아니라 와드처럼 목적론적 윤리학이라고 말하는 것도 지나친 주장이라고 생각한다. 피테는 칸트 윤리학과 목적론의 관계에 대해 다음처럼 말한다. "그러나 만약 칸트의 윤리적 저술들에서 목적론(teleology)이 도구로서 허용되지 않는다 하더라도, 그것이 아무런 역할도 못한다고 말하는 것은 부정확한 주장이다. 사실상 우리가 칸트 윤리 체계의 기초를 고찰한다면, 그 체계가 온전하기 위해서 목적론이 절대적으로 필요한 전제임을 분명하게 알게 된다."(F. P. Van de Pitte, *Kant as Philosophical Anthropology*, The Hague, Martinus Nijhoff, 1971, 99면) 형식주의 윤리학 체계로 이해되어 온 칸트 윤리학 체계 내에 목적과 실질의 개념이 무시할 수 없을 정도로 자주 언급되고 대단히 중요한 역할을 한다는 것은 부정할 수 없는 사실이다.

> 규정 : '모든 준칙은 자기 입법에 의해 자연의 왕국으로서의 가능적인 목적의 왕국과 조화하여야 한다'는 법식이다. 이 경우의 진행은 의지 형식의 단일성(의지의 보편성)의 범주, 실질(의지의 대상 즉 의지의 목적)의 수다성의 범주, 그리고 이 양자의 종합인 전체성 즉 총체성의 범주라는 순서로 진행한다. 도덕적 평가에 있어서는 항상 엄격한 방법에 따르고, 또 '동시에 보편적 법칙이 될 수 있는 준칙에 따라 행위하라'는 정언명법의 보편적 법식을 근본에 두는 것이 좋다. 그러나 도덕법칙들을 널리 보급시키기를 원한다면, 동일한 행위를 상술한 **세 가지 개념을 통과하도록 하고**, 그렇게 함으로써 그 도덕법칙들을 가능한 한 직관에 근접시키는 것이 매우 유익하다.[42]

위 인용문에서의 칸트의 주장에 의하면, 근본에 있어서 하나인 정언명법은 세 가지 측면을 갖고 있다. 즉 '형식'과 '실질', 그리고 이 양자의 종합인 '완전한 규정'이 그것이다. 근본에 있어서 하나인 정언명법이 어떻게 정식화되든 '보편적 법칙의 법식'은 그 명법을 형식적 측면에서 표현한 것이며, '목적 자체의 법식'은 그 명법을 실질의 측면에서 표현한 것이다. 그리고 '목적 왕국의 법식'은 그 명법을 완전하게 규정한 것이다. 그렇다면 근본에 있어서 하나인 정언명법이 어떻게 정식화되든, 그것은 실질의 요소를 갖고 있다. 물론 그것은 목적 그 자체인 인간이다. 그리고 목적 그 자체인 인간은 "일체의 상대적이고 임의적인 목적을 제한하는 조건"이다.

우리는 이런 관점에서 왜 논리적으로는 얼마든지 보편화될 수 있는 수많은 행위규칙들이 도덕법칙이 될 수 없는가를 설명할 수 있다. 왜 백인 인종차별주의자의 준칙은 도덕법칙으로 인정될 수 없는가? 인종차별은 이성의 사실이 아닌 경험의 사실인 피부색에 기초하고 있기에, 그 준칙은 자의적이다. 왜

---

42) I. Kant, *Grundlegung zur Metaphysik der Sitten*, 70면, 강조는 필자에 의함.

'김씨 성을 가진 사람은 횡령죄의 처벌에서 면제되어야 한다'는 준칙은 도덕법칙이 될 수 없는가? 이 역시 준칙에 내포된 자의성 때문이다. 그리고 예컨대 '흑인은 영화 배우가 되어서는 안 된다'는 것은 논리적으로 보편화 가능하지만 자의적이기에 도덕법칙으로 채택될 수 없다. 그러면 '성적인 욕구가 발생할 때마다 그 욕구를 충족시켜라'는 명령은 어떤가? 이 명령은 논리적으로 보편화 가능하며 또한 자의적이지도 않지만, 그 명령은 행위자로 하여금 경향성의 유혹에 따르도록 하는 것이기에, 행위자의 자유를 침해하고 있다. 그리고 '먹을 것이 없어 굶어 죽게 된 상황일 경우, 제비뽑기를 해서 뽑힌 사람의 인육을 먹어서 인간 종족을 보존하라'는 명령은 인간성을 목적으로 대하지 않는 명령이기에 도덕법칙이 될 수가 없다. 폴 테일러는 다음처럼 말한다.

> 논리적 보편화 가능성은 목적론적 윤리체계를 지지하지 않는 것 못지않게 의무론적 윤리체계도 지지하지 않는다. "상황 S에서 사람들에게 최대의 쾌락을 가져다 줄 행동을 하는 것이 옳다"라는 판단은 "상황 S에서 비록 정직함이 부정직에 비해 다소 적은 쾌락을 사람들에게 가져다준다 할지라도, 정직하게 되는 것이 사람의 의무이다"라는 판단과 마찬가지로 보편화 가능하다.[43]

그러면 왜 칸트는 쾌락주의적 준칙은 도덕법칙이 될 수 없다고 말했을까? 그 이유는 간단하다. 쾌락주의적 준칙은 설령 논리적으로 보편화 가능하다 하더라도 실천이성의 본성에서 유래한 준칙이 아니어서 자율의 법식에 어긋나기 때문이다. 쾌락주의적 준칙은 의무를 경향성에 대립시킨 뒤, 경향성에 따르는 것은 인간이 자신을 필연의 자연법칙에 종속시키는 것이 되고 의무에 따르는 것은 이성의 자유를 실현하는 것이라고 생각하는 칸트의 입장에서는

---

43) P. F. Taylor, *Principles of Ethics*, 98면.

결코 도덕법칙이 될 수는 없는 것이다. 이제 우리는 또한, 왜 곤경에 처한 사람을 돕겠다는 준칙이나, 곤경에 처해 있는 사람을 돕지 않겠다는 준칙 둘 다 논리적으로 보편화 가능함에도 불구하고 전자는 도덕법칙으로 받아들여질 수 있지만 후자는 받아들여질 수 없는지 그 이유를 분명하게 알게 된다. 후자의 준칙은 정언명법의 형식적 측면은 충족시키지만 실질적 측면을 충족시키지 못하기 때문이다. 승계호 교수가 지적했듯이 전자의 준칙이나 후자의 준칙이나 어떤 욕구(행위의 목표 혹은 실질)는 충족시키지만 다른 욕구는 좌절시킨다. 그런 한에서 두 준칙은 등가적이다. 그럼에도 불구하고 우리는 전자의 준칙을 통해 실현하고자 하는 목표를 취해야 한다. 왜냐하면 그것이 **모든 준칙에 대해 일체의 상대적이고 임의적인 목적을 제한하는 조건인 목적 그 자체로서의 인간의 인간성의 실현에 어울리는 것이기 때문이다.**[44] 칸트는 우리가 앞서 살펴보았듯이, 매우 공개적으로 정언명법의 실질에 대해 언급하고 있다. 그가 인간을 단지 수단으로만 대하지 말고 동시에 목적 그 자체로 대하라고 말했을 때, 그는 우리가 그를 윤리학의 영역에서 순전히 논리적인 의미에서의 형식주의자로 간주하기를 거부하고 있다. **인간을 목적 그 자체로 간주해야 한다면, 목적 그 자체로서의 인간의 인간성을 실현하는 데 도움이 되는 다른 모든 상대적인 목적(실질)들도 그 체계 내에서 인정되지 않으면 안 되는 것이다.**

만약 칸트가 정언명법의 제1법식으로써 규칙의 논리적 보편화 가능성만을 염두에 두었다면, "논리적 보편화 가능성 그 자체만으로서는 도덕적 의무에 대한 충분조건은 되지 못한다"[45]는 말이나, "논리적 보편화 가능성 그 자체만으로서는 의무론적 윤리체계에 있어서 모든 도덕적 의무의 근거가 될 수는

---

44) 필자가 이 글을 학술지에 발표할 때에는 명확히 인식하지 못하고 있었던 것이지만, 필자의 이런 변호가 타당하다면, 필자는 결국 "(칸트의) 형식적인 실천원리는 너무도 공허하기 때문에, 그가 원하는 어떤 결과를 얻기 위하여 형식적인 실천원리를 적용할 때에 칸트는 실질 내용을 비밀리에 끌어들이고 있다"는 승계호 교수의 주장을 받아들이지 않을 수 없게 된다.

45) P. F. Taylor, *Principles of Ethics*, 98면.

없다. 그러나 의무에 대한 필요조건으로서는 받아들여야 한다"[46]는 말은 맞는 말이다. 물론 칸트가 보편화 가능성을 도덕성의 필요충분조건으로 제시했다고 주장하는 사람이 없지는 않다. 예컨대 프레드 펠드맨은 '보편적 법칙의 법식'을 (가) 어떤 행위는 그 격률이 보편화 가능할 때에만, 그리고 오로지 그때에만 도덕적으로 옳다고 풀이하거나, (나) 어떤 행위는 그 준칙이 보편화 가능할 때에만 도덕적으로 옳다고 풀이할 수 있다고 말한 뒤, (가)로 풀이하는 것이 옳다고 말한다. 만약 (나)처럼 풀이한다면, 정언명법은 행위하지 말아야 할 것을 지적해주지만 다시 말해서 정언명법은 보편화될 수 없는 격률에 의거한 행동을 피할 것을 우리에게 말해주지만 우리가 행해야 할 행위들의 특징을 말해주지는 않게 되는데, 이는 '보편적 법칙의 법식'이 "도덕성의 최상 원칙"이라고 확언하고 있는 칸트의 말로 볼 때 잘못이라는 것이 펠드맨의 주장이다.[47] 그러나 우리가 앞서 살펴보았듯이 준칙의 논리적 보편화 가능성은 그 준칙이 도덕법이 되기 위한 필요조건은 될지언정 충분조건은 될 수가 없다. 만약 칸트가 보편화 가능성을 도덕성의 필요충분조건으로 생각했다면, 그는 행위의 참된 기준이 될 법칙을 제시하는 일에 실패한 것이 될 것이다. 그러나 칸트는 논리적 보편화 가능성을 도덕성의 필요충분조건으로 생각하지 않았다. 칸트에 의하면 모든 참다운 도덕법은 실천이성의 본성에서 유래한 것이며, 그런 한 그것을 실천함으로써 인간은 자신에 잠재된 본성인 이성의 자유를 실현할 수 있고, 인간을 목적으로 대접할 수 있고 또 자의적이지 않게 되며, 결국 보편적으로 즉 실천이성을 통해 인정받을 수 있다. 그리고 이 모든 조건을 충족시키는 준칙만이 법칙이 될 수 있음을 칸트는 말하고 싶었던 것이다.

---

46) P. F. Taylor, *Principles of Ethics*, 98면.

47) F. Feldman, *Introductory Ethics* (London, Prentice-Hall, Inc., 1978) 104면 참조.

VI. 남는 문제

칸트가 말하는 정언명법의 보편화 가능성이 논리적 보편화 가능성만을 의미한다면, 우리는 논리적으로 보편화 가능하면서도 도덕법칙으로 받아들일 수 없는 많은 명령들을 만들 수 있기에, 보편화 가능성은 어떤 법칙이 도덕법칙이 될 수 있는지 여부를 결정하는 필요충분조건이 될 수 없다. 그러나 칸트는 '논리적으로 보편화 가능한 모든 것은 도덕법칙이다'는 주장을 하고 있는 것이 아니라, '도덕법칙은 적어도 논리적으로 보편화 가능해야 한다'는 주장을 하고 있다. 논리적 보편화 가능성은 도덕법칙의 필요조건이다. 이 필요조건을 충족시킨 위에 도덕법칙은 다음의 세 가지 조건을 동시에 충족시켜야 한다. 첫째로, 도덕법칙은 자의적이어서는 안 된다. 둘째로, 도덕법칙은 행위자의 자율성(자유)을 침해하는 것이어서는 안 된다. 셋째로, 도덕법칙은 인간성을 수단시해서는 안 된다.

필자는 지금까지 칸트가 말하는 정언명법의 보편화 가능성 개념을, 칸트의 의도에서 옹호하였다. 칸트는 '목적 자체의 법식'이나 '자율의 법식'은 '보편적 법칙의 법식'의 다른 표현이며, 본질적으로 동일한 것이라고 주장하였다. 이런 주장을 펴는 칸트의 의도에서 볼 때, 도덕법칙은 논리적으로 보편화 가능해야 하고, 자의적이어서는 안되고, 인간성을 목적으로 대우해야 하며, 행위자의 자율을 침해해서는 안 된다는 결론이 따라 나온다는 것이 필자의 주장이다. 그러나 칸트의 정언명법론의 첫 번째 중요한 문제점은 **만약 '보편적 법칙의 법식'이 '자율의 법식'이나 '목적 자체의 법식'과 근본적으로 동일한 것이 아니라면, 도덕성의 근본원칙을 세우려했던 칸트의 의도는 수포로 돌아갈 수 있다**는 것이다. 칸트는 "도덕성의 원리를 제시하는, 앞서 언급된 세 가지 방식은 근본적으로는 단지 동일한 법칙의 다양한 법식들일 뿐이며, 그들 각각의 법식은 나머지 다른 두 법식을 자기 안에 포함하고 있다"고 말했다. 문제는 "그들 각각의 법식은 나머지 다른 두 법식을 자기 안에 포함하고 있다"는 말에서 생겨난다. 그 말에 의하면, '보편적 법칙의 법식' 안에는 '목적 자체의 법식'과 '목적 왕국의 법식'이 포함되어 있는 것이 된다. 그렇다면 근본적으로 하나인 정언명법을 그 형식의 측면에서 표현한 '보편적 법칙의 법식' 안에는 근본적으로 하나인 정언명법을 그 실질의 측면에서 표현한 '목적 자체의 법식'이 들어 있다는 말이 된다. 그러나 이는 우리가 형식과 실질의 이분법을 받아들이는 한, 참으로 납득하기 힘든 말이다. 예컨대 브로드는 이 세 가지 법식이 논리적으로 동치가 아님을 주장하고 있다.[48]

우리는 칸트가 말하는 세 가지 법식의 근본에 놓여 있는 하나인 정언명법을 '행위의 준칙은 논리적으로 보편화 가능해야 하고, 자의적이어서는 안 되고, 인간성을 목적으로 대우해야 하며, 행위자의 자율을 침해해서는 안 된다'는 것으로 해석함으로써, 정언명법의 보편화 가능성을 순전히 형식적 · 논리적 보편화 가능성으로만 간주할 때 생겨나는 문제점들 - 보편화 가능성이 도덕법의 필요충분조건이 될 수 없다는 문제점과 칸트가 도덕적 실질의 문제로부터 자유로울 수 없다는 문제점 - 을 피해갈 수 있었다 하더라도, 여전히 다음과 같은 문제가 제기될 수 있다. 칸트에 의하면 '거짓말하지 말라'는 것은 세 가지 법식의 근본에 놓여 있는 하나인 정언명법에 부합하는 도덕법칙이다. 그런 한 그 법칙은 논리적으로 보편화 가능하며, 또 그 법칙에 따르는 것은 자의적으로 행동하지 않는 것이며 인간의 인간성을 목적 그 자체로 간주하는 것이며, 행위자의 자유를 실현하게 하는 것이다. 그러나 진실을 말하는 것이 친구의 생명을 빼앗는 결과를 초래할 수도 있다는 데서 문제가 발생한다. 칸트 자신 「인간애로 말미암아 거짓말하는 권리에 관하여」라는 논문에서 이런 사례를 다루고 있다. 그 논문에서 칸트는 친구의 생명을 포기하더라도 거짓말을 해서는 안 된다고 말한다.[49] 그러나 이 경우 거짓말을 하지 않는 것은 인간의 인간성을 목적으로 대하기 위해서라고 말하기 어려울 것이다.

---

48) C. D. 브로드, 『윤리학의 다섯가지 유형』 163-164면 참조.
49) 이에 대한 자세한 논의는 이 책 제11장 「거짓말에 대한 칸트의 입장」 참조.

칸트 정언명법론의 세 번째 문제점은, 도덕적 명령 중에는 설령 상황에 관계없이 무조건 타당한 것이 있을 수 있다 하더라도, 상황에 따라서만 타당한 도덕적 명령이 있을 수도 있다는 사실을 인정하지 않는 데서 생겨난다. 예컨대 결혼제도와 관련하여 우리는 일부일처제를 택할 수도 있고, 일부다처제나 일처다부제를 택할 수도 있다. 혹은 대부분의 문명국가에서처럼 일부일처제를 택할 수도 있다. 이처럼 여러 유형의 결혼제도 중에 어느 것이 칸트가 말하는 하나인 정언명법에 부합하는 것인가? 전쟁으로 인하여 많은 남자들이 죽어버린 상황이라면 일부다처제가 합리적일 수도 있다. 혹은 상황에 따라서는 일처다부제가 옳을 수도 있다. 필자의 생각으로는 일부다처제이든 아니면 일처다부제이든 이 두 가지 결혼제도는 공히, 자의적이지 않아야 하고 행위자의 자율을 침해해서는 안 되며 인간성을 목적으로 대접해야 한다는 조건을 모두 충족시키는 듯이 보인다. 문제가 되는 것은 보편화 가능해야 한다는 것이다. 남자와 여자의 성비가 1 : 3으로 크게 불균형을 보이는 지역이 있다고 하자. 그러면 일부다처제 이외에는 별다른 대안이 없게 된다. 만약 이 경우 채택된 결혼제도는 그 지역 내에서만 보편화 될 수 있다. 칸트의 정언명법론은 모든 도덕법칙은 보편적으로 적용되어야 한다고 말함으로써, 이런 '제한된 보편성'을 거부하고 있으며 그러함으로써 문화적 다양성에 대해 유연하게 대처하지 못하는 결함을 갖고 있는 듯이 보인다. 이런 결함은 절대주의 도덕 일반이 갖고 있는 공통된 결함으로서, 절대론적 도덕이론들, 예컨대 신명령론(Divine Command Theory)이나 칸트 윤리학은 도덕의 단일 기원론, 즉 도덕적 명령은 단일한 기원을 가진다는 이론이기 때문이다. 그러나 우리는 도덕의 단일 기원론은 잘못된 것이라고 생각한다.

제8장 도덕성과 적법성

칸트가 행위의 도덕성(Moralität)과 적법성(Legalität)을 그 동기의 관점에서 구분하고 있음은 칸트 윤리학의 상식이다. 칸트에 의하면 어떤 상인이 신용을 얻어 물건을 많이 팔 목적으로 정직했다면, 그의 행위는 적법성은 갖지만 도덕성은 갖지 못한다. 그 상인에게 있어서 정직은 정직 그 자체를 위해 행해진 것이 아니라, 축재를 위해 행해진 것이기에, 정직은 오히려 축재를 위한 수단에 불과하다. 그러나 도덕은 그 자체 목적이지 어떤 다른 것을 위한 수단이 아니다. 도덕성과 적법성에 대한 이런 구분은 우리의 상식에도 부합하고, 또한 그 나름의 설득력을 갖고 있다. 그러나 칸트는 도덕성을 이보다 더 강하게 규정하고 있다. 예컨대 어떤 사람이 억제할 수 없는 동정심을 타고 태어났기에, 오직 그 동정심으로 인하여 불쌍한 이웃을 볼 때마다 도와준다면, 그는 비록 도덕에 부합한 행위를 했다 하더라도, 앞의 그 상인과 마찬가지로 도덕적인 사람이 아니라는 것이 칸트의 생각이었다. 그러나 타고난 동정가의 이야기는 앞의 상인의 이야기와는 달리, 뭔가 어색하고 설득력이 없어 보인다. 바로 그 때문에 실러는 도덕성에 대한 칸트의 주장을 다음과 같은 시로써 풍자하였다.

나는 즐겁게 친구에게 봉사한다.
그러나 슬프도다. 나는 즐거움으로 그렇게 하므로.
나는 내가 유덕하지 못한 인간이라는 생각으로 말미암아
종종 근심스럽도다.[1)]

과연 칸트는 이론적 일관성을 위해 그야말로 '도덕성'의 기준에 대한 '말도 안 되는' 우스꽝스런 주장을 편 것인가? 필자가 검토해보고자 하는 것은 바로 이 문제이다. 실러는 과연 그 한 편의 풍자시로써 칸트 윤리학의 급소를 가격하는 데 성공하였는가? 아니면 실러는 칸트를 터무니없이 잘못 해석하고 있는가? 필자는 도덕성과 적법성의 구분을 실러처럼 강하게 해석하는 것은 칸트를 잘못 해석하는 것임을 밝히고자 한다. 그 대신 필자는 도덕성과 적법성의 구분을 약하게(온건하게) 해석하는 방식을 제시하고자 한다. 그리고 본 장에서 필자가 입증하고자 하는 것은 이렇게 온건하게 해석함으로써 비록 칸트가 실러의 비판을 피해갈 수 있다 하더라도, 칸트로서는 새로운 문제점에 봉착하게 된다는 것이다.

I. 도덕성과 적법성에 대한 칸트의 설명

칸트는 도덕법칙을 실천이성의 선천적 형식에서 이끌어 내었으며, 그렇게 이끌어 내어진 도덕법칙을 정언명법으로 명명했다. 주지하다시피 정언명법은 무조건적인 명령으로서, 우리는 정언명법에 부합하는 도덕법칙이 우리에게 부과하는 의무를 오로지 그 의무에 대한 존경심에서 행할 때에만 도덕성을 가진다. 예컨대 앞서 언급한 상인의 행위는 드러난 행동 혹은 표면적인 결과의 관점에서는 정직한 행위이지만, 그 내면의 동기에서는 결코 정직 그 자체를 위해서 행해진 것이 아니라, 돈을 위해 행해진 것이다. 칸트는 전자의 행위는 (동기가) '의무로부터 말미암은'(aus Pflicht) 행위로서 도덕성을 가지지만, 후자의 행위는 (결과적으로) '의무에 적합한'(pflichtmässig) 행위로 적법성을 가질 뿐이라고 말한다.

1) H. J. Paton, *The Categorical Imperative*, 48면에서 재인용.

행위들이 갖는 모든 도덕적 가치의 본질은 **도덕법이 의지를 직접 규정하는 것에** 의존한다. 의지규정(Willensbestimmung)이 도덕법에 일치하였더라도, 만약 어떤 종류의 것이든 간에 감정을 … (중략) … 수단으로 해서만 결의한다면, 그리고 법칙 그 자체를 위해 결의하지 않는다면, 행위는 적법성(Legalität)을 가지기는 하지만 도덕성(Moralität)을 가지지는 못한다.[2)]

의무로부터 행해진 행위는 그 행위에 의해서 성취되는 목표에 의해서가 아니라, 행위를 규정하는 준칙에 의해서 도덕적 가치를 가진다는 것이다. 그러므로 행위의 도덕적 가치는 행위의 대상이 실재하는가 여부에 의해 결정되는 것이 아니라 욕구능력의 대상을 전혀 고려함이 없이 행위가 행해질 때 행위가 의지하는 의욕의 원리에만 의존한다는 것이다.[3)]

도덕법을 통한 의지의 모든 규정에서 본질적인 것은 다음과 같다. 즉 의지가 자유의지로서 **오직 법칙에 의해서만 규정된다는 것**이다. 따라서 **감성적 충동의 협동이 없을 뿐만 아니라, 감성적 충동을 모두 배척**하고 또 모든 애착도 - 이것이 법칙에 거스르는 한에서 - 끊어버림으로써, 오로지 법칙에 의해서만 규정된다는 것이다.[4)]

---

2) I. Kant, *Kritik der praktischen Vernunft*, 84면. 강조는 필자에 의함.

3) I. Kant, *Grundlegung zur Metaphysik der Sitten*, 26면. 강조는 칸트에 의함.

4) I. Kant, *Kritik der praktischen Vernunft*, 85면. 강조는 칸트에 의함. 이 인용문은 문제가 있는 인용문으로 읽힐 수 있다. 인용문에 의하면 의지가 **감성적 충동의 협동을 받음이 없이** 오로지 도덕법칙에 의해서만 규정되어야 함을 말하면서 동시에 법칙에 거스르지 않는 **애착심의 협동을 받아** 의지가 규정되는 것을 용인하고 있다. 일견 이는 모순적인 발언처럼 보이게 된다. 그러나 칸트가 이 인용문에서 말하고자 하는 것은, 자유의지로서 의지는 오로지 도덕법칙에 의해서만 규정될 수 있는 의지이기에 의지가 규정되기 위해 감성적 충동의 협동을 받을 필요가 없지만, 따라서 법칙친화적(의무친화적) 애착심이나 법칙역행적(의무역행적) 애착심의 도움이 없이도 의지는 규정될 수 있지만, 그렇다 하더라도 굳이 의무친화적 애착심까지 끊어버린 상태에서 행동하려고 할 필요는 없다는 것이다.

칸트는 도덕성과 적법성을 이처럼 엄격하게 구분함으로써 동기주의 윤리학자의 전형이 되었다. 우리의 행위가 도덕적인 행위가 되기 위해서 동기는 오로지 도덕법에 대한 존경심이어야 한다. 그 이외의 다른 어떤 것들도 경향성에 불과한 것으로, 경향성은 행위의 참다운 도덕적 동기가 될 수 없다. 칸트에 의하면 경향성은 감각에 종속되어 있는 욕구능력이다.[5] 칸트가 도덕법에 대한 의무의식 이외에 행위의 동기로 작용할 수 있는 것을 통칭해서 '경향성'으로 부르지만, 이 '경향성(애착심, Neigung)'은 크게 두 가지로 구분해볼 수 있을 것이다. 첫째는 의무친화적 감정이다. 예컨대 타고난 천성상 불쌍한 사람을 보면 도와주지 않고서는 못 배기는 사람이 있을 수 있다. 우리는 통상 남을 배려하는 친절이나 사랑의 감정, 혹은 동정심과 같은 것을 자연이 우리에게 심어준 선량한 감정으로 간주한다. 그리고 그런 감정에 따라 행위하는 것을 '도덕적인' 행위로 간주하는 경향이 있다. 그러나 칸트에 의하면 이런 것들은 비록 의무친화적인 감정이긴 하지만, 역시 경향성의 일종일 뿐 참다운 도덕적 감정이 아니다. 칸트는 의무친화적인 감정들조차도 도덕적 동기로 간주될 수 없다고 생각하는 이유를 도덕법칙은 우리에게 명령의 형식으로 다가온다는 사실에서 찾는다.

> 사람이 즐겨서 무엇을 해야 한다는 명령은 그 자체 모순적이다. 왜냐하면, 우리가 할 의무가 있는 것을 우리가 자연적으로 잘 알고 있고 또 우리가 그것을 즐겨 해야 하는 것을 의식하고 있다면, 그런 것에 대한 명령은 전적으로 불필요하기 때문이다.[6]

칸트는 경향성에 따라서가 아니라, 비록 나의 감정에 거스른다 하더라도 의무로부터 행위하라는 원칙의 관점에서 "네 원수를 사랑하라"는 성경의 구

---

5) I. Kant, *Grundlegung zur Metaphysik der Sitten*, 42면 참조.
6) I. Kant, *Kritik der praktischen Vernunft*, 97면.

절을 다음처럼 해석하는 것이 옳은 것이라고 주장한다.

> 네 이웃을 사랑하고 너의 적까지도 사랑하라고 명령하는 성서의 구절도 물론 이런 식으로('이런 식으로'는 나의 감정에 거스른다 하더라도 의무감에서 행위하는 것 : 필자 집어넣음) 이해되어야 한다. 경향성으로서의 사랑은 명령될 수 없기 때문이다. 그러나 의무에서 나온 친절은 비록 그것이 그 어떤 경향성에 의해서도 촉진되지 않더라도, 심지어 자연적이고 극복할 수 없는 혐오의 감정에 부딪힌다 하더라도, 실천적인 사랑이고 감각적인 사랑은 아니다. 이 실천적 사랑은 의지 안에 존재하되 감정의 성벽에 있지 않으며, 행위의 원칙에는 존재하되 부드러운 동정에 있지 않다. 그리고 이 실천적 사랑만이 명령될 수 있다.[7]

칸트는 실천적 사랑만이 명령될 수 있고 감정으로서의 사랑은 명령될 수 없음을 또한 다음처럼 말한다.

> 하나님에 대한 사랑은 애착(감각적인 사랑)으로서는 불가능하다. 하나님은 결코 감관의 대상이 아니기 때문이다. 인간에 대한 사랑도 확실히 가능하지만, 명령될 수는 없는 것이다. 누구든지 단지 명령에 의해서 어느 사람을 사랑할 수는 없기 때문이다.[8]

칸트는 동정에 대해서도 마찬가지 입장을 표명한다.

> 세상에는 체질적으로 타인에 대해 매우 동정적이어서, 그들은 허영심이나 이기심의 동기에서가 아니라 그저 주위에 기쁨을 확대시키는 것에서

---

7) I. Kant, *Grundlegung zur Metaphysik der sitten*, 25-26면.
8) I. Kant, *Kritik der praktischen Vernunft*, 97면.

> 그리고 타인을 만족스럽게 만드는 것에서 내적인 만족을 발견하는 많은 사람들이 있다. 그러나 나는, 그러한 행위는 비록 극히 의무에 적합하고 사랑할 만한 것이지만, 아무런 참된 도덕적 가치를 갖고 있지 않으며, 오히려 다른 경향성들, 예컨대 명예에 대한 경향성과 같은 것이라고 말한다.[9)]

칸트가 의무친화적인 감정들조차도 도덕적 동기로 간주될 수 없다고 생각하는 두 번째 이유는, 인간의 타고난 성품은 개인에 따라 천차만별인데, 어떤 사람은 천성상 동정심이 넘쳐서 '도덕적인' 인간으로 평가받고, 어떤 사람은 천성상 냉정하여서 '비도덕적인' 인간으로 평가받는다면, 이는 불합리한 일이 될 것이라고 생각하기 때문이다. 이런 식이라면 사람의 도덕성 여부는 타고난 천성에 의해 결정되어버리게 된다. 칸트는 단지 천성을 잘못 타고났다는 이유로 비난받는 것은 합리적이지 못하다고 생각했던 것이다.[10)] 윤리학의 영역에서는 타고난 성격이나 기질은 칭찬의 대상도 비난의 대상도 아니다. 칸트는 언급하지 않았지만, 동정심은 그 자체 일관적이지 못한 측면도 갖고 있다.

> 나는 종종 동물들의 세계에 대한 프로그램을 볼 때, 심각한 감정상의 모순에 빠지는 나를 발견하곤 한다. 프로그램의 초점이 치타의 멸종가능성에 맞추어지면, 치타의 사냥이 성공하기를 바라는 마음이 간절하다. 심지어 새끼를 네 마리나 데리고 다니는 어미가 나흘 동안 단 한번도 사냥에 성공하지 못해, 물로 허기진 배를 채우는 모습을 보면, '저놈의 톰슨 가젤들 좀 잡혀주지 왜 저리 잘도 도망치노' 하는 생각이 절로 든다.

---

9) I. Kant, *Grundlegung zur Metaphysik der Sitten*, 24면.

10) 이에 관해서는 김상봉의 논문, 「칸트 윤리학과 동장심의 문제」(한국칸트학회 편, 『칸트와 윤리학』, 서울, 민음사, 1996)을 참조하라.

> 그러나 프로그램의 초점이 톰슨 가젤에 맞추어지면, 시속 100Km로 달리며 뒤쫓아 오는 치타를 시속 60-70Km 밖에 달리지 못하는 톰슨 가젤 새끼가 살려고 지그재그로 도망쳐 끝내 치타를 따돌리는 것을 보고, 마치 내가 살아난 것 같은 기쁨을 느낀다.[11)]

경향성에는 의무친화적 감정 이외에, 물질욕, 명예욕 등등의 욕망들이 있을 수 있다. 이런 욕망들은 경우에 따라서는 의무역행적일 수도 있고, 때로는 의무친화적일 수 있다. 가령 어떤 사람이 자신의 명예를 중시한 나머지 정직했다면, 이 경우 명예욕은 의무친화적 경향성으로 작용했다. 그리고 어떤 장사꾼이 부자가 되기 위해 신용을 쌓고, 신용을 쌓기 위해 정직한 상거래를 한다면, 이 경우 물욕은 의무친화적 경향성이 될 것이다.[12)] 그러나 어떤 사람이 재산이 탐나서 거짓말을 했다면, 이 경우 물욕은 의무역행적 경향성이 될 것이다.

II. 실러가 잘못 본 점

도덕법에 대한 순수한 존경에서 한 행위만이 도덕성을 갖는다는, 칸트의 이런 입장을 우리는 칸트가 우리에게 어떤 도덕적 갈등 상황에서 **아무런 유혹도 느끼지 않고서** 단적으로 도덕법에 대한 존경에서 행위하기를 요구하고 있다는 식으로 해석하는 사람들이 종종 있다. '도덕성'의 기준에 대한 이런 해석은 매우 강한 해석방식으로서, 실러가 이런 식으로 칸트를 해석하고 있다. 명백히 실러는 앞서 인용한 풍자시를 통해 칸트 윤리학에 따르면 친구를

11) 졸저, 『어느 철학자의 한국사회 읽기』(부산, 세종출판사, 1999) 310면.

12) 최근 '기업윤리'에서 기업의 윤리적 경영이 기업에 더 많은 이윤을 안겨준다는 취지의 주장이 종종 제기되곤 하는데, 이런 경우도 칸트의 시각에서 본다면 윤리와는 아무런 관계가 없는 것이 된다.

친애하는 의무친화적 감정 때문에 친구에게 봉사하는 것은 도덕성을 갖는 행위가 아니게 됨을 지적하고 있다. 실러의 칸트해석에 따르면 우리의 행위는 의무역행적 감정이건, 의무친화적 감정이건 모든 감정을 완전히 배제한 상태에서 오직 순수하게 의무감에서만 행해질 때에만, 도덕성을 갖는다는 것이다. 과연 칸트의 본의가 이것일까? 필자는 칸트가 도덕성의 기준을 그렇게 강한 형식으로 제시했다고 생각하지 않는다.

도덕성의 유무를 판정하는 기준을 이렇게 강하게 잡아 놓으면, 우리들 대부분은 비도덕적인 인간으로 분류될 수밖에 없을 것이다. 어떤 도덕적 갈등 상황에서 **아무런 감정도** – 그 감정이 의무친화적이건 역행적이건 – **느끼지 않으면서** 단적으로 도덕법에 대한 존경에서 행위하는 인간은, 물론 의지와 도덕법이 항상 일치하는 인간으로서, 인간은 누구나 그런 도덕적 경지에 도달하기를 원해야 하지만, 피와 살을 갖고 있는 현실적인 인간은 피와 살을 갖고 있다는 바로 그 이유로 말미암아 그런 경지에 도달하는 것은 불가능하다. 우리의 행위를 유발시키는 동기는 대부분 단일하지 않고 복합적이다. 우리가 자신이나 타인의 도덕성에 대해 말할 수 있으려면, 그런 복합적인 동기 중에 적어도 '도덕법에 대한 의식'이 조금이라도 포함되어 있어야 한다는 것이 칸트의 생각이다. 일단 이를 분명히 한 뒤에 우리는 다음과 같은 경우에 칸트는 우리들의 질문에 어떻게 대답할 것인지를 물어볼 필요가 있다.

가령 어떤 고위 공직자에게 누군가가 뇌물을 가져 왔다고 하자. 이 경우 대부분의 사람들은 '이 뇌물을 받아서는 안 되는데' 하고 생각하면서 동시에, '아무도 몰래 이 뇌물을 받으면 되겠지' 하는 유혹을 느낄 것이다. 이런 상황에서 사람들이 느끼는 갈등은 정도의 차이는 있겠지만, 그런 유혹을 조금도 느끼지 않는 사람은 거의 없을 것이다. 그런데 그 뇌물을 거절하는 대부분의 사람은 심각하게 갈등하다가, ① 원칙적으로 그런 뇌물을 받으면 안 된다.(도덕적 동기) ② 만약 내가 아무도 몰래 뇌물을 받으려 하다가, 그 비밀이 폭로된다면 무슨 망신인가?(사회적 평판의 동기) ③ 사회적 망신도 망신이지만, 이 일로 인해 만약에 현재의 직장에서 쫓겨나기라도 한다면, 누가 처자식을 부양할 것인가?(경제적 타산의 동기) 라는 이 세 가지 동기가 혼합된 방식으로 그 뇌물을 거절할 것이다. 그러면 그의 행위는 도덕성을 갖는가? 아마 칸트는, 그 공직자가 갈등을 하다가 첫 번째 동기로 뇌물을 물리쳤을 경우에만, 가장 바람직한 방식으로 참된 도덕적 행위를 한 것이 된다고 생각했을 것이다. 그러나 필자는 이 세 가지 동기가 뒤섞인 상태에서 행위했다 하더라도, 칸트는 그런 행위에도 불만족스럽긴 하지만 도덕성이 있는 것으로 판단하리라 생각한다. 우리의 모든 행동은 한순간에 행해지는데, 바로 그 순간에 도덕법칙에 대한 존경의 의식이 전혀 없이 행해진 행위이면서 결과적으로 우리가 도덕법에 합치하는 행위를 했다면, 그것은 완전히 적법성만을 가진다. 우리가 내면적으로 갈등을 하다가 행위를 하는 바로 그 순간에 오로지 도덕법칙에 대한 순수한 존경심에서만 행위했다면, 그 행위는 도덕성을 가진다. 그러나 도덕적 갈등상황에서 행하는 우리들의 대부분의 행위는 도덕성과 적법성 사이의 어디엔가 위치할 것이다.[13)]

앞서 살펴보았듯이, 칸트는 비록 도덕법에 합치하는 행동을 했다 하더라도, 법칙에 대한 존경심에서가 아니라, 싫어하는 감정은 말할 것도 없고 즐거워하는 감정(마음)으로 행동하면, 그것은 도덕적인 행위가 아니라고 말했다. 가령 갑돌이는 아내에 대해 사랑스러운 감정을 느껴서 아내를 사랑한다고 해보자. 그러면 그의 행동에는 도덕성이 없다. 그러나 을식이는 아내에 대한 감정적인 사랑은 이미 식어버려 없지만, 아내를 사랑해야 한다는 의무감에서 아내를 사랑하려고 애쓴다고 해보자. 그러면 을식이의 행위에는 도덕성이 있다. 그러나 이런 주장은 뭔가 어색하고 잘못된 것 같은 느낌을 준다. 그래서 실러는 칸트 윤리학에 대해 앞서 인용한 그런 풍자시를 지었다.

실러의 그런 풍자에 대해 칸트는 어떻게 대답할까? 동정심에 따라 행위하

---

13) 물론 이 양자의 중간에 위치하는 행위들이 있을 수 있다고 말하는 것은, 우리가 도덕적으로 갈등하다가 행동하는 바로 그 한 순간에, 여러 가지 동기가 작용할 수 있음을 말하는 것이 된다.

는 것은 참다운 도덕적 행위가 아니라는, 우리들의 일반적인 상식과 어긋나는 칸트의 답변에는 형식주의 윤리학자로서의 칸트의 진면목이 남김없이 드러나는 강력한 설득력이 있다.[14] 그럼에도 불구하고 사람들은 즐거운 마음으로 친구를 대접하거나 사랑스런 마음으로 아내를 사랑하는 것은 도덕성이 결여된 행위이며, 미워함에도 불구하고 친구에게는 친절하게 대해야 한다는 의무감에서 친절하게 대하려고 애쓰거나 아내를 사랑해야 한다는 의무감에서 사랑하려고 애쓰는 것이 도덕성이 있는 행위라는 주장에 대해서는 고개를 갸우뚱할 것이다. 사람들은 다음처럼 생각할 것이다.

> 일반적으로 사랑에는 의무와 감정이 다 포함된다고 생각한다. 사랑의 감정은 사랑이 성립하기 위한 필요조건이라면, 사랑의 의무는 사랑이 성립하기 위한 충분조건이다. 그러므로 참된 사랑은 사랑의 감정과 의무를 함께 갖고 있어야 할 것이다. 어떤 남자가 여자에게 사랑한다는 고백을 했다고 하자. 이 경우 그의 말은 그 남자가 여자에게 사랑의 감정을 느낀다는 말이면서 동시에 사랑의 의무를 지겠다는 말이다.[15] 감정이란 원래 조석으로 바뀌는 것이므로 사랑의 감정만 있는 사랑은 지속적이지 못하다. 또한 의무란 것은 그것이 우리의 경향성의 유혹을 부정하려는 것인 한, 감정적인 고통을 수반하므로 사랑의 의무만 있는 사랑은 고통스러운 사랑이다. 그래서 부부 간에도 서로 간에 사랑의 감정이 완전히 메말라 버릴 경우, 종종 사람들은 '이런 식으로 고통스런 결혼 생활을 계속하느니 차라리 헤어지자'는 말을 한다. 우리는 세 가지 사랑에 대해 말할 수 있을 것이다. 사랑의 감정만이 있고, 사랑의 의무는 없는 사랑. (동물적 사랑) 이런 사랑은 명령될 수 없다. 사랑의 의무만이 있고, 사랑

14) 이에 대해서는 김상봉의 「칸트 윤리학과 동정심의 문제」, 제4절 '동정심의 수동성과 비윤리성'을 참조하라.
15) 졸저, 『현대인의 삶과 윤리』(대구, 형설출판사, 1998) 90-91면 참조.

> 의 감정이 없는 사랑. 혹은 사랑의 의무로부터 사랑의 감정을 이끌어내는 사랑.(신적인 사랑) 이런 사랑을 실천할 수 있는 자는 아마 칸트가 말하는 '도덕법칙에 따르는 의지'를 가진 사람일 것이다. 만약 사랑의 의무로부터 사랑의 감정이 발생할 수 있다면, 그것은 신적인 사랑이 될 것이다. 마치 원수를 의무로 사랑하다가, 마침내 감정으로도 사랑하게 되는 것처럼 말이다. 마지막으로 사랑의 감정과 사랑의 의무가 조화를 이루고 있는 사랑(인간의 사랑). 그러나 칸트가 말하고 있듯이 '도덕법칙 아래에 있는 의지'를 가진 존재인 인간, 사랑의 감정이 사랑을 성립시키는 필요조건으로 작용하는 인간에게 사랑의 감정을 무시하고 순전히 사랑의 의무만으로 아내 혹은 남편을 사랑하라고 하는 것은, 그리고 그렇게 하는 것만이 도덕성을 가진 행위라고 하는 것은 무리한 주장일 것이다.

그러나 칸트에 대한 이런 비판은 과녁을 빗나간 것이 된다. 우리는 사랑의 의무만으로 배우자를 사랑할 때만, 도덕적이라고 말하는 칸트의 주장을 이렇게 해석해야 한다. 즉 사랑의 감정만으로 배우자를 사랑하는 것은 참다운 사랑이 아니다. 인간의 경우에는 사랑의 감정 이외에 사랑의 의무를 내포한 사랑이 진정한 사랑이며, 이러한 인간의 사랑이 궁극적으로 지향하는 것은 사랑의 의무에서 사랑의 감정이 발생하는, 그런 신적인 사랑이라고. 우리는 칸트가 감정으로서의 사랑이 인간의 사랑이 성립하기 위한 필요조건임을 부정했다고 생각할 아무런 근거도 갖고 있지 않다. 만약 어떤 두 남녀가 사랑의 감정을 전혀 느끼지 않는다면, 그래서 두 남녀간에 사랑의 필요조건이 충족되지 않는다면, 그 두 사람은 당연히 사랑의 약속을 하지도 않을 것이고, 그런 두 사람에 대해 사랑의 의무를 명령하는 것은 무의미한 일이다. 친구의 경우도 마찬가지다. '친구'라는 말에는 서로 친구라고 생각하는 두 사람 사이에 이미 모종의 인간적 친밀감이 전제되어 있지 않으면 안 된다. 그런 한, 친구 사이에는 친밀하게 대하는 것이 자연스러운 일이다. 칸트는 아마 이렇게 말할 것이다.

물론 부부간에는 사랑의 감정이 전제되어 있어야 하며, 친구 사이에는 친밀감이 전제되어 있어야 한다. 그러나 내가 남편이 아내를 사랑의 감정만으로 사랑한다면 그것은 도덕성을 갖지 못한다고 말했을 때, 나는 남편이 그런 감정을 완전히 버리고 결혼 생활 내내 아내에 대한 의무감에서만 사랑해야 한다는 주장을 하고 있는 것이 아니다. 그렇게 아내를 평생 사랑한다는 것은 뭔가 어색한 일이요, 또한 고통스러운 일이며 불가능한 일이다. 대부분의 부부간의 사랑은 아마도 약간의 의무감과 많은 감정으로 구성되어 있을 것이다. 그렇다면 대부분의 부부는 미지근한 상태로라도 사랑의 감정으로 살아갈 것이다. 그런데 살다보면 부부간에도 미워질 때가 있는 법이며, 이 경우에도 우리는 그런 미움의 감정에도 불구하고 아내를 의무감으로 사랑하지 않으면 안 된다. 나는 이런 경우만이 도덕성을 갖는 사랑이라고 말하고 있는 것이다. 친구 관계도 마찬가지다. 나는 부부 관계가 성립하기 위해서 사랑의 감정이 전제되어야 하고, 친구 관계가 성립하기 위해서는 인간적인 친밀감이 전제되어야 함을 부정하는 것이 아니다. 그리고 실러가 풍자하듯이 부부 관계나 친구 관계로부터 그런 감정들을 배제시켜야 한다고 주장하고 있는 것이 아니다. 나도 대부분의 부부 관계나 친구 관계가 대체로 그런 감정들에 의해 유지됨을 알고 있다. 내 주장의 요점은 그런 인간관계에 불화가 생겼을 때, '아내를 사랑하라'든지, '친구를 친밀하게 대하라'든지 하는 명령에 따라 행동해야 한다는 것이고, 바로 그때에만 우리의 행위는 도덕성을 갖는다는 것이다.

그럼에도 불구하고 실러는 칸트를 다음과 같이 비판할 것이다.

두 쌍의 부부가 있다고 하자. 매우 이례적이고 극단적인 예가 되겠지만, 한 쌍의 부부는 평생 금실이 너무 좋아서 사랑의 의무를 의식할 필요가

> 없을 정도로 서로 사랑하는 감정이 넘친 상태로 살았다고 하자. 다른 한 쌍의 부부는 서로 별로 사랑하는 감정도 없지만, 사랑의 의무감으로 평생 헤어지지 않고 서로 소가 원숭이 보듯 하면서 살았다고 하자. 그러면 당신은 전자의 부부는 감각적 경향성이 이끄는 대로 살았으므로 도덕성이 없고, 후자의 부부는 사랑의 의무를 의식하면서 때로는 그 의무의식에 따라 행동하려고 했으므로 도덕성이 있다고 해야 할 것이다. 그러나 나는 후자의 부부가 되기보다는 전자의 부부가 되는 것이 더 바람직하다고 생각한다.

실러가 칸트의 윤리학을 풍자하면서 제출한 문제의 본질은 이것이다.[16] 아마 칸트는 실러에게 이렇게 말할 것이다.

> 새들 중에는 암수가 평생을 같이 사이좋게 살아가는 경우가 있는데, 당신이 전자의 부부를 바람직하다고 생각한다면, 평생을 감정상의 조화를 이루며 살아가는 새 부부에 대해서도, 도덕성을 인정해주어야 할 것이다.

III. 도덕성과 적법성 구분의 올바른 이해

적법성과 도덕성을 갖는 행위들을 우리는 그 동기의 측면에서 네 가지

---

16) 실러는 자신의 풍자시에서 제출된 문제의 본질을 오해하고 있는데, 그는 즐거운 마음으로 친구를 돕는 사람이 칸트 윤리학에서는 부덕한 사람이 됨을 풍자한 뒤, 칸트가 말하는 덕스런 사람이 되기 위해서 "당신이 그 경향성을 경멸하려고 노력하는 것 이외에는 아무 방법이 없다. 그리고 혐오감을 갖고서 의무가 당신에게 명하는 것을 행하라"라고 말한다.(H. J. Paton, *The Categorical Imperative*, 48면) 그러나 칸트는 아내를 사랑하는 감정을 혐오하면서 오로지 아내에 대한 의무감만 갖고 행하라고 한 것은 아니다.

종류로 나누어 고찰할 수 있다. 이때 고찰되는 행위들은 네가지로 구분될 수 있다. 첫째로, 아무런 의무의 동기도 없이 오로지 경향성으로부터 행한 행위. 이런 행위는 도덕성이 전혀 없다. 둘째로, 아무런 경향성의 도움을 받지 않고 오로지 의무의식만이 동기가 되어서 행한 행위. 이런 행위는 도덕성을 가진 행위다. 셋째로, 의무 친화적인 경향성의 도움을 받으면서 동시에 의무의식에 따라 행한 행위. 예컨대 천성적으로 동정심이 많은 사람이 자신의 동정심을 느끼면서 동시에 '곤궁에 처한 사람을 돕는 것은 의무이다'는 의무의식을 느껴서 행한 행위는 세 번째 부류에 속할 것이다. 아내에 대한 사랑의 감정과 의무감을 동시에 느끼면서 아내를 사랑하는 사람의 행위도 이 부류에 속한다. 이 경우 칸트는 그의 행위가 도덕성을 갖고 있음을 인정한다. 칸트는 이 부류의 행위들이 도덕성을 가지려면, 아내에 대한 사랑의 감정과 곤궁에 처한 이웃에 대한 자비심을 억지로라도 제거해야 한다고 말하는 것은 아니다. 단지 세 번째 부류에 속하는 행위의 도덕성은 두 번째 부류에 속하는 행위의 도덕성에는 못 미칠 것이다. 세 번째 부류의 행위는 의무감뿐만이 아니라 의무친화적인 경향성의 도움도 받아 행해지기 때문에 그 행위의 도덕성을 엄격하게 계산하는 것은 불가능한 일이다. 넷째로 의무감에 대한 의식과, 의무역행적인 경향성의 도움을 동시에 받아 행해진 행위가 있을 수 있다. 예컨대 우리가 앞서 예로 든, 뇌물을 거부한 공무원의 경우는 이 부류에 속할 것이다. 그 공무원의 경우는 세 가지 동기에서 뇌물을 거절했는데, 첫째로 뇌물을 받는 것이 도덕적이지 않다는 의식이고, 둘째는 아무도 모르게 받았다고 생각했다가 그 비밀이 폭로되었을 때 타격 받을, 자신에 대한 세인들의 평판에 대한 걱정의 마음, 셋째로 뇌물 수수 행위가 폭로되어 직장을 그만두게 되었을 때 받게 될 경제적 타격에 대한 의식이 그것이다. 앞의 첫 번째 의식은 그의 행위에 도덕성을 준다. 그러나 뒤의 두 가지 의식은, 비록 그의 행위가 적합성을 갖게 되는 데 도움을 주긴 하지만, 도덕법칙에 대한 존경심을 훼손하는 의식이다. 칸트는 이런 행위의 경우에도 도덕성을 인정한 것으로 보인다. 만약 칸트가 도덕성의 이름으로 우리에게 요구한 것이 오로지 두 번째 부류의 행위밖에 없다면, 우리는 도덕성에 대한 너무 높은 기준을 가지는 것이 될 것이고, 따라서 도덕적인 사람으로 간주될 수 있는 사람은 아무도 없을 것이다. 지금까지의 내용을 우리는 다음처럼 도표화할 수 있을 것이다.

순번	사례	행위 동기	행위 결과	도덕성·적법성 여부	발생빈도
1	거짓말하지 말아야 한다는 도덕법에 대한 존경심으로만 거짓말하지 않는 경우	순 의무의식	도덕법에 일치	완전한 도덕성 적법성 있음	극히 적음
2	곤경에 처한 사람을 도와야 한다는 도덕법을 따르려는 순수한 마음에서 물에 빠진 어린이를 구하려다 어린아이를 익사시킨 경우	순 의무의식	도덕법에 불일치	완전한 도덕성 적법성 없음	적음 (약간 있음)
3	천성적으로 강한 동정심을 갖고 태어난 사람이 곤궁에 처한 사람을 도우라는 도덕법을 의식하면서 남을 도울 경우	의무의식과 의무친화적 경향성의 혼합	도덕법에 일치	부분적 도덕성 적법성 있음	다소 많음
4	천성적으로 강한 동정심을 갖고 태어난 사람이 곤궁에 처한 사람을 도우라는 도덕법을 의식하면서 남을 도우려다 오히려 그 사람을 죽게 만든 경우	의무의식과 의무친화적 경향성의 혼합	도덕법에 불일치	부분적 도덕성 적법성 없음	적음 (약간 있음)
5	뇌물을 받는 것은 도덕법에 어긋난다는 의식과, 받았을 경우 얻게 될 경제적 이익에 대한 기대감이 뒤섞인 상태에서 고민하다가 뇌물을 결과적으로 받지 않은 경우	의무의식과 의무 역행적 경향성의 혼합	도덕법에 일치	부분적 도덕성 적법성 있음	많음
6	뇌물을 받는 것은 도덕법에 어긋난다는 의식과, 받았을 경우 얻게 될 경제적 이익에 대한 기대감이 뒤섞인 상태에서 고민하다가 뇌물을 결과적으로 받은 경우	의무의식과 의무 역행적 경향성의 혼합	도덕법에 불일치	부분적 도덕성 적법성 없음	많음
7	정직에 대한 의무의식은 전혀 없이 오로지 돈을 많이 벌겠다는 이유로 정직하게 장사하는 상인	순 경향성	도덕법에 일치	도덕성 없음 적법성 있음	다소 적음
8	거짓말에 대한 죄책감은 전혀 없이 오로지 돈을 많이 벌겠다는 욕망에 따라 거짓말을 하면서 장사하는 사람	순 경향성	도덕법에 불일치	도덕성 없음 적법성 없음	다소 있음

위의 도표에서 우리는 순전히 경향성에 의해서만 행동하는 경우와 순전히 의무감에서만 행동하는 경우를 설정하였다. 그리고 우리는 그런 경우가 비록 극히 적은 경우라 하더라도 실제로 일어난다고 말했다. 우리는 이런 경우가 과연 가능한지 검토해볼 필요가 있다. 칸트는 "인간(우리의 통찰에 의하면, 모든 이성적 피조물 역시)이 서 있는 도덕적인 단계는 도덕법에 대한 존경의 단계이다"고 한다.[17] 그리고 칸트는 "존경은 감정에 즉 이성적 존재자의 감성에 주는 결과이기에, 존경은 감성을 전제하고, 따라서 도덕법을 존경하기를 부과받는 존재자의 유한성도 전제한다"고 말한다.[18] 그러므로 "최고 존재자는 법칙에 대한 존경을 가질 수 없거니와, 감성에서 해방된 모든 존재자도 – 이런 존재자에 있어서는 실천이성에 대한 아무런 장애도 없다 – 법칙에 대한 존경을 가질 수 없다"[19]는 결론이 뒤따른다. 이런 점에서 본다면 감성적이면서 동시에 이성적인 존재에게 있어서만 도덕법에 대한 존경심과 경향성의 유혹이 동시에 느껴질 수 있다. 만약 그렇다고 한다면, 인간은 아무리 의무의식이 강한 경우라 하더라도 경향성의 유혹으로부터 완전히 자유롭게 된다는 것은 원칙상 불가능하게 된다. 마찬가지로 인간은 아무리 경향성의 유혹을 강하게 받더라도, 도덕법칙을 조금도 의식하지 않는 경우도 불가능하게 될 것이다. 만약 그렇다면, 순수하게 경향성으로만 행동하는 존재가 있다면 그런 존재는 인간이 아니고 동물일 것이요, 순수하게 의무의식으로만 행동하는 존재가 있다면 그런 존재는 인간이 아니고 신이나 천사일 것이다. 사실상 '경향성으로만 행동하는 존재'란 어폐가 있는 말이다. 감각이 경향성이 되려면 의무에 대한 의식이 전제되지 않으면 안 되기 때문이다. 마찬가지로 '의무의식으로만 행동하는 존재'란 말에도 어폐가 있다. 왜냐하면 도덕법이 의무가 되려면, 경향성의 유혹이 전제되기 때문이다. 인간은 한편으로는 도덕법에

17) I. Kant, *Kritik der praktischen Vernunft*, 99면.
18) I. Kant, *Kritik der praktischen Vernunft*, 89면.
19) I. Kant, *Kritik der praktischen Vernunft*, 89면.

대한 존경이라는 선천적 감정을 느끼면서 다른 한편으로는 경향성의 유혹을 강하게 받는다. **동물에게는 생리적 · 물리적 · 심리적 법칙으로 나타나는 것이 인간에게는 경향성의 유혹으로 나타난다.** 만약 인간에게 도덕법에 대한 존경이 없다면 생리적 · 물리적 · 심리적 법칙은 경향성의 유혹으로 나타나지 않을 것이다. 만약 인간에게 경향성의 유혹이 없다면, 도덕법은 존경의 대상이 되지 않을 것이다. 유혹이 유혹으로 성립하기 위해서는 존경의 대상이 있어야 한다. 존경의 대상이 존경의 대상으로 성립하기 위해서는 유혹이 있어야 한다. 도덕법에 대한 존경과 경향성의 유혹은 서로가 서로를 성립시키면서 서로가 서로를 무화(無化)시키려 한다. 도덕법에 대한 존경의 감정은 경향성의 유혹을 단호히 물리치려 하고, 경향성의 유혹은 도덕법에 대한 존경을 무시하려 한다. 그 양자의 관계는 협동적 배반의 관계다.

이런 관점에서 본다면, 경향성의 유혹을 느낀다는 것은 의무를 의식한다는 것이 되며, 의무를 의식한다는 것은 경향성의 유혹을 받는다는 것이 된다. 그렇다면, 순전히 의무의식으로만 행동하거나 순전히 경향성의 유혹으로만 행동한다는 것은 감각계와 예지계라는 두 세계의 시민으로서 "인간이 서 있는 도덕적 단계"에서는 불가능한 것이 아닌가라는 문제가 생겨날 수 있다. 이에 대해 칸트는 다음처럼 답변할 것으로 예상된다.

> 도덕적 갈등 상황에 처해 있는 사람은 항상 도덕법칙에서 유래하는 의무에 대한 존경심과 자연법칙에서 유래하는 경향성의 유혹을 동시에 느낀다. 그러나 마음에서 이 둘 중에 어느 하나를 따르기로 결단하는 바로 그 순간에는 순수하게 의무의식만으로 행하든지 아니면 순수하게 경향성에 따르든지, 아니면 이 양자가 혼합된 방식으로 행하든지, 이 세 가지 중에서 하나의 방식으로 결단하게 된다.

IV. 칸트 동기주의의 문제점

앞의 도표에 대해 다음과 같은 의문이 제기될 법하다. 뇌물을 받는 것은 도덕적 의무에 배치됨을 의식하면서 갈등했지만 결국 뇌물을 받은 공무원의 경우는, 불법한 일을 저지른 것이요 따라서 적법성이 없음에도 불구하고 도덕적 의무로 말미암아 갈등했으며 뇌물에의 유혹에 내적으로 저항했다는 이유로 적어도 그 동기의 측면에서는 도덕적이게 된다.

그러나 법이 최소한의 도덕이라면, 불법적인 인간이 부분적으로나마 도덕적인 인간으로 간주된다는 것은 어폐가 있는 것이 아닌가? 그러나 동기주의 윤리학자로서 칸트는 아무런 갈등도 없이 뇌물을 받은 공무원과 갈등을 하면서 뇌물을 받은 두 공무원 중에서 후자의 공무원이 적어도 그 동기의 측면에서는 더 도덕적이라고 말하지 않을 수 없을 것이다. 이것이 동기주의 윤리학으로서의 칸트 윤리학의 문제점이다.

동기주의 윤리학으로서의 칸트 윤리학의 더 심각한 문제는 우리가 다음 두 사람의 도덕성을 비교해볼 때 더 분명해진다. 뇌물을 받았다가 결국 발각되었을 경우에 받게 될 명예의 손상만을 걱정하여 아무런 내적 갈등 없이 뇌물을 결과적으로 받지 않은 공무원은 적법성을 갖지만 도덕성을 가질 수는 없다. 그러나 뇌물을 받아서는 안 된다는 법칙에 대한 존경심으로 말미암아 내적 고민을 했지만 뇌물에의 유혹에 끝내 굴복하여 뇌물을 받은 사람은 적법성은 없지만 도덕적이게 된다. 결국 칸트식 동기주의의 입장에서 볼 때 전자는 도덕적 비난의 대상이 되지만 후자는 도덕적 칭찬의 대상이 되어야 한다. 간단히 말해서 **결과적으로** 뇌물을 받지 않은 사람이 도덕적 비난의 대상이 되고, 뇌물을 받은 사람이 도덕적 칭찬의 대상이 된다는 것이다.

도덕에 있어서는 행위의 동기가 중요하다는 칸트의 주장이 상식적으로 설득력을 갖고 있음에도 불구하고, 그러한 동기주의의 필연적 귀결이 이런 것이라면 이 결론은 상식적 설득력이 없다. 왜 칸트 윤리학의 동기주의는 상식적 설득력을 갖고 시작해서 상식적 설득력이 없는 것으로 끝나는가? 그 근본적 이유는 무엇인가? 우리는 이 문제점을 심각하게 검토해 보아야 할 것이다.

제9장 선험적 동기

『도덕형이상학정초』에서 칸트는 경향성(애착심, Neigung)을 욕구능력이 감각에 종속적인 것으로 규정한다.[1] 그리고 참된 도덕적 행위는 경향성이 동기가 되어 한 행위가 아니라고 한다.

> 행위들이 갖는 모든 도덕적 가치의 본질은 **도덕법이 의지를 직접 규정하는 것에** 의존한다. 의지규정(Willensbestimmung)이 도덕법에 일치하였더라도, 만약 어떤 종류의 것이든 간에 감정을 … (중략) … 수단으로 해서만 결의한다면, 그리고 법칙 그 자체를 위해 결의하지 않는다면, 행위는 적법성(Legalität)을 가지기는 하지만 도덕성(Moralität)을 가지지는 못한다.[2]

칸트는 또한 다음처럼 말하기도 한다.

> '도덕법을 통한 의지의 모든 규정'에서 본질적인 것은 다음과 같다. 즉 의지가 자유의지로서 **오직 법칙에 의해서만 규정된다는 것**이다. 따라서 **감성적 충동의 협동이 없을 뿐만 아니라, 감성적 충동을 모두 배척하고** 또 모든 애착도 – 이것이 법칙에 거스르는 한에서 – 끊어버림으로써, 오

1) I. Kant, *Grundlegung zur Metaphysik der Sitten*, 42면.
2) I. Kant, *Kritik der praktischen Vernunft*, 84면. 강조는 필자에 의함.

로지 법칙에 의해서만 규정된다는 것이다.[3)]

위의 두 인용문에서 칸트는 우리의 행위가 감정을 수단으로 해서 행해진다면 참된 도덕성을 가지지 못함을 분명하게 말하고 있다. 그러나 사람들은 일반적으로 사람을 행동하게 하는 것은 이성이 아니고 감정이라고 생각한다. 물론 칸트적 이성은 우리에게 법칙을 주는 것이며, 따라서 우리가 어떻게 행동해야 하는가 하는 문제로 고민할 때, 일정한 방향을 준다. 그러나 그 방향으로 움직이게 만드는 것은 정작 이성이 아니고 감정이라는 것이 일반적으로 받아들여지고 있는 생각이다. 당장 서양철학의 대부 플라톤이 칸트와는 다른 견해를 제출해 놓고 있다. 플라톤은 인간을 두 필의 말과 그 두 마리의 말이 이끌고 가는 마차 위에 올라타고 있는 마부의 유기적 전체로 이해했다.[4)] 이 경우 마부는 이성이며, 두 마리의 말은 각각 격성(thymos)과 욕성(epithimia)이다. 인간에 대한 이런 비유가 의미하는 바는 아주 분명하다. 마차(인간)를 움직이는 것은 마부(이성)가 아니라 격성과 욕성 즉 감성이라는 것이다. 듀이 또한 칸트를 비판하고 있다.

> 행위에 있어서 일반화의 진정한 가치에 관해서는 칸트가 범한 오류보다도 더 교훈적인 것은 아무것도 없다. 그는 논리학 교수에게 어울리는 진지성을 가지고 이성의 본질은 완전한 보편성(따라서 필연성과 불변성)이라는 학설을 취했다. 이 학설을 도덕에다 적용하게 되면 그는 이 개념이 도덕의 경험에 대한 연관성을 단절시킨다는 것을 알고 있었다. 칸트 시대 이전에도 그토록 과도하게 주장한 다른 도덕론자가 없었던 것은 아니다. 그러나 그들 중 누구도 칸트처럼 도덕 원리나 이상이 경험으로부터 분리되어야 함을 그 논리적 결론으로 만들지는 못했다.[5)]

3) I. Kant, *Kritik der praktischen Vernunft*, 85면.
4) Plato, *Phaedrus*, 246a 참조.

듀이는 습관과 충동과 지성의 관계를 기차에 비유해서 대략 다음처럼 이해한다. 습관이 기차의 궤도라면 지성은 기관사요 충동은 동력원리라는 것이다.[6] 이 경우에도 어쨌든 기차를 움직이는 것은 기관사(지성)이 아니라 충동(감성)이다. 벡도 다음처럼 말하고 있다.

> 칸트의 말에도 불구하고 법칙 그 자체는 동기가 아니다. 법칙은 동기가 될 수 있는 그런 종류의 것이 아니다. 기껏해야 법칙에 대한 의식이 동기가 될 수 있다. 만약에 법칙 그 자체가 의식(이것은 우리 인간에게 있어서는 또한 감정을 의미한다)의 간섭 없이 행위를 결정한다면, 그것은 실천적 법칙이 아니며, 인간은 자유로운 행위자일 수 없을 것이다.[7]

우리는 칸트가 윤리학을 엄밀한 학으로 성립시키기 위해[8] 윤리적 형식주의를 전략적으로 택하고 있음을 알고 있다. 그가 형식주의를 택한 보다 더 근본적인 이유는 물론 윤리학 그 자체를 위해서라기 보다는 형이상학을 위한 것이다.[9] 하여간 그의 형식주의는 윤리학의 영역에서도 오로지 선천적인 것만을 다루면서 윤리학에서 감정을 배격하는 선험적 윤리학으로 나가게 되는 직접적인 이유가 된다. 그런데 문제는 그가 우리의 행위가 감정에 기초해서는 안 되고 오로지 실천이성이 우리에게 주는 법칙에 기초해서만 행해져야 한다고 주장함으로써, 충분히 예상될 수 있었던 일이지만, 그는 행위의 동기를 설명함에 있어서 매우 곤란한 입장에 빠져들게 된다는 것이다. 도덕법칙은

---

5) J. Dewey, *Human and Nature ; An Intooductioin to Social Psychology*(New York, Henry Holt and Company, 1948) 245면.

6) 권영선, 『듀이의 도덕사상』(대구, 이문출판사, 1990) 30면 참조.

7) L. W. Beck, *A Commentary on Kant's Critique of Practical Reason*, 221-222면.

8) 우리는 아리스토텔레스가 윤리학을 실천적 지혜(phronesis)의 문제로 간주하고 있음을 상기할 필요가 있다. 그러므로 그에게 있어 윤리학은 보편적 타당성을 가진 법칙들의 체계로서의 엄밀학이라기 보다는 오히려 일반적 타당성을 가진 행위 원리들의 체계라고 말할 수 있다.

9) 이에 대해서는 졸고「칸트에 있어서 형이상학의 새로운 길」238면 이하 참조하기 바람.

우리가 어느 방향으로 결단하고 행동해야 할 것인가에 대해서는 말해 주지만 우리를 그 방향으로 가게 하지는 못한다는 일반적인 생각이 참이라면, "도덕법이 인간을 직접 규정해야 한다"는 칸트의 주장은 무의미한 소리요 잘못된 심리학과 동기론에 기초한 것으로 배격되어야 할 것이다.

이런 상황에서 칸트는 도덕법칙에 대한 존경의 감정이라는 개념을 도입하며, 그것이 참된, 선천적인, 유일한, 의심할 수 없는, 이성에서 유래한 동기라고 주장한다. 우리는 이하에서 칸트의 이런 주장을 면밀히 검토해 보려고 하지만, 하여간 칸트 자신도 자신의 이러한 주장이 도덕적 행위는 감정이 동기가 되어 행해져서는 안 된다고 주장한 자신의 다른 주장과 모순을 일으키는 듯이 보일 것을 염려하여 다음처럼 말한다.

> 내가 이성의 개념을 사용해서 문제를 명확하게 해결하는 대신에, 오히려 **존경**이라는 말을 사용하면서 어떤 불명확한 감정 배후로 도피하려 한다고 나를 비판할 수도 있다. 그러나 존경이 하나의 감정일지라도 그것은 어떤 영향에 의해 **받아들여진 것**이 아니라 이성의 개념을 통해 **스스로 산출된** 감정이다. 그러므로 그것은 경향성이나 공포와 연관된 전자의 모든 감정들과는 독특하게 구분된다.[10]

얼핏 보면 칸트가 자신의 논의를 전개시켜 가는 방식은 뭔가 자연스럽지 못해 보이며, 자신의 주장을 억지로 그럴듯하게 만들려는 것처럼 보인다. 칸트는 처음에는 우리의 행위가 도덕성을 가지려면 감정이 동기가 되어서 행해져서는 안 된다고 말했다가,[11] 이성은 우리에게 행동의 방향을 주지만 막상

---

10) I. Kant, *Grundlegung zur Metaphysik der Sitten*, 27–28면.

11) 행위가 도덕성을 가지려면 감정이나 경향성이 동기가 되어서 행해져서는 안 된다는 것은 1763년 10월에 집필을 완료하여 1764년에 발표한 전비판기의 소책자 『미와 숭고의 감정에 관한 고찰』(*Beobachtungen über das Gefühl des Schönen und Erhabenen*) 이래로 칸트가 일관되게 주장한 것이다. 칸트는 그 책에서 도덕적 감정은 사람에 따라 성별에 따라 민족에 따라 다르다는

우리를 행위하게 할 수는 없다는 사실을 통찰한 후, 존경이라는 '선천적 감정'을 만들어 문제를 해결하려는 것처럼 보이기 때문이다. 더군다나 칸트는 『실천이성비판』에서 "여하히 법칙 그 자체가 직접적으로 의지를 규정하는 근거일 수 있느냐 - 이것은 모든 도덕성의 본질이다 - 하는 것은, 인간 이성이 해결할 수 없는 문제요, 여하히 자유의지가 가능하냐 하는 문제와 동일한 문제다"[12]고 말함으로써, 선험윤리학의 동기론을 제시하는 작업을 인간 이성의 한계를 넘어서는 일로 간주하여 포기할 것처럼 말하면서도, 다른 한편으로는 존경이라는 선천적 개념을 사용하여 선험윤리학의 동기론을 제시하려 한다는 점에서, 칸트의 입장은 더욱 어색해 보일 수가 있다.[13] 도대체 '선천적인 감정', 혹은 '이성에서 유래한 감정'이라는 것이 있을 수 있는가? 우리가 생각할 수 있는 모든 종류의 감정 예컨대 기쁨, 슬픔, 분노, 질투심, 억울함, 상쾌함 등등은 모두 다 후천적으로 경험되는 것들이다. 그런데 칸트는 도덕법에 대한 존경의 감정은 유일한 선천적 감정이라고 말한다. 과연 칸트가 제시한 선험윤리학적 동기론은 억지논리의 전형이며, 일단 자기 주장을 제시한 뒤에는 어떤 방식으로든 합리화시키려하는 자폐적인 학자들이 흔히 갖고 있는 고집의 표

주장을 펼치고 있다.

12) I. Kant, *Kritik der praktischen Vernunft*, 85면.

13) 필자의 소견으로는 칸트는 어떻게 도덕법 그 자체가 동기일 수 있는가 하는 문제에 대해, 애매한 태도를 취하고 있는 것으로 생각된다. 그는 말한다. "순수한 이성이 **여하히** 실천적일 수 있는가 하는 것을 **설명**하려고 하면, 그때 이성은 자기의 한계를 넘어서는 것이 될 것이다. 그것은 **여하히 자유가 가능한가를** 설명하려는 과제와 완전히 동일하다."(*Grundlegung zur Metaphysik der Sitten*, 96면. 강조는 칸트에 의함) 칸트에 있어서, 순수이성이 어떻게 해서 실천적일 수 있는가라는 물음은 어떻게 해서 도덕법칙이 그 자체로 의지를 규정할 수 있는가라는 물음과 동일하고, 이 두 물음은 어떻게 해서 자유의지가 가능한가라는 물음과 동일하다. 그런데 칸트는 이 물음은 인간 이성의 한계를 넘어서는 물음으로 이해한다. 그러나 자유가 어떻게 가능한가라는 물음이 왜 인간만이 유독 자유로운 존재인가라는 물음이라면, 즉 왜 인간만이 도덕법에 따라 행할 수 있는 자유를 가진 존재로 창조되었는가라는 물음이라면, 이 물음은 인간만을 그렇게 창조한 신의 뜻이나 자연의 계획을 알아보려는 것으로 이는 이성의 한계를 넘어서는 물음이 될 것이다. 그러나 칸트가 자유가 어떻게 가능한가라고 물었을 때, 칸트가 묻고 있는 것은 그런 것이 아니다. 그는 인간이 어떻게 자유의 행위를 할 수 있는가라는 물음 즉 어떻게 도덕법 그 자체가 동기일 수 있는가를 묻고 있는 것이다. 그렇다면, 그가 존경이라는 선험적 동기를 도입하는 것은 순수이성이 어떻게 실천적일 수 있는가를 설명하는 일이 될 것이다.

현인가? 필자는 본장에서 인간을 가능적 무한자로 보는 칸트의 인간관의 관점에서, 존경은 참되고 선천적이며 유일하고 또한 의심할 수 없으며 이성에서 유래한 동기라는 칸트의 주장이 해명될 수 있음을 입증하고자 한다. 아울러 도덕법 자체가 동기가 된다는 칸트의 말이 어떻게 이해되어야 하는지에 대해서도 검토해보고자 한다.[14)]

I. 가능적 무한·선험적 대상, 인간

필자는 본장에서의 논의를 자연스럽게 전개하기 위해 먼저 칸트 연구에 있어서 연구가들 사이에 논란이 분분했던 하나의 중요한 문제를 다루지 않을 수 없다. 그 문제는 곧 물자체와 선험적 대상은 동일한 것인가 다른 것인가 하는 문제다. 칸트 자신도 그 두 개념을 동일시하기도 하고 구분하기도 한다.[15)] 칸트는 선험적 대상에 대해 다음처럼 말한다.

> 선험적 객관은 그 무엇 즉 X를 의미하는데 … (중략) … 그것은 통각의 통일의 상관자로서 감성적 직관에 있어서의 다양의 통일을 위하여 이용될 수 있을 뿐이다.[16)]

---

14) 칸트는 『실천이성비판』에서 존경은 도덕성에 대한 동기가 아니라 도덕성 그 자체라고 말하기도 하고 선천적인 감정이라고 말하기도 한다. 칸트가 존경이 도덕성 그 자체라고 말할 때, 그는 도덕적 행위는 감정이 매개되어서 행해진 것이 아니라는 최초의 입장에 문자적으로 충실하려했던 것 같다. 그러나 존경은 선천적인 감정이라고 말할 때는, 문자적으로는 모순적인 말을 하는 것처럼 들릴 수 있으나 자기 주장의 설득력을 더 고려한 것 같다. 법칙이 동기가 된다는 것은 대담한 주장이며, 무모한 주장으로 들릴 수 있다. 그러나 감정이 동기가 된다는 것은 보다 설득력이 있는 주장이다. 문제는 과연 선천적인 감정이라는 것이 과연 존재할 수 있는가 하는 것이다.

15) 칸트는 *Kritik der reinen Vernunft*, A253에서는 우리가 선험적 대상과 가상체(물자체)를 동일시해서는 안 된다고 말하고 있으나, A288에서는 그 양자를 동일시할 수도 있다는 식으로 말한다.

16) I. Kant, *Kritik der reinen Vernunft*, A250.

이 인용문에서 우리는 중요한 주장을 발견하게 된다. 즉 선험적 대상은 통각의 통일의 대응자라는 것이다. 칸트는 통각의 통일을 "자기의식의 선험적 통일"[17]이라고 말한다. 그런데 칸트는 선험적 통일을 오성통일(Verstandeseinheit)과 이성통일(Vernunfteinheit)로 구분하고 있다. 요컨대 개념을 매개로 한 현상들의 통일은 오성통일이요, "오성의 가능한 경험적 활동 전부를 체계적으로 통일하는 것"[18]이 이성통일이다. 통각의 통일의 대응자가 선험적 대상이라면, 선험적 대상은 오성통일의 대응자인가 이성통일의 대응자인가? 이런 물음은 이미 오성과 이성은 전연 별개의 인식기능이라는 사실을 전제하고 있다. 그러나 오성과 이성의 구분은 『순수이성비판』의 「이율배반론」의 관점에서 보면, 그 양자가 어떤 고정된 기준점을 두고 좌우로 나누어지듯이 나누어지는 것은 아니다. 이 사실은 선험적 이념이란 것이 무제약자에 이르기까지 확장된 범주라는[19] 칸트의 말에서도 분명해진다. 이 말은 곧 '이성이란 확장된 오성이다'는 것을 의미하게 된다. 「이율배반론」의 관점에서 보면, 오성과 이성이란 것은 계열의 역진적 소급에 있어서의 동적인 연관성을 표시하는 말일 뿐이다. 동적인 오성이 곧 이성이요, 정적인 이성이 곧 오성이다. 동일한 인식기능이 정적인 측면에서 고찰될 때 우리는 그것을 오성이라고 부르고, 동적인 측면에서 고찰될 때 이성이라고 부른다. 즉 「분석론」에서 오성이라고 불려지는 것은 「변증론」에서는 이성으로 불려진다. 그렇다면 선험적 대상은 이성통일의 상관자이기도 하고 오성통일의 상관자이기도 하다. 오성통일의 상관자로서의 선험적 대상은 X요, 이성통일의 상관자로서의 선험적 대상은 무제약자다. 왜냐하면 이성은 본질적으로 무제약자를 추구하는 능력이기 때문이다. 오성통일의 상관자로서의 선험적 대상인 X와 이성통일의 상관자로서의 선험적 대상인 무제약자는 본질적으로 동일한 것이다. 왜냐하면 X란 곧 규정되지

17) I. Kant, *Kritik der reinen Vernunft*, B132.
18) I. Kant, *Kritik der reinen Vernunft*, B692.
19) I. Kant, *Kritik der reinen Vernunft*, B436 참조.

않은 것 제약되지 않은 것 즉 무제약자의 다른 표현이기 때문이다. 무제약자가 오성통일과 이성통일의 상관자로서의 선험적 대상이라면, 그것은 곧 선험적 이념이지 않으면 안 된다. 그런데 이념은 「이율배반론」의 관점에서 보면 인식주관에 의존해서 존재하는 무한 즉 가능적 무한이다. 가능적 무한은 무한을 추구하는 인간이 그 추구행위를 멈추는 바로 그 순간에 유한이 되어버린다. 가능적 무한은 인간이 무한을 추구하는 한에서만 존재하는 어떤 것이다. 그러나 현실적 무한은 무한을 추구하는 인간의 추구행위와 무관하게 그 자체로 존재하는 무한이다. 즉 인식주관으로부터 독립해서 자체적으로 존재하는 무한이다. 칸트가 선험적 대상을 가능적 무한으로 이해하고 있음은 다음의 인용문에서 분명하게 드러난다.

> 선험적 객관이라는 표상은 우리에게는 결국 공허한 것이다. 그것은 우리의 감성적 인식의 한계를 표시하고, 우리가 가능한 경험에 의해서도 채울 수 없는 **하나의 공간**을 남겨두는 것 이외에 딴 소용이 없다.[20]

칸트의 이 말은 결코 이해하기가 쉽지 않다. 그러나 우리가 선험적 대상을 가능적 무한으로 이해할 때, 그 말의 의미가 분명해진다. 가능적 무한은 계열의 역진적 소급의 한계를 표시하고, 계열의 역진적 종합에 의해서는 결코 채울 수 없는 하나의 영역(공간)을 남겨두는 그런 무한인 것이다. 그러므로 가능적 무한 그 자체는 결코 규정되지 않는 것이며, 따라서 우리에게는 아무것도 아닌 것 즉 인식론적인 관점에서 말한다면 미규정의 것이요 따라서 무나 마찬가지다. 가능적 무한은 인식의 한계선이요 인식의 지평선이다. 우리는 그 지평 안에 있는 것만을 인식의 대상으로 삼을 수 있다. 선험적 대상을 가능적 무한으로 이해하는 우리의 해석이 정당함은 칸트의 다음 말에서도

---

20) I. Kant, *Kritik der reinen Vernunft*, B345. 강조는 필자에 의함.

분명해진다.

과거의 현실적 사물은 경험의 선험적 대상 중에 주어져 있다.[21)]

칸트의 이 말 역시 용이하게 이해되는 말은 아니다. 그러나 우리가 선험적 대상은 가능적 무한이라는 관점에서 이 말을 이해하면, 그 의미가 놀랍도록 분명해진다. 즉 '과거의 현실적 사물들은 경험을 **무한히** 소급시킨다는 **가능성** 속에 과해져 있다'는 것이다. 물론 미래의 현실적 사물도 경험의 선험적 대상 중에 과해져 있다고 말할 수 있다. 즉 미래의 현실적 사물들은 우리가 경험을 무한히 전진시킨다는 가능성 속에 과해져 있다는 것이다. 그러므로 **선험적 대상은 대상의 대상성의 한계다.** 그것은 인식주관이 가능한 인식영역을 바라보았을 때 성립하는 지평선이다. 그리고 **물자체는 대상의 대상성의 근거요 토대다.** 수평선이라는 것은 누군가가 바다를 바라볼 때에만 존재하게 되며 그는 수평선 안에 있는 것들을 인식할 수가 있다. 그러나 아무도 바다를 바라보지 않으면 수평선도 없다. 왜냐하면 인식주관이 없이는 객관도 없기 때문이다. 수평선은 대상의 대상성의 한계다. 그러나 바다를 바라보는 사람도 없고 따라서 수평선도 없어도 바다는 여전히 거기에 있다. 비유적으로 말하자면 바다 그 자체는 대상의 대상성의 근거요 토대인 것이다.[22)]

그런데 칸트는 『순수이성비판』에서 "가능한 경험에 의해서도 채울 수 없는 **하나의 공간**을 남겨두기" 위하여 도입되었던 개념인 '선험적 대상'에 대해 『실천이성비판』에서도 언급한다. 칸트가 『실천이성비판』에서 선험적 대상을 자유와 연관 지어 언급하는 것이 일견 어색해 보일지 모르지만, 이는 적어도 학으로서의 안전한 길에 들어선 형이상학의 건설이라는 칸트의 원대한 포부

21) I. Kant, *Kritik der reinen Vernunft*, B523. 보다 엄밀하게 말한다면 "과거의 현실적 사물들은 경험의 선험적 대상중에 **과해져** 있다"고 말해야 한다. 칸트에 있어서 '주어진 것'과 '과해진 것'의 구분에 대해서는 졸저 『인식과 존재』(서울, 서광사, 1991) 153면 이하 참조 바람.
22) 이에 대한 보다 자세한 논의는 졸저 『인식과 존재』 제7장을 참고하기 바람.

에서 볼 때는 매우 자연스러운 일이다.[23] 칸트는 자유를 매개로 해서 가능한 경험에 의해서도 채울 수 없는 하나의 공간 즉 형이상학의 공간(영역)에 도달하려고 했던 것이다. 칸트는 『순수이성비판』에서는 자유를 적극적으로 증명할 수 없었지만, 그것을 이성의 통제적 원리(regulatives Prinzip)로 삼는 일이 가능했음을 환기시킨 뒤, 다음처럼 말한다.

> 이런 통제적 원리를 통해서 나는 자유의 원인성이 귀속되는 바 대상이 무엇인가에 대해서는 인식하지는 않았다. 그러나 한편으로는 이성적 존재자의 행위를 포함해서, 세계사건의 설명에 있어서 제약된 것에서 제약에로 무한히 소급해 올라가는 자연필연성의 기계성을 나는 공평하게 다루었고, 그러면서도 다른 한편으로는 사변이성에 대해서는 공허한 장소를 즉 예지적인 것을 보류해 두어서(무제약자를 그 장소로 옮겨놓기 위해) 나는 장애를 없애 버렸다. … (중략) … **그런데 순수한 실천이성은 예지적 세계에서의 원인성의 어떠한 법칙에 의해서(자유에 의해서) 즉 도덕법에 의해서 공허한 그 장소를 메꾸어 준다.**[24]

칸트가 자유를 매개로 해서 도달한 형이상학의 영역은 곧 도덕의 영역이었다. 그렇다면 도덕의 영역은 가능적 무한 너머의 영역이요 따라서 현실적 무한이지 않으면 안 된다. 칸트는 현실적 무한을 이상으로 이해하기도 한다. 그는 범주와 이념과 이상의 관계를 거리 개념을 이용하여 다음처럼 규정한다.

---

23) 비판철학적 형이상학은 종래의 사변적 형이상학은 학문이 될 수 없음을 증명하면서 동시에 실천적 형이상학의 후견인 역할을 하는 선험적 형이상학과, 선험적 형이상학에서는 그 실재성을 긍정도 부정도 할 수가 없었던 영혼과 자유와 신을 실천적 관점에서 증명하는 실천형이상학으로 구성되어 있다. 그리고 이 양자는 유기적 상호보완을 통해서 명실상부하게 학의 안전한 길에 들어선 하나의 '비판적 형이상학'이 된다. 형이상학에 대한 칸트의 입장에 대해서는 졸고 「칸트에 있어서 형이상학의 새로운 길」 참조 바람.

24) I. Kant, *Kritik der praktischen Vernunft*, 58면. 강조는 필자에 의함.

> 이념은 범주보다도 한층 더 객관적 실재성에서 멀어져 있다. 이념이 구체적으로 나타나있는 현상이 발견될 수 없기에 말이다. 이념은 어떠한 가능한 '경험적 인식'도 그것에 도달할 수 없는 절대적 완전성을 포함한다. 이성은 이러한 이념에 의해서 오로지 체계적 통일만을 지향하여, 경험적으로 가능한 통일을 자신에 접근시키려 하지만, 언제까지나 체계적인 통일에 완전하게 도달하는 일은 없다. **내가 이상이라고 하는 것은 이념보다도 더 객관적 실재성에서 멀어져 있는 것이라고 여겨진다.**[25]

여기서 우리는 칸트가 이념을 가능적 무한으로 이해하고 있음을 알 수 있다. 범주에 역동성을 주면 이념이 되고, 이념을 넘어선 것이 이상이다. 그런데 이념은 인식 주관과의 연관성을 가지지만 이상은 주관과의 연관성을 가지지 않는다. 그런데 통각의 통일의 대응자인 선험적 대상이 가능적 무한이라면, 인식주관 즉 인간도 가능적 무한자이지 않으면 안 된다.[26] 그런데 이상이 이념보다 인식주관과 더 멀리 떨어져 있다는 것은 그것이 현실적 무한자라는 말 이외의 다른 것이 아니다. 칸트는 이상을 신으로 이해하고 있다. 칸트적 신은 도덕적 완전자로서, 인간은 본성상 도덕적 완전성의 상태를 지향한다. 우리 식으로 해석된 칸트의 주장을 보다 논증적인 형태로 구성하면 다음처럼 정리될 수 있다.

1) 인간은 유한자도 현실적 무한자도 아닌 가능적 무한자이다.
2) 가능적 무한자로서 인간은 끊임없이 현실적 무한(이상)을 추구하는 한에서만 가능적 무한(인간)일 수 있다.
3) 인간이 **인과적으로 경험할 수 있는 세계**의 한계는 가능적 무한자로서

---

25) I. Kant, *Kritik der reinen Vernunft*, B596. 강조는 필자에 의함.
26) 이에 대한 보다 자세한 논의는 영남철학회(현 새한철학회) 논문집 『철학 논총』 제8집(1992년 10월)에 실린 필자의 논문 「칸트의 선험철학적 인간관」을 참조하기 바람.

의 인간의 본성적 · 선험적 한계로 말미암아 가능적으로만 무한한 세계이며, 그 세계의 한계는 선험적 대상이라는 이념이다.

4) 그러므로 인간은 인과계열을 추적하는 방식으로는 현실적 무한에 도달할 수 없다.
5) 그런데 인간은 가능적 무한자인 한, 인간은 자유의 가능성을 갖고 있다. 왜냐하면 자유란 인과적으로 규정되지 않는 무제약자이며 곧 무한인데, 자유가 무한인 한, 그리고 인간이 가능적 무한인 한, 인간은 가능적 자유자이기 때문이다.
6) 따라서 인간은 자유를 매개로 해서 현실적 무한에 도달할 수 있는 가능성을 갖고 있다.
7) 자유를 매개로 해서 인간이 도달하게 되는 현실적 무한의 세계는 도덕법의 세계이다.
8) 그러므로 인간(가능적 무한자)이 인간이기 위해서는 도덕법의 세계(현실적 무한의 세계)에 도달하려는 끊임없는 노력을 계속하지 않으면 안 되며, 가능적으로 자유로운 인간은, 자유가 그 존재근거인 도덕법에 도달할 수 있는 가능성을 갖고 있다.

이제 필자는 이상의 논의를 근거로 해서 존경이라는 이성적 감정은 칸트가 논의의 전개상 궁여지책으로 도입한 임의적인 개념이 아니라, 매우 정당한 개념임을 밝히고자 한다.

II. 존경의 감정은 이성에서 산출된 선천적 감정이다

알렉산더 브로디와 엘리자베스 피부스는 그들의 공동논문 「칸트의 존경개념」에서 '존경'의 선천성을 이해하기 위한, 상호 구분되면서 연결되어 있는 두 가지 방식이 있다고 말하면서 다음처럼 주장한다.

> 『순수이성비판』에서 칸트는 두 종류의 선천적인 것, 즉 개념과 판단에 대해서 언급한다. 만약 어떤 개념과 판단이 필연성과 보편성을 갖고 있다면, 그것들은 선천적인 것이다. 그러므로 필연성과 보편성 - 이 양자는 불가분리적이다 - 은 어떤 개념이나 판단이 선천적이냐 아니냐를 결정하는 기준이다. 그런데 존경은 개념도 아니고 판단도 아니므로 그것은 선천적인 것이라고 말할 수 없는 것이 아니냐고 반문할 수 있다. 그러나 우리는 칸트가 개념과 판단만이 선천적인 것일 수 있다고 말한 적이 없음을 기억해야 한다. 그의 입장은 첫째로 필연성과 보편성을 가진 그 무엇이나 선천적이라는 것이며, 두 번째로 어떤 개념과 판단은 그 양자를 다 갖고 있다는 것이다. 그래서 만약 존경이 필연성과 보편성을 갖고 있음이 입증된다면, 존경도 선천적임이 입증된다. 그런데, 칸트의 윤리이론에 의하면 모든 도덕적 경험에는 **필연적으로** 도덕법에 대한 존경의 감정이 수반되며, 모든 도덕적 경험에서 우리는 도덕법에 대한 존경의 감정이 **보편적으로** 발견된다. 그러므로 존경의 감정은 선천적인 감정이다. 존경의 감정이 선천적인 것으로 이해되어야 하는 두 번째 이유는 다음과 같다. 우리들의 지각적 의식(perceptual consciousness)의 내용은 우리가 그것을 오성의 선천적 개념들과 연관시킬 때에만, 객관적 타당성을 갖는다. 칸트는 도덕적 의식의 내용도 객관적 타당성을 갖고 있음을 말하고 싶어 한다. 만약 지각적 의식과의 대비가 유지되는 한, 우리가 도덕적 의식의 내용과 연결시킬 선천적인 그 무엇인가가 있어야 한다. 물론 그것은 도덕법칙이다. 만약 도덕법칙이 없다면 우리들의 도덕의식이 객관적 타당성을 가지지 못하는 것과 마찬가지로, 만약 오성의 순수 범주가 없다면 우리들의 지각적 판단도 객관적 타당성을 갖지 못한다. 이 점에서 우리는 존경의 감정이 선천적이라는 칸트의 주장을 이해할 수 있게 된다.

> 도덕법칙에 대한 존경은, 우리가 존경의 감정이 선천적으로 알려지는 것임을 인식한다는 점에서 선천적이다. 글자 그대로 선천적으로 알려지는 것, 존경을 야기시키는 유일한 것은 도덕법칙이다.[27)]

이상이 존경은 선천적인 것이라는 칸트의 주장에 대한 브로디와 피부스의 설명이다. 그러나 우리들의 모든 도덕적 경험에는 반드시 그리고 보편적으로 도덕법에 대한 존경의 감정이 수반되기 때문에 존경은 선천적이라는 설명방식은 뭔가 부족한 느낌을 갖게 한다. 이런 주장은 실제 관찰에 의해서만 정당화될 수 있는데, 과연 우리가 관찰할 수 있는 모든 도덕적 경험에 존경의 감정이 예외없이 수반되는지를 관찰하는 것은 귀납논리의 일반적 특성상 불가능하다. 필자가 보기에 칸트가 주장하고자 했던 것은 '우리들의 모든 도덕적 경험에는 반드시 그리고 보편적으로 도덕법에 대한 존경의 감정이 수반되기 때문에 존경은 선천적이라는 것'이 아니라 거꾸로 '존경의 감정은 선천적이기 때문에 우리들의 모든 도덕적 경험에는 그것이 필연적 · 보편적으로 수반된다'는 것이다. 그런데 지금 우리에게 문제가 되어 있는 것은 바로 존경의 감정은 어떤 근거에서 선천적이냐 하는 바로 그것이기 때문에, 브로디와 피부스 식으로 존경의 선천성을 설명하는 것은 잘못된 것으로 여겨진다. 그리고 도덕법칙 – 이것은 이성에서 유래한다 – 이 선천적으로 알려지는 것이기에 그것에 대한 존경도 선천적이라는 식의 두 번째 설명도 미흡하기는 마찬가지다. 우리는 선천적으로 알려지는 자연법칙에 대해서는 존경하지 않기 때문이다. 자연법칙은 인식의 대상일 뿐 존경의 대상은 아니다. 브로디와 피부스의 설명에서 빠진 것은, 비록 도덕법칙이 우리에게 선천적으로 알려지는 것이라 하더라도 우리가 그것을 왜 반드시 존경해야 하는가에 대한 설명이다. 다시 말해서 우리는 도덕법칙을 무시해 버릴 수 없는 이유를 설명해야 한다는 것이

27) A. Broadie & E. M. Pybus, "Kant's Concept of 'Respect'"(*Kant Studien*, Bd. 66, 1975) 61-62면의 내용을 요약한 것임.

다. 털은 이 점을 분명하게 인식하고 있었다. 그는 칸트가 "법칙에 대한 존경은 도덕성에 대한 동기가 아니라, 주관적으로 고찰된 도덕성 그 자체다. 존경은 행위의 평가를 위해 사용되지 않으며, 객관적인 도덕법 그 자체의 기초를 위해 사용되지도 않으며, 단지 이러한 준칙을 만들기 위한 동기일 뿐이다"고 한 말을 인용한 뒤, 다음처럼 말한다.

> 이제 이것은 왜 칸트가 존경의 감정을 도덕적 의무의 경험과 연결시키게 되었는가를 설명해준다. 그러나 그것은 왜 존경의 대상이 되는 것이 법이며, 오로지 법뿐이라고 생각하게 되었는가를 설명해 주지는 못한다. 그러나 이는 설명하기 가장 힘든 일 중에 하나다.[28]

필자는 가능적 무한자라는 칸트의 인간관의 관점에서 도덕법칙에 대한 존경이 이성에서 산출된 선천적 감정임을 먼저 설명한 뒤에 우리가 도덕법칙을 무시해 버릴 수가 없는 이유를 설명해보고자 한다. 칸트는 "인간(우리들의 통찰에 따르면, 모든 이성적인 피조물 또한 그렇지만)이 그 위에 서 있는 도덕적 단계는 도덕법에 대한 존경이다."고 말한다.[29] 또한 다음처럼 말하기도 한다.

> 이제 주목해야 할 두 가지 사실이 있다. 첫째로 존경은 감정에(따라서 이성적 존재자의 감성에) 미치는 영향이듯이, 존경은 감성(따라서 도덕법에다가 존경을 바치기를 강요받는 그러한 존재자의 유한성)을 전제한다는 것이며, 둘째로 최고의 존재자 혹은 모든 감성으로부터 자유로운 존재자 – 이런 존재자에게 감성은 실천이성에 대해 아무런 방해도 될 수 없다 – 는 법칙에 대해 존경하기를 강요받지 않는다.[30]

---

28) A. E. Teale, *Kantian Ethics*, 102–103면.
29) I. Kant, *Kritik der praktischen Vernunft*, 99면.

이 말은 감성적이면서 동시에 이성적인 존재자인 인간에게서만 도덕법칙에 대한 존경이라는 독특한 현상이 존재한다는 말이다. 필자는 이성적이면서 동시에 감성적인 인간존재를 이원론적으로 이해하지 않고 양극성을 가진 일원론의 관점에서 이해하기 위해서는 인간을 가능적 무한자로 규정해야 함을 이미 다른 곳에서 지적하였다. 칸트는 인간을 감성과 이성의 통합체인 가능적 무한자로 보고 있다. 가능적 무한자로서 인간은 본성상 현실적 무한을 향해 무한히 전진하지만 – 그리고 그렇게 전진하는 것을 계속하는 한에서만 가능적 무한자로 머물 수 있다 – 가능적 무한은 **이론적으로는** 결코 현실적 무한에 이를 수 없다는 것이 가능적 무한의 본질이기도 하다. 바로 그 때문에 가능적 무한자인 인간이 현실적 무한자인 신의 존재를 이론적으로 증명하려는 모든 시도는 원칙적으로 불가능한 시도가 된다는 것이 칸트의 생각이었다. 그리고 칸트는 인간이 현실적 무한에 이를 수 있는 길을 도덕의 영역에서 찾고 있다.[31] 인간이 가능적 무한자라는 것은 앞서 암시되었듯이 두 가지 특징적인 모습을 보여준다. 첫째로 인간은 현실적 무한에 이르는 것을 **숙명적으로 원할 수밖에 없다는 것**이며, 둘째로 그럼에도 불구하고 인간은 그것에 **이론적으로는 도달할 수 없다**는 것이다. 바로 그 때문에 칸트는 다음처럼 말한다.

> 인간의 이성은 어떤 종류의 인식에 있어서는 특수한 운명을 지니고 있다. 즉 이성은 자신이 거부할 수도 없고 그렇다고 대답할 수도 없는 문제로 괴로워하는 운명이다. 거부할 수 없음은 문제가 이성자체의 본성에 의해서 이성에 과해져 있기 때문이요, 대답할 수 없음은 그 문제가 인간 이성의 모든 능력 바깥에 있기 때문이다.[32]

30) I. Kant, *Kritik der praktischen Vernunft*, 89면.
31) 이에 대해서는 졸고 「칸트의 선험철학적 인간관」 참조.
32) I. Kant, *Kritik der reinen Vernunft*, A vii.

> 우리의 능력이 우리에 대해 법칙인 하나의 이념에 도달하기에는 부적합하다는 감정이 곧 존경이다. 그런데 우리에게 주어질 수 있는 모든 현상을 하나의 전체의 직관 속에 총괄한다고 하는 이념은 이성의 법칙에 의해 우리에게 부과된 이념이며, 이성은 절대적 전체 이외에는 일정불변하면서 만인에게 타당한 어떤 다른 척도를 인정하지 않는다. 그러나 우리의 구상력은 주어진 대상을 하나의 전체의 직관에 총괄하라는 이성의 요구에 관하여(따라서 이성의 이념을 현시하기 위하여) 최대의 노력을 다해도 자기의 제한과 부적합성을 드러낼 뿐이지만, 그러나 **또 동시에 하나의 법칙으로서의 이러한 이념과의 적합을 성취해야할 자기의 사명을 표명하는 것**이다.[33)]

이처럼 **인간이 그 본성상 추구하지 않을 수도, 그렇다고 이론적으로 도달할 수도 없는 것은 인간에게 존경의 대상이 된다.** 그러므로 존경의 감정은 **선천적** 감정이다. 인간은 '현실적 무한'(현상을 하나의 전체의 직관 속에 총괄한다고 하는 이념)을 향한 열망을 선천적으로 갖고 태어나기 때문이다. 물론 지금의 문맥에서 현실적 무한은 자유에 기초한 도덕법칙과, 도덕법칙에 근거한 영혼의 불멸, 그리고 영혼의 불멸에 기초한 신의 존재를 의미한다. 우리가 **도덕법칙과 영혼불멸과 신을 향해 나아가려는 열망**에서 생기는 존경심에서 행위하지 않고 다른 어떤 경향성에서 행위한다면, 우리는 결코 현실적 무한에 이르지 못할 것이다. 왜냐하면 경향성은 그것이 명예욕이건 쾌락이건 물욕이건 간에 한결같이 외적으로 제약된 동기들에 불과하기 때문이다. 경향성의 동기는 결국 칸트적인 사고방식에 의하면, 인과법칙의 지배를 받는 동기들이요, 인과법칙이란 제약된 것들 상호간의 필연성만을 보여줄 뿐이다. 제약된 것들 상호간의 필연성은 자유를 부정하는 데서 성립한다. 뿐만 아니라 제약된 것들

---

33) I. Kant, *Kritik der Urteilskraft*, 102면. 강조는 필자에 의함.

상호간의 필연성의 연결고리를 아무리 확장시켜도 우리는 자유와 도덕법칙과 영혼불멸과 신에 도달할 수는 없다는 것이 『순수이성비판』 제3, 제4이율배반에서의 칸트의 주장이다. 그러므로 칸트가 도덕법칙에 대한 존경에서 행위해야만 도덕적인 행위가 될 수 있다고 말했을 때, 그 말이 의미하는 바는 결국 인간은 오로지 단적으로 무제약적인 것을 향한 열망이 동기가 되어 행위할 때에만 도덕적일 수 있다는 것이다. 그러므로 도덕법에 대한 존경은 **유일한** 도덕적 동기이다. 그리고 인간이 가능적 무한자인 한, 즉 인간이 형이상학적 동물인 한, 그것은 또한 **의심할 수 없는** 도덕적 동기이기도 하다.[34] 칸트는 또한 존경의 감정은 이성이 산출한 것임을 주장한다. 그는 존경은 도덕적 감정이라고 말한 뒤, 다음처럼 말한다.

> 도덕적 감정으로 불리는 이 감정은, 그러므로 오직 이성에 의해 산출된 것이다.[35]

우리는 칸트의 이런 주장도 가능적 무한자로서의 인간이라는 칸트의 인간관에서 설명할 수 있다. 통상 사람들은 이성과 감성을 구별하며, 이성에서는 어떤 감정도 생기지 않는다고 생각한다. 그리고 많은 칸트 연구가들은 칸트가 존경을 일종의 '선천적 감정'이라고 말했을 때 당혹스러워 한다. 모든 감정은 후천적으로만 발생한다고 생각하기 때문이다. 그래서 사람들은 칸트가 자신의 도덕이론을 수립하기 위해 체계상의 모순을 범하면서까지 존경이라는 선천적 감정을 도입한 것으로 간단히 해석해 버리곤 한다. 즉 행위의 방향은 이성이 제시할 수 있다 하더라도 행위의 동기는 결코 이성이 될 수가 없는데,

---

34) I. Kant, *Kritik der praktischen Vernunft*, 92면 참조.

35) I. Kant, *Kritik der praktischen Vernunft*, 89면 참조. 또한 칸트는 *Grundlegung zur Metaphysik der Sitten*, 28면에서는 "비록 존경이 일종의 감정일지라도 그것은 외적 영향에 의해 수용된 감정이 결코 아니고 이성개념에 의해 **스스로 만들어진** 감정이다"(강조는 칸트) 고 말한다.

감성이 행위의 동기가 되어서는 안 된다고 생각한 칸트는 결국 '둥근 사각형'과 같이 모순적인 말인 '선천적인 감정'이라는 말을 만들었다는 것이다. 그런데 선천적인 것은 결국 이성에서 유래하므로 '선천적인 감정'이란 결국 '이성적인 감정'이 되는데, 이는 형용모순이라는 것이다. 그 나름의 설득력을 갖고 있는 이런 비판은 그러나 우리가 '인간적 이성' – '신적 이성'이 아닌 – 과 가능적 무한을 동일시하는 칸트의 입장에서 보면 잘못된 것임을 알 수 있다. 가능적 무한자로서 인간의 이성은 현실적 무한을 향한 열망을 갖고 있는데, 그 열망은 선천적인 것이지 않으면 안 된다. 그 열망을 갖고 있을 경우에만 인간은 현실적 무한을 향한 무한한 행진을 계속할 수 있으며, 그런 한에서만 인간(가능적 무한)은 인간(가능적 무한)일 수 있다. 그러므로 그 열망은 선천적인 열망이다. 칸트는 인간이 무제약자를 향해 나아가려고 애쓰는 것을 필연적인 것으로 이해한다.

> 의지가 도덕법에 완전히 일치하는 것은 **거룩함**을 의미한다. 즉 감성계의 어떤 이성존재자라도 그 생존의 어떤 순간에도 성취할 수 없는 완전성을 의미한다. 그러나 그러한 일치는 실천적으로 필연한 것으로서 요구되므로 그것은 저 완전한 일치로 향하는 **무한한 전진** 중에서만 발견될 수가 있다. 순수한 실천이성의 원리들에 따르면 이러한 실천적인 전진을 우리 의지의 참된 목표로 가정하는 것은 필연적이다.[36]

그렇다면 도덕법과 의지의 완전한 일치를 향한 그 필연적인 열망은 왜 생겨나는가? 우리는 이성을 가능적 무한자로 이해했다. 그리고 가능적 무한자의 특징은 무한을 향한 무한한 행진을 무한히 계속하는 것이라고 했다. 이런 점에서 본다면 **이성 그 자체가 무제약자를 향한 무한한 열망 이외의 다른**

---

36) I. Kant, *Kritik der praktischen Vernunft*, 140-141면.

것이 아니다.[37] 그러므로 도덕법칙과 영혼불멸과 신을 향하여 나아가려는 열망으로서의 '존경'은 결국 이성에서 유래하는 것이다. 무한을 향해 나아가려는 열정이 이성에서 유래한 것이 아니라면 그것은 어디에서 유래하는가? 이성 이외에 인간에게 무한을 가르쳐 주는 것은 아무것도 없다. 바로 이런 이유에서 칸트는 "법칙에 대한 존경은 도덕성에 대한 동기가 아니라, 주관적으로 동기라고 고찰된 도덕성 자체이다"고 말한다.[38] 그렇다면 주관적으로는 도덕법에 대한 존경이 동기가 된 행위는 객관적으로는 도덕법 그 자체가 동기가 된 행위가 된다.

> 따라서 객관적으로는 **법칙**, 그리고 주관적으로는 이 실천법칙에 대한 **순수한 존경** 이외에 의지를 규정할 수 있는 것은 아무것도 없다.[39]

> 존경심은 나의 의지가 나의 감성에 영향을 미치는 다른 어떤 것의 방해를 받음이 없이 직접 법칙에 **복종하는** 의식을 뜻한다. 법칙이 의지를 직접적으로 규정한다는 것과 그 규정에 대한 의식이 존경이라고 불린다. 그러므로 이 존경은 주관에 대한 법칙의 **결과**로 간주될 수는 있으나, 법칙의 **원인**으로 간주될 수는 없다.[40]

칸트는 인간의 의지를 규정할 수 있는 것은 객관적으로는 도덕법칙이요

---

37) 이성은 에로스이면서 로고스다. 인간이 로고스에 대해 갖고 있는 에로스는 로고스에서 유래한 것이기 때문이다. 에로스는, 그것이 진리에 대한 사랑인 한, 로고스의 가능태요, 로고스는 에로스의 완성태다. 인간은 무제약자에 의해 충동질 받으면서 무제약자를 위하여 무제약자를 향해 나아간다. 그런 한, 에로스적 존재로서의 인간에게 있어서 이성은 동시에 무제약자를 향하여 나아가려는 의지이기도 하다. 필자는 이런 관점에서 어떻게 칸트철학에서 이성과 의지가 동일시되는가 하는 어려운 문제를 해명할 수 있다고 생각하지만, 이 과제는 다음 기회로 미루고자 한다.

38) I. Kant, *Kritik der praktischen Vernunft*, 89면.

39) I. Kant, *Grundlegung zur Metaphysik der Sitten*, 27면. 강조는 칸트에 의함.

40) I. Kant, *Grundlegung zur Metaphysik der Sitten*, 28면. 강조는 칸트에 의함.

주관적으로는 도덕법에 대한 존경이라고 말하고 있는 것이다. 이 말은 기독교적인 방식으로 설명하면 보다 더 잘 이해될 수 있다. 누군가가 하나님의 뜻에 합당한 행위를 했을 때, 그 행위는 주관적으로는 하나님의 뜻에 따라 행동하려는 그의 의지에서 행해진 것이지만, 객관적으로 볼 때 그가 하나님의 뜻에 합당하게 행위하려고 노력하는 노력 그 자체는 하나님에게서 유래한 것(은총)이라고 한다. 마찬가지로 도덕법을 의식하는 것 또한 그것을 존경하며 그것에 따르려고 노력하는 것은 주관적으로는 어떤 개인에서 유래하는 것이지만, 객관적으로 볼 때 그 모든 것은 도덕법 그 자체에서 유래하는 것이다. 그래서 칸트는 다음처럼 말한다.

> 이 법칙(도덕법, 필자 첨가)은 그 자신 어떤 적극적인 것, 달리 말하면 지성적인 원인성의 형식 즉 자유의 형식이다. 하기에 그것은 우리 안에 있는 주관적인 반항 즉 애착에 대항하여 자부를 약화시킴으로써 동시에 존경의 대상이 된다. 뿐더러 도덕법은 자부를 쳐서 넘어뜨리고 굴복시키기까지 함으로써 커다란 존경의 대상이 된다. 따라서 경험에 근원을 가지지 않고 있는 감정, 그리고 선천적으로 인식되는 하나의 적극적 감정의 근거가 되기도 한다. 따라서 도덕법에 대한 존경은 이지적인 근거에서 생기는 감정이 되고, 이런 감정은 우리가 전적으로 선천적으로 인식하며 또 그것의 필연성을 통찰할 수 있는 유일한 감정이다.[41)]

위 인용문에서 칸트는 도덕법이 애착에 대항하며 또 자부를 쳐부순다고 말한다. 그러나 애착에 대항하는 것은 도덕법에 따라 행위하겠다고 결의하는 개별적인 행위자이지 도덕법 그 자체는 아니라고 말함으로써 칸트를 비판하는 것은 잘못임을 알 수 있다. 칸트 역시 애착에 대항하는 것 - 어떤 도덕적

---

41) I. Kant, *Kritik der praktischen Vernunft*, 86면.

행위자가 애착에 대항하는 것은 그가 도덕법을 존경하기 때문이다 - 은 주관적으로는 개별적 행위자임을 인정한다. 그러나 그는 더 나아가서 다음처럼 묻는다. 애착에 대항하려는 결의는 어디에서 유래하는가? 물론 그것은 자유의 표현 형식인 도덕법에서 유래한다. 그렇다면 애착에 대항하는 것은 주관적으로는 개별적 행위자이지만, 객관적으로는 도덕법 그 자체인 것이다. 그래서 칸트는 또 다음처럼 말한다.

> 모든 사람이 자기 본성 중의 감성적 성벽을 도덕법과 비교할 때에, 도덕법은 불가피하게 모든 사람을 겸허하게 만든다. 의지의 규정근거인 어떤 것에 대한 관념이 우리의 자기의식 중에서 우리를 겸허하게 만든다면, 그것이 적극적이요 규정근거인 한, **자신에 대해서 존경을 일으킨다.** 따라서 도덕법은 심지어 주관적으로도 존경의 근거이다.[42]

요컨대 우리가 도덕법을 존경하는 것은 도덕법이 그렇게 만들기 때문이라는 것이며, 그런 한에서 인간이 갖고 있는 존경심은 도덕법이 주관에 미친 영향의 결과이지, 인간이 도덕법을 존경하기 때문에 도덕법이 도덕법으로 되는 것은 아님을 알 수 있다. 하이데거는 이 점을 다음처럼 정리하고 있다.

> 법칙은 내가 그것을 존경하기 때문에 '그것이 무엇인 바의 것'(was es ist : 즉 '법칙')이 되는 것이 아니라, 오히려 정반대로 법칙에 대해 존경하는 감정을 가지는 것과, 그것과 함께 법칙을 드러내 보이는 특수한 양식이 유일한 길 - 그 길에서 도덕법이 나에게 접근해 올 수 있다 - 이다.[43]

42) I. Kant, *Kritik der praktischen Vernunft*, 87면. 강조는 필자에 의함.

43) M. Heidegger, *Die Grundprobleme der Phaenomenologie*(Frankfurt, Vittorio Klostermann, 1975) 191면. 하이데이거의 이 말, 특히 '오히려 정반대로' 이후의 말은 대단히 이해하기 힘든 말이다. 그럼에도 불구하고 하이데거는 이 말의 앞 부분에서 법칙이 법칙으로 되기 위해 인간의 존경이 필요한 것이 아니라, 그 반대임을 분명히 밝히고 있다.

이상의 논의를 요약하면, **칸트에 있어서 도덕법에 대한 존경에서 한 행위는 도덕법 자체가 동기가 되어 한 행위요, 이성이 동기가 되어 한 행위이며, 이는 현실적 무한에 대한 열망이 동기가 되어 한 행위요, 자유가 동기가 되어 한 행위이며, 의무의식으로 말미암아 행한 행위이며 결국은 도덕법 자체를 위해 한 행위가 된다.**

III. 선험적 동기로서의 존경의 심리학

우리는 앞에서 칸트가 말하고 있는 도덕법에 대한 존경이란 것은 근본적으로, 이성(무한성)과 감성(유한성)의 종합으로서의 가능적 무한자인 인간이 현실적 무한(절대적 무제약자)에 도달하려는 선천적 열망이 도덕철학적으로 표현된 개념임을 밝혔다. 도덕의 세계가 현실적 무한의 세계로 이해되는 한, 인간이 도덕법을 무시할 수 없고 존경할 수밖에 없는 이유는 인간이 가능적 무한자이기 때문이다. 이제 우리는 이 존경이 구체적으로 어떻게 작용하는가를 살펴볼 필요가 있다.

칸트에 의하면 "의지가 법칙에 직접적으로 규정되는 것과 그 규정에 대한 의식이 존경이라고 불리운다."[44] 도덕법은 자유의 법칙이요 자유의 법은 예지계의 법이며, 예지계는 칸트에 있어서 현실적 무제약자의 세계 즉 현실적 무한의 세계다. 인간이 가능적 무한자라면, 인간은 현실적 무한에 의해 규정받고 있는 존재가 된다. 인간이 현실적 무한에 의해 규정받고 있음을 의식하지 못한다면, 인간은 가능적 무한자가 아니다. 왜냐하면 인간은 현실적 무한을 향해 나아가려는 끊임없는 노력을 그만두는 바로 그 순간에 인간은 가능적 무한이기를 그치고 유한이 되기 때문이며, 유한한 어떤 것은 인간이 아니라

44) I. Kant, *Grundlegung zur Metaphysik der Sitten*, 28면.

사물이기 때문이다. 그런데 칸트에 있어서 현실적 무한이란 곧 인간이 실현하기 위해 목표로 삼아야 하는 도덕법이기에, 인간은 항상 도덕법의 규정하에 있으며, 도덕법을 의식하고 있는 존재다. 그러므로 인간의 의지는 도덕법 아래에 있는 의지로서, 도덕법의 영향력하에 있다. 칸트는 '도덕법칙 아래에 있는 의지'와 '도덕법칙을 따르는 의지'를 구분하는데, 전자는 도덕법을 의식은 하면서도 경향성의 유혹에 종종 굴복하기도 하는 의지라면, 후자는 동기상으로나 결과상으로 언제나 도덕법에 부합하는 행동을 하는 의지다.[45] 인간의 의지가 도덕법(현실적 무한) 아래에 있는 의지라는 것은 인간과 도덕법 사이에는 하나의 역동적인 긴장이 있음을 말한다. 인간은 도덕법을 따르기도 거부하기도 힘든 운명에 처해 있다. 도덕법에 따르기 힘든 것은 자연법칙의 지배를 받는 경향성의 유혹이 강하기 때문이요, 거부하기 힘든 것은 인간이 스스로의 힘으로는 인간이기를 포기할 수 있는 방도가 없기 때문이다. 칸트는 도덕법과 경향성 사이에서 인간이 느끼는 고통에 대해 다음처럼 말한다.

> 우리는 다음의 사실을 선천적으로 통찰할 수 있다. 즉 그것은 의지의 규정근거로서의 도덕법이 우리의 모든 애착을 방해함에 의해서 고통이라고 불릴 수 있는 하나의 감정을 산출해야 한다는 것이다.[46]

칸트가 말하고 있는 이 고통은 인간 실존의 근원적 고통이라고 말할 수 있다. 여기서 근원적 고통이라 함은 인간이 경우에 따라서는 느끼지만 경우에 따라서는 느끼지 않는 그런 우연적인 고통, 예컨대 치통과 같은 것이 아니라, 인간의 본질 구조상 회피할 수 없는 고통이며 인간에게 구조적으로 부착되어 있는 고통이란 뜻이다. 인간은 한편으로는 도덕법에 대한 존경이라는 선천적 감정을 느끼면서 다른 한편으로 인간은 경향성의 유혹을 강하게 받는다. **동물**

45) I. Kant, *Kritik der Urteilskraft*, 320면 참조.
46) I. Kant, *Kritik der praktischen Vernunft*, 85면.

에게는 생리적 · 물리적 · 심리적 법칙으로 나타나는 것이 인간에게는 경향성의 유혹으로 나타난다. 만약 인간에게 도덕법에 대한 존경이 없다면 생리적 · 물리적 · 심리적 법칙은 경향성의 유혹으로 나타나지 않을 것이다. 만약 인간에게 경향성의 유혹이 없다면, 도덕법은 존경의 대상이 되지 않을 것이다. 유혹이 유혹으로 성립하기 위해서는 존경의 대상이 있어야 한다. 존경의 대상이 존경의 대상으로 성립하기 위해서는 유혹이 있어야 한다. 도덕법에 대한 존경과 경향성의 유혹은 서로가 서로를 성립시키면서 서로가 서로를 무화시키려 한다. 도덕법에 대한 존경의 감정은 경향성의 유혹을 단호히 물리치려고 하고, 경향성의 유혹은 도덕법에 대한 존경을 무시하려고 한다. 그 양자의 관계는 협동적 배반의 관계다. 칸트는 이 양자의 배반적 관계에 있어서 존경의 역할을 "애착들과, 애착을 최상의 실천조건으로 하려는 성벽 즉 사애(私愛)를 최상의 법칙 수립에 참여하지 못하게 하는 것"[47]으로 설명한다.

헤겔주의자인 헨리히에 의하면, 칸트는 자아에 대한 이원론적이고 비변증법적인 개념을 갖고 있었기 때문에 존경을 윤리적 의식에 대한 단일한 현상으로 설명할 수가 없었고, 그래서 칸트는 존경을 두 측면으로 나누어 즉 도덕행위자의 자부와 사애를 쳐부수어 겸허하게 만드는 측면과 행위자로 하여금 도덕법을 향해 나아가게 만드는 고양의 측면으로 나누어 고찰하게 되었다고 한다.[48] 존경이 행위자를 겸허하게 만드는 작용을 할 때 존경은 감성적 자아와 관계하고, 존경이 행위자를 도덕법에로 고양시킬 때 존경은 예지적 자아와 관계하고 있다는 것이 헨리히의 주장인 것 같다. 그러나 헤겔주의자들은 칸트의 자아론을 근본적으로 오해하고 있다. 그들은 칸트가 자아를 경험적 자아와 예지적 자아로 두 동강 낸 것으로 오해하고 있다.[49] 그러나 칸트철학에서 정작 중요한 것은 선험적 자아이며, 이는 우리가 앞서 살펴보았듯이 가능적 무한자

47) I. Kant, *Kritik der praktischen Vernunft*, 87면.
48) H. E. Allison, *Kant's Theory of Freedom*, 127면 참조.
49) 이에 대해서는 졸고 「칸트의 선험철학적 인간관」 16-18면 참조 바람.

로서 비록 감성과 오성이라는 양극성을 가진 것이긴 하지만 하나의 단일체이며, 바로 그 양극성으로 인하여 변증법적인 것일 수밖에 없다. 바로 그 때문에 경향성에 대한 존경의 관계는 배반적 협동의 관계요 협동적 배반의 관계인 것이다.

칸트에 의하면 존경은 항상 인격(Person)을 향해 있지 결코 사물(Sache)을 향해 있지 않다. 사물은 애착의 대상이며 말이나 개와 같은 동물은 애정을 일으킬 수가 있다. 그리고 화산이나 맹수는 공포를 일으킨다. 그리고 광대무변한 천체나 엄청나게 많은 수의 새떼같은 것은 감탄 혹은 감동이나 경악을 일으킬 수 있다. 그러나 이 모든 것은 존경의 대상이 될 수는 없다. 비록 나는, 지위는 높지만 도덕성이 형편없는 사람 앞에서 내 몸을 굽힌다 하더라도 나의 정신을 굽히지 않듯이, 나보다 지위가 형편없이 낮지만 도덕성이 높은 평범한 시민 앞에서 내가 아무리 머리를 높이 쳐들더라도, 나의 정신은 굽힐 수밖에 없다.[50)]

우리는 이런 의문을 가질 수 있다. 지금까지 칸트는 존경의 대상은 도덕법이라고 말했다가 이제 인격이 존경의 대상이라고 말하는 것은 앞뒤가 틀리는 것이 아닌가? 그러나 이런 의문은 심각하게 고려할 필요가 있는 의문은 아니다. 칸트는 우리가 도덕적으로 뛰어난 사람 앞에서 비록 머리를 쳐들더라도 정신을 굽힐 수밖에 없는 이유를 다음처럼 설명한다.

> 그의 모범을 나의 거동과 비교할 때, 나의 자부를 쳐부수는 '하나의 법칙'을 그가 내 앞에 제시하기에 말이다. 뿐만 아니라 나는 법칙을 준수함이 즉 법칙을 **실행할 수 있음**이 사실로서 증명된 것을 눈 앞에서 보고 있다.[51)]

---

50) I. Kant, *Kritik der praktischen Vernunft*, 89-90참조.

51) I. Kant, *Kritik der praktischen Vernunft*, 90면. 강조는 칸트에 의함. 칸트는 또한 다음처럼 말하기도 한다. "그것(실천이성)의 소리는 가장 대담한 범죄인조차도 무서워서 몸이 떨게 만들고, 그래서 범죄인으로 하여금 도덕법의 시선으로부터 자신을 감추게 만든다."(같은 책, 93면)

이런 설명에 비추어 보면, 존경의 대상은 인격이라는 것은 결국 인격체만이 도덕법의 구현자일 수 있기에 존경의 대상이 된다는 것이다. 그렇다면 인격체만이 존경의 대상이 될 수 있다는 말은, 더 근본적으로 이해한다면, 도덕법만이 존경의 대상이 된다는 말이다. 그래서 칸트는 "어떤 인격에 대한 존경은 사실은 모두 법칙(예컨대 정직의 법칙 등등)에 대한 존경에 불과하다"[52]고 말한다. 머레이 멕비드에 의하면 법칙에 대한 존경은 (그 자신의) 인격에 대한 존경과 불가분리적이며, '자율'은 이 양자를 결합하는 핵심개념이라고 한다. 왜냐하면 내가 복종하는 법칙은 나의 이성의 산물이기 때문이라는 것이다.[53] 칸트는 또한 존경을 일종의 공물(Tribut)에 비유한다. 공물이라는 것은, 우리가 그것을 바칠 의사가 전혀 없더라도, 바치지 않을 수 없는 것이라는 점에서, 존경과 유사하다. 즉 우리는 외면상으로는 존경을 억류할지 모르나 내심으로는 그것을 느끼는 일을 막을 수가 없다.[54]

우리는 지금까지 도덕법에 대한 존경은 1) 선천적인 감정이며, 2) 유일한 도덕적 동기이며 3) 의심불가능한 도덕적 동기라는 주장과 4) 도덕법이 직접적으로 의지를 규정한다는 칸트의 주장을, 인간을 가능적 무한자로 보는 그의 인간관의 입장에서 해명하였다.

감성(유한성)과 오성(무한성) 사이에 구상력(가능적 무한)이 존재한다면, 가능적 무한자로서의 인간은 인식론적으로는 가능한 경험의 한계 내에 갇혀 있지만, 법칙에 대한 존경은 그 한계를 넘어서 비약하는 단서가 된다. 이런 관점에서 본다면 "존경은 사실적으로 존재하는 본래적 자아가 자기 자신에로 나아가는 존재적 통로다"[55]는 하이데거의 말은 설득력이 있다. 존경은 도덕적 감정으로서, 그것이 없으면 인간은 도덕법을 구현할 수가 없다.

---

52) I. Kant, *Grundlegung zur Metaphysik der Sitten*, 28면.

53) A. Murray MacBeath, "Kant on Moral Feeling"(*Kant Studien*, Bd.64, 1973) 298면 참조.

54) I. Kant, *Kritik der praktischen Vernunft*, 90면 참조.

55) M. Heidegger, *Die Grundprobleme der Phaenomenologie*, 194면.

> 법칙에 대한 존경은 – 이것은 주관적으로는 도덕적 감정으로 특징지어 진다 – 자신의 의무에 대한 의식과 동일한 것이다.[56]

칸트는 허치슨(F. Hutcheson) 류의 도덕감정론을 배격했으며, 그 때문에 그는 감정주의 윤리학자가 아니고 이성주의 윤리학자의 전형으로 이해된다. 물론 존경이 이성에서 유래한 감정인 한, 그는 이성주의 윤리학자임에는 분명하다. 그럼에도 불구하고 우리는 그가 인간에게는 선천적인 도덕적 감정이 있음을 입증하고 있다는 점을 눈여겨 보아야 할 것이다.

---

56) I. Kant, *Metaphysik der Sitten*, 602면.

제10장 목적으로서의 인간

전통적으로 기독교의 영향하에 있어 온 서구사회는 인간이 신의 형상대로 지음 받았다는 신학적 주장에 기초하여 인간의 존엄성을 정당화하려 했다. 그러나 르네상스 이후, 기독교적 전제가 회의의 대상이 되면서 인간을 유물론적 관점에서 이해하려는 사상가들이 생겨났다. 그러한 인간 이해에 바탕을 두고 자기 나름의 정치 · 윤리사상을 개진했던 대표적인 사상가가 홉스였다. 인간의 존엄성에 대한 기존의 종교적 · 신학적 정당화가 설득력을 상실하게 된 이후, 사람들은 인간의 존엄성을 새로운 방식으로 정당화해야 할 필요를 느꼈다. 칸트는 근세 이후 인간 존엄성 테제를 비종교적 방식으로 정당화한 가장 영향력 있는 사상가임은 말할 필요가 없는 사실이다.

칸트는 인격으로서의 인간을 중시하여, "너는 너 자신의 인격(Person)에 있어서 뿐만 아니라 모든 다른 사람의 인격에 있어서도 인간성(Menschheit)을 단지 수단으로서만 사용하지 말고 항상 동시에 목적으로 대하도록 행위하라"[1] 고 말했다. 영어권 학자들은 이를 '인간성의 정식'(Formula of Humanity)이라고 부르고 있는데,[2] 인간을 사물처럼 취급하는 것에 대한 분노, 인간을 생체실험의 대상으로 삼는 정치권력에 대한 비난, 인간복제에 대한 거부감 등등, 이런 것들의 배후에서 우리는 인간성을 목적으로 대하라는 칸트 윤리학의

1) I. Kant, *Grundlegung zur Metaphysik der Sitten*, 61면.
2) H. J. Paton은 이 정식을 '목적 그 자체의 정식'(formula of the end in itself)으로 부른다. *The Categorical Imperative : A Study in Kant's Moral Philosophy*, 16면 참조.

영향력을 느낄 수 있다.

그러나 '목적 그 자체로서의 인간성'이란 개념은 우리가 일견 생각하는 만큼 그 의미가 분명한 것은 아니다. 우리는 '인간성의 정식'과 관련된 세 가지 의문점을 제시하고 그것에 대한 해답을 구해보는 방식으로 논의를 전개시켜 보고자 한다. 첫째로, 그 정식에 나타난 칸트의 표현방식과 관련된 의문점을 살펴볼 것이다. 그렇게 함으로써 그 정식이 참으로 의미하는 바가 무엇인지를 밝힐 것이다. 둘째로, 칸트는 그 정식이 본질적으로 '보편법칙의 정식'(Formula of Universal Law)으로 불리는 법식, 즉 "너의 준칙이 보편적인 법칙이 되도록 네가 동시에 의욕할 수 있도록 하는 그러한 준칙에 따라서만 행위하라"는 것과 본질적으로 동일한 것이라고 말하고 있는데,[3] 어떤 근거에서 그런 것인지 살펴보고자 한다. 셋째로, 목적 자체의 법식에 대한 칸트식 정당화의 문제점과 그 한계를 고찰해 보고자 한다.

I. 인간, 인간성 그리고 인격

칸트는 인간(성)을 단지 **수단으로만** 사용하지 말고 **동시에 목적으로** 대하라고 말한다. 우리는 칸트가 인간성을 '전적으로 목적으로만 대하라'고 말하지 않았음을 주목할 필요가 있다. 그는 인간이 사회생활을 하기 위해서는 인간관계가 상호 수단적으로 연결될 수밖에 없는 측면이 있음을 잘 알고 있었다. 예컨대, 내가 이발소에 머리를 깎으러 간다고 해보자. 내게 있어서 이발사는 머리를 깎기 위한 수단이지만, 이발사에게 있어서 나는 생계를 위한 수단이 될 것이다. 교수-학생의 관계는 어떤가? 이 관계에도 상호 수단적인 측면이 있다. 학생들에게 있어서 교수는 지식을 전수받아 학점을 따고 졸업하여 취직자리를 구하는

3) I. Kant, *Grundlegung zur Metaphysik der Sitten*, 69면 참조.

데 필요한 수단이고, 교수들에게 학생은 급여를 받기 위한 수단이다. 부모-자식 관계이건, 성직자-신자의 관계이건 아니면 부부관계이건 사제관계이건, 모든 인간관계에는 상호 수단적인 측면이 있다. '수단적인'이란 말은 '나의 욕구와 행복과 이익을 위해 이용하는'이란 의미이다. 칸트는 모든 인간관계가 오로지 상호 수단적으로만 되어서는 안 된다고 말한다. 수단으로 사용하면서도 동시에 목적으로 대해야 한다는 것이 칸트가 인간성의 정식에서 주장하고 있는 것이다.[4] 그러면 목적으로 대접받아야 할 인간성이란 것은 과연 무엇인가?

토마스 힐은 인간성의 정식과 관련된 첫 번째 해석상의 문제는 '인격에 있어서 인간성'(humanity in a person)이란 구절이 무엇을 의미하는가 라는 것이라고 말한 뒤, 통상적인 독해법에 따르면, 인격에 있어서 인간성을 목적으로 대하라는 말은 '인간'(human beings, man)을 목적으로 대하라는 것으로 풀이된다. 이런 해석에 따르면, 인간성은 '인간의 부류'(class of human beings)를 의미하며, '인간성을 목적으로 대하라'는 것은 인간이라는 부류에 속한 구성원 하나 하나를 목적으로 대하라는 방식으로 해석된다. 그런데 힐에 의하면[5] '인간'(man)은 '사람 속의 어떤 것'(something in a person) 혹은 '사람의 특질'을 지칭하지 못하지만, '인간성'(humanity)에는 그런 것들을 지칭하는 측면이 있다. 예컨대 우리가 '사람'(person)의 '동물성'(animality)을 인간성과 대비시키거나 신학자들이 예수의 '신성'(divinity)을 그의 인간성과 대비시킬 때 그러하다는 것이다. 그러나 힐은 칸트가 인간성이란 말로 의미한 것은 인간이 아니라 사람의 특질이라고 주장한다.[6] 사실 칸트도 『이성의 한계 안에서의

---

4) 그러나 만약 수단과 목적이 모순개념이라면, 수단관계이면서 동시에 목적관계인 그런 인간관계가 가능한지 묻지 않을 수 없다. 이 문제에 대해서는 본장의 뒷부분에서 다룰 것이다.

5) T. Hill, "Humanity as an End in Itself",(in *Ethical Theory and Moral Problemes*, ed., H. J. Curzer, Wadsworth Publishing Co.) 210면 참조.

6) T. Hill, "Humanity as an End in Itself", 210면 참조. 힐은 '인간'과 '인간성'을 엄격하게 구분하고 싶어하는데, 그는 이 양자가 구분되어야 하는 5가지 이유를 제시한다. 첫째로 인간성은 원칙 혹은 준칙에 따라 행동할 수 있는 능력을 포함하고 있다. 둘째로 인간성은 사려와 효율성의 이성적 원칙, 즉 가언적 명법에 따르는 능력을 포함하고 있다. 셋째로 인간성은 어떤 종류의 것이든 목적을 정하는 능력으로서 하급 동물들에게는 결여되어 있는, 일종의 자유의 능력을 포함하고

종교』에서 인간(Mensch)을 구성하는 세 가지 '근원적인 소질'(ursprünglichen Anlage)에 대해 언급한다. ① 생물로서 인간이 갖고 있는 동물성의 소질. ② 생물이면서 동시에 이성적 존재자인 인간의 인간성(Menschheit)의 소질. ③ 이성적이면서 동시에 책임질 수 있는 존재로서의 인간의 인격성(Persönlichkeit)의 소질이 그것이다. 동물성의 소질은 기계적인 자기애의 소질이며, 여기에는 자기보존의 소질, 종족보존의 소질, 교제의 소질이 포함된다. 그리고 인간성의 소질은 비교하는 자기애의 소질로서 타인과의 비교에 의해서 자신의 행·불행을 판단하는 소질이다. 인격성의 소질은 도덕법칙을 존경하는 능력이다.[7] 『이성의 한계 안에서의 종교』에서의 칸트의 설명에 의하면 인간성은 인간을 구성하는 세 가지 소질 중의 하나에 불과한 것이 되므로, 인간과 인간성은 구분되어야 한다는 힐의 주장은 올바른 것으로 여겨진다.[8] 그러면 칸트가 인간성의 정식에서 단지 수단으로 사용하지 말기를 명령한 그 '인간성'은 『이성의 한계 안에서의 종교』에서 말한, 인간을 구성하는 세 가지 소질 중에 두 번째로 언급한 바로 그 '인간성'인가? 만약 그렇다면 세 번째로 언급된 '인격성'은 수단으로 취급되어도 된다는 말인가? 물론 이렇게 생각하는 것은 비상식적이다. 그러므로 인간성과 인격성은 결코 단지 수단으로만 사용되어서는 안 될 것이다. 여기에서 우리는 약간은 엉뚱해 보일 수 있는 질문을 하나 던져보고자 한다. 그러면 인간을 구성하는 동물성의 소질은 수단으로 사용되어도 되는가? 비록 인간의 인간성과 동물성이 개념적으로 구분된다

있다. 넷째로 이성적 자연으로서 인간성은 필연적으로 보상의 전망이나 처벌의 공포와는 독립적으로 행위의 무조건적인 원칙 즉 정언명법을 수용하는 능력을 포함하고 있다. 다섯째로 이론이성과 실천이성을 포괄하는 이성적 자연으로서 인간성은 세계를 이해하고 추상적으로 사고하는 능력을 포함하고 있다.("Humanity as an End in Itself" 210-211면 참조)

7) 이에 대한 칸트의 자세한 설명은 *Die Religion*, 672면 이하 참조. 칸트는 '소질'을 다음처럼 설명한다. "어떤 존재자의 소질이란 그 존재자에게 필요한 구성요소이며, 뿐만 아니라 또한 그 존재자를 존재하게 해주는 요소들의 결합방식으로 이해된다. 소질들은 그들이 어떤 존재에게 필연적으로 속해 있다고 한다면 근원적인 것이다."(*Die Religion*, 675면)

8) 힐이 말하는 인간성에는, 칸트가 『이성의 한계 안에서의 종교』에서 인간성을 구성하는 세 번째 소질로 간주한 인격성도 포함되어 있다. 그러니까 칸트는 인간의 근본적인 소질을 삼등분하고 있다면 힐은 이등분하고 있는 셈이다.

하더라도 실제로 이 양자는 불가분리적으로 결합되어 있기 때문에 인간의 동물성을 목적으로 대함이 없이 인간의 인간성만을 목적으로 대하는 것은 불가능한 일이 될 것이다. 인간의 동물성만을 수단으로 대하면서 인간의 인간성을 목적으로 대하는 것은 피를 흘리지 않고 엉덩이 살을 도려내는 것이 불가능하듯이 불가능할 것이다. 인간은 어차피 육체와 정신이 불가분리적으로 결합된 존재이기에, 육체로부터 분리된 별개의 인격이란 것을 인정할 수는 없을 것이다.[9] 바로 이런 이유로 칸트는 '이성적 존재자', '인간', '인간성', '인격'을 거의 구분함이 없이 뒤섞어 쓰고 있다.

> 인간성과 모든 이성적 존재자(vernünftigen Natur) 일반은 목적 자체라는 원리는 … (중략) … 경험으로부터 빌려온 것이 아니다.[10]

> 인간은 사물이 아니며, 따라서 단지 수단으로만 사용될 수 있는 어떤 것이 아니라 오히려 모든 그의 행위에 있어 항상 그 자신을 하나의 목적 자체로 간주해야 한다.[11]

> 만약 그것이 이성이 없는 존재자라면, 수단으로서의 상대적 가치밖에 갖지 못하며, 따라서 사물이라고 불린다. 반면에 이성적 존재자는 인격이라고 불린다.[12]

> 이제 나는 말한다 ; 인간은 그리고 일반적으로 모든 이성적 존재자는 목적 자체로서 존재하고, …[13]

---

9) 졸고 「순수이성의 제4오류추리와 심신문제」(대한철학회 논문집, 『철학연구』 53집, 1994년 11월) 5장 참조.

10) I. Kant, *Grundlegung zur Metaphysik der Sitten*, 63면.

11) I. Kant, *Grundlegung zur Metaphysik der Sitten*, 61면.

12) I. Kant, *Grundlegung zur Metaphysik der Sitten*, 60면.

이상의 인용문들에서 확인할 수 있듯이 칸트는 '이성적 존재자', '인간', '인간성', '인격'을 거의 구분함이 없이 뒤섞어 쓰고 있다. 이런 이유에서 필자는 인간성의 정식에서 우리가 만나게 되는 첫 번째 해석상의 문제는 '인격에 있어서 인간성'이 무엇을 의미하는가 하는 것이라는 힐의 주장은 문제를 불필요하게 어렵게 만드는 측면이 있다고 생각한다. 페이톤에 의하면 인간성의 정식은 "인격 자체에 대한 존중을 명령한다"고 말한다.[14] 필자는 인간성의 정식에서 만나게 되는 첫 번째 해석상의 문제는 '인간성'의 의미가 아니라 '목적'의 의미가 무엇인가 하는 문제라고 생각한다.

II. '목적'과 '존엄성'의 의미

인격을 목적으로 표현하는 것은 뭔가 어색하다. 목적이란 말은 일반적으로 목표로 하는 것, 노리는 것 등을 의미한다.[15] 그러나 인간(혹은 인격)이 이런 종류의 목적이 될 수는 없다. 칸트가 인간성을 목적으로 부를 때는 전문적인 의미를 부여하고 있다. 칸트는 의지를 "어떤 법칙의 표상에 적합해서 행위를 규정하는 능력"으로 규정한다.(이성적 존재에게만 이런 능력이 있다고 함) 그리고 의지가 자기 자신을 규정할 때, 객관적인 근거를 갖고 자신을 규정해야 하는데, 이때 객관적인 근거로서 의지를 위해 봉사하는 것을 목적으로 정의한다.[16] 그리고는 목적을 주관적인 것과 객관적인 것, 상대적인 것과 절대적인 것으로 구분한다. 욕망의 주관적 근거는 동기(動機,Triebfeder)이며, 의욕의 객관적 근거는 동인(動因,Bewegungsgrund)이다. 욕망-동기, 의욕-동인의 구분

13) I. Kant, *Grundlegung zur Metaphysik der Sitten*, 59면.

14) H. J. Paton, *The Categorical Imperative : A Study in Kant's Moral Philosophy*, 16면.

15) R. S. Downie & E. Telfer, *Respect for Persons*(London, George Allen and Unwin Ltd, 1971) 13면 참조.

16) I. Kant, *Grundlegung zur Metaphysik der Sitten*, 59면.

에 따라, 동기에 의거하는 주관적 목적과 모든 이성적 존재자에게 타당하는 동인에 의존하는 객관적 목적의 구분이 생긴다. 욕망-동기-주관적 목적, 의욕-동인-객관적 목적의 구분 기준은 '이성'이다. 어떤 목적이 이성에 의해 주어진다면, 그래서 모든 이성적 존재에게 타당하다면 그것은 객관적 목적이 된다.[17] 그리고 "인격은 그것의 현존이 우리들의 행위의 결과로서 우리에 대하여 가치를 가지는 주관적인 목적이 아니라 객관적인 목적이다."[18] 그리고 칸트는 상대적 목적에 대해 다음처럼 설명한다.

> 이성적 존재자가 그 행위의 결과로서 임의로 설정한 목적(실질적 목적)은 하나같이 단지 상대적일 뿐이다. 왜냐하면 주관이 갖고 있는 특수한 종류의 욕구능력에 대한 목적의 관계만이 그와 같은 목적에 가치를 부여하기 때문이다. … (중략) … 따라서 이 모든 상대적 목적들은 가언적 명법들의 근거일 뿐이다.[19]

그러나 인격은, 그것이 지금 여기에 존재한다는 그 자체가 목적이 되며, 그것을 대신할 수 있는 다른 목적이 두어질 수 없고, 오히려 다른 목적은 한갓 수단으로서 인격에 봉사해야 한다.[20] 그러므로 인격은 절대적 가치이고 정언명법의 근거가 된다. 칸트는 매우 현학적인 방식으로 말하고 있지만, 그가 말하고자 하는 요지는 이제 아주 분명해졌다. 세상 만물은 인간을 위해 존재하지만 인간은 다른 어떤 것을 위해 존재하지 않는다는 것이다. 그러므로 인간은 목적이고 세상 만물은 수단이라는 것이다. 이 점을 칸트는 『판단력비판』에서 아주 알아듣기 쉬운 말로 설명해주고 있다.

---

17) I. Kant, *Grundlegung zur Metaphysik der Sitten*, 59면.
18) I. Kant, *Grundlegung zur Metaphysik der Sitten*, 60면.
19) I. Kant, *Grundlegung zur Metaphysik der Sitten*, 59면.
20) I. Kant, *Grundlegung zur Metaphysik der Sitten*, 60면.

> 이러한 피조물(식물: 필자 집어넣음)은 무엇을 위하여 존재하는가? … (중략) … '식물을 먹고 사는 동물계를 위해서 존재한다. 그래서 동물계는 그처럼 다양한 종류를 이루어 지상에 퍼질 수 있었던 것이다'고 대답한다면, '그러면 무엇을 위해서 이러한 초식동물들은 존재하는가' 하는 물음이 다시 생겨난다. … (중략) … 그것은 인간의 다양한 용도를 위해서이다. … (중략) … 인간은 이 지구상의 창조의 최종목적이다. 왜냐하면 인간은 목적을 이해할 수 있고, 자신의 이성을 통해 합목적적으로 형성된 사물들을 목적의 체계로 만들 수 있는 지상 유일의 존재자이기 때문이다.[21)]

> 오성, 다시 말해서 자기 뜻대로 목적을 정하는 능력을 가진 지상 유일의 존재자로서 실로 인간은 자연의 주인이라는 칭호를 가진다. 또 우리가 자연을 하나의 목적론적 체계로 본다면, 인간은 그의 직분 상으로 자연의 최종목적이다. 그러나 이는 인간이 자연과 자기 자신 사이에 그러한 목적관계를 부여할 줄도 알고 또 그럴 의지도 가지고 있다는 조건하에서만 그러하다.[22)]

칸트는 더욱 결정적인 말을 한다.

> 그런데 도덕적 존재자로서의 인간(따라서 이 세계 안에 있는 모든 이성적 존재자)에 대해서는 '그는 무엇을 위하여(quem in finem) 현존하는가' 라고 더 이상 물을 수가 없다. 인간의 현존재는 가능한 한 전 자연을 예속시킬 수가 있는 최고의 목적 그 자체를 자기 안에 가지고 있어서, 적어도 이 최고의 목적에 거스르는 자연의 어떤 영향에도 복종해서는 안 된다. 그런데 세계의 사물들이 그 현존 상으로 보아서 의존적 존재자여서, 목적

21) I. Kant, *Kritik der Urteilskraft*, 294-295면.
22) I. Kant, *Kritik der Urteilskraft*, 299-300면.

> 에 따라 활동하는 최상의 원인을 필요로 한다면, 인간은 창조의 궁극목적이다. 인간이 없으면 상호 종속적인 목적들의 연쇄가 완전하게 근거지워지지 못할 것이기 때문이다. 오로지 인간에 있어서만, 그렇지만 도덕성의 주체로서의 인간에 있어서만 목적에 관한 무조건적인 입법은 성립하며, 따라서 이 무조건적인 입법만이 인간으로 하여금 인간에게 전자연이 목적론적으로 종속하도록 하는 궁극목적일 수 있게 하는 것이다.[23)]

칸트는 위의 인용문들에서 인간 혹은 이성적 존재자를 통해서 이 세계의 목적론적 지평이 열리게 됨을 말하고 있다. 인간의 이성을 통해서 세계 속의 사물들은 수단-목적의 목적론적 계열을 형성하게 된다. 칸트는 목적을 설정하는 능력을 "이성적 존재로서의 인간성의 특징적인 모습"[24)]으로 간주한다. 그렇다면 그런 목적론적 계열의 창조자인 인간(이성적 존재자) 그 자신은 최종 목적 혹은 목적 그 자체가 되지 않으면 안 될 것이다.

칸트는 이와 유사한 논리로 인간의 존엄성을 주장한다. 칸트에 의하면 이 세계는 또한 인간을 통해서만 가치의 지평이 열리게 된다.

> 만일 세계가 무생물들로 이루어졌다면, 혹은 일부분은 생명이 있지만 그러나 이성이 없는 존재자들로 이루어졌다면, 그러한 세계에서는 가치에 관해서 조금이라도 이해하는 존재자는 없을 것이므로, 그와 같은 세계의 현존재는 아무런 가치가 없을 것이다. 그에 반해서, 이성적 존재자들이 있기는 하지만, 그러나 그들의 이성이 사물들의 현존재의 가치를 자연과 그들(그들의 안녕)과의 관계 내에서만 정할 수가 있을 뿐이요, 그러한 가치를 근원적으로 (자유에 있어서) 스스로 만들 수가 없다

---

23) I. Kant, *Kritik der Urteilskraft*, 305면.

24) C. M. "Korsgaard, Kant's Formula of Humanity"(in *Immanuel Kant : Critical Assessment*, eds., R. F. Chadwick & Clive Cazeauk, London & New York, Routledge, 1992) 161면.

> 고 한다면 … (중략) … 실로 이 세계에는 (상대적) 목적은 있겠지만, (절대적) 궁극 목적은 없을 것이다.[25]

도덕적 행위 주체로서 인간은 동시에 가치 평가의 주체로서 사물들에 대해 가격을 매길 수 있는 존재이다. 사물들은 유한한 값을 가지며, 따라서 규정할 수 있는 값을 가진다. 그리고 "가격을 가지는 것은 같은 가격의 다른 어떤 것과 교체 될 수 있다."[26] 그러나 가격을 매기고 가치를 규정하는 입법적 주체인 인간 그 자신은 결코 가격 매겨질 수가 없다. 달리 말하면 인간은 유한하거나 규정할 수 있는 고정된 값을 가지는 존재가 아니다. 인간은 가격을 초월해 있다. 즉 무한한 값을 가진다.

> 그러나 가치를 규정하는 입법자 자신은 바로 그 때문에 존엄(Würde)을, 즉 무제약적이고 비교할 바 없는 가치를 가져야 한다.[27]

> 모든 가격을 초월하여 있는 것, 따라서 어떠한 동가(同價)의 것도 허용하지 않는 것은 존엄을 가진다.[28]

칸트는 이성적 존재인 인간을 통해서 세계가 목적론적 지평, 가치론적 지평 그리고 도덕적 지평을 얻게 되는 것으로 생각한다. 그러므로 칸트의 사고체계 내에서 인간은 목적론적으로는 궁극목적, 최종목적, 목적 그 자체이며, 가치론적으로는 무한한 가치, 절대적 가치를 지닌 존재이며, 도덕적으로는 존엄한

---

25) I. Kant, *Kritik der Urteilskraft*, 320-321면.

26) I. Kant, *Grundlegung zur Metaphysik der Sitten*, 68면.

27) I. Kant, *Grundlegung zur Metaphysik der Sitten*, 69면.

28) I. Kant, *Grundlegung zur Metaphysik der Sitten*, 68면, 칸트는 존엄에 대해 다음처럼 말하기도 한다. "존엄은 모든 가격보다 무한히 높여진다. 말하자면 이 존엄의 신성성을 한순간이라도 모독하는 일이 없이 존엄을 가격과 비교하는 것은 불가능한 일이다."(*Grundlegung zur Metaphysik der Sitten*, 69면)

존재이다.

이제 지금까지의 논의에 기초해서 인간이 목적으로 대접받아야 한다는 말의 의미가 무엇인지를 밝혀보고자 한다. 칸트는 인간성을 한갓 수단으로만 사용하지 말고 동시에 목적으로 대하라고 말한다. 우리는 인간을 수단으로 사용하지 말라는 것이 무엇을 의미하는지 잘 이해한다. 예컨대 자신의 재산을 늘리기 위해 거짓으로 남을 속여 타인의 재산을 갈취하는 것은 명백히 인간을 수단으로 이용하는 것이다. 또한 삶의 고통으로부터 벗어나기 위해 자살을 하는 사람은 역시 "(자신의) 인격을 그의 인생이 끝날 때까지 견뎌낼 만한 상태를 유지하기 위한 수단으로 이용하는 것"이 된다.[29] 그러면 이 경우는 어떤가? 어떤 가난한 청년이 불우한 소년가장을 돕기 위해 돈을 갚을 의사도 없이 부자 친구에게 거짓말로 돈을 빌려 그 소년을 도왔을 경우에, 그 가난한 청년은 소년에 대해서는 목적으로 대한 것이며, 그 부자 친구에 대해서는 수단으로 대한 것이 되는가? 만약 인간성을 목적으로 대한다는 것이 타인의 행복을 염려해주고 걱정해주고 위해주고 하는 그런 것이라면, 그 청년은 비록 부자 친구를 이용한 것이긴 하지만, 소년에 대해서는 목적으로 대한 것이 될 것이다. 그러나 목적으로 대한다는 것은 단순히 타인을 위해주는 것과는 다른 것이다. 그러면 목적으로 대한다는 것은 무엇을 의미하는가? 인간이 목적 그 자체가 된 것은 인간에게 이성이 있기 때문이다. "이성적 존재는 목적 자체로서 존재한다."[30] 우리가 바로 위에서 살펴보았듯이 목적론적, 가치론적, 도덕적 지평이 인간의 이성에 의해 열린 것이라면, 이성의 담지자로서의 인간을 목적으로 대하라는 것은 인간의 이성을 존중하라는 것이 될 것이다. 이런 관점에서 본다면, 앞서 든 두 가지 사례뿐만이 아니라, 세 번째 사례에서 왜 그 가난한 청년이 부자 친구에 대해서는 말할 것도 없고 불쌍한 이웃 소년에 대해서도 목적으로 대하지 못한 것이 되는지, 그리고 타인의

---

29) I. Kant, *Grundlegung zur Metaphysik der Sitten*, 61면.
30) I. Kant, *Grundlegung zur Metaphysik der Sitten*, 61면.

행복을 위해 행위하는 것이 타인을 목적으로 대하는 것과 부분적으로만 일치하는지 그 이유를 알 수 있다. 그 청년은 비록 불쌍한 이웃 소년을 위해주고 싶어 했지만, 청년이 택한 방법에 대해 그 소년은 동의하지 않았을 것이다. 달리 말해서 그 청년은 소년의 이성을 존중해주지 않았다는 것이다. 바로 그 때문에 그 청년은 소년을 목적으로 대한 것이 아니게 된다. 타인을 목적으로 대하는 것의 요체는 타인이 그 자신의 이성과 판단능력을 자율적으로 행사하는 것을 방해하지 않는 것이다. 이 경우 '이성'은 '순수한 실천이성'으로 이해되어야 할 것이다. 그리고 인간과 모든 이성적 존재자가 가지는 존엄의 근거에는 자율이 있기에[31] 존엄한 존재인 인간을 목적으로 대하라는 말의 의미가 이제 보다 분명해진다. 그것은 **인간이라면 누구나 갖고 있는 실천이성의 자율성을 존중하라**는 말이 된다. 그런데 실천이성의 자율성의 능력으로 말미암아 도덕적 능력이 가능하므로, 실천이성의 자율성의 능력을 존중하라는 것은 **인간이라면 누구나 갖고 있는 도덕적 능력을 존중하라**는 것이 될 것이다. 인간이 갖고 있는 실천이성의 자율성을 방해하는 그런 자유는 허용될 수가 없다. 바로 그 때문에 "이 원리(인간성과 모든 이성적 존재자는 목적 자체라는 원리)는 모든 사람의 행동의 자유를 제한하는 최상의 조건"[32]이 된다.

III. 보편적 법칙의 정식과 인간성의 정식은 어떤 이유에서 동일시 될 수 있는가?

칸트는 여러 가지 방식으로 정언명법을 표현하고 있다. 그 중 첫 번째 정언명법은 '보편적 법칙의 정식'(Formula of Universal Law)으로 불리는 것으로, "준칙이 보편적인 법칙이 되도록 그대가 동시에 의욕할 수 있도록 하는 그러

31) I. Kant, *Grundlegung zur Metaphysik der Sitten*, 69면 참조.
32) I. Kant, *Grundlegung zur Metaphysik der Sitten*, 63면.

한 준칙에 따라서만 행위하라"[33]로 표현된다. 그리고 앞서 언급했듯이 '목적 자체의 정식'(Formular of the End in Itself) 혹은 인간성의 정식으로 불리는 정언명법은, "너는 너 자신의 인격에 있어서 뿐만 아니라 모든 다른 사람의 인격에 있어서도 인간성을 단지 수단으로서만 사용하지 말고 항상 동시에 목적으로 대하도록 행위하라"는 것이다. 문제는 칸트가 이 두 정언명법이 본질상 같은 것임을 주장하는 데서 발생한다.

> 도덕성의 원리를 제시하는, 앞서 언급된 세 가지 방식은 근본적으로는 단지 동일한 법칙의 다양한 정식들일 뿐이며, 그들 각각의 정식은 나머지 다른 두 정식을 자기 안에 포함하고 있다.[34]

이는 매우 이해하기 힘든 주장이지만 우리는 칸트 윤리학은 의무론적 윤리학이라는 관점에서 이해의 실마리를 구할 수 있을 것이다. 의무론적 윤리학에서는 도덕적 의무를 다하는 것은 그 자체 목적이지 다른 어떤 것을 위한 수단이 아니다. 그래서 '의무를 위한 의무'라는 말이 성립한다. 도덕적 명령을 따르는 것은 그 자체가 목적이어야 한다. 만약 행복, 돈, 명예, 권력, 생명 등등 - 칸트는 이런 것들을 형식(form)과 대비되는 것으로 간주하여 '실질'(material) 이라고 부른다 - 을 얻기 위한 수단으로 정직한 행동을 한다면, 그 정직은 정직 그 자체를 위한 것이 아니다. 철저한 의무론적 입장에 서 있는 칸트는 그런 정직에는 단지 적법성만이 있을 뿐, 도덕성은 없다고 생각했다. 그런데 그처럼 의무감에 의한, 의무를 위해 의무를 행할 수 있는 주체는 바로 인간이다. 이런 점에서 본다면 도덕이 목적 그 자체라면, 도덕의 담지자인 인간도 목적 그 자체로 간주되지 않으면 안 된다는 사실이 추리된다. 인간을 수단시하면서 도덕을 목적 그 자체로 간주하는 것은 불가능하다. 마찬가지

33) I. Kant, *Grundlegung zur Metaphysik der Sitten*, 51면.
34) I. Kant, *Grundlegung zur Metaphysik der Sitten*, 69면.

로 도덕을 수단시하면서 인간을 목적 그 자체로 대하는 것도 불가능하다. 그러므로 인격성의 법식과 보편성의 법식은 같은 것임을 알 수 있다. 보편성의 법식이 형식적임에 반해 인격성의 법식은 실질적이기에 양자가 이질적인 것임에도 불구하고, 칸트로서는 그 양자를 동일시하지 않을 수 없었던 근본 이유를 갖고 있었다. **도덕이 그 자체 목적인 한, 도덕의 담지자로서 인간 역시 목적 그 자체이지 않으면 안 된다.** 칸트는 윤리적 상대주의자들의 공격을 잠재우고 행위의 보편적 법칙을 확립하기 위해 형식주의의 입장을 취하였다.[35] 그는 실질적인 것들에서는 결코 보편타당한 도덕적 법칙을 이끌어 낼 수가 없다고 생각했다. 그는 인식의 영역에서건 도덕의 영역에서건 형식적인 것들은 선천적으로 파악될 수 있고 실질적인 것들은 후천적·경험적으로만 파악될 수 있다고 생각했다. 그러나 그는 인간은 목적 자체로 간주되어야 한다는 바로 이 실질적인 주장에 관한 한, 그는 그것이 보편성과 필연성을 가진 주장임을 선천적으로 파악할 수 있다는 사실을 인정하지 않을 수 없었던 것이다.

> 인간성과 모든 이성적 존재 일반은 목적 자체라는 원리는 … (중략) … 경험으로부터 빌린 것이 아니다. 첫째로, 그 원리의 보편성 때문이다. … [36]

혹자는 이렇게 말할지도 모른다. 칸트가 목적으로 간주하라고 말하는 그 '인간성'은 피와 살을 가진 구체적인 인간이 아니라 모든 인간 속에 들어 있는 '도덕법칙에 대한 존경심에서 행위할 수 있는 능력'이기에, 그리고 그 능력은 그 자체에 아무런 실질도 포함하고 있지 않은 형식일 뿐이기에, 인간

---

35) 우리는 이 책의 4장에서 이미 이에 대해 자세히 논의하였다.

36) I. Kant, *Grundlegung zur Metaphysik der Sitten*, 63면. 칸트의 형식주의 윤리학에서 형식과 실질의 관계에서 생겨나는 이런 체계적인 결함은, 『순수이성비판』에서 개진되고 있는 칸트의 형식주의 인식론의 체계상의 결함과 같은 맥락에서 발생하고 있는 듯이 보인다. 이에 대해서는 다음 절에서 다룰 것이다.

성의 정식으로 말미암아 칸트는 자신의 형식주의를 위배한 것은 아니라고 말할 사람이 있을지도 모르겠다. 칸트의 다음 말은 이런 변호를 보다 설득력 있게 만들어준다.

> 그러나 실천 규칙은, '사람이 단적으로 어떠한 방식으로 행위해야 한다'고 말한다. 그러므로 실천규칙은 무조건적이요, 그래서 정언적으로 실천적인 명제라고 생각된다. 이런 실천규칙은 – 이 실천규칙은 여기서는 법칙이다 – 단적으로 또 직접적으로 의지를 규정하며 객관적으로 규정한다. **그 자신 실천적인** 순수한 이성이 여기서는 직접 법칙을 수립하기 때문이다. 의지는 경험적인 조건으로부터 독립적인 것으로, 따라서 순수한 의지로 생각되며, **오로지 법칙의 형식에 의해서만** 규정된다.[37]

그러나 이런 변호 역시 우리가 이미 앞서 확인했던 사실, 인간의 동물성과 인간의 인격성은 개념적으로는 구분이 가능하지만 실제로는 분리가 불가능하기에 어떤 특정 인간에게서 그 동물성만 수단으로 사용하고 도덕적 능력으로서의 인격성만 목적으로 대하는 것은 불가능하다는 사실을 기억하게 되면 설득력이 사라진다.

IV. 비판과 응답 그리고 남는 문제

지금까지 우리는 인간성을 목적으로 대하라는 말에서 인간성과 목적의 의미는 무엇인지 또 인간성 정식이 보편적 법칙의 정식과 근본적으로 동일한 것이라는 칸트의 주장을 어떻게 이해해야 하는가 하는 문제를 다루었다. 이하

---

37) I. Kant, *Kritik der praktischen Vernunft*, 36면.

에서는 인간성 정식에 대해 흔히 제기되는 비판을 소개한 뒤, 칸트의 입장에서 대답해보고자 한다. 그 다음에, 그럼에도 불구하고 칸트의 주장에 대해 제기될 수 있는, 필자 나름의 몇 가지 비판을 제시하고자 한다.

인간(성)을 목적으로 대하라는 칸트의 주장에 대해 혹자는 그 명령을 도저히 따를 수 없는 상황이 있다는 이유에서 비판한다. 로렌스 콜버그가 고안해낸 선장의 딜레마는 칸트 비판가들을 위해 안성맞춤의 예가 될 것이다.

> 한 대의 전세 비행기가 남태평양에 추락했다. 세 사람이 살아남았다. 비행사와 두 사람의 승객이 그들이다. 한 승객은 어깨를 부러트린 노인이고 다른 한 승객은 힘이 넘치고 건강한 젊은이다. 뗏목으로 만일 두 사람이 3주 동안 계속해서 노를 저어가면 가장 가까운 섬에 안전하게 도달할 수가 있는 가능성이 있다. 그러나 세 사람 모두가 그 뗏목에 올라탄다면 그런 가능성은 거의 사라진다. … (중략) … 신속하게 결정을 내려야 한다. 선장은 건장하며 항해할 수 있는 유일한 사람이다. 만약 그가 뗏목을 타지 않는다면, 다른 두 사람이 안전하게 항해할 가능성은 거의 없다. 만약 어깨를 다친 노인이 타지 않는다면, 다른 두 사람이 안전하게 될 수 있는 것은 80% 정도의 상당한 가능성이 있다. 만약 젊은이가 타지 않고 노인과 선장이 탄다면 안전하게 항해할 가능성은 50대 50에 조금 못 미친다. 그 누구도 뗏목을 타지 않겠다고 자원하지는 않는다.[38)]

칸트 비판가들은 대충 아래와 같은 논리로 칸트를 비판할 것이다.

> 이 경우 우리는 몇 가지 가능성을 생각해볼 수 있다. 첫째로 최대 다수의

38) L. Kohlberg, *The Philosophy of Moral Development : Moral Stages and the Ideas of Justice*, (San Francisco, Harper & Row, Publishers, 1981) 205-206면.

최대 생존 가능성을 극대화시키는 방향으로 결정하는 경우. 이 방향으로 결정하면 노인을 뗏목에서 내리도록 해야 할 것이다. 둘째로 지위고하, 남녀노소, 건강 · 병약을 불문하고 인간은 인간인 한 평등하게 대접받아야 한다는 원칙에서, 뗏목에서 내릴 사람을 제비뽑기로 결정하는 경우. 셋째로, 살아도 같이 살고 죽어도 같이 죽는다는 운명공동체 의식으로, 세 사람이 다 뗏목을 타고 세 사람 다 살아남기 위해 최선의 노력을 다해보는 경우. 이 경우 결과는 운명에 맡기는 것이 될 것이다. 이 세 가지 경우 중에서 과연 어느 것이 인간(성)을 목적으로 대하는 것인가? 첫 번째 경우는 명백히 나머지 두 사람의 생명을 구하기 위해 노인을 수단시하는 것이 될 것이다. 두 번째 경우에도 제비뽑기 결과 뗏목에서 내릴 사람이 누구로 결정되든, 이 역시 그 사람은 나머지 두 사람의 생명을 구하기 위한 수단이 되어버린다. 세 번째 가능성은 일견 동기주의로서의 칸트 윤리학에 부합하는 결정인 것처럼 보인다. 그러나 결국 세 사람이 다 죽는 최악의 결과를 자초하는 것이 되어 매우 현명하지 못하고 무모한 결정이 될 것이다.

선장의 딜레마에서 칸트 윤리학의 신봉자는 세 번째 가능성을 택해서 무모한 결정을 내리든지 아니면, 첫 번째 혹은 두 번째 기능성을 택해야 하는데, 이 두 경우는 인간성을 수단으로 대할 수밖에 없다는 것이 비판의 요점이다. 칸트는 이런 비판에 대해 어떻게 대답할까? 우리는 사형제도에 대한 칸트의 입장을 살펴봄으로써 이런 비판에 대한 칸트의 대답이 전개될 방향을 가늠할 수 있을 것이다. 인간을 목적으로 대하는 것은 어떤 경우에도 인간을 죽이지 않고 인간을 위해주는 방식으로 행동하는 것과는 다르다. 만약 인간을 목적으로 대하라는 것이 인간을 죽이지 않는 것이라고 한다면, 칸트는 어떤 경우에도 사형제도를 거부해야 할 것이다. 그러나 그는 강력한 응보론적 사형 찬성론자이다.

> 살인자 즉 살인을 했거나 살인을 지시했거나 살인에 가담한 사람은 누구나 사형에 처해져야만 한다. 이것은 법적 권위의 이념으로서의 정의가, 선천적으로 기초 지워진 보편적 법에 일치해서 의욕하는 것이다.[39]

인간을 목적으로 대하는 것과 사형은 양립할 수 있다는 것이 칸트의 생각이다. 오히려 사형이야말로 인간의 존엄성을 구현하는 방편이 된다고 생각한다. 칸트에 있어서 인간은 자유로운 존재요, 자유에는 책임이 따른다. 그리고 바로 그 때문에 인간은 존엄한 것이다. 사물은 책임질 수 없기에 단지 가격을 가질 뿐이다. 그런데 무고한 사람을 죽이는 살인죄를 저지르는 사람은 사형되어야 함은 이성의 이치다. 타인의 무고한 생명을 빼앗는 자가 있다면, 그의 생명이 박탈될 때에만 정의의 저울은 균형을 잡을 수 있는 것이다. 그러므로 누군가가 자신의 자유로 살인을 했으면, 그는 그 죄 값으로 사형을 택한 것이 된다. 만약 우리가 살인자를 사형에 처하지 않는다면, 우리는 그를 자신의 행위에 대해 책임질 수 없는 존재, 즉 사물이나 동물로 간주하는 것이 되며, 결국 인간으로서의 그의 존엄성을 무시하는 것이 된다.[40] 사형제도에 대한 칸트의 찬성 입장을 통해 우리는 인간을 목적으로 대한다는 것은 결국 사형을 집행하는 사람이나 받는 사람이나 그들이 갖고 있는 순수한 **실천이성의 동의**를 얻는 방식으로 행하라는 것임을 알 수 있다.[41] 그렇다면 앞서의 선장의 딜레마에서 어느 방안이 그들 세 사람의 실천이성의 동의를 얻을 수 있는 방안인가? 오랜 연구 끝에 제비뽑기 방식이 실천이성의 동의를 얻을 수 있는 방식임이 판명되었다고 치자. 그렇다면 제비뽑기의 결과 누가 뗏목을 못 타게 될는지는 몰라도, 그 사람은 다른 사람의 생명을 구하기 위한 수단으로만

---

39) I. Kant, *Metaphysik der Sitten*, 456면.

40) 칸트의 사형 찬성론과 그 문제점에 대해서는 졸저 『현대인의 삶과 윤리』(대구, 형설출판사, 2000) 300면 이하 참조.

41) 그런데 순수한 실천이성은 한 사람의 것이거나 열 사람의 것이거나 본질상 동일한 것이다.

사용된 것은 아니다. 그는 동시에 목적으로 대접받은 것이 된다. 그의 실천이성이 그 방법에 동의한 것이 되기 때문이며, 따라서 그의 자율적 실천이성은 존중받았기 때문이다.[42] 이런 식으로 생각한다면, **사형이 인간의 존엄성을 구현하는 방편일 수 있듯이 (제비뽑기가 실천이성의 동의를 얻을 수 있는 방법임이 입증될 수 있다는 가정하에서) 제비뽑기로 한 사람을 뗏목에서 끄집어 내리는 것이 그 사람을 목적으로 대하는 것일 수 있게 된다.** 필자는 인간성을 목적으로 대하라는 칸트의 말을 이런 식으로 해석하는 것이 올바르다고 생각하며, 이런 해석은 인간성의 정식에 대해 퍼져 있는 오해를 제거하는 데 매우 효과적이다. 예컨대 브로드는 다음처럼 말하고 있다.

> 두 번째 정식(인간성의 정식 ; 필자 집어넣음)은 명백히 중요한 진리를 포함하고 있지만 약간 수정될 필요가 있다. 첫째로 군인이 자기 나라를 위해, 의사가 자기 환자를 위해, 과학자가 지식의 발전을 위해 자기 목숨을 희생하는 것은 어떤 상황 하에서는 그릇된 행동이기는커녕 특별히 영웅적인 덕행으로 생각된다. 그러나 지적해둘 것은 어떤 상황하에서 그들 자신을 단지 수단으로 취급한 사람들을 우리가 존경하는 것은 사실이지만, 그들의 동의 없이 그들을 그렇게 취급하는 것이 정당화된다고 느껴서는 안 된다.[43]

---

42) 칸트는 인간을 한갓 수단으로만 다루지 말고 동시에 목적으로 대하라고 한다. 그러나 만약 수단과 목적이 모순개념이라면, 수단관계이면서 동시에 목적관계인 그런 인간관계가 가능한지 묻지 않을 수 없다. 그러나 우리는 인간을 목적으로 대하라는 칸트의 말을 이런 식으로 풀이하게 되면, 이 물음은 아주 자연스럽게 해결된다. 이발사는 나에게, 나는 이발사에게 상호 수단적이면서 동시에 상호 목적으로 대한 것이 된다. 왜냐하면 이발사는 나의 머리를 손질해주는 대가로 요금을 받고, 나는 머리를 깎는 대가로 요금을 지불한다는 점에서는 서로 수단적이지만, 그렇게 하기로 두 사람이 서로 각자의 이성을 갖고 동의를 했기 때문에, 그런 한, 상호 목적적이 되는 것이다. 그러면 성을 사고파는 행위조차도 서로 간에 동의하면 상호 목적적인 인간관계가 되는 것인가? 그러나 그 성을 파는 것은 그 자체가 파는 사람의 인간성을 오로지 수단시하는 것이기 때문에, 성을 사고파는 행위를 두고서는 어떠한 합리적 계약도 불가능하다는 것이 칸트의 생각이다.

43) C. D. 브로드, 『윤리학의 다섯가지 유형』 164면.

브로드는 마치 군인이 국가를 위해 자신의 생명을 희생하는 것이 인간성을 수단시하는 것이 되는 것처럼 말하고 있으나, 칸트는 이에 동의하지 않을 것이다. 인간성을 목적으로 대한 것인가 수단으로 대한 것인가를 판정함에 있어서 중요한 것은 인간의 생명을 – 그것이 나의 것이건 타인의 것이건 간에 – 희생시켰는가 그렇지 않은가가 아니라, 생명을 희생했건 안했건 그것과는 무관하게 내가 타인에 대해 한 행동이 실천이성의 동의를 얻을 수 있는 것이냐 아니냐 하는 것이다. 군인이 국가를 위해 전쟁터에서 자신의 목숨을 던지는 것이 실천이성의 동의를 얻을 수 있는 것이라면, 그는 자신의 인간성을 국가방위를 위한 수단으로 사용한 것이지만 동시에 목적으로 대한 것이 된다. 악성 전염병의 보균자가 발견되었다고 하자. 이 보균자는 어린아이여서 그 어머니와 떨어지는 것을 한사코 거부하고 있다. 이 경우 의사들이 그 아이를 격리시키는 것은 그 아이를 단지 수단으로 취급하는 것인가? 분명 그 아이를 격리 수용하는 것은 그 병의 확산을 막기 위한 수단이다. 더욱이 그 아이는 격리수용에 동의해주지도 않았다. 그럼에도 불구하고 격리수용이 그 아이를 단지 수단으로 취급한 것은 아닐 것이다. 왜냐하면, 비록 그 아이가 자신이 격리 수용되는 것에 동의해 주지 않았다 하더라도 그 아이의 실천이성은 그것에 동의할 것이기 때문이다. 그러면 자신의 신장 하나를 떼어내어 아버지에게 이식한 청년은 자신의 인간성을 단지 수단으로 사용한 것인가? 만약 그 청년의 행동이 실천이성의 동의를 얻을 수 있는 행동이라면, 그는 자신의 신체 일부를 단지 수단으로만 사용한 것이 아니고 동시에 목적으로 대한 것이 될 것이다. 그렇다면 촌충을 연구하는 어떤 일본인 학자가 촌충을 구하기가 너무 힘들게 되자 자기 배 속에서 촌충을 길러가면서 촌충을 연구했었는데, 이 학자는 자신의 인간성을 오직 수단으로 사용한 것인가? 이 역시 그의 행동이 실천이성의 동의를 얻을 수 있는 행동이냐 아니냐 하는 것에 따라 해답이 결정될 것이다.

이제는 칸트의 인간성 정식에 대한 필자의 비판을 제시할 차례다. 그 비판은 인간성의 정식과 보편적 법칙의 정식이 근본적으로 동일한 것이라는 칸트의 주장과 관계되어 있다. 우리는 칸트의 그런 주장이 **도덕이 그 자체 목적인 한, 도덕의 담지자로서 인간 역시 목적 그 자체이지 않으면 안 된다**는 관점에서 해명할 수 있었다. 그렇다 하더라도, 여전히 문제는 남는다. 칸트는 '보편적 법칙의 정식'을 '의지 **형식**의 단일성'의 범주와 연결시키고, '인간성의 정식'은 '의지 **목적(실질)**의 수다성의 범주'와 연결시키고 있다.[44] 그렇다면 두 정식이 관계하는 범주가 다르다는 말인데, 어떻게 해서 두 정식이 본질적으로 동일한 것인가 하는 의문이 자연스럽게 제기될 수 있다. 필자는 선험적 **형식주의** 윤리학으로 규정되는 칸트 윤리학이, 인간성의 정식을 통해 목적(실질)의 개념을 받아들일 수밖에 없다는 것은 체계의 일관성을 위해서 매우 불행한 일이라고 밖에는 달리 할 말이 없다. 매우 주목할 만한 현상은 칸트가 『도덕형이상학 정초』 출간 3년 뒤에 간행한 『실천이성비판』에서는 앞서 언급한 체계적 비일관성을 발생시키는 인간성의 정식에 대해서 전혀 언급하지 않고 있다는 점이다.[45] 그러나 체계의 부정합성이 그런 식으로 숨겨지지는 않을 것이다. 선험적 형식주의 윤리학으로 규정되는 칸트 윤리학은 형식과 실질의 이분법 위에 세워져 있기 때문에 '의지 형식의 단일성' 범주와 연결된 보편적 법칙의 정식과 '의지 목적(실질)의 수다성 범주'와 연결되는 인간성의 정식이 본질적으로 동일한 것이라는 주장은 받아들이기 힘든 주장이다. 만약에 칸트가 형식주의를 일관되게 밀고 나가기 위해 보편적 법칙의 법식만을 인정한다면, 그렇게 함으로써 그는 도덕법칙의 필요조건을 제시할 수는 있어도 충분조건까지 제시하지는 못할 것이다. **칸트로서는 트리레마에 빠지게 된다. 목적 자체의 법식을 받아들이면 도덕법칙의 충분조건을 제시할 수 있는 이점이 있으나, 윤리학에서의 코페르니쿠스적 전회가 말뿐인 것이 된다. 목적 자체의 법식을**

---

44) I. Kant, *Grundlegung zur Metaphysik der Sitten*, 69면 참조.

45) 물론 칸트는 '인격성'에 대해서는 언급한다. "인격성에 의해서만 이성적 존재자는 목적 자체 그것이다."(*Kritik der praktischen Vernunft*, 102면) 그러나 그는 『실천이성비판』에서는 소위 보편적 법칙의 정식 이외의 그 어떤 다른 정식에 대해서도 언급하지 않고 있다.

내버리고 보편적 법칙의 법식만을 받아들이면, 윤리학에서의 형식주의에는 일관성을 줄 수는 있으나 도덕법칙의 필요조건밖에 제시할 수 없다. 이런 상황에서 칸트는 보편적 법칙의 법식과 목적 자체의 법식이 동치임을 주장하게 되지만, 이는 형식과 실질의 이분법을 부정하는 것이 된다.

필자가 보기에 칸트는 어떤 경우든 실질의 범주와 관계된 '목적 자체의 법식'을 받아들일 수밖에 없는 입장이다. 그 이유를 이하에서 설명하고자 한다. 칸트적인 의무론적 윤리학에서는 도덕적 행위는 다른 어떤 실질적인 것(목적)을 성취하기 위한 수단으로서 행해져서는 안 된다. 도덕적 행위는 그 자체가 목적이다. 효도는 유산을 상속받기 위한 수단으로서 행해져서는 안 되고 효도 그 자체를 목적으로 행해져야 한다는 것이다. 도덕 그 자체가 목적 그 자체이다. 그런데 도덕법은 칸트에 따르면 형식적으로만 표현된다. 그 형식은 자기 입법적 존재로서의 인간 이성의 형식이다. 따라서 **도덕이 목적 그 자체라면 그러한 형식의 담지자로서의 인간 그 자체도 목적 그 자체이지 않으면 안 된다. 칸트 윤리학의 형식주의는 바로 그 형식주의의 필연적 귀결로서 인간을 목적 자체로 받아들이지 않으면 안 된다. 그러나 그렇게 받아들여진 목적 그 자체로서의 정식이 칸트의 형식주의와 배치된다는 데에 칸트 윤리학의 근본적인 고뇌가 발견된다.** 물론 인간이 순수사유라면, 칸트가 목적 자체의 법식을 받아들인다고 해서 자신의 윤리적 형식주의와 모순을 일으키지는 않을 것이다. 그러나 인간이 순수사유라면 경향성의 유혹도 받지 않을 것이고 따라서 도덕적 갈등도 생기지 않을 것이며, 윤리적인 존재가 아니게 될 것이다. 인간이 윤리적인 존재로 규정되는 한, 인간은 피와 살을 가진 인간이지 않으면 안 된다. 그런 한, 목적 그 자체의 법식은 칸트 윤리학의 형식주의와 충돌하는 것은 불가피한 일이다.

인간성의 정식에 대한 필자의 두 번째 비판은 인간의 존엄성 명제를 향한다. 칸트에 의하면 존엄한 존재로서 인간은 무제약적이고 비교할 수 없는 가치를 지닌다고 말한다. 이렇게 말할 때 칸트는 인간의 소중함에 대한 하나의 수사법을 사용하고 있는 것이 아니다. 인간은 무한한 가치를 가진다는 것이 한갓 수사법이 아니라면, 우리는 한 사람의 생명과 열 마리의 원숭이 생명 중에 하나를 택해야 한다면 어느 것을 택해야 할 것인가 하는 물음을 진지하게 던져볼 수 있을 것이다. 물론 이는 어리석은 질문이다. 당연히 인간의 생명이 소중할 것이다. 원숭이는 단지 가격을 가지지만 인간은 가격을 초월한 존엄성을 갖고 있기 때문이다. 그러면 한 번 더 질문을 던져보고자 한다. 지구상에 있는 모든 동물들의 생명과 한 사람의 인간의 생명 중에 어느 것이 더 소중할까? 인간의 존엄성에 대한 칸트의 주장에 따르면, 인간은 무제약적 가치를 갖지만, 하나하나의 동물들이 단지 유한한 가치밖에 갖지 못하기에 그 총합인 모든 동물들의 생명도 유한한 가치를 갖게 될 것이다. 그러므로 모든 동물들의 생명보다 한 사람의 인간의 생명이 더 소중하다고 결론 내려야 할 것이다. 그러나 우리는 이 결론에 선뜻 동의하기가 힘들다. 인간 역시 자연계의 일원으로서 자연계를 구성하는 다른 생명체들과의 유기적 연관성 속에서만 존재할 수 있다는 사실을 고려한다면, 이 경우는 당연히 모든 동물들의 생명이 한 인간의 생명보다 더 소중하다는 결론을 내려야 할 것 같다. 만약 칸트의 인간 존엄성 명제가 이런 결론 즉 지구상의 모든 동물들 보다 한 사람의 생명이 더 소중하다는 것을 지지하는 것이라면, 이는 명백히 인간종족중심주의의 오류를 범하는 것이 될 것이다. 이런 유의 인간종족중심주의는 기실 인간을 위해서도 바람직하지 않다. 인간종족중심주의가 부메랑이 되어 인간에게 해를 끼치게 되기 때문이다. 자연계의 모든 생명체가 사라진 마당에 인간인들 어떻게 생존을 유지할 수 있겠는가? 인간종족중심주의의 해악이 환경파괴라는 부메랑이 되어 인간의 생존을 위협하고 있음을 우리는 직접 경험하고 있다. 사실 일부 환경주의자들은 칸트철학을 인간종족중심주의 철학으로 간주하여 격렬하게 비난하고 있다.[46] 그러나 칸트는 자신의 인간 존엄성 명제가 이런

46) 이에 대해서는 김양현의 논문 「칸트의 목적론적 자연관에 나타난 인간중심주의」(한국철학회 논문집 『철학』제 55집, 1998년 여름호) 113면 참조.

식의 인간종족중심주의로 읽힐 수 있음에 대비하여 면밀 주도하게도 다음과 같은 말을 하고 있다.

> '자연의 체계 속에서의 인간(현상적 인간 : homo phaenomenon)'은 사소한 중요성만을 가지며, 땅의 자손으로서 여타의 다른 동물과 똑같은 가치(pretium vulgare)를 가진다.[47)]

> 사람은 실로 신성한 것이 아니다. 그러나 그의 인격에 있어서의 인간성은 그에 대해서 신성해야 한다.[48)]

사람들은 칸트의 이런 말들에 의지하여 칸트를 인간종족중심주의자로 해석하는 것이 잘못임을 주장할 수 있다. 필자 자신도 다른 곳에서 다음과 같은 논지를 펴면서 칸트를 옹호했었다.

> 사람들은 흔히 칸트의 입장을 맹목적 인간중심주의 혹은 인간종족중심주의로 오해하곤 한다. 즉 칸트는 인간을 위해서 인간 이외의 모든 것을 수단시하는 입장을 취했으며, 칸트의 이런 입장은 결국 환경파괴를 위한 이론적 근거가 되었다는 것이다. 그러나 이렇게 말하는 것은 칸트에 대한 잘못되고 부당한 평가라고 말하지 않으면 안 된다. … (중략) … 칸트를 인간종족중심주의자로 보는 견해가 타당하려면 칸트는 현상적 자아로서의 인간중심주의를 주장했어야만 한다. 그러나 칸트가 인간을 목적 그 자체로 간주할 때의 인간은 결코 현상적 자아로서의 인간이 아니고 인격체로서의 인간이다. 칸트는 인격체로서의 인간중심주의를 주장하고 있는 것이다.[49)]

47) I. Kant, *Metaphysik der Sitten*, 569면.
48) I. Kant, *Kritik der praktischen Vernunft*, 102면.

칸트가 무한한 가치와 존엄성을 갖는 것으로 인정한 인간은 도덕적 · 예지적 인간이지 현상적 · 생물학적 인간은 아니기에 칸트 철학이 인간종족중심주의라는 비판은 잘못된 비판이라는 방식으로 칸트를 변호하는 것은 일견 그럴듯한 일이다. 그렇지만 칸트가 인간종족중심주의로부터 벗어나기를 **원했다는 것**은 분명한 사실이지만, 현상적 인간과 예지적 인간의 구분을 통해 인간종족중심주의로부터 벗어날 수 있었는지는 의심스럽다. 필자는 벗어날 수 없었다고 생각한다. 그 이유는 현상적 자아와 예지적 자아는 개념적으로만 구분될 뿐이지 실제로 그 양자는 분리될 수 없기 때문이다. 이는 우리가 본장의 앞부분에서 이미 살펴보았듯이 인간과 인간성이 개념적으로는 구분이 되지만 실제로는 분리되지 않는 것과 마찬가지이다. 예컨대 여기에 도덕법칙에 대한 존경심에서 도덕적 행위를 하는 한 사람이 있다고 하자. 그 사람과 지구상에 존재하는 모든 동물들 중에 어느 것이 더 소중한가라는 질문을 던졌을 때, 칸트는 아마 이렇게 대답할 것이다.

> 그 사람의 예지적 자아는 지구상에 존재하는 다른 모든 생명체들의 가치를 능가한다. 왜냐하면 그것은 존엄성을 가진 것으로 무제약적 가치를 갖기 때문이다. 그러나 땅의 자손으로서 그의 현상적 자아는 아주 하찮은 것으로서 당연히 다른 모든 생명체의 가치에 비할 바가 못 된다.

칸트는 자연종속적인 현상적 자아로서의 인간과 자연초월적인 예지적 자아로서의 인간을 구분한 뒤, 전자는 존엄하지 않고 후자만 존엄하다는 방식으로 인간의 존엄성을 증명하고 있다. 그러나 이런 식의 대답은 우리가 지구상의 모든 생물과 인간의 현상적 자아 이 양자 중에서 덜 가치로운 것을 택하여 하나를 죽이기를 강요받을 때는 아무런 도움이 되지 않는다. 왜냐하면, 이

---

49) 졸고, 「칸트 도덕철학의 관점에서 본 현행 인성교육의 문제점」(새한철학회 논문집 『철학논총』 제23집, 2001년 1월) 113-114면.

경우 칸트의 해법대로라면 어떤 인간의 현상적 자아는 지구상의 전 동물보다 가치롭지 못하기에 죽여야 되고 그의 예지적 자아는 지구상의 모든 동물보다 더 가치롭기에 살려야 할 것이다. 그러나 이런 해법은 실제로는 아무런 쓸모가 없는 해법이다. 왜냐하면 앞서 말했듯이 현상적 자아와 예지적 자아는 개념상으로는 구분이 되지만 실제로는 분리가 안 되기 때문이다. 칸트는 결과적으로 인간종족중심주의로 빠져들지 않을 수 없다는 것이 필자의 생각이다.

인간 존엄성 테제에 대한 칸트의 증명이 잘못된 것이라면, 우리에게 인간의 존엄성을 증명하는 새로운 길은 없는가? 필자는 그 새로운 길을 모색함에 있어서 반드시 명심되어야 할 사항은 인간의 자연종속성이라고 생각한다. 인과법칙의 지배를 받는 현상적 존재로서의 인간과 도덕법칙에 따라 살 수 있는 능력을 가진 예지적 존재로서의 인간으로 나누어지기 이전의 현실적 인간은 비록 다른 동물들과는 비교할 수 없을 정도로 자연초월적인 모습을 보여주었다 하더라도, 땅의 속박으로부터 온전히 자유롭게 될 수는 없을 것이다. 인간은 자신을 둘러싸고 있는 수많은 자연적 제약을 극복하는 데 성공해 왔지만, 인간이 아무리 계속해서 자연을 초월한다 하더라도, 인간의 한계는 끝내 자연을 절대적으로 초월할 수는 없다는 것이다. 그렇다고 한다면 개체로서의 인간은 자연의 궁극목적도 아니고, 절대적 가치를 지닌 존재도 아니다. 그러면 인간은 무엇 때문에 존엄한가? 이 지구상에서 인간만이 자신의 자연종속성을 인식하며, 또한 자연의 유기적 연관성을 파악하여 지구친화적 방식으로 지구상의 생명계에 개입할 수 있는 유일한 존재이기에 인간은 지구상에서 고귀한 존재이고 존엄한 존재일 것이다. 그러나 이 경우 인간의 존엄성은 인간이 전 자연의 궁극목적 혹은 최종목적이 되는 방식으로 확보되는 그런 칸트적 존엄성은 아니고, 오히려 전 자연 시스템의 자연스런 흐름이 자연스럽게 흘러갈 수 있도록 도울 수 있는 능력을 가진 유일한 생명체라는 의미에서 존엄하게 된다. 이 존엄성은 자연을 자기 아래에 수단으로 두는 인간중심적 존엄성이 아니라, 오히려 자연의 자연스런 시스템이 보여주는 자연스런 흐름 그 자체를 목적으로 인정하고 그것을 위해 인간이 기여할 수 있다는 사실에서 얻게 되는 자연중심적 존엄성이 될 것이다. 이런 자연중심적 존엄성은 필자가 다른 곳에서 언급한 개방적 인간중심주의에 입각해 삶을 영위하는 인간이 가질 수 있는 존엄성이라고 생각한다.[50] 이런 사고방식에서는 인간이 존엄한 이유는 인간만이 자연을 정복하여 지배하고 활용할 수 있는 존재이기 때문이 아니라, 인간만이 자연의 자연스런 흐름이 자연스럽게 흘러갈 수 있도록 - 물론 그렇게 흘러가도록 하는 해야 하는 이유는 그렇게 하는 것이 인간을 위한 것이기 때문이다 - 도울 수 있으며, 그것을 위해 심지어 자기 자신을 희생할 수도 있는 유일한 존재이기 때문이다.

50) 인간중심주의를 개방적인 것과 폐쇄적인 것으로 구분하는 것에 대해서는 졸저 『현대인의 삶과 윤리』 284면 이하 참조. 필자는 「칸트 도덕철학의 관점에서 본 현행 인성교육의 문제점」 주 (47)에서 칸트를 인간 종족중심주의자가 아니라 인간 인격중심주의자로 이해하면서, 전자를 폐쇄적 인간중심주의와 후자를 개방적 인간중심주의와 동일시했었다. 그러나 그런 동일시는 잘못된 것임을 이 자리에서 밝혀둔다.

제11장 실천형이상학과 최고선

칸트는 최고선(das höchste Gut)의 개념을 자기 철학의 관석(冠石, capstone)으로 간주한다. 그러나 그는 그 개념을 만족스럽게 설명해주지 않고 있다. 그 개념을 명료하게 이해하는 일이 어려운 이유 중의 하나는 칸트가 그 개념을 상이한 장소에서 상호 조화할 수 없는 방식으로 설명하기 때문이다. 일부 주석가들은 그 개념을 혼란스러운 것으로 간주하여 배척하며, 일부 다른 주석가들은 최고선에 대한 칸트의 학설을 보다 일관성 있는 방식으로 재구성하고자 한다.[1] 우리는 전자의 입장에서 최고선의 개념을 비판적으로 분석해보고자 한다. 이러한 작업은 칸트의 『실천이성비판』을 단순히 윤리학적 저술로서가 아니라 형이상학적 저술로 보는 관점에서 이루어질 것이다.

최고선의 개념은 세 가지 측면에서 고찰될 수 있다. 첫 번째는 비판적 형이상학의 구성요소로서의 실천적 형이상학에 대한 칸트의 입장과 연관해서 최고선의 개념이 어떻게 이해될 수 있는가 하는 것이고, 두 번째는 최고선의 개념은 윤리학의 두 가지 근본물음, 즉 '어떻게 도덕이 가능한가'라는 물음과 '왜 도덕적이어야 하는가' 하는 물음과의 관계에서 검토될 수 있다. 세 번째는 '최고선의 개념이 윤리적 형식주의를 표방하고 있는 칸트 윤리학의 체계 내에서 정합적으로 받아들여 질 수 있는가' 하는 관점에서 검토될 수 있다. 결론적으로 필자는 칸트가 『실천이성비판』에서 제시해 보이고 있는 실천형이상학의

1) S. G. Smith, "Worthiness to be Happy and Kant's Concept of the Highest Good", *Kant Studien* Bd. 75(1984) 168면 참조.

체계는 의무의식 만능주의의 오류를 범하게 되거나, 아니면 그 오류를 피해가려는 한, 영혼불멸과 신의 존재를 실천철학적으로 증명하려는 칸트의 시도가 실패하게 됨을 밝히고자 한다.

Ⅰ. 비판적 형이상학에서 실천형이상학의 자리

실천형이상학의 건설에 있어서 최고선이 하는 역할을 고찰하기 위해 우리는 먼저 본 절에서 형이상학에 대한 칸트의 입장을 간략히 다루지 않을 수 없다. 한때 칸트가 형이상학의 파괴자로 낙인찍힌 적이 있었지만, 칸트는 자기 이전의 독단적 형이상학과는 다른, 학의 안전한 길에 들어선, 확고한 그래서 후대인들은 더 이상 형이상학적 탐구를 할 필요가 없고 단지 자기가 제시한 형이상학을 학습하기만 하면 되는 그런 형이상학의 체계를 건설하려고 했다. 필자는 칸트가 제시한 형이상학을 '비판적 형이상학'으로 불렀다. 칸트 이전의 형이상학은 이성에 대한 비판 작업을 거치지 않고, 따라서 이성능력의 한계를 비판적으로 밝히지 않은 상태에서 제출된 형이상학이기에 '독단적 형이상학'이라 할 수 있다면, 칸트가 제시한 학의 안전한 길에 들어선 새로운 형이상학은 이성에 대한 비판작업을 거친 뒤에 제시된 것이기에 '비판적 형이상학'으로 불릴 수 있다.[2)]

2) 물론 이성에 대한 비판은 선험적 차원에서 이루어지기에 칸트의 형이상학을 '선험적 형이상학'으로 부를 수도 있다. 칸트는 『순수이성비판』에서는 물리학적 경험의 가능성 조건을 선험적으로 해명하면서 '자연의 형이상학'을 정초하고 있으며, 『실천이성비판』에서는 도덕적 경험의 가능성 조건을 선험적으로 밝히면서 '도덕의 형이상학'을 건설하고 있기에, 칸트가 『순수이성비판』과 『실천이성비판』을 통해 제시해 보이고자 했던 형이상학을 '선험적 형이상학'으로 명명하는 것도 무리는 아닐 것이다. 그러나 통상 사람들이 칸트 철학을 선험철학으로 규정하면서 연상하는 것은 『순수이성비판』이기에 필자는 『순수이성비판』과 『실천이성비판』의 유기적 상호보완 관계에서 파악되어야 하는 칸트의 형이상학을 '비판적 형이상학'으로 명명했다. 한 가지 더 언급해두고 싶은 사항은 칸트가 도덕적 경험의 가능성 조건을 선험적으로 밝히면서 건설하고 있는 '도덕의 형이상학'(Metaphysik der Sitten), 다시 말해서 그가 자연의 형이상학과 대비시켜 언급하고 있는(『순수이성비판』 재판 「머리말」 B xliv) '도덕의 형이상학'은 그의 후기 저술의 명칭인 *Metaphysik*

칸트가 제시하고 있는 학으로서의 새로운 비판적 형이상학은 두 가지 이성의 사실에 입각하고 있다. 그 하나는 '인식적 경험이 있다'는 순수 이론이성의 사실이요, 나머지 하나는 '도덕적 경험이 있다'는 순수 실천이성의 사실이다. 전자의 사실의 가능성 조건을 해명하는 방식으로 이론이성은 자연의 형이상학을 건설하고, 후자의 사실의 가능성 조건을 해명하는 방식으로 실천이성은 실천적 형이상학을 건설한다. 그리고 자연의 형이상학은 전통적인 사변적 형이상학이 학이 될 수 없음을 증명함으로써 실천형이상학을 보호하고[3], 실천형이상학은 형이상학의 본래적 목표인 영혼불멸과 자유와 신의 존재를 확증한다. 학으로서의 비판적 형이상학은 칸트가 『순수이성비판』의 전반부에서 제시하고 있는 소극적 · 부정적 형이상학은 물론이고 『실천이성비판』에서 제시하고 있는 적극적 · 긍정적 형이상학을 포괄한다. 이런 점에서 본다면 전통적인 사변적 형이상학의 불가능성에 대한 증명 – 이것 자체가 학의 안전한 길에 들어선 일종의 형이상학이다[4] – 은 학으로서의 형이상학 일반의 가능성을 부정하기 위한 것이 아니라, 칸트가 건설하고자 했던 학으로서의 형이상학의 반면(半面)을 구성하고 있는 셈이다. 물론 그 나머지 반면은 『실천이성비판』에서

---

*der Sitten*과는 구분되어야 한다는 것이다. 칸트는 이성비판 작업을 선행시키지 않고 이론적 · 사변적으로만 형이상학을 건설하려 했던 자기 이전의 형이상학자들이 제시했던 독단적 형이상학을 '이론적 형이상학' 혹은 '사변적 형이상학'으로 불렀으며, 이에 대립되어 도덕적 경험의 가능성 조건을 선험적으로 정초하는 방식으로 건설되는 형이상학을 '도덕의 형이상학'으로 불렀다. 그런데 이 용어는 그의 후기 저술인 『도덕의 형이상학』과 명칭이 똑같기 때문에, 필자는 혼란을 피하기 위해, 도덕적 경험의 가능성 조건을 선험적으로 정초하는 방식으로 건설되는 형이상학을 '실천적 형이상학'으로 부른다. 또 주의해야 할 것은 우리가 그 책 제목에 오도되어 칸트의 『도덕형이상학정초』(*Grundlegung zur Metaphysik der Sitten*)가 칸트의 후기 저술인 『도덕의 형이상학』(*Metaphysik der Sitten*)을 위해 예비적으로 쓰여진 책으로 생각해서는 안 된다는 것이다. 칸트의 『도덕형이상학정초』는 칸트가 자연의 형이상학과 대비시켜 사용하고 있는 용어인 '도덕의 형이상학'을 위해 예비적으로 쓰여진 책으로, 그 책이 세례 요한이라면 예수는 『도덕의 형이상학』이 아니라 『실천이성비판』이다. 칸트는 『실천이성비판』에서 '자연의 형이상학'에 대비되는 '도덕의 형이상학'을 제시하고 있다.

3) 만약 전통적인 사변 형이상학이 학으로 성립할 수 있다고 한다면, 실천적 형이상학은 불필요하게 된다.

4) 필자는 다른 곳에서 칸트가 『순수이성비판』의 전반부에서 제시하고 있는 형이상학을 '선험적 형이상학'으로 명명한 바 있다. 졸고 「칸트에 있어서 형이상학의 새로운 길」을 참조 바람.

제시되고 있는 실천형이상학이다. 그러므로 자연의 형이상학의 결론인 물자체 불가인식설의 관점에서 칸트의 실천형이상학 역시 학으로서의 형이상학이 될 수는 없다고 생각하는 것은 칸트를 크게 오해하는 것이 된다. 오히려 자연의 형이상학과 실천형이상학은 상호 유기적으로 보완하고 있으며, 그 양자가 결합함으로써만 진정으로 하나의 온전한, 학으로서의 비판적 형이상학이 된다는 것이 칸트의 생각이다. **자연의 형이상학 없는 실천형이상학은 무근거하고 실천형이상학 없는 자연의 형이상학은 무용하다고 말할 수 있다. 비판철학적 형이상학은 종래의 사변적 형이상학은 학문이 될 수 없음을 증명하면서 동시에 실천형이상학의 후견인 역할을 하는 자연의 형이상학과, 자연의 형이상학에서는 그 실재성을 긍정도 부정도 할 수가 없었던 영혼과 자유와 신을 실천적 관점에서 증명하는 실천형이상학으로 구성되어 있다. 그리고 이 양자는 유기적 상호보완을 통해서 명실상부하게 학의 안전한 길에 들어선 하나의 '비판적 형이상학'이 된다.** 칸트는 자신이 구상했던 비판적 형이상학의 전반부, 즉 경험의 가능성 조건을 선험적으로 해명하는 중에 물자체 불가인식설에 의거하여 기존의 사변적 형이상학이 독단적이고 무근거한 것임을 밝히면서 건설하게 되는 자연의 형이상학(선험적 형이상학)의 이론적 완벽성에 대한 자신감을 "반박받을 위험은 없으나 오해받을 위험은 있다"[5]고 표현한다.

II. 윤리적 형식주의의 지반 위에서 '최고선'의 개념을 구성하는 것은 가능한가?

우리는 이상에서 칸트가 구상하였던 비판적 형이상학의 체계에서 실천형이상학의 자리를 확인하였다. 칸트는 '도덕적 경험이 있다'는 실천이성의 사

---

5) I. Kant, *Kritik der reinen Vernunft*, B xliii.

실이 여하히 가능한가를 해명하는 작업을 통해 자유와 영혼불멸과 신 존재에 대한 기존의 형이상학적 이론을 대체할 새로운 형이상학 즉 실천형이상학을 제시해 보여야 한다. 만약 형이상학에 대한 인간의 관심을 불가피한 것으로 간주하는 칸트가[6] 자유와 영혼불멸과 신 존재에 대한 기존의 형이상학이 독단적이고 무근거한 것임을 증명하면서도, 그에 대한 새로운 형이상학적 이론을 제시하지 못한다면 그는 중대한 자기모순에 빠질 것이다.[7] 칸트는 여하히 도덕이 가능한가라는 물음에 대한 해답을 구하면서 자유의 실재성을 실천철학적으로 증명하며, 여하히 최고선이 가능한가라는 물음에 대한 해답을 구하면서 영혼불멸과 신 존재에 대한 새로운 증명을 제시한다. 이 증명이 성공적이지 못하다면, 칸트가 제시한 비판적 형이상학은 실패한 형이상학일 수밖에 없다.

그러면 최고선이란 무엇인가? 칸트에 의하면 우리가 순수이성을 사변적 측면에서 고찰하건 실천적 측면에서 고찰하건 순수이성은 '변증론'을 가지는데,[8] 실천적으로 고찰된 순수이성 즉 순수 실천이성의 '변증론'에서 핵심적으로 등장하는 개념이 '최고선'이다.

> 순수한 실천이성으로서 이성은 마찬가지로 실천적으로 제약된 것 - (애착과 자연적 욕구로부터 발생하는 모든 것) - 에 대해서도 무제약자를 찾는다. 이성은 이 무제약자를 의지의 규정근거로 찾는 것이 아니라, (도덕법 안에서) 의지의 규정근거가 주어져 있을 때조차도, 순수실천이성의 대상의 무제약적 총체성을 최고선의 이름 아래에서 또한 찾는다.[9]

---

6) I. Kant, *Prolegomena*(Hamburg, Felix Meiner Verlag, 1957) 136면 참조.
7) 손봉호, 「칸트에 있어서 '과학으로서의 형이상학'」(『철학연구』제9집, 1974) 100면 참조.
8) I. Kant, *Kritik der praktischen Vernunft*, 124면 참조. 이론이성이건 실천이성이건 이성은 절대적인 무제약자를 추구하는 본성적인 경향이 있는데, 이 경향으로 말미암아 이성은 '변증론'을 갖게 된다.
9) I. Kant, *Kritik der praktischen Vernunft*, 125면.

의지의 무제약적 대상으로서의 최고선에 대한 칸트의 설명은 쉽사리 이해되지 않는다. 칸트는 우선 '최고선'이란 용어의 '최고'라는 말마디가 애매한 말임을 지적한 뒤, 다음처럼 말한다.

> '최고'는 '최상'(supremum) 혹은 '완전'(consummatum)을 의미할 수도 있다. 최상은 무제약적 조건 즉 그 어떤 다른 제약에도 종속하지 않는(originarium) 조건인 것이다. 완전은 같은 종류의 더 큰 전체의 아무런 부분도 아닌, 전체(perfectissimum)인 것이다. (행복할 만한 자격으로서의) 덕은 우리에게 바랄 만한 것으로 보이는 모든 것의 최상조건이라는 것, 따라서 우리의 행복추구의 최상조건이며 그러므로 최상선(das oberste Gut)이라는 것은 분석론에서 증명되었던 것이다. 그렇다고 해서 덕은 이성적이면서 유한한 존재자의 욕구능력의 대상으로서의 '전체적인 완전선'(das ganze und vollendete Gut)이 아직 아니다. 왜냐하면 이러한 선이기 위해서는 행복도 또한 요구되기 때문이다. … (중략) … 행복을 필요로 하고 또 행복할 자격을 갖고 있지만 행복을 누리지 못하는 것은 이성적 존재자의 완전한 의욕과 조화할 수 없기에 말이다.[10)]

칸트는 이 인용문에서 '최고선'의 '최고'라는 말은 '최상'과 '완전' 둘 다를 포괄하는 말임을 지적한다. 칸트의 설명에 의하면 '최상'은 그 자체 다른 어떤 것의 하위에 두어질 수 없는 어떤 것이다. 이는 인간이 더 이상 도덕적 완성을 위해 노력할 여지가 남아 있지 않는 어떤 경지, 도덕적으로 완성된 경지를 지칭한다. '완전'은 "같은 종류의 더 큰 전체의 아무런 부분도 아닌 전체"라고 한다. '완전한(vollendet)'은 부분적인 것이 아니다. 그것은 '꽉 찬'(voll)의 의미를 갖고 있다. 꽉 찼다는 것은 충족되었다는 것을 의미한다. 어쨌건 칸트는

---

10) I. Kant, *Kritik der praktischen Vernunft*, 127-128면.

위 인용문에서 최고선이란 것은 최상선과 완전선이 결합한 것임을, 그리고 최상선이란 행위가 덕과 완전히 일치하여 행복할 자격이 있는 그런 상태를, 그리고 완전선이란 성취한 덕에 상응하는 행복이 주어진 상태를 의미하는 것으로 규정하고 있다. 결국 최고선이란 행위와 덕과 행복, 이 삼자가 일치한 상태를 말한다. 칸트는 『실천이성비판』의 「분석론」에서는 행복에의 열망이 동기가 되어 한 행위를 배격했다. 그럼에도 불구하고 이제 「변증론」에서는 행복을 최고선의 구성요소로 받아들인다. 최상선을 실현한 사람이라도 만약 그 도덕성에 합당한 행복을 누리지 못한다면 그는 완전선을 실현한 것은 아니며 따라서 그는 최고선을 실현한 것도 아니다. 최고선을 실현하기 위해서 그는 자신의 도덕성에 합당한 행복을 누려야 하기 때문이다.[11)]

그러면 형식주의의 지반 위에서 행복을 끌어들이는 것이 과연 가능한 일인가? 칸트는 최고선의 개념은 선험적으로 연역된다고 말한다.[12)] 그러나 필자가 보기에 『실천이성비판』 「분석론」에서의 형식주의적 입장에서는 최고선의 개념을 구성하는 것 자체가 불가능하다. 칸트는 최고선의 필연적 구성요소로서 행복을 끌어들이기 위해 「분석론」의 입장에서는 도저히 받아들일 수 없는 하나의 원칙을 도입한다. 그것은 "행복을 필요로 하고 또 행복할 자격을 갖고 있지만 행복을 누리지 못하는 일은 이성적 존재자의 완전한 의욕과 조화할 수 없다"는 원칙이다. 요컨대 착한 사람은 복을 받고 악한 사람은 벌을 받는다는 **이 원칙, 우리가 '당위적(윤리적) 동일률'이라 부를 수 있는 이 원칙은 칸트로 하여금 행복을 최고선의 필연적 구성요소로서 집어넣는 것을 가능하게 하며, 또 실천이성의 이율배반을 해결하는 것을 가능하게 해준다. 그러나 당위적 동일률의 부정은 이성적 존재자의 완전한 의욕과 조화할 수는 없을지 모르지만, 이성적 존재자의 의욕과 조화하지 않는 일도 얼마든지 일어날 수**

---

11) 그러나 적어도 『실천이성비판』에서의 칸트의 설명에 따르면 행복을 누리는 문제는 도덕적 행위자의 소관이 아니라 신의 소관이다.

12) I. Kant, *Kritik der praktischen Vernunft*, 130면 참조.

있다. 우리는 형식논리적 동일률을 부정할 수는 없지만 당위적 동일률을 부정할 수는 있다. 만약 당위적 동일률이 거부될 수 있다면, 최고선의 개념을 칸트식으로 구성하는 것 자체가 불가능해진다.

III. 최고선은 실현 가능한가?

행복과 도덕성은 최고선의 두 가지 필연적 구성요소이지만 종자적으로 서로 다르기에 양자의 결합은 분석적인 것일 수가 없고 종합적인 것이다.[13] 그럼에도 불구하고 양자의 종합은 경험적인 것이 아니고 선천적 · 필연적이다.[14] 그러나 문제는 덕과 행복이 일치하지 않는 사례가 발견된다는 것이다. 유덕한 사람이 불행하고, 부덕한 사람이 행복한 경우를 우리는 본다. 이 문제를 칸트는 '실천이성의 이율배반'으로 명명하면서, 그 이율배반을 다음처럼 정식화한다.

> 행복을 향한 열망이 덕의 준칙에 대한 동인(Bewegursache)이거나, 아니면 덕의 준칙이 행복의 작인(wirkende Ursache)이거나 이다. 그런데 첫 번째는 절대로 불가능하다. ('분석론'에서 증명되었듯이) 어떤 준칙이 의지의 규정근거를 행복에의 욕구 중에 둔다면 그 준칙은 전혀 도덕적이 아니며, 덕을 위한 근거로 기능할 수 없기 때문이다. 그러나 두 번째 또한 불가능하다. 왜냐하면, 세계 안에서의 원인 결과 간의 모든 실천적 결합은, 의지 규정의 결과로서, 의지의 도덕적인 의도에 의존하지 않고 자연법칙에 대한 지식과 그 지식을 목적에 사용하는 물리적 능력에 의존하기 때문이다.[15]

---

13) Linus Hauser, "Praktische Anschauung als Grundlage der Theorie vom höchsten Gut bei Kant"(*Kant Studien* Bd.75, 1984) 229면 참조.

14) I. Kant, *Kritik der praktischen Vernunft*, 130면 참조.

15) I. Kant, *Kritik der praktischen Vernunft*, 131면.

고대 스토아 학파는 유덕의 준칙이 행복을 낳는 원인이라고 생각했다. 그들에 의하면 행복은 자신의 덕을 의식하는 것이다. 즉 거짓 자백의 고문으로 인한 고통이 아무리 크더라도 자신의 정직을 의식하고 있으면, 그는 행복하다는 것이다. 즉 유덕한 자가 행복한 자라는 것이다. 그러나 이런 식으로 덕과 행복을 일치시킨 최고선이 과연 최고선일까? 덕과 행복은 상호 이질적인 것인데, 스토아 학파는 행복을 덕으로 환원시키는 방식으로 최고선의 가능성을 탐색하는 잘못을 저질렀다. 반면에 에피쿠로스 학파는 행복의 열망이 유덕을 낳는다고 생각했다. 알아듣기 쉽게 말해서 행복한 자가 유덕한 자라는 것이다. 이들은 덕을 행복으로 환원시켜 버리는 오류를 범했다.[16)]

만약 덕을 행복으로 환원시키는 방식이나, 혹은 그 반대로 행복을 덕으로 환원시키는 방식으로 최고선의 실현이 가능함을 주장하는 양 학파의 주장이 우리의 상식에 배치된다면, 그럼에도 불구하고 "최고선의 촉진은 인간의지의 선천적 · 필연적 대상"이라면,[17)] 여하히 최고선의 실현이 가능한가? 칸트는 '도대체 최고선의 실현이 가능한가'라고 묻지 않고 '여하히 최고선이 실현될 수 있는가' 라고 묻는다. 주지하다시피 '도대체 가능한가?'라는 물음은 불가능할 수도 있음을 인정하지만, '여하히 가능한가?'라는 물음은 가능성을 전제한 뒤에 그 가능성의 조건을 묻는 물음이다.

> 전자(최고선)의 불가능성은 또한 후자(도덕법)의 허위성을 증명하는 것이다. 따라서 만일 최고선이 실천규칙상 불가능하다면, 최고선이 촉진되기를 명령하는 도덕법 역시 가공적이요, 공허한 공상적 목적을 겨냥하고 있으며, 그러므로 그 자체 거짓된 것이다.[18)]

---

16) I. Kant, *Kritik der praktischen Vernunft*, 129면 참조.
17) I. Kant, *Kritik der praktischen Vernunft*, 131면.
18) I. Kant, *Kritik der praktischen Vernunft*, 131면.

물론 칸트의 견해에 의하면 도덕법은 가공적인 것이 아니며 최고선도 공상적인 것이 아니기에, 우리는 여하히 최고선이 가능한가라고 물어야 한다. 우리는 이 대목에서 왜 칸트가 '도대체 최고선의 실현은 가능한가'라고 묻는 대신에 '어떻게(여하히) 최고선의 실현이 가능한가'라고 묻는 것을 당연시하는지 그 이유를 살펴볼 필요가 있다. 칸트는 도덕적 당위를 다음처럼 이해한다.

> 당위는 명령이 아닌 경우에는 전 자연 어디에서도 발생하지 않는 종류의 '필연성과 근거들의 연결'을 표시한다. 오성은 자연에 관해서 무엇이 존재하느냐, 무엇이 존재하였는가, 혹은 무엇이 존재할 것인가 하는 것만을 인식한다. 우리는 자연 중의 어떤 것이 이러한 모든 시간관계에 있어서 실제로 존재하는 것과는 달리 마땅히 이러저러해야만 한다고 말할 수는 없다. 아니, 우리가 자연의 경과만을 염두에 둔다면 당위는 아무런 의미도 가질 수 없다. 우리가 자연에 관해서 무엇이 발생해야만 하는가라고 물을 수 없는 것은 마치 동그라미가 어떤 속성을 가져야만 하는가라는 것을 물을 수 없는 것과 마찬가지다. 우리가 물을 수 있는 것은 자연 중에 발생하고 있는 것이 무엇인가, 혹은 동그라미의 속성은 무엇인가 하는 것뿐이다.[19]

도덕적 당위란 것은 인과법칙의 지배를 받으면서 필연적 연결고리를 맺으며 흘러가는 자연의 경과 중에는 발생할 수 없는 것을 우리가 행하도록 명령한다. 그런데 인간의 외적 행위는 물론이고 내적 결의조차도 오로지 인과법칙의 지배를 받는다면, 실천 불가능한 것을 명령하는 도덕적 명령은 허황한 것으로 배척되어야 할 것이다. 그러나 도덕적 경험이 있다는 것은 실천이성의 사실이므로 도덕적 명령을 허황한 것으로 간주하여 배척할 수가 없다. 도덕적 경험이

19) I. Kant, *Kritik der reinen Vernunft*, B576.

있다는 사실은 어떤 식으로든 그 가능성 조건이 해명되어야 하는 사항이지 부정될 수 있는 그런 것은 아니다. 바로 그 가능성 조건이 자유이다. 만약 자유가 없다면 도덕적 명령은 허황한 것이다. 그러나 도덕적 경험이 있다는 실천이성의 사실은 의지가 자유임을 말해준다. "자유는 도덕법의 존재근거(ratio essendi)요, 도덕법은 자유의 인식근거(ratio cognoscendi)이다."[20] 이리하여 칸트는 다음처럼 말한다.

> 자기가 무엇을 '해야 한다'(soll)는 것을 의식하기 때문에, 자기는 무엇을 '할 수 있다'(kann)고 판단하며, 자신이 자유롭다는 사실을 - 도덕법이 없었다면 그에게 알려지지 않고 있었을 사실을 - 인식한다.[21]

도덕적 명령이 우리에게 부과하는 당위에 대한 의식 즉 의무의식은 그 당위의 실천가능성을 전제하고 있다는 것이다. 그런데 "최고선의 실현은 인간 의지의 선천적이고 필연적인 대상"[22]이기에 '너는 최고선을 실현하라'는 것도 도덕적 명령이다. 따라서 그것이 도덕적 명령인 한, 그 실현가능성이 전제되지 않으면 안 된다는 것이 칸트의 생각이다. 바로 이것이 칸트가 실천이성의 이율배반을 비판적으로 해소시켜 영혼의 불멸과 신의 존재를 실천철학적으로 요청함으로써 제시하게 되는 실천형이상학의 근본에 가로놓여 있는 논리다. 이제야 우리는 왜 칸트가 '도대체 최고선의 실현은 가능한가'라고 묻지 않고, '여하히 최고선의 실현은 가능한가'라고 묻게 되었는지 그 이유를 이해하게 되었다. 최고선의 실현 가능성이 의심될 수 있다면, 칸트는 자기가 구상한 비판적 형이상학의 체계를 완성할 수가 없다. 그는 최고선의 실현을 도덕적 당위로 간주한 뒤, '너는 할 수 있다. 왜냐하면 너는 해야만 하기 때문이다'(Du

---

20) I. Kant, *Kritik der praktischen Vernunft*, 4면.
21) I. Kant, *Kritik der praktischen Vernunft*, 35면.
22) I. Kant, *Kritik der praktischen Vernunft*, 131면.

kannst denn Du sollst)는 명제에 의거하여 최고선의 실현을 필연적인 당위적 요구로 만든다. 그리고는 최고선의 실현 가능성 조건으로 영혼불멸과 신의 존재를 요청하는 방식으로 자신의 실천형이상학을 구축한다.

이제 우리는 칸트가 최고선의 실현 가능성 그 자체를 의심하지 않는 것은 정당한 일인가라는 물음을 다루어 볼 단계에 이르렀다. 그런데 이 물음을 본격적으로 다루기에 앞서 우리는 '너는 해야만 한다. 그러므로 너는 할 수 있다'는 말이 의미하는 바를 분명히 해둘 필요가 있다. 그 말은 의무의식 만능주의를 표방하고 있는 것은 아니다. 이 점과 관련하여 칸트 의지자유론에 관해 널리 유포되어 있는 오해를 하나 지적하고자 한다. 김영철 교수는 칸트 윤리학에 대한 다음과 같이 비판한다.

> 칸트는 '너는 해야 하기 때문에 할 수 있다'(Du kannst, denn du sollst)라고 하여 의무의식은 곧 행위의 가능성에 연결된다고 보았는데, 과연 사실이 그러한가에 대해서는 의심스럽다. 어떤 사람이 격류에 휘말려 익사하기 직전에 있다고 하자. 이때 나는 그 사람을 구출하는 것이 도덕적으로 좋은 일이라는 것을 알고 있고, 또 마땅히 구출해야 한다는 의무감을 느꼈다고 하자. 그러나, 만일 나에게 헤엄칠 수 있는 능력이 없다면 실제로 그를 구출할 수는 없을 것이다.[23]

그러나 칸트에 대한 이런 비판은 오해에 기인하는 것이다. 칸트가 '너는 해야 하기 때문에 너는 할 수 있다'고 말할 때, 그는 김영철 교수가 말하고 있는 일종의 의무의식 만능주의를 주장하고 있는 것은 아니다. 칸트가 그런 터무니없는 주장을 했다고 생각하는 것은 상식적이지 못하다. 무너진 백화점 콘크리트 잔해에 내 친구가 깔려 있을 경우 '나는 친구를 구해야만 한다.

23) 김영철, 『윤리학』, 151면.

그러므로 나는 친구를 구할 수 있다'고 말한다면, 혹은 지구가 어떤 혜성과 충돌하기로 되어 있을 경우, '나는 이 충돌을 막아야 한다. 그러므로 나는 충돌을 막을 수 있다'고 말한다면, 이는 정신 나간 짓이 될 것이다. 칸트가 '너는 해야 하기 때문에 너는 할 수 있다'고 말할 때, 칸트는 그런 의무의식 만능주의를 주장하려는 것이 아니고, 당위는 그 실천가능성이 전제되어야 한다는 것, 달리 말하면 만약 당위의 실천가능성이 애초부터 전무하다고 한다면 도덕이란 것은 환상에 불과하다는 것, 그리고 **당위의 실천(자유)은 인간의 신체를 통해 표현될 수밖에 없다는 것**을 주장하고 있는 것이다. 예컨대, 스스로도 주체할 수 없는 정욕에 불타서 지나가는 처녀를 성폭행한 청년이 있다고 하자. 그 청년은 생리적인 인과법칙에 따라 행위한 것이 된다. 그런데 생리적인 인과법칙도 인과법칙인 한, 필연의 법칙이고 거역할 수 없는 법칙이다. 그럼에도 불구하고 그의 내면에서는 '나는 그런 나쁜 짓을 해서는 안 된다'는 소리가 미약하게 울려 퍼진다. 이 경우 그 내면의 소리 즉 당위의 명령이 의미가 있으려면 그 청년에게는 자신을 지배하려는 생리적인 인과법칙의 강제에도 불구하고 처녀를 폭행하지 않을 수 있는 가능성이 전제되어 있지 않으면 안 된다. 만약에 이 가능성이 전제되어 있지 않다면, '나는 그런 나쁜 짓을 해서는 안 된다'는 그 내면의 명령은, 마치 '나는 빛보다 더 빨리 달려야 한다'와 같이 아무런 의미가 없는 말이 될 것이다. 칸트는 도덕적 명령은 인과법칙의 관점에서 볼 때는 불가능한 명령이지만, 그렇다고 그 명령이 자연법칙을 무시하는 기적과 같은 일 즉 인과법칙을 파괴하는 일을 일으키는 명령이라고 생각하지는 않았다. 물론 기적이라는 말을 보다 더 광의로 해석하여 인과법칙의 파괴뿐만 아니라 절단까지도 기적에 포함시킨다면 도덕법칙에 따르는 행위는 기적일 수 있다. 왜냐하면 인과법칙은 **도덕적 행위자의 몸 안에서** 절단되기 때문이다. 칸트가 '너는 해야만 한다. 그러므로 너는 할 수 있다'고 말할 때, 단지 **내적 결의만으로 실행할 수 있는 당위적인 명령들에 관해서만 그 말이 성립한다는 사실**을 확인해둘 필요가 있다.

그러면 '너는 마땅히 최고선을 실현해야만 한다. 그러므로 너는 최고선을 실현할 수 있다'고 말하면서 영혼불멸과 신의 존재를 요청했을 때, 과연 최고선의 실현은 단지 도덕적 행위자가 내적으로 최고선을 실현하겠다는 진지하고 순수하고 불변적인 마음으로 **결의하는 것만으로** 가능하겠는가? 가령 내가 목에 칼이 들어와도 절대로 거짓증언을 하지 않겠다고 철석같이 결심하면, 나는 거짓말을 하지 않을 수 있다. 설령 나로 하여금 거짓말을 하게 하려는 자연적인 유혹과 신체적인 고통이 너무나 커서 내가 그런 고통과 유혹에 굴복하여 결과적으로 거짓말을 했다 하더라도, 나는 여전히 마음속으로 '그래도 내가 결심을 더 철석같이 했더라면, 거짓말 하지 않을 수도 있었다'고 말할 수 있다. 그러므로 이런 경우에는 '너는 해야만 한다. 그러므로 너는 할 수 있다'는 말이 타당하다. 그러나 과연 이 말이 최고선의 경우에도 타당한가? 최고선의 실현은 그것을 실현하겠다는 나의 철석같이 굳센 마음의 결의만으로 가능한가? 최고선의 실현은 곧 영혼의 불멸과 신의 존재를 전제하는데, 영혼과 신의 존재는 나의 내적 결의만으로 존재하게 되는 것은 아니다. 거짓말을 하느냐 하지 않느냐 하는 것은 철두철미하게 나의 내적 **결의 내부**의 문제다. 그러나 영혼이 과연 불멸이냐 아니냐 혹은 과연 신이 존재하느냐 않느냐 하는 문제는 나의 결의 내부의 문제가 아니다. 달리 말해서 나의 결의와 무관한 문제라는 것이다. 물론 영혼이나 신은 존재할 수도 있고 존재하지 않을 수도 있지만, 설령 존재한다 하더라도 내 결의와 무관하게 존재한다. 달리 말해서 나의 **결의와 무관하게, 결의 외부**에 존재한다. 만약 영혼과 신이 존재하지 않는다면, 내가 아무리 최고선을 실현하려고 애쓴다 하더라도, 영혼과 신이 존재하게 되는 것은 아니다. 행위와 덕이 일치한 경지인 최상선만 하더라도 그렇다. 내가 아무리 도덕적으로 최상의 경지에 도달하고자 한다 하더라도, 그 경지에 도달하고자 하는 나의 내적 결의가 아무리 순수하고 굳세다 하더라도, 만약 영혼이란 것이 존재하지 않는다면, 도덕적 완성을 향한 나의 모든 노력은 결국 죽음과 더불어 끝날 수밖에 없는 것이다.

설령 불멸의 영혼이 존재하고, 행위자의 도덕적 공과를 판정해주는 신이 존재한다 하더라도, 그때에도 최고선의 실현은 불가능하다는 데서 칸트 윤리학의 문제점이 발견된다. 칸트는 사람이 죽은 뒤에도 부단히 도덕적 완성을 향해 나아가려고 애써야 한다고 말한다. 이 말은, 인간을 끊임없이 갈등상태에 빠지게 만든 하나의 축인 경향성의 유혹을 느끼게 만드는 신체가 없어진 상태, 즉 죽은 뒤에 오는 영혼의 상태에서도 도덕적 노력이 요구된다는 것이다. 그러나 영혼이 도덕적 노력을 계속해야 한다는 것은 영혼도 계속 갈등상태에 빠진다는 것인데, 그러면 영혼으로 하여금 유혹과 갈등상태에 빠지게 만드는 것은 무엇인가? 아마 이승에서의 삶에서 습관적으로 탐닉했던 것들의 이미지가 영혼을 교란시키는 것일 수가 있다. 말하자면 자기촉발이리라. 문제는 우리는 죽은 뒤에도 무한히 계속해서 자기 발전을 위해 애써야 한다는 것이다. 절대적인 도덕적 경지는 우리로부터 무한히 멀리 떨어져 있다. 그렇다면 우리는 죽은 뒤 영혼 상태로도 영원히 그런 경지에 도달할 수 없다는 결론이 따라 나온다. 그렇다면 도덕률에 대한 순수한 존경심에서 도덕에 합당한 행위를 함으로써 자유를 실현하며 그러함으로써 인과법칙이 지배하는 감성계를 초월할 수 있다는 칸트의 말은 잘못된 주장이리라. 왜냐하면 참된 초월은 우리의 영혼이 영혼을 교란시키고 유혹하는 감성계의 이미지로부터 완전히 자유로워지는 것인데, 그렇게 되기 위해서는 무한한 노력이 필요하기 때문이다. 그러나 죽어서도 무한한 도덕적 노력을 해야 한다는 것은 결국 감성계로부터의 초월은 불가능하다는 말이 될 것이다. 다음으로 제기될 수 있는 의문은 우리가 영혼 상태로 도덕적 완성을 위해 부단히 노력한다 하더라도, 어느 시점에 신의 판정을 받게 되는가 하는 것이다. 영혼이 무한히 노력한 뒤에 판정을 받는다면, 결국 판정은 없는 것이요, 따라서 판정의 주체도 요청될 필요가 없다. 왜냐하면 무한이란 끝이 없는 것이기 때문이다. 그냥 도덕적 이상을 향해 무한히 노력하는 일만 있으면 된다. 만약 그 판정이 어떤 특정시점에 일어난다면, 예컨대 이승의 시간으로 말해서 죽은 뒤 즉 영혼상태로 된 뒤

오천 년 혹은 일만 년 뒤에 판정이 행해진다면, 이 경우에는 판정의 주체 즉 신이 요청되어야 한다. 그러나 이 경우에는 영혼은 죽은 뒤에 무한히 노력할 필요는 없다.

만약 우리 영혼이 죽음과 더불어 신체를 벗어 던지는 것을 초월이라 한다면, 우리 모두는 죽음과 더불어 감성계를 초월한다. 그러나 도둑질로 한평생을 보낸 사람도 그런 초월은 할 수 있다. 이런 초월을 참된 초월로 간주하는 것이야말로 이승에서 도덕적 자기 완성을 위해 부단히 애쓴 사람을 억울하게 만드는 일일 것이다.

칸트로서는 우리가 죽은 뒤에 영혼 상태에서도 도덕적 노력을 계속해야 한다고 말할 수도, 계속할 필요가 없다고 말할 수도 없는 입장에 빠진다. 도덕적 노력이 계속되어야 한다고 말함으로써 영혼을 실질적으로는 감성계의 영향하에 두게 되며 다시금 감성계로부터 초월하는 것이 무한히 먼 거리 바깥의 일이 되도록 만들게 되며, 사후에는 더 이상의 도덕적 노력은 불필요하다고 말하게 되면, 생전에 도덕적 완성을 위해 애쓴 사람들을 억울하게 만들어 버리는 일이 된다.

IV. 칸트의 혼란

우리는 앞에서 칸트가 자신의 형식주의에 배치되는 원칙, 우리가 윤리적 동일률이라고 부른 원칙을 받아들이지 않고서는 최고선의 개념을 칸트식으로 **구성하는 것 그 자체가 불가능함을** 지적하였다. 그리고 최고선의 실현가능성을 전제하는 칸트의 논리와 그 논리의 문제점을 살펴보았다. 이제 우리는 칸트가 어떤 혼란에 빠져 있는지를 정확히 지적할 수 있다.

윤리적 동일률을 거부하는 자는 칸트가 제시한 최고선의 개념도 거부할 것이다. 그리고 영혼불멸과 신의 존재도 거부할 것이다. 사실 칸트가 말하는 최고선은 바로 이 윤리적 동일률의 관점에서 만들어진 개념이다. 그러므로 최고선의 개념을 통한 영혼불멸과 신의 존재 증명은, "너는 해야 한다 그러므로 너는 할 수 있다"는 원칙만으로는 불가능하고, 그 원칙에 덧붙여 윤리적 동일률을 전제할 때에만 가능하게 된다. 문제는 윤리적 동일률은 어떻게 정당화될 수 있는가 하는 것이다. 그것을 실천이성의 사실로 본다면, 우리는 행복에 대한 추구도 실천이성의 사실 안에 들어 있는 것으로 받아들여야 한다. 따라서 우리는 결과주의도 받아들여야 한다. 칸트는 영혼불멸과 신의 존재를 실천이성의 필연적 추리에 의해 증명된다고 생각했으므로, 그런 한, 칸트로서는 당위적 동일률도 실천이성의 사실로 받아들여야 할 것이다. 그러나 비판자들의 입장에서는 칸트가 당위적 동일률을 실천이성의 사실로 받아들이는 것은 자의적이라고 말할 수 있다. 모든 민족, 모든 문화권, 모든 종교와 사상도 '착한 사람은 상을 받고 악한 사람은 벌을 받아야 한다'는 공통의 소망을 갖고 있을 수 있다는 것을 인정한다 하더라도, 그리고 아무리 악한 사람이라도 마음 깊은 곳에서는 그런 소망을 갖고 있다 하더라도, 그래서 실천이성(양심)이 있는 그 어떤 사람이라도 그런 소망이 올바른 소망임을 인정한다 하더라도, 이 우주는 만인의 한결같은 소망에 무심한 그런 우주일 가능성은 여전히 존재한다. 그래서 불멸의 영혼도, 심판의 신도 존재하지 않을 수 있는 것이다. **당위적 동일율은 실천이성을 가진 모든 사람들에게서 발견되는 공통의 '소망'(실천이성의 소망)일 수는 있지만, 실천이성의 '사실'은 아닐 수 있다.**

'어떤 경우에도 너는 거짓말을 해서는 안 된다'는 명령과 '너는 마땅히 최고선을 실현해야만 한다'는 명령은 다른 차원의 명령이다. 전자는 나의 내적 결의만으로 그 실천가능성이 확보될 수 있는 당위적 명령이지만, 후자는 나의 내적 결의만으로는 그 실천 가능성이 확보될 수 없는 명령이다. 전자의 명령의 실천가능성을 뒷받침하는 것은 자유이지만, 후자의 명령의 실천가능성을 뒷받침하는 것은 자유만이 아니다. **자유에 의해서만 그 실천가능성이 뒷받침되는**

그런 도덕적 명령에 대해서만 '너는 해야 한다. 그러므로 너는 할 수 있다'는 말이 타당하다. 그러나 최고선은 자유에 의해서만 그 실천가능성이 뒷받침되는 것이 아니라, 영혼불멸과 신의 존재에 의해서도 뒷받침되어야 한다.[24] 그러므로 최고선에 대해서도 '너는 해야만 한다. 그러므로 너는 할 수 있다'는 원칙을 적용시켜, '너는 최고선을 실현해야만 한다. 그러므로 너는 최고선을 실현할 수 있다'고 말하면서, 최고선의 실현가능성을 전제하는 것은 잘못이다. 만약에 칸트가 『실천이성비판』에서 영혼의 불멸과 신의 현존을 증명하는 논리가 다음과 같은 것이라면, 그는 의무의식 만능주의의 오류에 빠질 것이다.

> 너는 최고선을 실현해야만 한다. 그러므로 너는 최고선을 실현할 수 있다. 그런데 최고선의 실현조건으로 영혼 불멸과 신의 현존이 요청된다. 그러므로 영혼은 불멸하고 신은 현존한다.

유감스럽게도 칸트는 우리가 방금 말한 그런 논리를 전개하고 있다.

> 그런데, 자유의 개념은 그것의 실재성이 실천이성의 의심할 나위 없는 법칙에 의해서 증명되는 한에서, 순수한 이성의 따라서 사변이성까지의, 전 체계의 요석이다. 그리고 아무런 지지도 받음이 없이 한갓 이념으로 사변이성 중에 남았던 모든 다른 개념(하나님과 영혼불멸의 두 개념)은 이제야 자유의 개념에 연결되고, 그 개념과 함께 또 그 개념을 통해서 비로소 존립하게 되며 객관적인 실재성을 얻게 된다.[25]

그러나 칸트가 영혼불멸과 신의 현존을 자유의 개념과 연결시킬 수 있었던

---

24) 이 점은 칸트 자신이 인정하고 있는 바이다. "최고선은 세 개의 이론적인 개념을 전제로 하지 않고는 불가능하다. … (중략) … 그것들은 자유, 영혼불멸, 신이다."(*Kritik der praktischen Vernunft*, 154면)

25) I. Kant, *Kritik der praktischen Vernunft*, 3-4면.

것은 '너는 해야 한다. 그러므로 너는 할 수 있다'는 자유의 원칙을 최고선의 실현에 불법적으로 적용시켰기 때문이다. 칸트로서는 실천형이상학의 건설을 위해서 자유와 영혼불멸과 신의 실재를 증명해야만 한다. 자유는 도덕법칙의 존재근거라는 방식으로 자유의 실재성이 실천철학적으로 증명되었다고 하자. 그러나 영혼불멸과 신의 존재는 자유를 통해 증명될 수 있는 것들이 아니다. 인간이 자유라는 사실이 인간의 영혼이 불멸이고 신이 실재한다는 주장의 근거가 될 수는 없다. 그 두 가지는 별개의 것이다. 인간이 자유임에도 불구하고 영혼이란 것도 없고 신도 존재하지 않을 수 있다. 물론 인간은 불멸의 영혼이 있고 신이 존재하기를 희망할 수는 있다. 그러나 희망은 희망으로 끝나는 경우도 있다. 만약 칸트 윤리학의 스토리가 여기에서 끝난다면, 칸트 윤리학은 도덕적 허무주의에 불과할 것이다. 이리하여 칸트는 덕과 행복의 일치로서의 최고선이라는 개념을 도입한 뒤, 최고선의 실현을 도덕적 지상명령으로 만들어, '너는 마땅히 최고선을 실현해야만 한다. 그러므로 너는 최고선을 실현할 수 있다'고 말하면서 실현조건으로 영혼불멸과 신의 현존을 제시한다. 그러나 앞서 밝혔듯이 '너는 마땅히 최고선을 실현해야 한다'는 것은 '너는 마땅히 정직해야만 한다'는 것과는 다른 것이다. 전자는 도덕적 명령이라기보다는 도덕적 희망일 뿐이다. 후자는 명백히 도덕적 명령으로서 나의 내적 결의만으로도 그 명령을 수행해낼 수가 있지만, 전자의 희망은 그 희망이 아무리 간절하더라도 희망에 그칠 수 있다. 칸트는 또한 실천형이상학의 건설이라는 학문적 목표를 위해 최고선의 본질적 구성요소로 행복을 받아들인다. 그는 '행복을 필요로 하고 행복할 자격이 있으면서도 행복을 누리지 못하는 일은 이성적으로 받아들일 수 없다'는 내용의 주장을 한다. 이 주장은 물론 심판관으로서의 신의 존재를 요청하기 위한 것이지만, 이 역시 도덕적 회의론을 설득하기에는 설득력이 부족하다.

칸트가 의무의식 만능주의의 오류를 피해가려는 한, 그는 도덕적 경험이 있다는 실천이성의 사실에서 출발하여 자유의 실재성을 실천철학적으로 증명한 뒤, 이 자유에 기초하여 영혼불멸과 신의 존재를 증명하는 방식으로 실천 형이상학의 체계를 구축하려 했던 그의 시도는 실패로 판정될 수밖에 없다. 혹자는 칸트가 최고선의 개념을 이용하여 신의 **존재**를 증명하려 한 것이 아니라 신의 **가능성**을 증명하려 했을 뿐이라고 말할 수도 있다.[26] 이런 식으로 해석하는 것에 반대했지만, 이런 해석의 가능성을 최초로 발견한 사람은 벡이었다.[27] 그러나 페레이라는, 신의 가능성에 대한 요청은 신앙을 위한 여지를 제공하는 것이 목적임을 환기시키면서 다음처럼 말한다.

> 신의 존재에 대한 실천적 신앙은 실질적으로는 신의 가능성을 요청하는 것과 같은 것이다. [28]

그러나 칸트가 비록 『순수이성비판』이나 『실천이성비판』 혹은 여타 다른 저술들에서 '이성신앙'(Vernunftglaube) 혹은 '도덕신앙'(moralische Glaube)라는 용어를 사용하고 있는 것은 사실이라 하더라도, 바로 그것 때문에 칸트가 『실천이성비판』에서 제시하고 있는, 신 존재와 영혼불멸에 대한 도덕적 증명을, 단지 신과 영혼불멸에 대한 가능성을 열어두는 정도의 작업으로 해석하는 것은, 칸트가 『순수이성비판』이나 『실천이성비판』을 통해 학의 안전한 길에 들어선 새로운 형이상학을 건설하려 했다는 사실을 염두에 두지 못한 잘못된 해석이 될 것이다. 칸트의 개념에 따르면 형이상학은 종합적 · 절대적 · 보편적 · 필연적 지식들의 유기적 · 건축술적 체계이기에, 그 체계 안에서 가능성의 지식은 지식으로서의 시민권을 가질 수가 없다. 비록 그 지식이 실천철학적인

---

26) 사실 칸트는 "나는 '신 등등이 존재한다는 것은 도덕적으로 **확실하다**'고 말해서는 안 되고 '신 등등이 존재한다는 것을 도덕적으로 **확신한다**'고 말해야 한다"고 말하기도 한다.(*Kritik der reinen Vernunft*, B857) 또 "하나의 존재(신 : 필자 집어넣음)의 무조건적 · 필연적 현존을 증명하는 것이 나의 의도가 아니요 … "(*Kritik der reinen Vernunft*, B 590)라고 말하기도 한다.

27) L. W. Beck, *Commentary on Kant's Critique of Practical Reason*, 271면 이하 참조.

28) M. Jamie Ferreira, "Kant's Postulate : The Possibility or the Existence of God"(*Kant Studien*, Bd.74. 1983) 80면.

것이라 하더라도 이 점에서는 예외를 인정할 수 없다는 것이 칸트의 생각이다. 그렇다면 왜 칸트는 그토록 확실하게 영혼의 불멸과 신의 존재를 '실천철학적으로' 증명했다고 생각하면서도, 『실천이성비판』에서 제시한 형이상학적 체계를 '이성신앙'이니 '도덕신앙'이니 하는 용어로 묘사하고 특징짓고 있는가? 칸트는 감각적으로 실증할 수 없는 모든 종합판단적 주장에 대해서, 설령 그 주장들이 이성적으로 확실하게 증명되었다 하더라도, 그것들은 신앙의 대상이지 인식의 대상은 아니라고 생각했던 것이다.

윤리학은 두 가지 근본적인 물음을 갖고 있다. 하나는 인간은 어떻게 도덕적일 수 있는가, 즉 칸트식으로 표현해서 인간은 어떻게 의무에 대한 존경심을 갖고 정언명법에 따라 행동할 수 있는가 하는 문제다. 또 하나의 다른 물음은 인간이 설령 도덕적으로 행동할 수 있다 하더라도 왜 도덕적이어야 하는가 하는 물음이다. 칸트는 『실천이성비판』「분석론」에서 전자의 물음에 대한 답을 제시하고 있다. 자유가 그 답이다. 「변증론」에서는 후자의 물음에 대한 답을 제시하고 있다. 영혼이 불멸하고 우리의 도덕성에 합당한 상벌을 내리는 신이 존재하기 때문에 도덕적으로 행동해야 한다는 것이다. 그러나 전자의 물음과 후자의 물음은 종류가 완전히 다른 물음이기에 전자의 물음에 대한 해답을 구하는 논리의 연장선상에서 후자의 물음에 대한 해답을 구하려 하는 것은 잘못된 시도다. 이런 점에서 필자는 최고선에 대한 칸트의 이론은 "도덕 외적"(extra moral)인 어떤 것이며, 도덕과 신학이 뒤섞여 만들어진 것이라는 억스터의 주장이 설득력을 얻고 있다고 생각한다.[29] 칸트는 전자의 물음에 대한 해답을 구할 때는 철저하게 윤리적 형식주의의 입장을 취하지만, 후자의 물음에 대한 해답을 구할 때는 형식주의를 포기한다. 그래서 그는 "무릇 행복을 필요로 하고 또 행복할 만하되, 행복을 누리지 못하는 일은 이성적 존재자의 완전한 의욕과 … (중략) … 도저히 조화할 수 없다"는 보조

29) T. Auxter, "The Unimportance of Kant's Highest Good", *Journal of the History of Philosophy* 17(1979) 121-134 참조.

가설을 통해 윤리적 실질 즉 행복을 밀반입하고 있는 것이다. 칸트는 "최고선의 불가능성은 또한 도덕법의 거짓됨을 증명하는 것이다"고 말함으로써, 도덕법과 최고선의 불가분리성을 주장한다. 이 말은 만약 누군가가 목숨을 잃을 각오로 위증을 거부하는 것이 가능하다면, 영혼불멸과 신이 존재해서 그의 정직에 상응하는 행복을 누리게 된다는 것이다. 그러나 도덕법이 가능하다 하더라도, 최고선은 불가능할 수 있다. 다시 말해서 누군가가 목숨을 포기하면서까지 위증을 거부했다 하더라도(이것은 가능한 일이다), 그렇다고 영혼과 신이 반드시 존재하여 그의 정직에 합당한 행복을 누리는 것이 필연적으로 뒤따른다는 것을 증명하는 일에 있어서 칸트는 실패하고 있다는 것이다.[30)]

30) 필자는 다른 곳에서 칸트 윤리학의 체계 내에서 최고선의 개념이 불필요함을 주장하는 몇몇 학자들에 대해, 다음처럼 말한 바가 있다. "『순수이성비판』의 형이상학적 · 존재론적 계기를 못 보고 그 책을 인식론적 저술로만 간주한 신칸트학파의 사람들이 물자체의 개념이 칸트의 인식론과는 조화하지 않는다하여 물자체의 개념을 부정한 것이 잘못이듯이, 『실천이성비판』의 형이상학적 계기를 간과하고 그 책을 순전히 윤리학적인 저술로만 간주하여 최고선의 개념이 칸트의 윤리적 형식주의와 조화하지 않는다하여 최고선의 개념을 부정하는 것은 잘못된 것이다."(졸고 「칸트에 있어서 형이상학의 새로운 길」 각주 ⑳번) 그러나 이 자리에서 필자의 그런 생각이 잘못이었음을 말해두고자 한다. 비록 칸트의 제2비판이 강력한 형이상학적 계기를 갖고 있는 것은 사실이라 하더라도, 영혼불멸과 신의 존재에 대한 그의 증명이 내적 모순으로부터 자유롭지 못한 것 역시 사실이다.

제12장 거짓말에 대한 칸트의 입장

칸트의 이론철학에 대해 가해진 지속적인 비판 중의 하나는 칸트가 물자체에 대해서는 오성의 어떤 범주도 적용할 수 없다고 공언하면서도 그 자신은 오성의 범주들을 물자체에 적용해버리는 자기모순을 범했다는 것이다. 그리고 칸트의 실천철학에 대해 지속적으로 가해진 비판 중의 하나는 그의 윤리학은 피와 살을 가진 인간에게는 적합하지 않는 지나친 형식주의[1]라는 것이다. 전자의 비판으로부터 칸트를 변호하는 것 못지않게 후자의 비판으로부터 칸

---

1) '형식주의'라는 말은 애매한 말이다. 일반적으로 우리가 어떤 사람에 대해 '그 사람은 형식주의자다'고 말한다면, 우리는 그를 동기 혹은 내용보다는 포장, 틀, 절차, 혹은 껍데기를 더 중시하는 사람으로 간주하고 있는 셈이다. 칸트는 이런 의미에서의 형식주의자는 아니다. 칸트는 도덕에 있어서 선천적인 것은 모두 형식적인 것이라고 생각했으며, 막스 셸러(M. Scheler)같은 철학자가 말하는 '선천적 실질'을 인정하지 않는다는 점에서 형식주의자로 간주될 수가 있다. 그러나 칸트가 이런 의미에서 형식주의자라는 것이 앞서 말한 의미에서의 형식주의라는 말과 뒤섞여 사용되거나 받아들여져서는 안 된다. 전자의 형식주의라는 말에는 비난조의 정의적 의미(emotive meaning)가 들어 있지만, 후자의 형식주의에는 그런 정의적 의미가 포함되어 있지 않기 때문이다. 칸트는 두 번째 의미에서 자신이 형식주의자임을 서슴없이 인정한다. 그는 자신이 제시한 도덕법칙의 역할을 수학에 있어서의 공식의 역할에 비교하여 설명하고 있다.(*Kritik der praktischen Vernunft*, 8-9면 참조) 사람들이 칸트를 형식주의자라고 비난할 때, 사람들은 칸트를 '공허한 형식주의자'로 간주한다. 다시 말하면, 그가 제시한 도덕법칙은 우리들에게 구체적인 행위규범을 제공하지 못하고 있다는 것이다. 예컨대, Hastings Rashdall은 *The Theory of Good and Evil : A Treaties on Moral Philosophy*, Vol.1 제5장에서, 정언적 명법이 아무런 경험의 도움도 없이 우리가 무엇을 행해야만 하는가를 결정할 수 있게 한다고 생각한 것은 칸트의 잘못임을 주장하고 있다. P. F. Taylor는 칸트가 윤리적 형식주의자인 이유를 세 가지로 나누어 설명한다. 첫째로 칸트가 정언명법의 첫째 형식에서 주어진 보편화 가능성의 개념을 도덕적 의무의 충분조건으로 간주했다는 점, 둘째로 칸트가 도덕법칙을 법칙이 갖고 있는 내용이나 주제로부터가 아니라 오직 선천적 보편성과 필연성에 관한 고찰을 통해 이끌어 내고 있다는 점, 셋째로 칸트가 도덕을 근본적으로 실천이성을 가진 존재자들 사이에 성립하는 추상적인 관계로 보았다는 점에서 칸트가 윤리적 형식주의자라는 것이다. (*Principles of Ethics*, 94면 참조)

트를 변호하는 것 역시 어려운 일이다. 「인간애로 말미암아 거짓말하는 권리에 관하여」(Über eine vermeintes Recht, aus Menschenliebe zu lügen)라는 소논문에서 칸트는 친구의 생명을 구하기 위해 거짓말을 하는 것조차도 허용될 수 없다고 주장했다. 이 주장은 너무나 비상식적이어서 칸트의 반대자들의 눈에 이 소논문은 칸트 윤리학이 고지식한 형식주의임을 증명하는 결정적 문건으로 간주되었다. 칸트는 또한 거짓말에 대해 다음처럼 말하기도 한다.

> 성서에는 세계 안으로 악이 들어오게 한 최초의 범죄는 (카인의) **형제살해**로부터 생겨난 것이 아니라 최초의 **거짓말**로부터 생겨났다고(왜냐하면 자연은 여전히 형제살해를 싫어하기에) 기록되어 있으며, 처음부터 모든 악의 창시자가 거짓말쟁이로, 거짓말의 아버지로 불려지고 있다는 사실은 주목될 가치가 있다.[2)]

필자는 본 장에서 첫째로 거짓말에 대한 칸트적 입장의 도덕형이상학적 전제에 대해 알아보고 둘째로 칸트가 거짓말을 엄격하게 거부하는 이유를 세 가지로 나누어 살펴볼 것이다. 셋째로 거짓말에 대한 칸트의 이런 입장을 변호하려는 몇몇 학자들의 입장을 비판적으로 검토해 볼 것이다. 그리고 거짓말에 대한 칸트적 입장의 정당성과 한계를 지적해보고자 한다.

Ⅰ. 거짓말에 대한 칸트적 입장의 실천형이상학적 전제

칸트는 주로 『도덕형이상학정초』에서 거짓말이 보편화될 수 없다는 측면에서 타인에 대한 완전한 의무를 위반하는 것이 됨을 논하고 있다. 거짓말에

2) I. Kant, *Metaphysik der Sitten*, 564면. 강조는 칸트에 의함.

대한 칸트의 입장은 '어떤 경우에도, 설령 거짓말이 나와 내 친구에게 아무리 큰 이익을 가져다 준다 하더라도 거짓말해서는 안 된다'는 것이다. 칸트에 의하면 "거짓말은 비열한 것이며, 인간을 행복할 자격이 없게 만든다."[3] 거짓말에 대한 이처럼 고지식하게 보일 정도로 엄격한 칸트의 입장은 그의 도덕철학의 근본사상으로부터 연역적으로 도출된다. 칸트는 『순수이성비판』에서 사변적 형이상학이 학문으로 성립할 수 없음을 증명하려 했다. 그럼에도 불구하고 그는 인간의 형이상학적 욕구를 정당한 것으로 인정했으며,[4] 그 욕구를 사변적으로가 아니라 실천적으로 실현할 수 있는 길을 모색한다. 이리하여 그는 윤리학을 학으로 성립할 수 있는 형이상학의 건설을 위한 통로로 사용하게 된다. 칸트에게 있어서는 학으로서의 윤리학의 성립가능성은 학으로서의 형이상학의 성립가능성을 말해준다. 그에게 있어서 윤리학은 형이상학적인 것이며, 형이상학은 윤리학적인 것이었다. 그로서는 형이상학 없는 윤리학이나 윤리학 없는 형이상학은 불가능한 것이었다.

그런데, 윤리학이 발견하고자 하는 도덕적 규범은 명령의 형식으로 우리 인간에게 다가온다. 명령에는 정언명령과 가언명령이 있으며, 정언명령만이 윤리적일 수 있다. 칸트는 실천적이고 선천적인 종합명제인 정언명법[5]의 가능성을 선천적으로 탐구하는 것을 자신의 윤리적 탐구의 주된 과제로 설정한다.[6] 다시 말하면 '여하히 실천적인 선천적 종합판단이 가능한가' 하는 것이 윤리학의 핵심적인 과제라는 것이다. 이리하여 윤리학에 있어서 칸트적 사고의 방향은 형식주의적으로 경도될 수밖에 없었던 것이다. 왜냐하면 선천적

---

3) I. Kant, *Metaphysik der Sitten*, 622면.

4) I. Kant, *Prolegomena*, 136면 참조. 거기에서 칸트는 다음처럼 말한다. "인간정신이 형이상학적 탐구를 언젠가는 전적으로 단념할 것이라고 하는 것은 불결한 공기를 마시지 않기 위해 우리들이 언젠가는 호흡을 전혀 하지 않을 것이라고 하는 것과 마찬가지로 기대할 수 없는 일이다."

5) I. Kant, *Grundlegung zur Metaphysik der Sitten*, 50면 참조.

6) I. Kant, *Grundlegung zur Metaphysik der Sitten*, 49면 참조. 칸트에 의하면, 도덕성의 명법 즉 정언명법(실천적인 선천적 종합명제)이 어떻게 해서 가능한가 하는 문제는 해결해야 할 유일한 문제다.

종합판단은 객관성, 보편성 그리고 필연성을 갖고 있다는 점에서 그 특징이 발견되며, 그런 특징들은 그 판단의 내용에서가 아니라 형식에서만 구해질 수 있기 때문이다. 칸트는 학으로서의 윤리학의 확립 즉 학으로서의 형이상학의 건설이라는 학자적 야심을 위해 행위법칙의 보편성을 중시하지 않을 수 없었다. 그는 행위법칙(도덕법칙)에다 '법칙'이라는 말의 가장 강한 의미를 부여한다. 통상 자연법칙은 필연의 법칙이고 행위법칙은 당위의 법칙이라고 말한다. 칸트 역시 그렇게 생각한다.

> 모든 명법은 당위로서 표시된다. 그러함으로써 그들 명법은 이성의 객관적 법칙과 주관적 구조 때문에 객관적 법칙으로서만 반드시 결정되는 것이 아닌 의지와의 관계를 나타낸다(즉 이것은 강제의 관계다). 명법은, 어떤 것은 하는 것이 선하고 어떤 것은 하지 않는 것이 선하다고 말한다. 그러나 명법이 그런 말을 하는 상대는, 어떤 것을 하는 것이 선하다고 제시해도, 반드시 그것을 하는 것은 아닌 의지이다.[7]

행위의 법칙이 인간에게 명령의 형식으로 부과되어도 그것은 어디까지나 깨질 수 있는 법칙이다. 그런 점에서 행위법칙은 자연법칙과는 다르다. 그럼에도 불구하고 행위법칙이 법칙으로 간주될 수 있는 이유는 그 법칙이 그 법칙을 존중하지 않는 인간의 의지에 의해 깨질 수 있다 하더라도, 원칙상 예외를 허용할 수 없다는 점이다. 자연법칙은 예외를 **허용하지 않는** 그래서 깨질 수가 없는 법칙이지만, 도덕법칙은 깨질 수는 있지만 예외를 **허용할 수가 없는** 법칙이다. 이런 의미에서 칸트는 다음처럼 말한다.

> 그것에 따라 결과가 일어나는 법칙의 보편성이 가장 일반적인 의미의

---

7) I. Kant, *Grundlegung zur Metaphysik der Sitten*, 42면.

> **자연**(형식상의 자연)을 형성한다. 다시 말하면 보편적인 법칙에 따라 규정될 수 있는 한의 '사물의 존재'를 형성한다. 이러하기 때문에, 의무의 보편적인 명법도 다음과 같은 것일 수가 있다. 즉 **너의 행위의 준칙이 너의 의지를 통하여 보편적인 자연법칙이 되어야 하는 듯이 행위하라는 것이다.**[8)]

칸트는 여기에서 행위법칙은 보편화 가능한 것이어야 함을 주장하고 있는 것이다. 준칙은 단지 주관적으로는 타당한 행위 규칙이지만, 그것이 보편화될 수 없을 경우 그것은 행위법칙이 될 수 없다. 칸트는 행위법칙의 보편화 가능성이라는 관점에서 거짓말을 배격하고 있다. 이상의 설명으로 미루어 보건대 칸트가 윤리적 절대주의의 입장을 취할 수밖에 없었던 저간의 사정은 이해되고도 남음이 있다. 그는 '법칙'이란 말을 강한 의미에서 사용하고 있으므로, 우리는 그의 윤리적 절대주의, 혹은 절대적인 도덕규범이 있다는 그의 입장을 강한 의미로 받아들이지 않으면 안 된다. 즉, 어떤 도덕규칙에 대해서 자의적인 예외는 말할 것도 없고, 어떤 이유 있는 예외적인 하위규칙도 허용되지 않는다는 것이 칸트의 입장이다.

돈이 없어서 부득불 남으로부터 돈을 빌리지 않으면 안 될 사람이 있다. 그는 자신이 빌린 돈을 갚을 능력이 없음을 잘 알고 있으면서도, 일정 기일 내에 돈을 갚겠다는 확약을 해주지 않으면 돈을 빌리기가 힘들다는 사실도 알고 있다. 그래서 그는 약간 양심의 가책을 느끼면서, 거짓 약속을 해서 돈을 빌렸다. 만약 이런 경우 그의 준칙은 '내가 돈이 필요한 경우에는 비록 내가 돈을 갚지 못한다 하더라도, 돈을 갚겠다고 거짓약속을 하고 돈을 빌려라'가 될 것이다. 이 준칙이 도덕규칙이 될 수 있는지 없는지를 테스트하는 방법은 그것이 보편화될 수 있는지 여부를 살펴보는 일이다.

---

8) I. Kant, *Grundlegung zur Metaphysik der Sitten*, 51면.

> 나는 이 준칙이 보편적인 자연법칙으로 보아져서는 자기 자신과 조화할 수 없고, 필연적으로 자기 모순에 빠지지 않을 수 없다는 것을 알게 된다. 왜냐하면 누구나 자기가 곤경에 빠져 있다고 생각할 때 자기의 생각에 떠오르는 것을 약속하되, 지킬 의도도 없이 약속해도 좋다고 하는 법칙이 보편화되면, 그것은 약속과 그것이 동시에 가지는 목적 그 자체를 불가능하게 만들기 때문이다.[9)]

'타인으로부터 돈을 빌리기 위해 필요할 경우에는 언제라도 거짓 약속을 해도 된다'는 준칙이 보편화된다면, 사람들은 서로를 불신하여 남의 약속을 약속으로 받아들이지 않을 것이다. 따라서 진실한 약속이건 거짓 약속이건 약속을 하는 것 그 자체가 불가능하게 되고, 돈을 빌리는 것도 불가능하게 된다. 그러므로 거짓말을 해서는 안 된다는 결론이 뒤따라 나온다. 일견 이 결론은 상식적인 것이며, 별 문제점이 없어 보일 수도 있다. 사람들은 빈번히 '거짓말해서는 안 된다'는 말을 하기 때문이다. 그러나 우리는 칸트가 정언명법의 보편화 가능성을 '도덕형이상학'의 학으로서의 성립가능성을 확립하기 위해 논하고 있음을 염두에 두지 않으면 안 된다. 그 사실을 염두에 두게 되면, 우리는 그 결론에 숨어 있는 칸트의 엄격주의를 발견하게 된다. 칸트는 단순히 거짓말하는 것은 도덕적으로 나쁜 일임을 말하고 있는 것이 아니라, **어떤 경우에도,** 심지어는 악한에게 쫓기는 친구의 생명을 구하기 위해서라도 거짓말해서는 안 된다고 말하고 있다.[10)] 우리가 통상 거짓말해서는 안 된다고 말할 때, 우리는 칸트처럼 친구의 생명을 구하기 위해서라도 거짓말해서는 안 된다고 생각하는 것은 아니다. 우리는 대체로 거짓말이 **일반적**으로 나쁘다고, 따라서 경우에 따라서는 예외가 허용될 수 있다고 생각하지 **보편적**으로 나쁘다고

---

9) I. Kant, *Grundlegung zur Metaphysik der Sitten*, 53면.

10) 자신을 성폭력하려는 치한에게 자신은 에이즈 환자라고 거짓말함으로써 위기를 모면한 사례가 있었지만, 칸트의 입장에서 볼 때, 이런 거짓말도 해서는 안 된다.

생각하지는 않는다. 그러나 칸트로서는 거짓말을 하는 것이 보편화 될 수 없는 것인 한, 그래서 '거짓말을 하지 말아라'는 것이 정언명법의 근본 법식에 부합하는 도덕법칙인 한, 어떤 예외도 허용할 수 없다고 생각하지 않을 수 없는 것이다. 예외가 허용된다면, 그것은 실천적인 선천적 종합명제일 수가 없을 것이기 때문이다. 보편화가능성에 대한 칸트의 모든 논의의 배후에는 '도덕형이상학'의 건설이라는 그의 학문적 야심이 작용하고 있는 것이 분명하다.

『도덕형이상학정초』에서의 거짓말에 대한 칸트의 논의는 거짓말 자체에 초점이 맞추어져 있는 것이 아니라, 보편화가능성의 개념에 초점이 맞추어져 있다. 그는 보편화가능성이 도덕법칙의 필요충분조건임을 설명하기 위해 거짓말의 사례를 들고 있는 것이다. 요컨대 칸트는 윤리학을 통한 학으로서의 형이상학의 건설이라는 학문적 목표를 위해 도덕에 있어서 '법칙'이란 말을 가장 엄격한 의미로 사용하지 않을 수 없었으며, 그로 인해서 거짓말의 경우에도 단 하나의 예외도 허용될 수 없다고 주장하게 된다.

II. 칸트가 거짓말을 거부하는 세 가지 이유

1. 타인에 대한 완전한 의무의 위반으로서의 거짓말

거짓약속이 어떻게 해서 타인에 대한 완전한 의무를 위반하는 것이 되는가? 우리는 먼저 칸트가 의무를 어떻게 구분하고 있는지 간략하게 살펴볼 필요가 있다. 칸트는 『도덕형이상학 정초』에서 의무를 크게 네 가지로 구분한다. 의무의 대상이 나 자신이냐 타인이냐에 따라 ① 우리 자신에 대한 의무와 ② 타인에 대한 의무가 있으며, 의무의 예외를 허용할 수 있느냐 없느냐에 따라 ③ 완전한 의무(허용할 수 없는 경우)와 ④ 불완전한 의무가 있다.[11] 칸트는 '완전한 의무'를 "경향성(Neigung)의 이익을 위한 그 어떤 예외도 허용하지 않는 의무"로 정의한다.[12] 그런데 칸트는 약속은 반드시(예외없이) 준수되어야 한다고 생각하므로,[13] 약속은 타인에 대한 완전한 의무가 된다. 이런 식으로 조합하면 우리는 다음과 같은 네 종류의 의무를 가지게 된다. ① 자신에 대한 완전한 의무, ② 자신에 대한 불완전한 의무, ③ 타인에 대한 완전한 의무, ④ 타인에 대한 불완전한 의무가 그것이다.[14] 완전한 의무는 그것을 수행하지 않는 것이 악한 일이 되는 그런 의무로서 칸트는 그것을 '협의의 의무'(enger Verbindlichkeit)로 혹은 '법의무'(Rechtspflicht)로 부르기도 한다.[15] 불완전한 의무는 그것을 행하는 것이 공적(功積)이 되긴 하지만 그것을 행하지 않는 것이 범죄가 되는 것은 아닌 그런 의무다. 그러므로 불완전한 의무는 오로지 덕의무(Tugendpflicht)일 뿐이다. 예컨대 자선은 불완전한 의무다. 칸트는 이런 의무를 '광의의 의무'(weiter Pflicht) 혹은 '윤리적 의무'(ethische Pflicht)로 부르기도 한다.[16] 거짓 약속은 타인에 대한 완전한 의무를 위반하는 것이 된다.

타인에게 거짓 약속을 하려고 작정하는 사람은, 타인 역시 목적을 갖고

---

11) I. Kant, *Grundlegung zur Metaphysik der Sitten*, 52면 참조. 이 경우 예외가 허용된다는 것은 행위의 준칙에 대한 예외가 허용된다는 뜻으로 받아들여져서는 안 되고, 단지 다른 의무준칙(Pflichtmaxim)에 의해 어떤 의무준칙을 제한하는 것이 허용된다는 것으로 이해되어야 한다.(*Metaphysik der Sitten*, 520면 참조)

12) I. Kant, *Grundlegung zur Metaphysik der Sitten*, 52면.

13) '경우에 따라서 약속은 위반될 수 있다'는 준칙은 보편화하는 것이 불가능하기 때문에, 도덕법칙이 될 수 없다는 것이 칸트의 생각이다.

14) 칸트는 『도덕형이상학정초』에서는 '자기 자신에 대한 완전한 의무'를 '자기 자신에 대한 필연적 의무'로, '타인에 대한 완전한 의무'를 '타인에 대한 필연적 혹은 당연한(schuldig) 의무'로, '자신에 대한 불완전한 의무'를 '자기 자신에 대한 우연적(공적적) 의무'로 그리고 '타인에 대한 불완전한 의무'를 '타인에 대한 공적적 의무'로 표현하고 있다. 자살하는 사람은 자기 자신에 대한 완전한 의무를 위반하는 것이 되며, 자기도야를 게을리 하는 사람은 자기 자신에 대한 불완전한 의무를 위반하는 것이 되며, 자신은 경제적으로 유복하면서도 타인의 역경에 무관심한 사람은 타인에 대한 불완전한 의무를 위반하는 것이 된다.(*Grundlegung zur Metaphysik der Sitten*, 52-54면, 61-62면 참조)

15) I. Kant, *Metaphysik der Sitten*, 520면 참조.

16) I. Kant, *Metaphysik der Sitten*, 520면.

> 있음에도 불구하고 타인을 **오로지 수단으로만** 사용하려 하고 있음을 즉시 깨닫게 될 것이다. 왜냐하면 내가 그와 같은 약속으로써 어떤 사람을 나의 목적을 위해서 이용하려고 하면, 그는 그에 대한 나의 행동방식에 동의할 수 없을 것이며, 따라서 타인 자신 중에 이러한 행위의 목적을 보유할 수 없기 때문이다. 타인이 가지는 이러한 원리에 대한 충돌은, 우리가 다른 사람의 자유와 재산이 침해되는 예를 볼 때 더욱 명료하게 된다. 왜냐하면 인간 권리의 침해자는 타인의 인격을 수단으로서만 이용하려 하지, 타인도 이성적 존재자로서 언제나 동시에 목적으로 평가되어야 한다는 것, 즉 바로 그 동일한 행위의 목적을 타인 자신 중에 포함하고 있을 이성적 존재자로서만 평가되어야 한다는 것을 주목하지 않고 있음이 명백하기 때문이다.[17)]

거짓 약속은 목적으로 존중되어야 하는 타인을 수단시하는 것이 되며, 타인의 인격과 인권을, 따라서 이성적 존재자로서의 타인의 자유를 침해하는 것이 된다는 것이다. 돈을 갚을 의사도 없이 돈을 갚겠다고 거짓으로 약속을 하고 돈을 빌리는 사람은 돈을 빌려주는 사람에게 거짓정보(거짓말)를 제공함으로써, 그 사람으로 하여금 잘못된 정보에 의거해서 행동하게 한 것이 되며, 이는 그 사람의 이성을 즉, 그 사람의 자유를 방해한 것이 된다. 타인을 목적으로 대우한다는 것은 그 사람의 자율적 이성(자유)을 존중해 준다는 것인데,[18)] 거짓말은 어떤 경우에도 타인의 자율적 이성을 무시한다. 자율적 이성은 인간이 스스로 목적을 설정하고, 그 목적의 실현을 위해 자신의 행위를 이끌어 갈 수 있게 하는 것으로서 인간 존엄성의 근거가 된다. 그러므로 타인의 자율적 이성을 무시하는 것은 인간으로서의 타인의 존엄성을 무시하는 것이 된다.

---

17) I. Kant, *Grundlegung zur Metaphysik der Sitten*, 61-62면.
18) J. Rachels, *The Elements of Moral Philosophy* (McGraw-Hill, Inc., New York, 1993, Second Edition) 129면 참조.

그런데 타인의 존엄성을 중시해야 하는 것은 타인에 대한 완전한 의무이기에, 거짓 약속은 타인에 대한 완전한 의무를 위반하는 것이 된다.[19)]

2. 자기 자신에 대한 엄격한[20)] 의무의 위반으로서의 거짓말

칸트는 자기 자신에 대한 완전한 의무를 두 부류로 나누어 고찰한다. 즉 동물적 존재로서의 자기 자신에 대한 완전한 의무와 순전히 도덕적인 존재로서의 자기 자신에 대한 완전한 의무가 그것이다.[21)] 자살을 하는 것, 육욕적으로 자기 자신을 훼손하는 것, 오락이나 음주에 탐닉하여 자기 자신을 잃어버리는 것은 전자의 의무를 위반하는 것이다. 이런 행위들은 우리 자신의 인격을 우리 자신의 주관적 목적을 위한 수단으로만 사용한다는 공통점을 갖고 있다. 그리고 탐욕, 거짓 겸손, 거짓말은 후자의 의무를 위반하는 것이다.

> 진실성(Wahrhaftigkeit)과 정반대로 행동하는 것, **거짓말**은 순전히 도덕적인 존재로서 (그 자신의 인간성에 대한) 인간의 자기 자신에 대한 의무에 대한 최대의 위반이다.[22)]

---

19) 우리는 앞에서 『도덕형이상학정초』에서의 거짓말에 대한 칸트의 논의는 주로 보편화 가능성의 개념과 연관해서 다루어지고 있다고 말했다. 그런데 칸트가 거짓말은 타인에 대한 완전한 의무를 위반하는 것임을 논할 때, 거짓말의 문제는 보편화 가능성과는 무관하게 논의되고 있는 것처럼 보일 수가 있다. 그러나 거짓말이 타인에 대한 완전한 의무를 위반하는 것이라는 것 역시 근본적으로는 보편화가능성의 개념과 결코 무관하지 않음을 주목할 필요가 있다. 왜냐하면 칸트는 "너의 행위의 준칙이 너의 의지를 통하여 보편적인 자연법칙이 되어야 하는 듯이 행위하라"는 정언명법의 제1 법식은 "너는 너 자신의 인격에 있어서건 또는 다른 모든 사람의 인격에 있어서건 인간성을 단순히 수단으로서만 사용하지 말고 항상 동시에 목적으로 사용하도록 해라"는 제2 법식과 본질상 동일한 법칙의 다른 표현방식에 불과하다고 말하고 있기 때문이다.(*Grundlegung zur Metaphysik der Sitten*, 69면 참조) 이 경우 '도덕형이상학'은 칸트의 후기 저서인 『도덕형이상학』을 지칭하는 것이 아니라, 칸트가 자연의 형이상학과 대비시켜 언급하고 있는 실천적 형이상학을 의미한다.
20) 칸트는 '협의의' 의무를 '완전한' 혹은 '엄격한' 의무와 동일시한다.(*Grundlegung zur Metaphysik der Sitten*, 55면 참조)
21) I. Kant, *Metaphysik der Sitten*, 553-580면 참조.
22) I. Kant, *Metaphysik der Sitten*, 562면, 강조는 칸트에 의함.

우리는 위의 인용문에서 칸트가 '진실성'을 '거짓말'과 대립시키고 있음을 주목할 필요가 있다. 왜 거짓말을 '진실'(Wahrheit)과 대립시키지 않고 '진실성'과 대립시키고 있는가? 호프마이스터는 「인간애로 말미암아 거짓말하는 권리에 관해서」에서 칸트가 꽁스땅(Benjamin Constant)을 논박하는 핵심 논리가 진실과 진실성의 구분에 의거하고 있다고 주장하면서[23] 이 두 개념을 다음처럼 정의한다.

> 칸트에게 있어서 진실은 사실과 명제 간의 일치를 의미한다. 이 양자 사이의 일치는 논리적 판단을 통해 확립된다. 그래서 그 누구도 그 자신이 주장하고 있는 것이 실제로 사실과 일치하는지를 보증할 수 없다는 것이 칸트의 생각이다. 명제와 사실 이 양자는 즉각적으로 서로 연결되는 것이 아니라, 판단을 수단으로 해서만 연결되기 때문에 실수의 가능성이 배제될 수가 없다. … (중략) … 칸트는 '진실을 말하지 않는 것'과 '거짓말을 하는 것'을 같은 표현으로 사용하지 않는다.[24]

그는 진실성에 대해서는 다음처럼 설명한다.

> 진실성이란 말로써 칸트가 의미하는 바는 무엇인가? … (중략) … 그 누구도 오류를 범할 수 있기에, 자신의 명제들의 진리성(진실)을 모든 경우에 보증할 수는 없다. 그러나 모든 사람은 자신의 명제가 진실한 것인지 아닌지를 알고 있다. 왜냐하면, 이 경우 문제가 되는 것은 명제와 사실 간의 일치가 아니라, 명제와 그 명제 발설자의 도덕적 양심과의 일치이기 때문이다. 행위자의 도덕적 양심과의 이러한 일치는 즉각적으로 알려진다.[25]

---

23) H. E. M. Hofmeister, "Truth and Truthfulness: A Reply to Dr. Schwarz",(in : *Ethics*, Vol.82, 1972) 263면 참조.

24) Heimo E. M. Hofmeister, "Truth and Truthfulness : A Reply to Dr. Schwarz", 263-264면.

25) Heimo E. M. Hofmeister, "Truth and Truthfulness : A Reply to Dr. Schwarz", 264면.

이런 관점에서 본다면, 거짓말을 하는 것은 진실성에 대한 인간의 의무를 위반하는 것이 되며, 진실성에 대한 의무를 위반한다는 것은 자신의 양심에 충실하지 않는 것이 된다. 그런데 자기 양심에 충실해야 하는 것은 자기 자신에 대한 완전한 의무이므로 거짓말하는 것은 자기 자신에 대한 완전한 의무를 위반하는 것이 된다. 칸트는 말한다.

> 도덕적 존재(homo noumenon)로서 인간은 자신의 자연적 존재(homo phaenomenon)를 마치 그것이 그것의 본유적 목적 즉 생각의 전달(Gedankenmitteilung)에 얽매여 있지 않은 것처럼 단지 수단(말하는 기계)으로만 사용할 수는 없다. 그는 자신의 자연적 존재를 그의 도덕적 존재의 의사표시(Erklärung, declaratio)와 일치하는 방식으로만 사용할 의무가 있으며, **진실성**에의 의무를 지고 있다. 예컨대 만약 내세의 세계 심판관에 대한 신앙을 갖고 있지 않은 어떤 사람이, 우리의 마음을 샅샅이 조사하는 존재의 면전에서 그러한 신앙을 고백하는 것이 해로울 것이 없으며 아마도 실로 유용할 수도 있다고 스스로 설득하면서 만약 그런 존재가 실제로 존재한다면 위선적으로 그의 호의를 얻기 위해 그러한 심판관에 대한 신앙을 거짓으로 고백한다면, 그는 내적 거짓말의 죄를 저지르는 것이 된다. 그리고 내세의 심판관의 존재에 대해 아무런 의심도 없지만, 그가 느끼는 유일한 동기는 처벌의 공포임에도 불구하고 그가 내적으로 그 존재의 법을 경외하고 있다고 스스로 우쭐댄다면, 그 역시 마찬가지로 내적 거짓말의 죄를 범하는 것이 된다.[26]

칸트는 거짓말을 하는 것은 자기 자신에 대한 완전한 의무를 위반하는 것임을 주장하기 위해, 인간이 갖고 있는 의사소통능력에는 자연적인 합목적

---

26) I. Kant, *Metaphysik der Sitten*, 563-564면.

성이 있으며, 거짓말을 하는 것은 이 합목적성에 정면으로 거스르는 것이며, 결국 인간성을 포기하는 것이 된다는 점을 강조하고 있다.[27)]

3. 인류일반의 권리에 대한 위반으로서의 거짓말

거짓말에 대한 칸트의 보다 더 분명하고도 단호한 입장은 악명 높은 소논문 「인간애로 말미암아 거짓말하는 권리에 관하여」에서 잘 드러나 있다. 칸트는 『도덕형이상학정초』에서는 거짓말의 사례를 통해 도덕적 규칙의 필요충분조건이 보편화가능성임을 설명하고 있지만, 이 소논문에서는 가장 추상적인 정언명법이 가장 구체적인 상황에서 어떻게 적용될 수 있는가를 보여주고 있다. 칸트와 동시대인이었던 프랑스의 저술가 겸 정치가인 앙리 벵자멩 꽁스땅 드 르베끄(Henri Benjamin Constant de Rebecque)가 1797년에 어느 잡지에 「정치적 반동」(Des réactions politiques)이라는 제목으로 칸트에 대해 비판적인 글을 실었다. 칸트의 논문은 그 글에 대한 논박문이다. 꽁스땅은 다음처럼 칸트의 입장을 간단히 소개하고 있다.

> '진실을 말하는 것은 의무이다'라는 도덕원리는, 만약 우리가 그것을 단독으로 그리고 무조건적으로 받아들인다면, 모든 사회를 불가능하게 만들 것이다. 우리는 이에 대한 증거를 어떤 독일 철학자가 이 원리로부터 이끌어 낸 직접적인 결과에서 발견하게 된다. 이 철학자는 어떤 살인자가 우리의 친구 - 그 살인자는 우리의 친구를 추적하고 있다 - 가 집에 숨어 있는지 여부를 물어 왔을 때, 우리가 그 살인자에게 거짓말을 하는 것은 죄가 된다고 주장하기에 이르렀다.[28)]

---

27) I. Kant, *Metaphysik der Sitten*, 563면 참조.

28) I. Kant, "Über ein vermeintes Recht aus Menschenliebe zu lügen", 637면. 괴팅겐의 교수요 성서학자였던 Johann David Micaelis 역시 이미 칸트에 앞서서 이런 주장을 했었다. 그러나 잡지 France의 편집인이었던 Karl Friedrich Cramer는 "이 구절에서 언급되고 있는 독일 철학

이어서 칸트는 이 원리에 대한 꽁스땅의 다음과 같은 비판을 소개한다.

> 진실을 말하는 것은 의무다. 의무라는 개념은 권리라는 개념과 불가분리적이다. 의무라는 것은 어떤 한 사람에 있어서 다른 사람의 권리와 상응하는 어떤 것이다. 권리가 없는 곳에는 의무도 없다. 그래서 진실을 말하는 것은 의무이다. 그러나 진실을 말하는 것은 단지 진실에 대한 권리를 갖고 있는 사람에 대해서만 의무이다. 그러나 다른 사람을 해치는 어느 누구도, 진실에 대한 권리를 갖고 있는 것은 아니다.[29)]

이에 대해 칸트는 우선 '진실'과 '진실성'을 구분하면서 꽁스땅이 말하고 있는 '진실에 대한 권리'라는 말이 무의미함을 지적하고 있다.

> "진실에 대한 권리를 갖는 것"이라는 표현은 무의미한 말이라는 사실이 주목되어야 한다. 차라리 사람들은 "사람은 그 자신의 진실성(Wahrhaftigkeit, veracitas)에 대한 권리를 갖는다"라고, 즉 "그 자신에 있어서 주관적인 진리에 대한 권리를 갖는다"라고 말해야 한다. 왜냐하면 객관적으로 진실에 대해 권리를 갖는다는 것은 어떤 주어진 문장이 참인가 거짓인가 하는 것이 (일반적으로 개인들에게 속하는 것은 무엇인가에 관한 문제들과 마찬가지로) 사람의 의지에 관한 문제라는 것을 의미하기 때문이다. 이는 명백히 터무니 없는 논리를 만들어 낸다.[30)]

자는 칸트임을 그 논문의 저자가 나에게 알려주었다"고 말했다.

29) I. Kant, "Über ein vermeintes Recht aus Menschenliebe zu lügen", 637편. 마지막 문장의 원문은 다음과 같다. "Kein Mensch aber hat Recht auf eine Wahrheit, die anderen schadet." 그대로 옮기면 "그 누구도 다른 사람을 해치는, 진실에 대한 권리를 갖고 있는 것은 아니다"가 된다. 그러나 Robert J. Benton은 자신의 논문 "Political Expediency and Lying"(in : *Journal of the History of Ideas*, Vol. XLIII, 1982) 140면에서 그 문장을 불어로 된 꽁스땅의 논문에서 직접 다음처럼 번역하고 있다. "But no man has a right to the truth who harms others."

30) I. Kant, "Über ein vermeintes Recht aus Menschenliebe zu lügen", 637-638면.

우리는 이미 앞에서 칸트가 '진실'과 '진실성'을 구분하고 있음을 살펴보았다. 위 인용문에서 칸트 말의 핵심은 '진실에 대한 권리'라는 말은 진실의 문제를 개인의 의지의 문제로 만들어 버리게 되는데, 이는 잘못이라는 것이다. 칸트에 의하면, 만약 우리가 꽁스땅의 주장대로 진실에 대한 권리를 갖고 있다면, 우리가 누군가에게 어떤 질문을 했을 때 질문을 받은 사람은 진실을 말해야 할 의무를 갖게 된다. 그런데 인간은 본유적인 불완전성으로 인하여 아무런 고의성이 없이 진실이 아닌 것을 진실인 것으로 간주하여 말할 수 있다. 이 경우 우리는 그가 진실을 말해야만 하는 의무를 위반했다고, 그리고 타인이 갖고 있는 진실에 대한 권리를 위반했다고 그를 처벌할 수는 없다. 그래서 칸트는 '진실에 대한 권리'라는 말을 무의미한 말로 간주하여 배척하든지, 아니면 진실은 어떤 말을 하는 사람의 의지에 의존적인 것으로 간주하든지 해야 한다고 생각한다. 즉 누군가가 자기가 알고 있는 범위 내에서 진정으로 어떤 것이 어떠하다고 말하는 한, 그의 모든 말은 진실이라고 간주해야 한다는 것이다. 그러나 칸트가 보기에 후자의 경우는 명백히 불합리하다. 진실은 객관적인 것이어서 사람의 주관적인 의지에 의해 결정될 수가 없기 때문이다. 누군가가 진지하게 맹자가 공자보다 먼저 태어났다고 말한다 해서 그 말이 진리(진실)가 되는 것은 아니다. 칸트는 진실성과 진리를 이렇게 구분한 뒤에, 꽁스땅이 문제 삼는 그 살인자의 예에서 다음처럼 일반화된 두 가지 문제를 제기한다.

> 이제 첫 번째 문제는 긍정을 하든 부정을 하든 둘 중에 하나를 반드시 대답할 수밖에 없는 그런 경우에, 사람은 진실하지 않을 수 있는 권리를 갖고 있는가 하는 것이다. 두 번째 문제는 그가 부당하게 어떤 말을 하도록 강요받을 때, 그가 그 자신이나 다른 사람을 위협적인 악행으로부터 보호하기 위해 그는 사실상 거짓을 말할 수밖에 없지 않는가 하는 것이다.[31]

칸트의 이러한 문제 제기를 제대로 이해하기 위해서는 다음의 사항이 고려되어야 한다.[32] 첫째로, "나는 거짓말하지 않는다"는 규칙은 "나는 진실을 말해야만 한다"는 규칙과 동일시 되어서는 안 된다.[33] 그런데 꽁스땅은 이 양자를 동일시하고 있다. 그러나 칸트는 이를 문제 삼지 않고 있다. 그 이유는 꽁스땅이 문제삼고 있는 잠재적 살인자의 경우에 있어서는 거짓말하지 않는 것은 진실을 말하는 것과 같은 것임이 전제되어 있기 때문이다. 그래서 칸트는 "긍정을 하든 부정을 하든 둘 중에 하나를 반드시 대답할 수밖에 없는 그런 경우에"라는 단서를 달아둔다. 둘째로, 칸트는 꽁스땅이 그 잠재적인 살인자가 자신이 추적하고 있는 사람이 어디에 있는지 알려고 하는, 소위 '무인도'의 상황을 선택하는 것에 대해 아무런 이의를 제기하지 않는다. 이는 칸트가 아무리 공상적인 경우라 하더라도, 도덕법을 위반함으로써 상상할 수 있는 최대의 선이 달성될 수 있는 그런 경우들을 고려해보기를 우리들에게 권하고 있기 때문이다. 칸트는 도덕법에 단 하나의 예외라도 허용되면, 그것은 도덕성의 사망을 알리는 최초의 신호라고 생각했다. 칸트는 이런 이유에서 꽁스땅식의 상황설정을 인정한 뒤, 다음처럼 말한다.

> 회피될 수 없는 진술을 해야 할 경우 진실성을 가져야 한다는 것은, 그 진실성이 그 자신이나 남에게 아무리 큰 불이익이 초래된다 하더라도,

---

31) I. Kant, "Über ein vermeintes Recht aus Menschenliebe zu lügen", 638면.

32) R. J. Sullivan, *Immanuel Kant's Moral Theory*(Cambridge University Press, 1989) 174면 이하 참조.

33) 이와 관련하여 설리반은 다음처럼 말한다. "'나는 결코 거짓말하지 않는다'는 규칙과는 전혀 다른 규칙인 '나는 항상 진실을 말해야만 한다'는 규칙을 혼동하는 것은 엄청난 실수가 될 것이다. … (중략) … 칸트는 (대부분의) 엄격한 혹은 좁은 의무는 단지 **부정적으로만**(negatively) 표현된다고 주장한다. 그래서 거짓말을 금지하는 도덕규칙은 다른 모든 부정적인 규칙들과 마찬가지로 어떠한 합법적인 예외도 허용하지 않는 무조건적이고 부정적인 법이다. 그러나 거짓말을 해서는 안 된다는 이 좁은 의무 혹은 완전한 의무는 그에 상응하는 긍정적이고 마찬가지로 엄격한 도덕적 의무인 – 그리고 명백히 우스꽝스러운 의무인 – '어떤 사람이 알고 있는 모든 것을 모든 기회에 모든 사람에게 말하기 위해, 모든 사람에게 항상 완전히 개방적이어야 한다'는 의무를 함축하지는 않는다."(*Immanuel Kant's Moral Theory*, 171면)

모든 사람에 대한 개인의 형식적 의무다. 만약, 비진실을 말함으로써, 부당하게 나에게 진술을 강요하는 사람에게 내가 잘못을 행하지 않는다 하더라도, 그럼에도 불구하고 이 허위 - (비록 법적인 의미는 아니지만) 이것은 거짓말로 불려져야 한다 - 로 인해서 나는 가장 본질적인 점에 있어서 **의무일반에 거스르는 잘못**을 범한다. 다시 말해서 나는, 내 힘이 미치는 한, 그 언표일반이 모든 신뢰성을 잃게 하고 따라서 계약에 근거한 모든 권리들이 공허하고 그 효력을 상실하게 하며, 이는 **인류일반에 행해진 잘못**이 된다. 그래서 단지 다른 사람에 대한 의도적으로 진실되지 못한 언표를 거짓말로 정의하는 것은, 마치 법학자들이 그들의 정의(定義)에서(mendacium est falsiloquium in praeiudicium alterius) 적절하게 생각하고 있듯이, **거짓말이 다른 사람을 해쳐야 한다는 부가적인 조건을 요구하지 않는다. 왜냐하면 거짓말은 항상 다른 사람을 해치기 때문이다. 거짓말이 어떤 다른 특정의 인간을 해치지 않는다 하더라도, 그것은 여전히 인류일반을 해친다. 왜냐하면, 그것은 법 그 자체의 근원을 손상시키기 때문이다.**[34]

꽁스땅은 "'진실을 말하는 것은 의무다'는 도덕원리는, 만약 사람들이 그것을 단독으로 그리고 무조건적으로 받아들인다면, 그 어떤 사회든 불가능하게 만들 것이다"고 말하고 있지만, 칸트는 꽁스땅의 그런 주장을 정면에서 받아치고 있음을 볼 수 있다. 칸트에 의하면 오히려 거짓말을 허용하는 것은 법 자체의 근원을 손상시키고, 결국 사회를 불가능하게 만든다.[35] 칸트

---

34) I. Kant, "Über ein vermeintes Recht aus Menschenliebe zu lügen", 368면. 강조는 필자에 의함.

35) 아트웰(J. E. Atwell)의 견해에 의하면, 칸트와 꽁스땅은 권리와 의무의 상관성에 대해서만 논의하고 있는 것이 아니라, 사회를 불가능하게 하는 것이 무엇이냐 하는 문제 - 이것이 한층 더 중요한 문제다 - 에 대해서도 논의하고 있다.(*Ends and Principles in Kant's Moral Thought*, Martinus Nijhoff Publishers, 1986, 197면 참조)

는 『윤리학 강의』에서도 비진실(falsiloquium)과 거짓말(mendacium)을 구분하면서[36] 거짓말을 하는 것이 인류일반을 해치는 것임을 다음처럼 말하고 있다.

> 비록 어떤 사람이 나에게 먼저 거짓말을 했을 때, 내가 그에게 거짓말을 하는 것이 그를 부당하게 대하는 것이 아니라 하더라도, 나는 인류의 권리에 거슬러 행동하는 것이 된다. 왜냐하면 나는 내 자신을 인간의 사회를 가능하게 하는 조건과 수단에 반대하는 입장에 두기 때문이다.[37]

진실성의 의무에는 시민사회 안에서 삶을 영위하는 인류의 권리가 상응한다. 진실성이 없다면, 그 어떤 시민 사회도 성립할 수 없으며, 기존의 사회는 존속할 수 없다. 시민사회의 기초인 원초적 계약은 그 계약에 서명한 사람들의 진실성을 요구한다. 따라서 만약에 인류가 자신이 갖고 있는 본유적인 자유의 권리 덕택에 시민사회 안에서 살 권리가 있다면, 인류는 그 사회 안에 사는 모든 사람이 진실해야 한다는 것을 요구할 권리를 갖는다.[38] 이리하여 칸트는 다음처럼 말한다.

> 진실성은 계약에 기초해 있는 모든 의무의 근거로 간주되어야만 하는 의무이며, 그리고 이들 의무들의 법은, 그 법들에 대한 가장 적은 예외조차 허용해 준다면, 불확실하고 무용한 것이 된다. 그러므로 모든 언표에 있어서 진실하게 된다는 것은 어떠한 예외 조항에 의해서도 제한받지

36) 설리반은 칸트의 이 구분에 대해 다음처럼 말한다. "어떤 독자들에게 이 구분은 궤변적으로 보일지도 모르겠다. 칸트는 우리가 일상적인 상황에서 이 구분을 무시하는 것을 인정한다. 그러나 어떤 고립된 경우에는 그 구분은 중요하게 되며, 도덕적으로 유용한 구분이 된다. 모든 거짓말은 비진실이지만, 모든 비진실이 거짓말인 것은 아니다."(*Immanuel Kant's Moral Theory*, 172-173면)

37) I. Kant, *Lectures on Ethics*(trans. Louis Infield, Methuen & Co. LTD, 1979) 227면.

38) J. E. Atwell, *Ends and Principles in Kant's Moral Thought*, 197면 참조.

않는, 절대적이고 신성한 이성의 명령이다.[39)]

III. 칸트의 입장에 대한 찬반론

지금까지의 논의의 관점에서 볼 때, 과연 거짓말에 대한 칸트의 그토록 엄격한 입장은 변호될 수 있는가? 칸트가 비록 거짓말에 대한 자신의 입장을 이런 저런 측면에서 정당화시키고 있음에도 불구하고, 사람들은 칸트의 입장에 쉽사리 수긍하지 않을 것이다. 자신의 입장을 정당화시키는 논리가 정교한 만큼, 그의 결론은 우리들의 상식적인 도덕적 직관과는 거리가 멀기 때문이다. 칸트의 설명을 듣고 있는 동안에 우리는 칸트의 입장이 옳을 수도 있겠다는 생각을 하게 된다. 그러나 돌아서면 우리는 속고 있는 것이 아닌가 하고 의심하게 된다. 아무리 그 논리가 치밀하고 정교하다 하더라도, 친구를 죽이려는 살인자에게 친구의 소재를 진실되게 말해주어야 한다는 것은 이상한 일이 아닌가? 그럼에도 불구하고 칸트의 입장을 변호하는 사람이 없는 것은 아니다. 우리는 이하에서 몇몇 학자들의 변호 내용을 간략하게 살펴보면서 칸트의 입장을 비판적으로 고찰해보고자 한다.

1. 페이톤의 변호

페이톤은 「인간애로 말미암아 거짓말하는 권리에 대해서」에서의 칸트는 자신이 이전에 종종 비난했던 도덕적 엄격주의에 빠져들고 있음을 인정한다.[40)] 그러나 페이톤에 의하면, 칸트가 73세에 쓴 그 소논문에서 개진되고

39) I. Kant, “Über ein vermeintes Recht aus Menschenliebe zu lügen”, 639면.

40) H. J. Paton, “An Alleged Right to Lie: A Problem in Kantian Ethics”(in : *Immanuel Kant : Critical Assessments*, Vol.I, ed. Ruth F. Chadwick & Clive Cazeauk, Routledge, London, 1992) 217면 참조.

있는 엄격주의는 칸트 윤리학 체계에서 도출될 수 없는 잘못된 결론이라는 것이다. 칸트 윤리학 체계에 의하면, "도덕법칙, 심지어 엄격한 도덕법칙이나 완전한 의무의 경우에도, 불가피한 예외가 허용될 수 있다"는 것이다.[41)] 그러면 왜 칸트는 그 소논문에서는 자신의 윤리학 체계의 정신에 어긋나는 그런 엄격주의에 빠져들게 되었는가?

페이톤에 의하면 칸트는 꽁스땅이 주장하고 있듯이, "살인자가 그가 쫓고 있는 어떤 사람(우리의 친구)이 우리 집에 피신했는지를 우리에게 물어올 때, 우리가 그에게 거짓말을 하는 것은 범죄행위가 된다"고 말한 적이 없다. 그럼에도 불구하고 칸트는 "비록 어딘지는 기억하지 못하지만, 그가 어디에선가 그렇게 말했다는 사실을 인정할 정도로 건망증이 있었다."[42)] 이러한 일련의 오해는 논쟁이 잘못된 방향으로 흘러가게 했다는 점에서 불길한 것이었다. 칸트는 이미 73회 생일을 넘긴 상태였으며, 그 명성은 최고조에 도달해 있었다. 꽁스땅이 '독일 철학자'라는 표현하에서 이름을 구체적으로 거명하지 않고 자신을 희롱하듯이 공격한 것에 대해 칸트는 분노했다. 그는 꽁스땅의 그런 행위를 독일철학에 대한 비방으로 간주하였으며, 그 행위에 대한 일종의

---

41) H. J. Paton, "An Alleged Right to Lie : A Problem in Kantian Ethics", 213면 참조. H. J. Paton이나 J. E. Atwell은 칸트가 완전한 의무에 대해 도덕적으로 불가피한 예외를 허용하고 있는 듯이 말한다. 예컨대 페이톤은 앞의 논문에서 그런 입장을 표명하고 있다. 페이톤은 그 논문에서 칸트가 「인간애로 말미암아 거짓말 하는 권리에 관해서」에서 취하고 있는 입장은 실천규칙의 예외가능성에 대한 칸트의 한층 더 심사숙고된 견해를 반영하지 못하고 있다고 주장한다. 그리고 아트웰은 *Ends and Principles in Kant's Moral Thought*, 42면에서 칸트가 어떤 경우의 자살(자신에 대한 엄격한 의무의 위반)은 도덕적으로 잘못된 것이 아님을 암시하고 있다고 주장한다. 그는 자신의 이런 주장을 위해 『도덕형이상학』에서 칸트가 들고 있는 사례를 이용한다. 칸트는 *Metaphysik der Sitten*, 556면에서 미친개에 물린 사람이 자신의 병(치료불가능한 병)을 남에게 전염시키지 않기 위해 자살하는 것은 도덕적으로 허용될 수 있는지 여부를 묻고 있다. 아트웰은 칸트가 그런 자살을 허용하는 듯이 해석한다. 아트웰이나 페이톤의 이런 입장에 대해 설리반은 칸트는 결과론적 고려에 기초해서 도덕적 결정을 내리는 것을 항상 반대하고 있기 때문에, 칸트가 들고 있는 사례를 이렇게 해석하는 것은 칸트의 의도를 잘못 읽는 것이 된다고 주장한다.(Sullivan, *Immanuel Kant's Moral Theory*, 315-316면 참조) 필자는 칸트가 완전한 의무에 대해 도덕적으로 불가피한 예외를 허용하고 있다는 페이톤이나 아트웰의 주장은 잘못된 것이라고 생각한다. 그들의 견해는 윤리학을 통한 형이상학의 건설이라는 칸트의 근본의도를 충분히 고려하지 못하고 있다.

42) H. J. Paton, "An alleged Right to Lie : A Problem in Kant's Ethics", 214면.

애국적인 분노를 느꼈다. 이리하여 철학적인 논쟁은 국제적인 축구시합의 양상을 띠게 된다. 그 결과 칸트는 자기가 주장하지 않았던 말을 정당화시켜야 하는 부담을 안게 되었고, 그 소논문에서는 그처럼 엄격한 주장을 내놓게 된 것이다.[43] 페이톤의 이런 입장에 대해 로버트 벤톤이 우리의 입장을 대변해 주고 있다.

> 나는 실천적 추리(practical reasoning)에 있어서 엄격한 율법주의적 견해(legalistic view)를 주장하지 않는 '더 나은' 칸트가 있다는 페이톤의 견해가 옳다고 생각한다. 그러나 '더 나쁜' 칸트 또한 인정되어야 한다. (이런 의미에서의) 율법주의는 완전한 의무의 개념과 더불어 발생한다. 완전한 의무의 개념은 … (중략) … 의무에 복종하는 것에 있어서 그 어떤 예외도 허용하지 않는 것과 결합되어 있다. 그러나 아무런 예외도 허용하지 않는 의무라는 바로 그 개념이 … (중략) … 본질적으로 율법주의적으로 보인다. 그래서 비록 '더 나은' 칸트를 구출하기 위해 그 논문을 선택적인 방식으로 읽는 것이 가능하다 하더라도, 그 논문에서 제출된 참된 난점들을 인식하는 것을 포기하는 대가로 그렇게 해서는 안 된다고 생각한다.[44]

2. 볼프강 슈바르츠의 변호

볼프강 슈바르츠는 「자비로운 거짓말에 대한 칸트의 논박」에서 "칸트가 제시하고 있는 논증에서 몇몇 핵심적인 요점들을 간과하지 않는다면, 꽁스땅에 반대하는 칸트의 입장의 정당성은 결정적이라고 나는 생각한다"[45]고 말한

43) H. J. Paton, "An Alleged Right to Lie : A Problem in Kantian Ethics", 214면 참조.
44) R. J. Benton, "Political Expediency and Lying"(in: *Journal of the History of Ideas*, Vol. XLIII, 1982), 136면.
45) W. Schwarz, "Kant's Refutation of Charitable Lies"(in : *Ethics*, Vol.80, 1970), 62면.

다. 그는 칸트의 다음 말을 주목한다.

> 그 "불란서 철학자"는 그 행동에 의해 누군가가 - 그가 어떤 진술을 하는 것을 회피할 수 없을 경우에 진실을 말함에 있어서 - 다른 사람에게 해(nocet)를 가하게 되는 행동과, 그 행동에 의해서 다른 사람에게 악한 일(laedit)을 가하게 되는 행동을 혼동하고 있다. 진술의 진실성이 그 집의 거주자에게 해를 끼치는 것은 단지 우연일 뿐이다. 그것은 (법적인 의미에서) 자유로운 행동이 아니다. 왜냐하면 다른 사람에게 누군가가 그 자신의 이익을 위해 거짓말해야만 한다고 요구하는 것은 모든 적법성에 거스르는 요구가 될 것이기 때문이다. 어떤 진술이 그 자신이나 타인을 해치더라도 진술을 불가피하게 해야 할 경우에, 모든 사람은 진실을 말해야 하는 권리뿐만이 아니라 엄격한 의무도 갖고 있다. 그렇게 함에 있어서, 그는 그 결과로 말미암아 고통을 당하는 그에게 해를 주지 않는다. 우연히 그 해를 일으켰을 뿐이다. 왜냐하면, 진실성은 (만약 그가 말해야만 한다면) 무조건적인 의무이기에, 그러한 상황에서 그는 전혀 선택의 자유가 없기 때문이다.[46)]

noceo(harm)과 laedo(intentional wrong)의 구분은 "결정적인 구분"이라고 주장하면서 슈바르츠는 다음처럼 말한다.

> 나는 이 구분이 충분한 근거를 가졌다고 생각한다. 만약 진실한 진술의 결과들이 그것(진실한 진술)에 의해 결정된다고 생각할 수 없다면, 그 결과들은 그 말을 한 사람의 탓으로 돌려져서는 안 된다. 그래서 칸트는 '예기치 못한' 결과들에 대해서 말한다.[47)]

---

46) I. Kant, "Über ein vermeintes Recht aus Menschenliebe zu lügen", 640-641면.
47) W. Schwarz, "Kant's Refutation of Charitable Lies", 64면.

필자가 보기에 슈바르츠는 칸트가 그 소논문에서 주장하고 있는 핵심을 못보고 있는 것 같다. 진실을 말함으로써 일어나는 예기치 못한 해(noceo)에 대해서는 책임지지 않으며, 오로지 의도적으로 가한 악에 대해서는 책임을 져야 한다는 것은 그 소논문에서 칸트가 꽁스땅에 대항해서 자신의 입장을 정당화할 때 사용하는 핵심적인 주장이 아니다. 오히려 거짓말은 인류 일반의 권리를 침해한다는 것이 칸트의 주장의 핵심이다. 뿐만 아니라 슈바르츠가 그 소논문에서의 칸트의 핵심적인 주장으로 간주하고 있는 것 자체도 문제점이 없는 것은 아니다. 그 문제점을 파악하기 위해서 우리는 다음과 같은 칸트의 말을 인용할 필요가 있다.

> 만약에 거짓말을 함으로써 지금 살인을 계획하고 있는 어떤 사람을 방해했다면 당신은 법적으로 그 모든 결과에 대해 책임을 져야 한다. 그러나 만약에 당신이 엄격하게 진실을 유지했다면, 어떤 예기치 못한 결과가 일어났다 하더라도, 공적인 정의(die öffentliche Gerechtigkeit)는 당신을 비난할 수 없다. 그가 뒤쫓고 있는 사람이 집에 숨어들었는지 여부를 묻는 미심쩍은 살인자의 질문에 당신이 정직하게 대답한 후에, 그 피신자는 집을 빠져나와 버려 그 미심쩍은 살인자와 마주치지 않아서 살인이 일어나지 않을 수가 있다. 그러나 당신도 모르는 사이에 그 피신자가 집 밖으로 나가버렸을 경우에, 그 추적자에게 당신이 만약 거짓말을 한다면, 즉 그 피신자가 집에 없다고 말했다면, 그 결과 그 미심쩍은 살인자는 그 피신자를 발견하여 죽여버렸다면, 당신은 그의 죽음의 원인을 제공한 것이 되어 정당하게 고발될 것이다. 왜냐하면, 만약 당신이 알고 있는 한도 내에서 진실을 말했더라면, 아마도 그 살인자가 집을 뒤지고 있는 동안 그는 이웃 사람들에 의해 붙잡혀서 살인이 방지되었을 수도 있기 때문이다. 그러므로 아무리 그 의도가 좋더라도 거짓말을 하는 사람은 누구나 그 결과에 대해 – 그것들이 아무리 예견할 수 없는 것이라 하더라

도 - 책임을 져야 하며, 심지어 시민 재판소에서 벌금을 지불해야 한다.[48)]

칸트는 여기에서 두 가지 사항을 주장하고자 한다. 첫째로, 거짓말이 이로운 결과를 가져온다는 이유에서 거짓말을 허용하려는 것은, 우리가 행위의 결과를 예측할 수 없다는 일반적인 원리의 관점에서 보면, 받아들이기 힘들다. 둘째로 진실을 말한 결과가 잘못되었을 경우 진실을 말한 사람은 그 잘못에 대한 책임을 지지 않지만, 거짓이 이로운 결과를 가져올 것이라는 예측에서 행해진 것이라 하더라도, 거짓을 말한 결과가 잘못되었을 경우에는 그 결과에 대해 책임을 져야 한다는 것이다.

칸트의 이런 주장에 대해 어떻게 말할 수 있을까? 칸트는 도망자가 숨겨달라고 해놓고서는 집주인 몰래 도망가는 도망자를 가정하고 있다. 그러나 그 도망자가 그렇게 행동하면 그 도망자는 집주인에게 거짓말을 한 것이 되는데, 칸트는 그 도망자의 거짓말은 전혀 문제 삼지 않는다. 이는 사소한 문제이므로 도외시한다 하더라도 우리는 이 도망자의 이야기를 통해 칸트가 주장하려는 첫 번째 주장에 대해 다음처럼 말할 수 있다. 물론 행위의 결과는 예측불가능하다. 그러나 가까운 장래는 어느 정도의 확실성을 갖고서 예측할 수 있다고 말하지 않으면 안 된다. 추격자와 도망자의 경우 칸트가 이야기를 전개시키는 방향으로 사태가 진행될 수도 있다. 그러나 그렇게 전개되는 경우는 아마도 매우 예외적인 경우일 것이다. 그런 일이 벌어질 때마다 진실성 있게 말해주면 십중팔구 그 도망자는 살해될 것이다. 칸트는 이야기를 자기에게 유리한 방향으로만 전개시키고 있다. 사람들은 얼마든지 칸트에게 불리한 방향으로 이야기를 전개시킬 수 있다. 그래서 레이첼즈는 칸트가 "우리가 알 수 있는 것에 대한, 이치에 닿지 않을 정도의 비관주의적인 관점에 의존하고 있다"고 말한다.[49)]

---

48) I. Kant, "Über ein vermeintes Recht aus Menschenliebe zu lügen", 639면. 칸트의 이 구절을 염두에 두고 아트웰은 칸트는 삶의 우연성과 행위의 결과를 통제할 수 없는 개인의 무력감에 강한 인상을 받았다고 말한다.(J. E. Atwell, *Ends and Principles in Kant's Moral Thought*, 195면 참조)

칸트가 위의 인용문에서 주장하고 있는 두 번째 사항이 슈바르츠의 논의와 관련이 있다. 피신자가 숨겨달라고 부탁해 놓고선 불안한 나머지 집 밖으로 나왔음에도 불구하고, 그 사실을 모르고 있는 집 주인이 친구의 생명을 구하려는 마음에서 거짓말을 한다고 한 것이 실제로는 진실을 말한 것이 되어, 결과적으로 그 친구가 악당에게 죽임을 당했다면, 그 집주인은 자신의 친구에게 과연 '의도적인 악행'(laedo)을 가한 것인가? 그래서 그 결과에 대한 책임을 져야만 하는가? 그 집주인의 행위는 결코 의도적인 악행이 아님은 분명한 일이다. 그 친구가 집주인에게 숨겨달라고 해놓고선, 집주인 몰래 집을 빠져나갔다는 사실이 주목되지 않으면 안 된다. 이 사실을 충분히 고려하게 되면, 그 친구가 희생당하게 된 데는, 그 친구의 책임이 크다고 말하지 않을 수 없다. 그런데 그 피신자는 집주인이 숨어 있으라고 한 곳에 숨어 있었다고 해보자. 조금 뒤에 추적자가 찾아와서 그 집주인에게 그 피신자의 소재를 물었을 경우, 집주인은 다음처럼 생각하면서 즉,

> 그 피신자는 불안한 나머지 집을 빠져나와 다른 곳으로 도망갔을 수도 있다. 물론 내가 숨어 있으라고 한 그곳에 숨을 죽이고 숨어 있을 수도 있다. 나는 그가 그 자리에 있는지 아니면 다른 곳으로 도망갔는지 알 수 없다. 나는 그 문제에 관한 한, 진실을 알 수는 없다. 그러나 이 추적자에게 '진실성 있게' 대답하는 것은 무조건적인 의무이기에, 나에게는 '당신이 찾는 사람이 우리집에 숨어들었다'고 말해주는 것 이외의 다른 말은 할 수 없다.

이렇게 생각하면서, 그 추적자에게 그렇게 말해주었다고 가정해보자. 이 경우 십중팔구 도망자는 집주인이 거짓말로써 그 추적자를 다른 곳으로 따돌

49) J. Rachels, *The Elements of Moral Philosophy*, 123면.

려 보낼 것임을 믿고 숨어 있다가 추적자에게 희생될 것이다. 이 경우 과연 집주인은 칸트와 칸트를 변호하고 있는 슈바르츠의 주장처럼 그 희생에 대해 법적으로 아무런 책임이 없는가? 그 희생은 단지 우연히 일어난 해(nocet)에 불과한 것이가? 필자는 이런 주장이야말로 전형적인 '강변'이라고 생각한다. 일단 집주인이 도망자를 숨겨주었다는 것은 '당신을 추적하는 사람이 쫓아와서 당신을 찾더라도 그 추적자에게 거짓말을 해서라도 당신을 보호하겠다'는 무언의 약속을 한 것이나 마찬가지다. 만약 그런 무언의 약속이 전제되지 않는다면, '숨겨준다'는 것은 원칙적으로 불가능한 일이 될 것이다. 그러므로 그 도망자가 진실성에 대한 집주인의 병적인 편집증으로 인하여 희생당하게 된다면, 그 집주인은 그 도망자와의 무언의 약속을 어겼다는 점에서[50] 잘못을 범하고 있을 뿐만 아니라, 그 약속위반으로 인해 그 도망자가 살해되었다면 그는 더 커다란 책임을 져야 할 것이다.

3. 호프마이스터의 변호

이상의 논의를 염두에 둔다면 꽁스땅을 논박하는 칸트의 그 소논문의 핵심이 '진실'과 '진실성'의 구분에 있으며, 이 구분을 이해해야만 칸트의 입장의 정당성이 이해될 수 있다[51]고 생각하는 호프마이스터의 칸트를 위한 변론도 별로 설득력이 없게 된다. 물론 칸트가 그 논문에서 '진실'과 '진실성'을 구분하고 있음은 사실이다. 그러나 그 구분 역시 정언명법으로부터 연역적으로 도출되는 정해진 결론 즉 어떤 경우에도 거짓말해서는 안 된다는 사실을 억지로 정당화시키기 위한 강변에 불과할 뿐이다. 칸트는 현실과 유리된 이론을 위한 이론을 만들어내고 있다. 그러나 호프마이스터는 그 구분이 현실과 유리된 것이 아님을 주장한다.

---

50) 그런데 약속을 어기지 않는 것은, 칸트에 의하면, 타인에 대한 완전한 의무다.

51) Heimo E. M. Hofmeister, "Truth and Truthfulness : A Reply to Dr. Schwarz", 263면 참조.

> 그 구분은 처음에는 놀랍고 궤변적으로 보일 것이다. 그러나 그것은 결코 궤변적인 것이 아니다. 궤변적인 것이 아님을 확인하기 위해, 오늘날에도 칸트의 그런 구분의 중요성과 타당성을 보여주는 하나의 예를 들고자 한다. 거의 모든 사람은 연방소득세 환불양식지에 서명한 적이 있을 것이다. 그 양식지의 마지막 줄은 다음처럼 적혀 있다. "위증을 했을 경우 처벌을 받는다는 조건으로, 첨부된 모든 계획표들과 진술들을 포함해서 나는 이 환불양식지를 검토했다. 그리고 내가 알고 있고 믿고 있는 한, 그것은 진실되며 정확하며 완전한 것임을 선언한다."[52]

물론 우리가 법정에서 증인으로서 진술을 할 때, 법관은 우리의 모든 진술이 진실이어야 함을 요구하지 못할 것이다. 왜냐하면 호프마이스터가 말하고 있듯이, 인간은 진지하게 말할 때조차도 오류를 범할 수 있는 가능성을 갖고 있기 때문이다. 특히 정확하게 기억하지 못하고 있는 과거 일에 관해 증언할 때, 법관은 증인의 진술이 진실이기를 요구할 수는 없고 진실성이 있기를 요구할 수 있을 뿐이다. 이런 점에서 본다면 진실과 진실성의 구분은 유효한 구분이다. 그러나 첫 번째 문제는 과연 이 예가 칸트를 변호하기 위한 적절한 예인가 하는 것이다. 이 경우 즉 연방소득세 환불양식지 작성의 경우 **법은 우리의 진술이 진실성이 있는 것이기를 요구할 수 있고, 우리의 진술이 진실성이 있는 것인 한, 우리는 처벌을 받지 않는다.** 그러나 이 사실이 도망자의 소재를 그 추적자에게 진실성 있게 말해주었기에 집주인은 처벌받지 않는다는 주장을 정당화하는 것과 무슨 관계가 있는가? 그 추적자는 우리에게 진실된 진술을 요구할 수 있는 '법'이 아니다. 꽁스땅의 주장대로 그 추적자는 그 집주인에게 '진실성'을[53] 요구할 수 있는 입장에 있지 않다. 그리고 호프마

52) Heimo E. M. Hofmeister, "Truth and Truthfulness : A Reply to Dr. Schwarz", 265면.
53) 필자는 꽁스땅이 말하는 '진실'은 칸트가 말하고 있는 '진실성'과 비슷한 것이라고 생각한다. 이에 대해서는 뒤에서 더 상세히 논하게 될 것이다.

이스터의 예에서는 진실성을 요구하는 주체와, 사람들이 진실성에의 의무를 위반했을 때 사람들을 처벌하는 주체는 둘 다 법이다. 그러나 가능적 살인자의 예에서는 그 두 주체가 각기 다르다. 진실성을 요구하는 - 그러나 요구할 자격이 없는 - 주체는 그 추적자이고 처벌하는 주체는 법이다. 이런 점에서 본다면 호프마이스터의 예는 칸트를 변호하는 데 아무런 도움이 될 수 없다.

두 번째 문제는 꽁스땅이 "이 철학자(칸트)는 살인자가 그가 쫓고 있는 어떤 사람(우리의 친구)이 우리 집에 피신했는지를 우리에게 물어올 때, 우리가 그에게 거짓말을 하는 것은 범죄행위가 된다고까지 주장한다"고 말했을 때, '거짓말'의 반대를 과연 칸트적인 의미의 '진실'로 생각했겠느냐 하는 것이다. 그리고 꽁스땅이 과연 칸트적인 의미의 '진실'에 대한 권리를 염두에 두고 있었겠느냐 하는 것이다. 필자는 그렇지 않다고 생각한다. '진실'이라는 말을 칸트처럼 엄격하게 사용한다면,[54] 칸트 자신이 말하고 있듯이 그런 권리를 갖는 것은 상식적으로 생각해보아도 무리이기 때문이다. 칸트는 꽁스땅의 말꼬투리를 잡아서 그를 기본적인 상식도 갖추지 못한 인물로 만들고 있다. 꽁스땅이 말한 '진실에의 권리'라는 표현에서 '진실'은 칸트가 말하고 있는 '진실성'과 흡사한 것이다. 그렇다면 가능적 살인자에게 집주인이 친구인 도망자의 소재를 진실성 있게 말해주는 것은 과연 자신에 대한 엄격한 의무인가? 필자는 의무라고 생각하지 않는다. 만약 우리가 가능적 살인자에게 집주인이 친구인 도망자의 소재를 진실성 있게 말해주는 것이 의무라고 생각하게 되면, 일반적으로 객관적인 '진실'은 주관적으로 단지 '진실성 있는' 것보다 더 좋은 것이니까[55] '진실'을 말하는 것이 더 바람직하다는 것에 도달하게

54) 가능적 살인자의 이야기에서 집주인이 그 추적자에게 "당신이 찾고 있는 도망자가 우리 집에 숨어 있다"고 말한 것은 '진실'을 말한 것이 아니고 단지 '진실성 있게' 말한 것이라고 칸트는 말한다. 왜냐하면 그 도망자가 그 사이에 집을 빠져나갔을 수도 있기 때문이라는 것이다.

55) 인간은 진실성을 진실보다 더 높이 평가하기 때문에 '진실성 있게' 말해야 하는 의무를 가진 것은 아닐 것이다. 오히려 진실은 진실성보다 더 고귀한 것이지만 인간의 오류 가능성으로 인해 진실을 말할 수는 없을 때라도 진실성 있게 말해야 되는 것이리라.

될 것이고, 결국에는 그 도망자는 추적자에게 희생당하게 될 것이기 때문이다. 그리고 우리의 친구가 잘못되어 그 추적자에게 희생당했다 하더라도 그 집주인은 그 친구에게 우연히 해를 입힌 것일 뿐이어서 법적으로 책임지지 않아도 된다면, 진실을 말해주어서 동일한 결과에 도달했을 경우 더 떳떳할 수 있을 것이기 때문이다. 집주인은 자기를 비난하는 이웃에게 '나는 진실을 말했다. 그리고 진실은 신성한 것이다'고 변명할 수 있을 것이다. 그러나 이런 식으로 그 집주인이 친구의 죽음에 대한 면죄부를 얻으려 한다는 것은 명백히 잘못이 될 것이다. 이런 관점에서 본다면, '진실'과 '진실성'의 구분은 오히려 칸트의 입장을 더 불리하게 만드는 역할을 한다. 꽁스땅은 가능적 살인자의 이야기에서 진실과 진실성이 일치하는 사태(도망자가 실제로 집안에 숨어 있는데, 집주인이 추적자에게 '그 도망자가 집안에 숨어 있다'고 말하는 경우)를 머리 속에 그리고 있으며, 칸트는 그 양자가 일치하지 않는 사태를 상정하고 있다. 그러나 이 경우 우리는 꽁스땅이 설득력을 갖고 칸트는 설득력을 잃고 있다고 말하지 않을 수 없다. 그럼에도 불구하고 호프마이스터는 진실과 진실성의 구분에 의거하여 다음처럼 말한다.

> 칸트는 「인간애로 말미암아 거짓말하는 권리에 대해서」라는 자신의 논문에서, 질문 받은 사람이 가능적 살인자에게 도망자의 소재를 알려주어야 한다고 그리고 그 가능적 살인자를 속여서는 안 된다고 주장한 것이 결코 아니다. 칸트는 단지 진실성의 원리는 그와 같은 그런 극단적인 상황에서도 충분히 그 타당성을 가진다는 것을 주장하고 있을 뿐이다.[56)]

물론 이야기를 칸트처럼 전개시키게 되면, '진실성 있게 말하라'는 것이

56) Heimo E. M. Hofmeister, "The Ethical Problem of the Lie in Kant"(in: *Kant Studien* Bd. 63, 1972) 367면. 호프마이스터의 입장에서 보면, '진실성'과 '진실'은 구분되기에, '진실성있는 진술'은 '진실이 아닌 진술'이 될 수 있다. 그러므로 '진실성 있는 진술'을 하라는 말은 '진실을 말하라'는 것이 아니다.

'도망자의 소재를 정확하게 말해주라'는 것을 함축하지 않게 된다. 그러나 앞서 말했듯이 가능적 살인자의 이야기를 칸트처럼 전개시키는 것 자체가 상식적으로 허용될 수 없다는 데 문제가 있다. 칸트적 전개는 가까운 장래에 일어날 일에 대한 우리들의 인식능력을 지나치게 과소평가하고 있다.[57] 뿐만 아니라 '항상 진실성있는 진술을 해야만 한다'는 칸트적 입장 혹은 칸트에 대한 호프마이스터적인 해석의 문제점은 우리가 다음의 예를 살펴보면 더 분명해진다.

> 제2차 세계대전 중 덴마크의 배가 피난민을 태운 채 나치의 순시선에 의해 항해를 제지당하곤 했다. 나치의 선장은 큰 소리로 덴마크 선장에게, 어디로 항해하고 있으며 승선자는 누구냐는 등의 질문을 하곤 했다. 선원들은 그 질문에 거짓말로 대답하고 통과를 허용 받곤 했다.

---

57) 논리학에는 '의도확대의 오류'라는 것이 있다. 예를 들어 보자.

> 너는 담배를 피우고 싶어한다.
> 담배는 폐암의 원인이다.
> ---
> 그러므로 너는 폐암에 걸리기를 원한다.

위의 추리는 의도확대의 오류를 범한 것이라 한다.(김광수 지음 『논리와 비판적 사고』 철학과 현실사, 서울, 1991, 151면 참조) 칸트에 대한 호프마이스터의 변호의 핵심은 진실성을 강조하는 칸트의 입장은 결과적으로 친구의 희생을 불러 일으키기에 잘못된 것이라는 식으로 칸트를 비판하는 것은 의도확대의 오류를 범하는 것이 된다는 것이다. 칸트 비판자들의 추리는 다음처럼 구성될 수 있다.

> 너는 도망자의 소재를 추적자에게 진실성 있게 말해 주었다.
> 너의 진실성 있는 말이 우리들의 친구의 죽음의 원인이다.
> ---
> 그러므로 너는 친구가 그 추적자에게 희생되기를 의도했다.

물론 집주인은 친구가 희생당하기를 의도하지 않았을 것이다. 그러나 인간은 적어도 가까운 장래에 일어날 일의 진행을 미리 예측할 수 있는 능력이 있다. 이 사실을 고려해 넣으면, 위의 추리는 결코 의도확대의 오류를 범한 것이 아니다.

만약에 칸트가 그 덴마크 선장의 입장에 있었다면 나치 선장의 물음에 어떻게 대답했을까? 그가 자신의 학설에 충실했다면 그는 진실성 있게 말했을 것이고[58] 그 결과 많은 인명이 고통 받게 되었을 것이다. 과연 이런 경우에도 우리는 거짓말을 해서는 안 되는가? 물론 칸트의 대답은 거짓말해서는 안 된다는 것이다. 그러나 선장은 그 배에 탄 사람들과 이미 묵시적으로 모종의 약속을 한것이 아닌가? 즉 항해 중 나치의 검문을 받게 될 때, 선장은 거짓말로써 승선자를 보호해 준다는 약속을 한 것이다. 그러므로 그 덴마크 선장은 배에 탄 사람들과의 약속을 어기든지, 아니면 거짓말을 하든지 둘 중에 하나를 택해야 하는 것이다. 그러므로 우리는 다음처럼 말할 수 있다. 위의 경우는 칸트가 주장하듯이 거짓말을 하느냐 하지 않느냐 하는 단순한 문제가 아니고, 약속(이 약속은 많은 사람의 생명을 구하기 위한 약속이다)과 정직이라는 두 개의 도덕규범 중에 어느 하나를 택해야 하는 가치갈등의 문제라고.

칸트는 절대적인 도덕규범이 있다는 사실을 주장하기를 원하고 있기 때문에, 도덕법칙은 어떤 경우에도 예외가 있을 수 없다고 생각한다. 그러나 그의 그런 생각은 하르트만(N. Hartmann)이 말하고 있는 가치이율배반(Wertantinomie)의 상황을 예상하지 못하고 있다. 많은 사람의 생명과 정직이라는 두 개의 가치가 대립을 일으킬 때, 우리가 특별히 정직을 택해야 하는 이유는 없을 것이다. 모든 도덕법칙들에는 예외가 있을 수 없다면, 무고한 사람의 생명을 희생시키지 말아야 한다는 도덕법칙과, 사람은 어떤 경우에도 정직해야 한다는 도덕법칙은 명백히 그 상황에서는 가치이율배반을 야기하고 있으며, 칸트는 그 모순으로부터 결코 빠져나올 수가 없을 것이다. 우리들의 이런 논의에 대해 칸트는 다음처럼 반대할 수 있다.

58) 이 경우는 '진실'과 '진실성'은 일치하게 될 것이다. 즉, 이 경우 양 개념의 구분에 근거하여, 칸트가 이야기를 가능적 살인자의 이야기에서처럼 자기에게 유리한 방향으로 전개시키는 것은 불가능하다는 것이다.

> 예의 그 덴마크 선장이 빠지게 되는 그 가치이율배반은, '사람은 어떤 경우에도 거짓말을 해서는 안 된다'는 도덕법칙이 수미일관하게 준수되는 경우에는 발생하지 않는다. 그 선장은 처음부터 자신의 배가 나치의 순시선에 의해 검문당할 경우 거짓말을 이용하여 그 배에 탄 피난민들의 생명을 보호하려는 계획을 갖고 있었다. 그러나 그는 그 계획을 세우지 말았어야만 했다. 왜냐하면 그 계획 자체가 잘못된, 비도덕적인 계획이기 때문이다. 이 계획이 존재하지 않으면 동시에 그런 가치이율배반도 생겨나지 않는다.

아마도 칸트의 견해에 의하면, 그 피난민들이 거짓말을 이용해서 피난하려고 한다면 그 행위 역시 부도덕한 짓이 될 것이다. 그들은 거짓말을 이용해서 피난하는 대신에 나치의 군화발에 밟히는 생활의 고통을 꿋꿋하게 참아내어야 한다고 칸트는 생각할 것이다. 이는 이론적 일관성은 갖게 되겠지만 현실적 설득력은 없어 보인다.

만약 '사람은 어떤 경우에도 거짓말을 의욕해서는 안 된다'는 도덕법칙이 처음부터 일관되게 준수되기만 한다면 피난선의 예에서 우리가 구성해낸 그런 가치이율배반이 생겨나지 않는다는 칸트의 주장이 옳다 하더라도, 문제는 그 피난선의 이야기는 역사적 사실이라는 데서 생겨난다. 그 선장은 어차피 자신의 배를 탄 사람들과의 암묵적 약속과 나치에 대한 정직의 덕목 중에 어느 하나를 선택해야 하는 상황의 한복판에 이미 빠져 있었다. 물론 칸트의 윤리학 체계에서는 그런 상황은 일어날 수도 없고 또 일어나서도 안 된다. 그러나 현실에서는 그런 상황은 얼마든지 일어날 수 있으며, 윤리학은 그런 갈등상황에서의 인간에게 모종의 행동지침을 제공해야 한다. 그러므로 현실적으로는 우리가 말한 그 가치이율배반은 여전히 유효한 것이며, 칸트의 윤리학으로써는 그 모순으로부터 빠져나올 수가 없다는 것 역시 유효한 결론이다.

4. 아트웰의 변호

아트웰은 칸트의 입장을 조금 다른 각도에서 변호하고자 한다. 지금까지의 칸트에 대한 변호는 – 슈바르츠나 호프마이스터의 경우 – 칸트가 도덕률의 예외를 허용하지 않았는데, 그것이 과연 정당한가, 정당하다면 어떤 근거에서 정당화될 수 있는가 하는 문제에 초점이 맞추어져 있다면[59], 아트웰은 칸트가 「인간애로 말미암아 거짓말하는 권리에 대해서」라는 논문에서 거짓말의 문제를 도덕법칙에 대한 **예외의 문제**로 다루는 것이 아니라 **권리의 문제**로 다루고 있다고 주장한다.[60] 회페 역시 이와 유사한 견해를 제출하고 있다.

> 정언명법은 보편화의 가장 엄밀한 형식을 내포하고 있으므로 사람들은 칸트를 윤리적 엄숙주의(Rigorismus)라고 비난해 왔다. 엄숙주의는 거짓말하지 말라는 등과 같은 준칙은 어떤 상황에서도 지켜지지 않으면 안 된다고 주장한다. 실제로 프랑스의 작가이자 정치가인 벵자멩 콩스땅(Benjamin Constant)과 벌인 유명한 논쟁에서 칸트는 어떤 사람을 부당하게 박해하는 이들에 대해서도 우리는 거짓말할 권리가 없다(「인간애로부터 오해된 거짓말할 권리에 관하여」 1779)고 말하였다. 그렇지만 칸트는 여기서 엄숙주의를 옹호하고 있지 않다. 제목에서 볼 수 있듯이 이 책에서는 권리 문제가 관건이고, 도덕적 문제(진실성을 향한 덕의 의미)는 괄호 쳐져 있다.[61]

---

59) 우리가 이미 앞에서 살펴보았듯이 페이톤의 경우는 칸트 윤리학은 도덕법칙의 예외를 허용하고 있다는 식으로 해석하는 것이 옳다는 주장을 한다.

60) J. E. Atwell, *Ends and Principles in Kant's Moral Thought*, 194면. 거기서 아트웰은 다음처럼 말하고 있다. "우선 그 소논문은 칸트의 법론(Rechtlehre)에만 관계하고 있기 때문에, 그것은 칸트의 윤리학에 관계하고 있지 않다. 그것은 오로지 소위 주장되는 **권리**만을 다룬다." Sally Sedgwick 역시 아트웰과 유사한 입장을 갖고 있다. 그에 의하면, 「인간애로 말미암아 거짓말하는 권리에 대해서」에서 칸트는 진실성의 의무를 덕 혹은 윤리학의 관점에서 변호하고 있는 것이 아니라, 법의 관점에서 변호하고 있다는 것이다. ("On Lying and the Role of Content in Kant's Ethics", *Kant Studien* Bd.82, 1991, Heft 1, 43면 참조)

일견 칸트 자신도 이 점을 암시하고 있는 듯이 보일 수 있다.

> 나는 이 원칙(불가피하게 진술을 해야 할 경우에, 진실성 있게 진술해야 한다는 것은, 그 진실성으로 인하여 그 자신이나 남에게 아무리 큰 불이익이 초래된다 하더라도, 모든 사람에 대한 한 인간의 형식적 의무다)을 "비진실은 자기 자신에 대한 의무의 위반이다"고 말하는 정도에 이르기까지 날카롭게 만들고 싶지는 않다. 왜냐하면 이것은 윤리학에 속하지만 **우리는 여기에서 오로지 법의무(Rechtspflicht)에 대해서만 언급하고 있기** 때문이다.[62)]

법이란 것은 항상 예외없는 규정을 포함하고 있기에, 칸트가 그 소논문에서 문제삼고 있는 것은 '인간애를 핑계삼아 거짓말하는 법적인 권리가 허용될 수 있는가'하는 문제인 듯이 생각될 수 있는 여지가 전혀 없는 것은 아니다. 이런 관점에서 아트웰은 다음처럼 말한다.

> 칸트는 거짓말 심지어 인간애로 말미암아 하는 거짓말이라 하더라도 거짓말하는 권리는, 만약 그것이 권리로 취급된다면, 즉 공적인 법(public law)의 문제로 취급된다면, 사회를 불가능하게 만들 것이다(고 생각한다.)[63)]

만약 인간애로 말미암은 거짓말에 대한 권리가 공적으로 법제화되어서, 진실성에의 의무가 그 권리에 의해 제한되고 또 그 권리에 종속된다면, 개개의 시민이 진실성에의 의무와 자비로운 거짓말 사이에서 하나를 선택해야 하는 상황에 직면할 때마다 그는 인간애로 말미암아 거짓말할 수 있는 권리를

---

61) 오트프리트 회페, 『임마누엘 칸트』 230-231면.

62) I. Kant, "Über ein vermeintes Recht aus Menschenliebe zu lügen", 638면 참조. 강조는 필자에 의함.

63) J. E. Atwell, *Ends and Principles in Kant's Moral Thought*, 197면.

갖게 된다. 이렇게 되면 명백히 사회는 불가능하게 될 것이다. 왜냐하면, 인간애로 말미암은 거짓말에 대한 권리가 법제화되면, 가난한 이웃을 돕기 위해, 부자에게 거짓 약속을 하는 것이 합법화될 수 있기 때문이다.[64] 이런 관점에서 보면 「인간애로 말미암아 거짓말하는 권리에 관해서」에서의 칸트의 입장은 결코 불합리한 것이 아니라는 것이 아트웰의 입장이다.

필자는 아트웰의 해석 역시 잘못된 것이라고 생각한다. 첫째로 무고한 친구를 흉악한 범죄자로부터 구하기 위해 거짓말하는 것과, 가난한 이웃을 돕기 위해 부자에게 거짓말하는 것은 경우가 다르다는 것이다. 후자는 선(이웃을 돕는 것)을 위해 악(거짓 약속 즉 사기)을 행하는 것이지만, 전자는 선(친구의 생명을 구하는 것)을 위해 반드시 악이라고 할 수 없고 오히려 어떤 의미에서는 선이라고 할 수 있는 - 왜냐하면 그 범죄자에게 살인의 기회를 주지 않으므로 - 것을 행한다. 그러므로 이 두 거짓말을 본질적으로 동일시하는 것은 잘못된 것이다. 둘째로 가능적 살인자의 이야기에서 문제시되고 있는 거짓말이 과연 아트웰의 해석대로 도덕법칙에 대한 예외의 문제가 아니라 권리의 문제로 다루어지고 있는가 하는 것이다. 그는 권리의 문제로 다루고 있기 때문에 다음처럼 말할 수 있다.

> **우리들의 이야기에서 칸트는 집주인이 그 가능적 살인자에게 거짓말해서는 안 된다고 주장하고 있는가? 나는 그렇지 않다고 생각한다. 칸트가 명백하게 말하고 있는 것은 자비로운 거짓말을 할 수 있는 (법적) 권리라는 것**은 있을 수 없다는 것이다. 그래서 만약 집주인이 거짓말을 한다면, 그는 자신이 법적인 권리를 행사했다고 주장해서는 안 된다. 만약 그가 거짓말을 하지 않는다면, 그는 권리의 의무를 위반했다고 비난될 수는 없으며, 따라서 자신의 친구를 죽게 만들었다고 법적으로 처벌될 수 없다.[65]

64) J. E. Atwell, *Ends and Principles in Kant's Moral Thought*, 198면 참조.
65) J. E. Atwell, *Ends and Principles in Kant's Moral Thought*, 199면. 강조는 필자에 의함.

우리는 이 인용문에서 강조된 부분을 주목할 필요가 있다. 그러면 아트웰의 주장은 그 집주인이 거짓말을 할 수도 있음을 칸트가 인정하고 있다는 것이 될 것이다. 아트웰에 의하면 가능적 살인자의 이야기에서 칸트가 말하고 싶어 하는 것은 자비로운 거짓말을 할 수 있는 **권리**라는 것은 없다는 것이지, 예외를 허용할 수 없다는 것은 아니라는 것이다. 그러면 예외적으로 인정되는 자비로운 거짓말로 말미암아 그 도망자가 살해당하는 결과가 초래되었을 때, 법적으로 책임을 져야 한다는 칸트의 말은 어떻게 해석되어야 하는가? 이 문제에 직면하여 아트웰은 다음처럼 말하면서 자신의 입장을 변호할 수 있을 것이다.

〈자비로운 거짓말은 예외적으로 허용될 수 있다. 그런데 그 결과가 좋을 경우에는 문제가 없지만, 결과가 나쁠 경우에는 법적으로 책임져야 한다〉는 것이 칸트의 입장이다.

그러나 이런 변호가 설득력이 있는지 의심스럽다. 우선 칸트는 결과주의자가 아니다. 결과가 어떠하냐에 따라서 예외적으로 허용되는 자비로운 거짓말이 법적 처벌의 대상이 되기도 하고 되지 않기도 한다는 것은 칸트 윤리학의 기본 정신과 조화되지 않는다. 둘째로 과연, 칸트가 페이톤이나 아트웰이 생각하듯이, 도덕법칙의 예외를 허용했겠는가 하는 것이다. 이 역시 칸트 윤리학의 근본적인 정신에 비추어 보거나, 윤리학을 통한 학으로서의 형이상학의 건설이라는 학문적 야심에 비추어 볼 때, 설득력 없는 주장이다. 칸트는 도덕법칙에 예외가 허용될 수 있다고 생각하는 것은 "도덕성 사망의 시초를 알리는 신호"[66]라고 생각한다. 뿐만 아니라 아트웰이 주장하듯이 칸트가 그 소논문에서 다루는 문제가 '예외적인 거짓말'의 문제가 아니라 '거짓말하는 권리'의 문제를 다루고 있다면, 칸트는 꽁스땅의 비판에 적절하게 대응하지 못한

66) R. Sullivan, *Immanuel Kant's Moral Theory*, 174면.

것이 될 것이다. 왜냐하면 꽁스땅은 예외적인 거짓말의 문제를 제기하고 있는 듯이 보이기 때문이다. 그러나 칸트는 아트웰이 해석과는 달리 그 소논문에서 거짓말하는 권리의 문제를 다루고 있는 것이 아님은 다음과 같은 칸트의 말에서도 알려진다.

> 진실성은 계약에 기초해 있는 모든 의무의 근거로 간주되어야 하는 의무이며, 그리고 이들 의무들의 법은, 그 법들에 대한 **가장 작은 예외**조차 허용해준다면, 불확실하고 무용한 것이 된다.[67]

5. 거짓말에 대한 칸트의 엄격한 입장에 대한 로버트 벤톤의 견해

벤톤은 우리가 앞서 살펴본 네 명의 학자들과는 달리 칸트가 문제의 논문에서 이끌어 내고 있는 결론이 받아들일 수 없는 것임을 인정한다.[68] 그가 변호하려는 것은 친구의 목숨을 구하기 위해서라 할지라도 거짓말을 해서는 안 된다는 칸트의 주장이 아니라, 칸트가 그처럼 엄격한 주장을 하게 된 정치적 의도다. 벤톤은 칸트가 문제의 논문에서 엄격한 입장을 취하게 된 이유를 올바로 파악하기 위해서는 "칸트의 그 논문이 쓰여진 역사적 문맥을 상기하는 것이 중요하다"[69]고 말한다. 칸트의 그 논문은 꽁스땅이 1797년에 발표했던 '정치적 반동'이라는 제목의 글에 대한 논박문이다. 꽁스땅의 글은 프랑스 혁명 때 자꼬뱅당에 대한 테르미도르파(Thermidorian)[70]의 반발의 결과로 권력을 장악하게 된 집정부(Directory)의 정책을 정당화하기 위해 집필되었기

---

67) I. Kant, "Über ein vermeintes Recht aus Menschenliebe zu lügen", 639면. 강조는 필자에 의함.

68) R. J. Benton, "Political Expediency and Lying", 137면 참조.

69) R. J. Benton, "Political Expediency and Lying", 137면.

70) 로베스삐에르와 그 일당의 타도에 참가한 프랑스 온건파. 이하 역사적 사실에 대한 설명은 벤톤의 글에 의함.

때문에, 집정부의 견해를 반영하고 있다. 집정부는 프랑스 혁명의 원칙에 대한 상속자로 자처했다. 집정부는 혁명의 급진적 경향, 예컨대 보통선거와 부의 평등에 대한 요구를 반대했다. 그들은 자꼬뱅파를 극단주의자로 낙인찍었다. 그들은 원칙에 대한 고수를 공언했지만, 동시에 '극단'에 대해 경계하는 것이 그들의 일차적 목표였다.

그런데 칸트는 프랑스 혁명의 지지자였다. 사실상 프랑스 혁명 중의 공포정치 기간 중에도 변함없이 혁명을 지지했던, 독일 내에서 몇 안 되는 지도적인 인물이었다. 이리하여 칸트는 자꼬뱅파라는 평판을 얻고 있었으며, "정치적인 팜플렛에서 칸트를 공격하는 것은 그 팜플렛의 반자꼬뱅적 성격을 분명하게 표시해 준다."[71] 게다가 공포정치의 극단주의는 추상적인 철학적 원리들을 직접적으로 실제의 삶의 상황에 적용하려는 열광적인 시도로 말미암아 생겨났음은 1797년에는 이미 널리 알려져 있었다.

> 이리하여 칸트는 꽁스땅의 팜플렛을 자신을 일시적으로 공격하는, 정치적 원칙에 대한 추상적인 논문으로 간주하지 않았다. 오히려 칸트는 그 글을 혁명의, 보다 더 민주주의적인 원칙들에 반대하는 반동을 위한 선전물로 인식하였다. 보다 명백히, 칸트는 원칙의 엄격함을 파 뒤집는 꽁스땅의 의도는 집정부의 정치적 주장을 지지하기 위함이라고 생각했다. 이런 문맥에서 본다면, 우리는 왜 칸트가 꽁스땅의 원칙을 편의주의의 일종으로 간주하는지를 이해하게 된다. 칸트에게 있어서 꽁스땅의 팜플렛은 정치 기회주의의 실행으로 보였던 것이다.[72]

벤톤은 이렇게 꽁스땅에 대한 칸트의 비판의 밑바닥에는 정치적 편의주의에 대한 비판과 민주주의에 대한 지지가 있었음을 설득력있게 밝혀낸 뒤에,

---

71) R. J. Benton, "Political Expediency and Lying", 138면.
72) R. J. Benton, "Political Expediency and Lying", 139면.

그럼에도 불구하고 "거짓말에 대한 칸트의 입장은 지지될 수 없는 것임은 인정되어야 한다"[73]고 말한다.

> 단지 이상적인 사회에서만 거짓말은 결코 허용될 수 없다고 단언할 수 있을 것이다. 그리고 살인자의 예에서 거짓말은 필요할 뿐만 아니라 정당화되기도 한다.(만약 다른 방법으로는 친구의 생명을 구할 수 없다는 칸트의 조건을 우리가 받아들인다면)[74]

그러나 벤톤은 "칸트가 그 논문에서 취하고 있는 극단적인 율법주의적 견해는 심지어 그 자신의 관점에서도 요구되지 않는다"[75]고 말함으로써, 페이톤의 입장과 유사한 입장을 취한다. 비록 칸트가 엄격한 의무의 개념을 사용하고 있음이 사실이지만, 동시에 칸트는 빈번히 매우 다른 입장 즉 어떤 원칙의 적용에 있어서 개인적 판단이 요구되는데, 이 개인적 판단 그 자체는 더 이상 규칙에 의해 결정되지 않는다는 주장을 한다는 것이다. 벤톤에 의하면, 비록 칸트의 실천철학은 원칙의 구체적 적용에 있어서는 엄격주의를 필요로 하지 않지만, 근본적 원칙의 엄격주의는 필요로 한다.[76]

이상이 예외없는 거짓말의 문제에 대해 칸트와 꽁스땅이 벌이는 논쟁에 대한 벤톤의 입장이다. 벤톤은 그 소논문에서 칸트가 도출해내고 있는 결론이 잘못된 것임을 시원스럽게 인정하기 때문에, 이 점에 관해서 필자가 벤톤의 입장에서 문제 삼을 것은 없다. 문제는 칸트의 도덕철학이 거짓말의 문제에 대해 그토록 엄격한 입장을 취할 필요가 없다는 벤톤의 주장에 있다. 벤톤은 실천적 추리에 있어서 엄격한 율법주의적 견해를 주장하지 않는 '더 나은'

---

73) R. J. Benton, "Political Expediency and Lying", 143면.
74) R. J. Benton, "Political Expediency and Lying", 143면.
75) R. J. Benton, "Political Expediency and Lying", 143면.
76) R. J. Benton, "Political Expediency and Lying", 143면 참조.

칸트가 있다는 페이톤의 견해에 대해 동의하면서, 비록 그런 '더 나은' 칸트가 인정되고 그 '더 나은' 칸트를 구출하기 위해 칸트의 그 논문을 선택적으로 읽는 것이 인정된다 하더라도, "그 논문에서 제출된 참된 난점들을 인식하는 것을 포기하는 댓가로 그렇게 해서는 안 된다고 생각한다"[77]고 비판하고 있는데, 과연 그 자신은 그 논문에서 제출된 참된 난점들을 인식하는 것을 포기하지 않고 있는가? 과연 칸트의 소논문에서 제출되고 있는 참된 난점은 무엇인가?

IV. 칸트적 입장에 대한 비판

우리는 지금까지 거짓말에 대한 칸트적 입장이 의거하고 있는 도덕형이상학적 전제와 거짓말에 대한 칸트의 엄격한 입장을 살펴보았다. 그리고 앞 절에서는 칸트의 입장에 대한 몇몇 학자들의 변호를 비판적으로 검토하였다. 필자는 이제 거짓말에 대한 칸트의 입장 그 자체를 비판적으로 검토하고자 한다. 우선 거짓말을 하는 것은 타인과 자기 자신에 대한 완전한 의무를 위반하는 것이며, 무엇보다도 인류일반의 권리에 대한 위반이라는 칸트의 주장을 살펴보고자 한다. 칸트는 그 악명 높은 소논문에서, 추상적으로 논의된 자신의 윤리학이 구체적인 상황에서 어떻게 적용될 수 있는가를 보여주고 있기 때문에, 그 소논문에서의 칸트 사상의 한계를 지적하기 위해서 그의 윤리학 전반의 문제점을 지적하는 방식으로 전선을 확대시키는 것은 불가피한 일일 것이다.

칸트에 의하면 약속을 지키는 것은 타인에 대한 완전한 의무다. 거짓약속은 타인을 수단으로 사용하는 것이 되며 그의 존엄성을 무시하는 것이 된다.

77) R. J. Benton, "Political Expediency and Lying", 136면.

그러나 인간은 어떠한 경우에도 수단으로서만 사용되어서는 안 되고 동시에 목적으로 대접되어야 한다. 그러므로 칸트의 입장에서 볼 때, '인간은 어떤 경우에도 거짓약속을 해서는 안 된다'는 도덕규칙이 성립한다. 그러면 우리는 '많은 사람의 생명을 구하기 위해 거짓약속을 하는 것은 예외적으로 허용될 수 있는가?' 하는 문제를 제기해볼 수 있을 것이다. 칸트는 이 문제에 대해, 허용불가의 입장을 고수할 것이다. 그러나 필자는 그렇게 생각하지 않는다. 우리는 사람의 생명을 구하기 위해서는 거짓약속을 해야 하고, 거짓약속을 하지 않으면 사람의 생명을 구할 수 없는 수많은 경우들, 즉 생명의 가치와 정직의 가치가 대립을 일으키는 경우들을 상상해볼 수 있을 것이다. 다음의 경우를 가상해보자.

> 거주인이 50명밖에 되지 않는 어느 산악 지역에 화산이 폭발할 가능성이 매우 크다. 그러나 그 사실을 알고 있는 사람은 그 지역의 화산활동을 연구하러 외지에서 온 한 사람의 지질학자뿐이다. 사람들의 신속한 대피가 요구되지만 거주인들은 그들 특유의 폐쇄성과 외지인에 대한 맹목적 불신감으로 인해 그 지질학자의 말을 믿지 않으려 하고 있다.

이 경우 지질학자의 거짓약속이 그 지역 거주인의 대피를 가능하게 하고 궁극적으로 그들의 생명을 구할 수 있게 한다면, 과연 이 경우에도 거짓약속은 예외적으로 허용될 수 없는가? 필자는 이 경우 거짓약속불가의 입장을 취하는 것은 인간을 규칙의 노예로 만드는 것이 된다고 생각한다.

칸트는 또 거짓말을 하는 것(진실성 있게 말하지 않는 것)은 자기 자신에 대한 완전한 의무를 위반하는 것이라고 말한다. 우리가 앞에서 살펴보았듯이 이 주장에 대해 칸트가 제시하는 근거는 거짓말은 인간이 갖고 있는 의사소통 능력의 자연적 합목적성에 직접적으로 반대된다는 것이다. 칸트의 이런 입장에 대해 그레거는 다음처럼 말한다.

> (거짓말이 인간이 갖고 있는 의사소통 능력의 자연적 합목적성을 거스르는 것이라는) 이 주장이 모든 의도적 비진실은 의무의 위반이라는 것에 대한 증명으로 제시되었다면, 그것 역시 비판받을 수 있다. … (중략) … 우리들이 갖고 있는 동물적 본성의 보존이라는 자연의 목적은, 우리들이 동물적 본성을 갖고 있는 한, 우리들의 이성적 의지의 필연적 대상이기에, 우리들은 '자연의 목적'은 우리들이 동물적 본능을 사용함에 관해서 도덕적 원칙들의 예증으로 사용될 수 있음을 살펴보았다. 그래서 또한 본성상 사회적인 도덕적 존재는 자신의 생각을 남에게 전달하기 위해 이성적으로 의욕할 수 있음이, 다시 말해서 우리들의 언설능력(power of speech)에 있어서의 자연의 목적은 동시에 도덕적 목적임이 논증되었다. 그러나 이 사실로부터는 단지, 일반적인 규칙으로서, 우리는 우리들의 언설능력을 남을 속이기 위해서 사용해서는 안 된다는 사실만이 귀결될 뿐이다.[78)]

칸트에 의하면 또한 거짓말을 하는 것은 법 자체의 근원을 손상시키며, 인류일반의 권리를 위반하는 것이며 결국 사회를 불가능하게 한다. 그러나 가능적 살인자의 이야기에서처럼 그 추적자가 도망자에게 불법적인 폭력을 가하려고 할 경우에, 추적자로부터 도망자를 보호하기 위해서 하는 거짓말이 법 자체의 근원을 손상시킨다고 말할 수 있기 위해서는, 법이 '이성의 진리'를 담지하고 있어야 할 것이다. 예컨대 어떤 교사가 3+4=8이라고 학생들에게 가르치는 것은 우리들의 이성 자체의 근원을 손상시키는 것이 될 것이다. 따라서 이는 진리에의 권리라는 인류일반의 권리를 위반하는 것이 되고 결국 진리탐구를 불가능하게 만들게 된다. 그래서 이 교사가 먼저 이성 자체의 근원을 손상시켰기에, 나도 그에게 되갚음의 차원에서 3+4=8이라고 말한다

---

78) M. J. Gregor, *Laws of Freedom*(Oxford, Basil Blackwell, 1963) 152면.

면, 나의 이 행위 역시 이성의 근원을 손상시키는 것이 될 것이므로 정당화 될 수 없다. 왜냐하면 이성의 진리는 계약에 의해 성립하는 것이 아니기 때문이다. 그러나 상호성의 원리에 입각해 있는 계약의 경우는 사정이 다르다. 만약 두 국가 간에 평화협정을 맺었음에도 불구하고 어느 일방(국가 A)이, 협정내용을 위반한 사항이 없음에도 불구하고 이유 없이 타방(국가 B)을 공격한다면, 국가 B는 되갚음의 차원에서 국가 A를 공격하는 것이 허용된다. 그러면 칸트는 법을 이성의 진리의 표현으로 보고 있는가 아니면 상호성의 원리에 입각해 있는 계약의 사실로 보고 있는가? 그는 이 문제에 직면하여 혼란된 모습을 보여주고 있는 듯하다. 그는 정언명법을 이성의 진리의 표현으로 보고 있다. 그리고 이 정언명법을 법론에 적용하려 한다는 관점에서 볼 때,[79] 그는 법조차도 이성의 진리의 표현으로 보려 한다고 말할 수 있다. 이렇게 되면 법이란 본질적으로 '이성의 법'이다. 그렇다면 상대방이 나를 먼저 불법적으로 폭행하려 했다고 내가 또 다른 폭행으로 그를 공격하는 것(일종의 정당방위와 같은 것)은 정당화되지 못할 것이다. 만약 칸트가 법을 본질적으로 이성의 법으로 간주하고 있다면, 가능적 살인자의 이야기에서 그 집주인이 거짓말하는 것은 정당화되지 못한다는 그의 주장은 법이란 본질적으로 이성의 법이라는 입장과 부합한다. 그러나 이 경우 문제는 과연 법이란 본질적으로 이성의 법인가 하는 것이다. 우리가 갖고 있는 수많은 법들이 다 이성의 법이라고 말하기는 어려울 것이다.

다른 한편 칸트는 법을 계약의 사실로 보고 있는 듯하다. "진실성은 계약에 기초해 있는 모든 의무의 근거로 간주되어야 하는 의무이며, 그리고 이들 의무들의 법은, 그 법들에 대한 가장 적은 예외조차도 허용해 준다면, 불확실하고 무용한 것이 된다"고 칸트는 말하고 있다. 만약 법이란 것이 계약의 사실이라면, 가능적 살인자의 이야기에서 그 집주인의 거짓말은 계약의 상호

79) M. J. Gregor, *Laws of Freedom*, xvii면 참조.

성에 입각해서 정당화된다. 그 추적자는 먼저 시민사회의 계약을 위반했기 때문이다. 시민사회의 기초인 원초적 계약은 그 계약에 서명한 사람의 진실성을 요구한다. 그러나 그 요구는 상호적인 것이지 않으면 안 된다.[80] 만약 법이 계약의 사실이라면, 그 집주인의 거짓말이 사회를 불가능하게 만들기 이전에 그 추적자가 먼저 인류일반의 권리를 위반한 것이며 사회를 불가능하게 만들고 있는 것이다. 계약의 파기는 곧 사회의 파기이기 때문이다. 그러므로 선량한 친구를 구하기 위해 그 집주인이 인간적인 거짓말을 하는 것조차도 사회를 불가능하게 만들기에 예외적으로 허용될 수 없다고 말하는 것은 결과적으로 범죄자의 편을 들어주는 것이 되며, 일관성 없는 주장이라 하겠다.

V. 칸트적 입장의 한계와 가치 구성주의적 주관주의

우리는 지금까지 칸트의 윤리학이 엄격주의에 빠져들 수밖에 없는 이유를 도덕형이상학의 건설이라는 그의 학문적 목표와의 연관에서 살펴보았으며, 거짓말에 대한 칸트의 입장을 고찰했고 그의 입장에 대한 몇몇 학자들의 변호가 설득적이지 못함을 지적하였다. 그리고 거짓말을 하는 것은 자기 자신과 타인에 대한 완전한 의무의 위반이며, 더 나아가서 인류일반의 권리에 대한 위반이라는 칸트의 주장을 비판적으로 검토하였다. 이제 우리는 결론적으로 칸트적 입장의 정당성과 한계를 칸트 윤리학의 근본적인 문제점과 연관시켜서 살펴보고자 한다. 칸트는 그 악명 높은 소논문에서, 추상적으로 논의된 자신의 윤리학이 구체적으로는 어떻게 적용될 수 있는가를 보여주고 있기 때문에, 거짓말에 대한 칸트적 입장의 한계를 지적하기 위해서는 그의 윤리학

80) 칸트는 도덕을 이성의 사실로만 보고 있다. 그러나 법에 관한 칸트의 입장은 이중적인 듯이 보인다. 즉 그는 법을 한편에서는 이성의 사실로 보고 싶어 하면서도 다른 한편으로는 계약의 사실로 보면서, 혼란스런 태도를 취하고 있다.

의 근본적인 문제점도 아울러 언급하지 않을 수 없다.

칸트 윤리학의 중요한 특징들 중에 하나는 선의 개념에서 도덕법칙을 이끌어내지 않고, 도덕법칙에서 선을 이끌어내고 있다는 것이다.

> 이제 실천이성의 비판에 있어서 방법의 역설(Paradoxon der Methode)이 설명되어야 할 장소에 이르렀다. **즉 선과 악의 개념이, 일견 근본에 놓여져야 하는 듯이 보이지만 사실은 도덕법칙에 앞서서 규정되는 것이 아니라, 단지 도덕법칙 이후에 그리고 도덕법칙을 통해서 규정되어야 한다는 것이다.**[81)]

칸트에 의하면 도덕의 최상원리를 탐구함에 있어서의 이러한 방법론적 전환은 "최상의 도덕원리에 관해서 철학자들이 일으켰던 모든 혼란의 근거를 단번에 설명해준다."[82)] 실버는 윤리적 탐구에 있어서 칸트가 제시하고 있는 이러한 방법론적 전환을 윤리학의 영역에서의 '코페르니쿠스적 전회'로 명명하고 있다.[83)] 이처럼 윤리학에 있어서 선악중심주의적 사고방식 즉 대상중심주의적 사고방식을 법칙중심주의적 사고방식으로 대체시킴으로써, 칸트는 윤리학에 체계성을 줄 수 있었으며 학으로서의 윤리학의 건설을 위해 유리한 입장에 서게 된다. 자신의 선행자들처럼 형이상학에서 윤리학에로 나아가지 않고 거꾸로 윤리학에서 형이상학에로 나아가려 하며 또한 체계성을 학으로서의 형이상학의 성립을 위한 중요한 요소들 중의 하나로 간주하는 칸트의 입장에서 볼 때, 법칙중심주의적 방법론의 채택은 불가피하다 하겠다. 그리고 윤리학이 단지 교훈적인 처세훈의 집적(集積)이 아니라 도덕법칙들의 체계라는 점을 보여주고 있다는 점에서 칸트 윤리학의 장점이 부각된다. 그러나

---

81) I. Kant, *Kritik der Praktischen Vernunft*, 74면. 강조는 칸트에 의함.
82) I. Kant, *Kritik der Praktischen Vernunft*, 75면.
83) J. R. Silber, "The Copernican Revolution in Ethics: The Good Reexamined" 참조.

이 장점은 동시에 단점이 된다. 칸트는 자신의 법칙중심주의적 방법론에 의거하여 윤리학의 체계성을 확보하지만, 그렇게 함으로써 그의 윤리학에서는 법칙들의 등가성만이 인정될 수 있을 뿐 그것들 간의 서열은 인정될 수 없다는 심각한 문제점에 직면하게 된다. 정언명법의 법식에 부합하는 모든 행위규칙들이 등가적인 것이라면, 규칙들 상호간에 대립이 생길 경우 우리는 해결할 수 없는 이율배반에 빠지게 될 것이다. 사실 「인간애로 말미암아 거짓말하는 권리에 대해서」에서 제시되고 있는 상황은 일종의 가치이율배반적인 상황으로서[84], 즉 생명가치와 정직의 가치가 대립을 일으키는 경우이다. 그 논문에서 칸트가 제시하고 있는 해답은 법칙중심주의적 윤리학의 한계를 보여주고 있는 것으로 생각된다. 칸트는 그 소논문에서 법칙중심주의적 방법론이 얼마나 일관성 있게 적용될 수 있는지를 한계에 이르기까지 보여주고 싶어하지만, 그렇게 함으로써 칸트는 동시에 자신의 윤리학의 한계를 보여주고 있다. 가치서열이란 말은 가치객관주의를 함의한다. 칸트는 인식론의 영역에서도 그 유명한 코페르니쿠스적 전회로 인하여 인식에 있어서의 구성주의적 주관주의라는 한계에 갇혀 있듯이, 윤리학의 영역에서도 법칙중심주의적 방법론으로 인하여, 가치에 있어서의 구성주의적 주관주의의 한계에 갇혀 있다. 그러나 가치란 것은 발명되는 것이 아니고 단지 발견되는 것이 아닐까.

84) 물론 칸트의 입장에서 볼 때, 그 상황은 가치이율배반적인 상황이 아닐 것이다. 아니 이성의 무모순적인 체계성을 확신했던 칸트로서는 가치이율배반이란 것의 존재를 인정하지 않았을 것이다. 물론 칸트는 이론이성의 이율배반에 대해서 논하고 있다. 그러나 칸트에 있어서 근본적으로 해결될 수 없는 이율배반이란 것은 존재하지 않는다.

第13장 칸트 윤리학의 몇 가지 문제점들

마음 속의 별, 도덕률의 확고부동한 기초를 놓음으로써 인류를 도덕적 혼란과 미망으로부터 건져내려 했던 칸트의 윤리학은, 심정의 순수성에 근거한 동기주의로 우리의 내면을 성찰하게 하며, 예외를 허용하지 않는 규칙주의로 도덕법칙의 권위를 확립시키며, 그 체계적 엄밀성으로 연구자의 찬탄을 자아내게 하며, 최고선을 향한 부단한 도덕적 노력을 강조하는 불굴의 이상주의로 우리를 감동시킨다. 우리가 『실천이성비판』의 말미에서 밤하늘의 별들과 마음 속의 도덕률을 생각하면 생각할수록 마음이 감탄과 외경심으로 가득 차게 된다는 그의 고백을 접하면, 그토록 아름다운 고백을 할 수 있었던 그의 고귀한 인격의 한 편린을 엿보게 된다. 명실 공히 칸트 윤리학은 의무론적 윤리학의 전형 중의 전형이요, 동기론적 윤리학의 백미 중의 백미임이 분명하다. 그럼에도 불구하고 칸트 윤리학은 몇 가지 심각한 문제점을 갖고 있다는 것이 필자의 생각이다. 필자는 칸트 윤리학에는 네 가지 근본적 문제점이 있다고 생각한다. 첫째는 그 어떤 예외도 허용하지 않는 규칙주의의 문제점이며, 둘째는 행위의 동기만을 강조하는 동기주의의 문제점이며, 셋째는 정언명법의 형식에 부합하는 행위규칙들 간에 발생하는 모순의 문제점이며, 넷째는 일관성 없는 형식주의의 문제점이라고 생각한다. 이하에서 이런 문제점들을 차례로 고찰해 보고자 한다.

Ⅰ. 규칙주의의 문제점

칸트는 『도덕형이상학정초』에서 '자연법칙의 법식'으로 불려지는 정언명법을 다음처럼 표현한다.

> 그대 행위의 준칙이 그대의 의지를 통해 보편적인 자연법칙이 되어야 **하는 듯이** 행위하라.[1)]

물론 이때, 그는 이 말로 준칙이 보편적인 자연법칙이 **되어야 함**을 주장하는 것은 아니다. 칸트는 예외를 허용하지 않는 도덕법칙의 실천적 필연성을 강조하기 위해 어떤 경우에도 예외를 허용하지 않고 관철되고 있는 자연법칙을 언급하고 있을 뿐이다. 사실 칸트는 초감성적 자연(예지계)을 실천이성의 자율 아래에서 고찰된 자연으로 이해하고 있다.[2)] 그리고 도덕법칙을 바로 그 초감성적 자연의 법칙으로 간주한다. 감성적 자연이든 초감성적 자연이든 자연의 법칙에는 예외가 있을 수 없기에, 칸트는 어떤 경우에도 거짓말을 해서는 안 된다고 생각했던 것이다. 그는 심지어 「인간애로 말미암아 거짓말하는 권리에 관하여」라는 논문에서 친구의 생명을 구하기 위해서라도 거짓말을 해서는 안 된다는 주장을 하고 있는 것이다. 물론 우리는 칸트가 왜 그토록 엄격하고 고지식해 보이며 융통성이 없어 보일 정도로 율법주의적(규칙주의적)인 입장을 가졌는지 이해하기 힘들 수 있다. 이는 그가 『순수이성비판』에서는 이론적으로 증명할 수 없었던 신과 영혼불멸과 자유에 대한 인식을 윤리학을 통해 얻게 되기를 원했기 때문이다. 그에게 있어서 윤리학은 항상 형이상학적인 것으로서 구상되고 있었기에, 즉 실천적인 선천적 종합판단들의 유기적 체계로 이해되고 있었기에, 일단 어떤 행위규칙이 도덕법칙이

---

1) I. Kant, *Grundlegung zur Metaphysik der Sitten*, 51면. 강조는 필자에 의함.
2) I. Kant, *Kritik der praktischen Vernunnft*, 51-52면 참조.

될 수 있음이 입증되면, 어떤 예외도 인정할 수 없었던 것이다. 예외가 인정되는 선천적 종합판단은 있을 수 없기 때문이다. 우리는 친구의 생명을 구하기 위해서라도 거짓말을 해서는 안 된다고 생각하는 칸트에게, '사람의 생명을 구하기 위한 것이 아니라면 어떤 경우에도 거짓말을 해서는 안 된다'는 규칙을 채택하라고 권하고 싶을 것이다. 폴 테일러는 칸트가 '어떤 경우에도 거짓말을 해서는 안 된다'는 규칙을 택했다기보다, 사람의 생명을 구하기 위해서라면 거짓말을 하는 것을 허용했다는 방식으로 칸트 윤리학을 해석한다. 다시 말해서 칸트가 말하는 보편화 가능성의 원리는 사람의 생명을 구하기 위해서 하는 거짓말조차도 불가능하게 만든다는 비판은 잘못이라는 것이다. 폴 테일러가 보기에 칸트는 그 비판에 대해 규칙의 "보편적 적용가능성의 원리에 의거하여 이러한 반박에 응답할 수 있을 것 같다"[3]고 말한다. 그리고, 폴 테일러는 다음처럼 설명한다.

> 예컨대 만약 정의롭지 못하고 잔인한 폭군에게 거짓 약속을 함으로써만 그 폭군을 타도할 수 있다면, 그렇게 하는 것은 허용될 수 있다. 이것은 정상적인 상황에서는 도덕적으로 그른 행위를 정당화해주는 특별하고도 우선적인 하나의 사례가 될 것이다. 그러나 그렇다면 그와 똑같은 혹은 매우 유사한 상황이 발생할 때마다 모든 도덕적 행위자가 같은 방식으로 행동하는 것이 허용되어야 할 것이다. … (중략) … 이러한 방식으로 칸트는 다음처럼 주장할 수 있다. 즉 비록 그러한 도덕행위자들에 의해 행해지는 행동의 종류가 약속지키기 같은 일반적인 규칙에 대한 예외를 포함한다고 하더라도, 도덕규칙은 모든 도덕적 행위자에게 보편적으로 적용될 수 있어야만 한다고 주장할 수 있다. (적절한 상황에서) 모든 사람에게 그런 예외가 가능한 한, 보편적 적용가능성에 대한 위반은 없다.[4]

---

3) P. W. Taylor, *Principles of Ethics*, 101면.
4) P. W. Taylor, *Principles of Ethics*, 102면.

존 호스퍼스 역시 행위규칙의 보편화 가능성과 관련하여 다음처럼 말한다.

> 규칙을 따를 때, 염두에 두어야 할 사항은 조건적 규칙들이 무조건적 규칙과 마찬가지로 보편적이라는 점이다. '거짓말을 하지 마라'라는 조건절 없이 언급된 규칙도 보편적이지만, '생명을 구하는 경우를 제외하고는 거짓말을 하지 마라'라는 것도 마찬가지로 보편적 규칙이다. … (중략) … 단순한 무조건적인 규칙에 비해 조건적인 규칙이 실제로 더 바람직할 수도 있다. 조건절을 부가하여 어떤 법칙을 수정한다고 해서 그 법칙이 가지는 보편성이 상실되는 것은 아니다. 그러나 칸트를 비롯해 다른 사람들이 문제시하는 것은 고유명사를, 말하자면 특정 인물이나 특정 사물의 이름을 집어넣는 방식이다. … (중략) … 고유명사를 집어넣는 것은 너무 편파적이다.[5)]

이 인용문에서 알 수 있듯이 호스퍼스도 테일러와 마찬가지로 칸트가 조건부 규칙을 받아들인 것으로 해석하고 있다.

필자는 폴 테일러나 호스퍼스가 해석하고 있듯이 과연 칸트가 보편적 적용가능성이란 개념을 갖고 보편적인 도덕규칙에 대해 예외를 허용하는 하위규칙 혹은 조건부 규칙을 인정했는지에 대해 매우 회의적이다. 우리는 칸트가 '자연법칙의 법식'에서 도덕법칙을 자연법칙과 유비시켜 이해하고 있음을 보았다. 칸트가 도덕법칙에도 예외를 허용했다는 폴 테일러의 주장이 보다 설득력이 있는 주장이 되려면, 도덕규칙에 대해 예외를 허용하는 하위규칙이 있듯이 자연법칙에도 예외를 허용하는 하위규칙이 있어야 할 것이다. 그러면 힘은 질량과 가속도의 곱이라는 자연법칙에 그런 예외적인 하위규칙이 있는가?

---

5) J. Hospers, 『도덕행위론』, 299-300면.

물론 그런 예외적인 하위규칙은 존재하지 않는다. 칸트가 도덕법칙에 대한 예외를 – 그 예외가 개별적인 사례이건 아니면 하위규칙이건 – 허용했다는 식으로 칸트 윤리학을 해석하는 것은, 칸트 윤리학 안으로 다시금 칸트가 그토록 배척했던 윤리학에 있어서 질료(내용)주의적 사고방식을 도입하게 된다는 치명적인 결함을 갖고 있다. 가령 사람의 생명을 돕기 위해 거짓말을 하는 것을 – 하위규칙으로서건 아니면 개별적 행위로서건 – 허용해 준다고 하자. 그러면 그 예외가 목표로 하는 것, 예컨대 사람의 생명이나 폭군의 타도는 규칙 위에 있다. 결국 규칙은 규칙 그 자체를 위해 준수되어야 하는 것이 아니고, 다른 어떤 것 예컨대 사람의 생명이나 폭군의 타도를 위해 준수되어야 한다. 이런 식으로 생각한다면, 칸트 윤리학의 전 체계는 붕괴해버릴 것이다. 칸트는 오로지 도덕법에 대한 존경심에서만 행위해야 하는 것이지, 그래서 정직하기 위해서라면 생명도 버려야 한다고 생각했던 것이지, 법칙 이외의 다른 어떤 질료적인 것을 위해 행해져서는 안 된다고 생각했다. 만약 도덕법칙에 단 하나의 예외라도 허용하기 시작하면, 그것은 칸트 실천형이상학으로서의 윤리학 전체를 허물어 버릴 것이다. 칸트가 도덕법칙에 대한 예외를 허용할 수 없었던 다른 이유가 있을 수 있다. 가령 폴 테일러가 보편적 적용가능성의 원리로 정당화할 수 있다고 생각하면서 들고 있는 예외 허용적인 규칙인 "거짓말이 어떤 사람의 생명을 구하게 될 때를 제외하고는 진실을 말하라"[6]는 것을 살펴보자. 이것은 '거짓말을 하지 마라'라는 상위규칙의 하위에 있는 예외규칙이 될 것이다. 이 하위의 예외규칙도 규칙인 한에서는 규칙으로서의 보편적 적용가능성이 있으므로 칸트는 이 규칙도 도덕법칙으로 받아들였다는 것이다. 그러나 이런 유형의 모든 예외적인 규칙은 결국 칸트가 말하고 있는 가언명법이 되어버린다는 데 문제가 있다. '거짓말을 하지 마라. 단, 사람의 생명을 구하기 위해서는 거짓말을 해도 된다'는 규칙은, 그것이

6) P. W. Taylor, *Principles of Ethics*, 102면.

목표로 하고 있는 것이 사람의 생명이라는 질료적인 것인 한, 결국 가언적인 것일 수밖에 없는 것이다. 칸트는 질료적인 것을 중시하고, 그 질료적인 것을 – 그것이 사람의 생명이건 명예건 우정이건 지식이건 아니면 쾌락이건 돈이건 – 선으로 규정하여 추구하는 모든 목적론적 윤리체계를 가언명법의 체계로 간주했다. 사람의 생명을 구하기 위해 거짓말을 하는 경우는 '만약 너는 사람의 생명을 구할 수 있다면, 거짓말을 하라'는 가언명법이 되어버릴 것이다.

우리는 칸트가 도덕법칙의 예외를 허용하지 않았다고 해석하는 것이 더 올바른 이유를 다섯 가지로 정리할 수 있다. 첫째로, 칸트는 윤리학을 통해 형이상학을 건설하려 했기 때문에, 그리고 모든 형이상학적 명제에 예외란 것은 없기 때문에, 예외를 허용하지 않았다. 둘째로, '자연법칙의 법식'에서 볼 수 있듯이 칸트는 도덕법칙을 말하자면 '예지계의 자연법칙'[7]으로 간주하고 있는데, 예지계의 자연법칙이든 현상계의 자연법칙이든 모든 자연법칙에는 예외가 있을 수 없다. 셋째로, 우리가 이미 앞에서 고찰했듯이 칸트가 노년에 쓴 소논문 「인간애로 말미암아 거짓말하는 권리에 대하여」라는 글에서, 도덕법칙에 대한 예외를 허용하지 않았다. 넷째로, 도덕법에 대한 예외를 허용하게 되면, 형식주의 윤리체계인 칸트의 윤리학에 질료주의적인 요소가 유입되면서 칸트 윤리학이 붕괴되기 때문에, 칸트는 도덕법칙에 대한 예외를 허용할 수가 없었다. 다섯째로 도덕법칙에 대해 하나의 사례로서건 하위 규칙으로서건 예외를 인정하는 것은 도덕법칙을 가언명법으로 만드는 것이 되므로, 예외를 허용할 수가 없다.

7) 칸트는, 앞서 언급했듯이, 예지계를 실천이성의 필연성(=자율) 아래에서 본 자연으로 이해하고 있다. 물론 이론이성의 필연성 아래에서 본 자연은 현상계이다. 그러므로 칸트가 『순수이성비판』에서 언급하고 있는 자연법칙은 '현상계의 자연법칙'이며, 이는 '예지계의 자연법칙'과 대비를 이룬다.

II. 동기주의(심정주의)의 문제점

동기주의 윤리학으로서의 칸트 윤리학의 한계는 우리가 앞서 언급했던, 칸트가 말년에 쓴 소논문 「인간애로 말미암아 거짓말하는 권리에 대하여」라는 글에서 찾아볼 수 있다. 그 소논문에서 칸트가 문제 삼고 있는 상황은 대략 이런 것이다.

> 누군가가 자신을 살해할 가능성이 있는 사람에게 쫓기다가, 자신의 친구 집으로 피신을 했다. 얼마 안 있어 살인의 가능성을 가진 그 추적자가 피신자의 친구 집에 당도하여, 피신자의 소재를 물었다. 이 경우 피신자의 친구는 추적자에게 거짓말을 해도 되는가?

칸트는 다음처럼 말한다.

> 만약에 거짓말을 함으로써 지금 살인을 계획하고 있는 어떤 사람을 방해했다면 당신은 법적으로 그 모든 결과에 대해 책임을 져야 한다. 그러나 만약에 당신이 엄격하게 진실을 유지했다면, 어떤 예기치 못한 결과가 일어났다 하더라도, 공적인 정의(die öffentliche Gerechtigkeit)는 당신을 비난할 수 없다. 그가 뒤쫓고 있는 사람이 집에 숨어들었는지 여부를 묻는 미심쩍은 살인자의 질문에 당신이 정직하게 대답한 후에, 그 피신자는 집을 빠져 나와 버려 그 미심쩍은 살인자와 마주치지 않아서 살인이 일어나지 않을 수가 있다. 그러나 당신도 모르는 사이에 그 피신자가 집 밖으로 나가버렸을 경우에, 그 추적자에게 당신이 만약 거짓말을 한다면 즉 그 피신자가 집에 없다고 말했다면, 그 결과 그 미심쩍은 살인자는 그 피신자를 발견하여 죽여 버렸다면, 당신은 그의 죽음의 원인을 제공한 것이 되어 정당하게 고발될 것이다. 왜냐하면, 만약 당신

> 은 당신이 알고 있는 한도 내에서 진실을 말했더라면, 아마도 그 살인자가 집을 뒤지고 있는 동안 그는 이웃 사람들에 의해 붙잡혀서 살인이 방지되었을 수도 있기 때문이다. 그러므로 아무리 그 의도가 좋더라도 거짓말을 하는 사람은 누구나 그 결과에 대해 - 그것들이 아무리 예견할 수 없는 것이라 하더라도 - 책임을 져야 하며, 심지어 시민 재판소에서 벌금을 지불해야 한다.[8)]

칸트는 여기에서 두 가지 사항을 주장하고자 한다. 첫째로, 거짓말이 이로운 결과를 가져온다는 이유에서 거짓말을 허용하려는 것은 우리가 행위의 결과를 예측할 수 없다는 일반적인 원리의 관점에서 보면, 받아들이기 힘들다. 둘째로 진실을 말한 결과가 잘못되었을 경우 진실을 말한 사람은 그 잘못에 대한 책임을 지지 않지만, 거짓말이 이로운 결과를 가져올 것이라는 예측에서 행해진 것이라 하더라도, 거짓을 말한 결과가 잘못되었을 경우에는 그 결과에 대해 책임을 져야 한다는 것이다.

칸트의 이런 주장에 대해 어떻게 말할 수 있을까? 칸트는 도망자가 숨겨달라고 해놓고서는 집주인 몰래 도망가는 도망자를 가정하고 있다. 그러나 그 도망자가 그렇게 행동하면 그 도망자는 집주인에게 거짓말을 한 것이 되는데, 칸트는 그 도망자의 거짓말은 전혀 문제 삼지 않는다. 이는 사소한 문제이므로 도외시한다 하더라도, 우리는 이 도망자의 이야기를 통해 칸트가 주장하려는 첫 번째 주장에 다음처럼 말할 수 있다. 물론 행위의 결과는 예측 불가능하다. 그러나 가까운 장래는 어느 정도의 확실성을 갖고서 예측할 수 있다고 말하지 않으면 안 된다. 추적자와 도망자의 경우 칸트가 이야기를 전개시키는 방향으로 사태가 진행될 수도 있다. 그러나 그렇게 전개되는 경우는 아마도 매우 예외적인 경우일 것이다. 그런 일이 벌어질 때마다 진실성 있게 말해주면

---

8) I. Kant, "Über ein vermeintes Recht aus Menschenliebe zu lügen", 639면.

십중팔구 그 도망자는 살해될 것이다. 칸트는 이야기를 자기에게 유리한 방향으로만 전개시키고 있다. 사람들은 얼마든지 칸트에게 불리한 방향으로 이야기를 전개시킬 수가 있다. 그래서 레이첼즈는 칸트가 "우리가 알 수 있는 것에 대한, 이치에 닿지 않을 정도의 비관주의적인 관점에 의존하고 있다"고 말한다.[9] 동기를 중시하는 칸트의 입장에서 볼 때, 피신자의 친구는 친구의 죽음을 의도하여 추적자에게 진실을 말한 것이 아니기 때문에, 피신자의 죽음에 대한 책임을 그 피신자의 친구에게 물러서는 안 된다는 것이다. 그렇게 하는 것은 논리학에서 말하는 '의도확대의 오류'를 범하게 된다는 것이다. 예를 들어 보자.

> 너는 담배를 피우고 싶어한다.
> 담배는 폐암의 원인이다.
> ―――――――――――――
> 그러므로 너는 폐암에 걸리기를 원한다.

위의 추리는 의도확대의 오류를 범한 것이다.[10] 피신자의 친구는 진실을 말해야 한다는 칸트의 입장에 대한 비판자들의 추리는 다음처럼 구성될 수 있다.

> 너는 도망자의 소재를 추적자에게 진실성 있게 말해 주었다.
> 너의 진실성 있는 말이 우리들의 친구의 죽음의 원인이다.
> ―――――――――――――――――――――
> 그러므로 너는 네 친구가 그 추적자에게 살해되기를 의도하였다.

---

9) J. Rachels, *The Elements of Moral Philosophy*, 123면.
10) 김광수, 『논리와 비판적 사고』, 151면 참조.

우리는 이 두 가지 추리에 대해 어떻게 말할 수 있을까? 먼저 흡연과 관련된 추리부터 살펴보자. 물론 흡연자들은 흡연의 습관이 폐암을 유발시킬 가능성을 갖고 있음을 알면서도, 설마 내가 폐암에 걸리겠는가 하면서 담배를 피운다. 그러므로 앞의 추리는 확실히 의도를 확대하는 오류를 범했다. 그러나 가령 1년 동안에 하루 한 갑 정도씩 흡연하면 필연적으로 폐암에 걸린다고 하자. 이 사실을 알고도 어떤 사람이 1년 동안에 하루 한 갑 정도씩 흡연하기로 마음먹었다면, 그는 폐암에 걸리기를 의도한 것인가 의도하지 않은 것인가? 이 경우 그가 설령 마음으로는 결단코 폐암에 걸리기를 원하지 않았다 하더라도, 1년 동안에 하루 한 갑 정도씩 흡연하면 필연적으로 폐암에 걸린다는 사실을 알고서 흡연한 것인 한, 그는 폐암에 걸리기를 의도한 것이 되어버릴 것이다. 추적자에게 진실을 말해주는 경우도 마찬가지이다. 물론 집주인은 친구가 희생당하기를 의도하지 않았을 것이다. 그러나 인간은 적어도 가까운 장래에 일어날 일의 진행을 미리 예측할 수 있는 능력이 있다. 이 사실을 고려해 넣으면, 위의 추리는 결코 의도확대의 오류를 범한 것이 아니다. **사태의 진행에 대한 예측가능성이 높으면 높을수록, 의도와 결과는 점점 더 분리되기 힘들어진다.** 진실을 말해주면 자신의 친구가 추적자에게 살해될 가능성이 매우 높기 때문에, 이 경우에도 칸트처럼 의도와 결과를 의도와 결과를 엄격하게 분리시키는 것은 설득력이 없게 된다.

가톨릭이나 정통파 기독교에서는 인공유산을 반대한다. 그러나 인공유산에 대한 이런 반대론에 대해, 〈태아의 생명이 산모의 생명을 위협하는 상황이 발생하여, 의사가 태아의 생명과 산모의 생명 중 하나만을 택해야 할 경우가 발생했을 경우 어떻게 해야 하는가〉라는 문제가 제기되었다. 비록 태아가 온전한 인간이어서 성인들이 갖고 있는 생명권과 똑같은 생명권을 갖고 있다 하더라도, 이 경우에는 인공유산이 정당화된다는 것이 가톨릭의 입장이다. 가톨릭에서는 '이중효과의 원리'(principle of double effect)라는 것으로 이 입장을 정당화하려 한다.

> 이중효과의 원칙은 정당화된 행위의 네 가지 조건을 포함하고 있다. (1) 행위 그 자체는 선해야만 한다. 적어도 도덕과 관련이 없는 것이어야 한다. (2) 행위자는 오로지 선한 결과만을 의도해야 하고, 악한 결과를 의도해서는 안 된다. 악한 결과는 예견될 수는 있지만, 의도되어서는 안 된다. 그것은 허용될 수는 있지만, 추구되어서는 안 된다. … (중략) … (3) 악한 결과는 선한 결과를 위한 수단일 수는 없다. 다시 말해서, 선한 결과와 악한 결과는 행위로부터 즉각적으로 뒤따라 나와야 한다.(많은 경우에, 이 조건은 행위자가 해를 당하거나 죽는 것에 대해 도덕적으로 책임이 있는지 여부를 결정함에 있어서 가장 결정적인 것이다) (4) 행위의 선한 결과와 악한 결과 사이에는 균형성이 있어야 한다.[11]

이중효과의 원칙은 의도된 결과와 의도되지 않은 결과를 구별하는 데서 성립한다. 태아의 생명이 산모의 생명을 위협하는 상황이 발생하여, 의사가 태아의 생명과 산모의 생명 중 하나만을 택해야 할 경우에 허용되는 인공유산에서는 두 가지 결과가 발생한다. 그 하나는 산모의 생명을 구한다는 의도된 결과이며, 다른 하나는 의도되지 않은 결과인 태아의 사망이다. 그리고 이런 식으로 의도되지 않은 결과에 대해서는 도덕적 책임을 물을 수 없다는 것이다. 그러나 이에 대해서도 다음과 같은 의문이 제기되고 있다. 첫째로 행위자가 직접적으로 의도한 좋은 결과와 행위자가 단지 예견한 결과를 항상 분명하게 구별할 수 있는가 하는 것이며, 둘째는 그러한 구별이 가능하다 하더라도, 과연 그 구별이 그 자체로 도덕적으로 유관한가 하는 것이다.[12] 이 구별의 문제점을 지적하기 위해 흔히 다음의 예가 사용된다. 한 무리의 탐험가들이

---

11) Tom L. Beauchamp & James F. Child, *Principles of Biomedical Ethics*(Oxford University Press, 1979) 103면.

12) P. Singer(ed.), *A Companion to Ethics*(Oxford, Blackwell Publishers, 1993) 300면 참조.

동굴에 갇혔다. 아주 협소한 출구에 한 사람의 뚱뚱한 대원이 꼼짝할 수 없게 끼여버렸다. 동굴 바닥에서는 물이 솟아오르고 있다. 만약에 한 사람의 대원이 그 뚱보 대원 앞에 다이너마이트를 설치해서 폭발시킨다면, 우리는 그의 의도는 뚱보 대원의 죽음이었다고 말해야만 하는가, 아니면 그의 의도는 대원들이 동굴에서 빠져 나오게 하려는 것이며, 뚱보 대원의 죽음은 예견된 것이긴 하지만 의도되지는 않은 것이라고 해야만 하는가?[13] 행위의 의도된 선한 결과와 의도되지 않은 악한 결과를 구분하려는 동기론적 윤리학의 노력은, 사태의 진행이 필연적이며 그것이 누구에게나 뻔한 사실로 알려지는 그런 경우에는 실패하게 된다. 뚱보 대원의 죽음과 나머지 대원의 구조는 너무나 필연적으로 결합되어 있기 때문에, 그리고 그 양자가 그토록 필연적으로 결합되어 있음을 누구나 알 수 있기 때문에, 이 경우 의도된 좋은 결과와 의도되지 않은 나쁜 결과를 구분하려는 동기론적 윤리학은 아무런 설득력도 갖지 못할 것이다. 우리가 이런 논의를 통해 얻을 수 있는 하나의 교훈은 **아무리 동기가 선하고 좋다 하더라도, 행위자는 그 동기로 행하는 행위가 인과적으로 어떤 결과를 생겨나게 할 것인가에 대해 고려해야 할 의무를 갖는다는 것**이다. 동기와 결과는 어머니의 설거지를 도와주려다 실수로 접시를 깨트리게 된 경우처럼, 경우에 따라서는 분리된다. 그러나 그 양자는 뚱보 대원의 이야기에서처럼 경우에 따라서는 구분되지 않는다. 만약 뚱보 대원의 이야기에서 다이너마이트를 설치해서 폭발시킨 사람이 뚱보 대원에게 '나는 결코 너를 죽게 하려는 의도가 없었다'는 말만을 되풀이한다면, 설령 그의 의도가 진실로 그랬다 하더라도 그는 '심정주의의 오류'를 범한 것이 될 것이다. 미심쩍은 살인자에게 자기 집에 숨어 든 친구의 소재를 진실하게 말해준 사람도 바로 이 오류를 범하고 있는 것이다. 칸트적 도덕적 행위자는 철저하게 자신의 심정적 동기 안에 갇혀 있는 사람이라 하겠다.

13) P. Singer(ed.), *A Companion to Ethics*, 300면 참조.

칸트 윤리학의 동기주의는 칸트 자신의 진술에 의해 부정되기도 한다. 그는 거짓말이 거부되어야 하고 항상 진실만을 말해야 한다고 생각하는데, 그 이유로 거짓말이 보편화되면, 사회가 유지될 수 없다는 주장을 편다.

> 비록 어떤 사람이 나에게 먼저 거짓말을 했을 때, 내가 그에게 거짓말을 하는 것이 그를 부당하게 대하는 것이 아니라 하더라도, 나는 인류의 권리에 거슬러 행동하는 것이 된다. 왜냐하면 나는 나 자신을 인간사회를 가능하게 하는 조건과 수단에 반대하는 입장에 두기 때문이다.[14)]

그러나 이렇게 말하는 것은 결국 행위의 결과를 고려하는 것이 될 것이다. 칸트는 『도덕형이상학정초』에서 정언명법의 형식에 부합하는 네 가지 준칙을 예로 들고 있다. 그중 하나가 약속을 지켜야 한다는 준칙이다. 칸트에 의하면 "지킬 의도도 없는 약속을 해도 좋다고 하는 법칙이 보편화되면, 그것은 약속과 그것이 동시에 가지는 목표 그 자체를 불가능하게 만든다."[15)] 요컨대 약속이 보편적으로 지켜지지 않는 사회는, 사람들 간의 신뢰가 무너지게 되고, 그렇게 되면 사회가 무너지게 된다는 것이다. 다시 말해서 약속은 약속 그 자체를 위해서 이행되어야 하는 것이 아니라, 사회유지를 위해서 이행되어야 한다는 것이다. 그러나 칸트는 이런 식으로 말함으로써 남몰래 행위의 결과를 고려한 것이 된다.[16)]

---

14) I. Kant, *Lectures on Ethics*, 227면.

15) I. Kant, *Grundlegung zur Metaphysik der Sitten*, 53면. 그러나 '약속을 예외 없이 지키지 않겠다'는 준칙이 아니라, '경우에 따라서만 약속을 지키지 않겠다'는 준칙은 보편화된다 하더라도, 약속 자체를 불가능하게 만드는 것은 아니다. 거짓말의 경우도 마찬가지이다. (졸저, 『어느 철학자의 한국사회 읽기』, 168-169면 참조)

16) 갚을 의사도 없이 남의 돈을 언제까지 갚겠다고 약속하고선 돈을 빌리는 행위를 일반화시켜, '경우에 따라서는 약속을 어기라'는 준칙을 만들었다고 하자. 이 준칙이 보편화되어서는 안 되는 이유는 사회를 유지하기 위해서라고 하기보다는, 차라리 이 준칙이 목적 자체의 법식에 어긋나기 때문이라고 말하는 것이 더 설득력 있을 것이다. 이 점에서는 거짓말의 경우도 마찬가

칸트의 동기주의는 그가 『실천이성비판』의 후반부에서 도덕론과 행복론을 분리시킬 때에도 문제점을 발생시킨다. 칸트는 도덕법만이 의지를 규정하는 근거여야 한다고 말한다.[17] 행복에 대한 열망이 동기가 되어 한 행위는 결과적으로 도덕법에 합치한 행동이라 하더라도, 참다운 도덕적 행위는 아니라는 것이다. 오로지 도덕법에 대한 순수한 존경심에서 한 행위만이 '도덕적'이라는 평가를 받을 수 있다는 것이다. 그러나 그는 또한 최고선도 의지의 규정 근거일 수 있음을 인정한다.[18] 그런데 행복이 최고선의 본질적 구성요소라는 것이 문제를 유발시킨다. 인간이라면 마땅히 최고선을 추구해야 하고, 최고선에는 행복도 포함되어 있다면, 인간은 결과적으로 행복을 추구해야 하는 것이 될 것이다. 우리는 행복에 대한 칸트의 입장이 일관적이지 못하다고 말할 수가 있을 것이다. 그러나 칸트는 이런 비판을 도덕론과 행복론을 분리시키는 방식으로 피해가려 한다. 이 양자를 분리시키는 칸트의 논리는 대략 아래와 같다.

> 우리가 도덕적 행위를 하는 것은 행복을 얻기 위한 동기에서가 아니다. 그러나 인간의 도덕성을 판정해서 그에 따른 행복을 주는 신이 존재한다는 사실이 실천적 필연성을 갖고서 요청(증명)되므로, 우리가 도덕적 행위를 하면 우리는 결과적으로 반드시 행복해진다는 사실을 요청할 수 있다. 그럼에도 불구하고 우리는 도덕적으로 행위하는 이유가 행복을 겨냥한 것이라고 말해서는 안 된다. 행복하게 되고 싶다는 것이 원래 나의 행위의 동기가 아니었기 때문이다.[19]

지다. 거짓말을 하거나 약속을 어기는 것은 그것들이 예외 없이 보편적으로 행해지는 것이 아닌 한, 사회를 파괴시키는 것은 아니다. 우리들이 살고 있는 이 현실 사회에서는 항상 어느 정도의 거짓말과 약속파기는 행해지고 있다. 그럼에도 불구하고 사회 그 자체가 무너지는 것은 아니다. 그럼에도 불구하고 거짓약속을 하거나 거짓말을 하는 것은 타인의 인격을 나의 목적을 위해 수단시하는 것이 된다.

17) I. Kant, *Kritik der praktischen Vernunft*, 131면 참조.

18) I. Kant, *Kritik der praktischen Vernunft*, 126면 참조.

그러나 동기와 결과가 필연적으로 결합해 있음이 분명한 경우에는 동기(도덕론)와 결과(행복론)의 엄격한 이분법적 구분이 유지될 수 없다는 관점에서 볼 때, 칸트의 이런 논리 역시 무리한 주장이라 하겠다.

회페(O. Höffe)는 선의를 강조하는 칸트 윤리학이 윤리성을 선한 심정(Gesinnung)이라는 순수한 주관성으로 환원시킴으로써, 실재적 세계 속의 결과에 대해서 무관심한 독일 시민의 무능과 의기소침과 비참함에 완전히 부응하는 활동성이 없는 내면성의 세계를 애호하는 심정윤리학(Gesinnungsethik)으로 전락했다는 비판은 잘못이라고 주장한다. [20)]

> 이런 비판은 칸트 윤리학을 오해한 데서 비롯된다. 칸트에 따르면 의욕(Wollen)은 단순히 희망에서 성립하는 것이 아니라 - 우리의 힘이 미치는 한에서 - 모든 수단을 모으는 데서 성립한다. 그리고 의지는 그것이 사회적·정치적 세계에서 표현되는 것에 대하여 결코 무관심하지 않다.[21)]

칸트가 염두에 두고 있는 의욕은, 대책 없는 한갓된 희망이 아니라, 우리의 힘이 미치는 범위 내에서 모든 수단을 동원하여 의욕을 실현할 수 있는 터전을 마련한 위에 서있는 의욕이라는 것이다. 그런 의욕은 결과를 고려하고 있는 의욕이라는 것이 회페의 변호다. 요컨대 칸트는 행위의 동기만 붙잡고 있는 것이 아니라 결과도 고려하고 있다는 것이다. 그러나 필자에게는 회페의 변호가 가슴에 와 닿지 않는다. 우리는 다시금 「인간애로 말미암아 거짓말하는 권리에 대하여」에서 개진되고 있는 칸트의 주장을 살펴보자. 만약 회페가 말하고 있듯이, 칸트가 염두에 두고 있는 의욕이 결과까지 고려한 의욕이라면, 살의를 가진 추적자가 도망자의 위치를 알려달라고 집주인에게 부탁할

---

19) 우리는 이미 이 책의 제 4장에서 이에 대해 자세히 살펴보았다.
20) 오트프리드 회페, 『임마누엘 칸트』, 212-213면.
21) 오트프리드 회페, 『임마누엘 칸트』, 213면.

때, 그 집주인은 자신의 친구인 도망자의 위치를 그 추적자에게 정직하게 알려주는 것이 올바른 것일까? 그렇지 않을 것이다. 그 집주인은 자신이 진실하게 말함으로써 친구의 목숨이 위태롭게 될 가능성이 크다는 것을 누구보다도 잘 알고 있을 것이다. 그런 상황에서 그 집주인이 자신의 행동을 결정함에 있어서 결과까지 고려했다면, 거짓말을 했을 것이다. 그러나 칸트는 그런 상황에서도 거짓말하면 안 된다고 주장한다. 이는 무엇을 의미하는가? 칸트는 여전히 자기 친구의 죽음을 의욕하지 않고 있는 집주인의 심정의 순수성만을 고려하고 있지 진실을 말했을 때 초래될 수 있는 불행한 결과는 고려하지 않고 있는 것이 된다.

물론 회페가 말하고 있듯이 인간의 행동은 자연적인 조건과 사회적인 조건에 의존해 있어서 인간의 행동 중에는 행위자의 의지로 규정되지 않으며 행위자가 결코 완전히 조망할 수 없는 힘의 장에서 이루어지는 그런 행동도 있다. 물론 이런 경우에는 그 행위자가 결과를 고려하지 않았다고 비난하는 것은 비인간적이 될 것이다.[22] 그 행위자로서도 어쩔 수 없는 일의 결과를 책임지우는 것은 잘못이며, 아무리 극단적인 결과론자들이라 하더라도 이런 경우까지 행위자에게 책임을 지우는 비인간적인 결과론자들은 없을 것이다. 그러면 우리가 앞서 살펴본 집주인이 살의를 가진 추적자에게 진실을 말해야 한다고 할 때, 결과가 나쁘게 되더라도 그 책임을 그에게 묻는 것이 비인간적일 정도로, 그는 자연적인 조건과 사회적인 불가피한 조건 때문에 진실을 말할 수밖에 없었는가? 필자는 그렇지 않다고 생각한다.

---

22) 오트프리드 회페, 『임마누엘 칸트』, 213면. 회페는 말한다. "윤리성은 오로지 주체가 책임질 수 있는 영역, 행위의 주체에게 가능한 것에만 관계되기 때문에, 드러난 결과, 객관적으로 관찰된 결과는 도덕성의 척도가 될 수 없다. … (중략) … 순수한 심성 윤리학에 대한 대안으로 제시되는 도덕철학, 행위의 윤리성의 척도를 실제적인 결과에서 찾는 도덕철학은 인간이 결코 완전히 책임질 수 없는 조건들에 대해서도 인간에게 완전히 책임이 있는 것으로 취급한다. 이러한 도덕철학은 … (중략) … 그것을 일관성 있게 적용할 경우 그것은 근본적으로 비인간적이다."

III. 규칙의 등가성에서 생겨나는 규칙들 간의 모순의 문제

우리는 앞에서, 칸트에 있어서 준칙이 도덕법칙으로 승격될 수 있기 위해서는 그 준칙이 자율의 원칙(자유 실현의 원칙)과 인간을 목적으로 대하라는 원칙 둘 다에 그리고 동시에 위배되지 않는 한에서, 또한 규칙의 자의성을 배제하는 방식으로 논리적 보편화 가능성을 가져야 한다고 말했다. 칸트 윤리학의 또 다른 치명적인 문제점은, 이런 방식으로 보편화 가능한 규칙들은 등가성을 갖기 때문에, 이 규칙들이 서로 충돌하는 경우가 발생할 경우 아무런 조정책을 제시할 수 없다는 것이다. 예컨대 '거짓말을 하지 마라'라는 규칙은 논리적으로 보편화 가능할 뿐만 아니라, 자율의 원칙에도 부합하며, 인간을 목적으로 대하라는 원칙에도 부합하며, 자의성 배제의 원칙에도 부합한다. 그리고 '곤경에 처한 사람을 도와라'는 규칙도 이 모든 원칙에 부합한다. 그러므로 이 두 가지 규칙은 도덕법칙의 사례로 받아들여질 수 있다. 그리고 이 두 가지 도덕법칙 중에 어느 것이 더 중요한 도덕 규칙인지에 대해서 칸트 윤리학은 아무런 언급도 하지 않는다. 그러나 문제는 이 두 가지 도덕규칙이 상호 대립을 일으키는 경우가 발생할 수 있다는 것이다. 우리가 앞 장에서 이미 언급했던 다음의 예를 생각해 보라.

> 제2차 세계대전 중, 덴마크의 배가 피난민을 태운 채 나치의 순시선에 의해 항해를 제지당하곤 했다. 나치의 선장은 큰 소리로 덴마크 선장에게, 어디로 항해하고 있으며 승선자는 누구냐는 등의 질문을 하곤 했다. 선원들은 그 질문에 거짓말로 대답하고 통과를 허용 받곤 했다.

만약에 칸트가 그 덴마크 선장의 입장에 있었다면 나치 선장의 물음에 어떻게 대답했을까? 그가 자신의 학설에 충실했다면 그는 진실성 있게 말했을 것이고, 그 결과 많은 인명이 고통당하게 되었을 것이다. 과연 이런 경우에도 우리는 거짓말을 해서는 안 되는가? 물론 칸트의 대답은 거짓말해서는 안 된다는 것이다. 그러나 선장은 그 배에 탄 사람들과 이미 묵시적으로 모종의 약속을 한 것이 아닌가? 즉 항해 중 나치의 검문을 받게 될 때, 선장은 거짓말로써 승선자를 보호해 준다는 약속을 한 것이다. 그러므로 그 덴마크 선장은 배에 탄 사람들과의 약속을 어기든지, 아니면 거짓말을 하든지 둘 중에 하나를 택해야 하는 것이다. 그러므로 우리는 다음처럼 말할 수 있다. 위의 예의 경우는 칸트가 주장하듯이 거짓말을 하느냐 하지 않느냐 하는 단순한 문제가 아니고, 약속(이 약속은 많은 사람의 생명을 구하기 위한 약속이다)과 정직이라는 두 개의 도덕규범 중에 어느 하나를 택해야 하는 가치갈등의 문제라고.

칸트는 절대적인 도덕규범이 있다는 사실을 주장하기를 원하고 있기 때문에, 도덕법칙은 어떤 경우에도 예외가 있을 수 없다고 생각한다. 그러나 그의 그런 생각은 하르트만이 말하고 있는 가치이율배반(Wertantinomie)의 상황을 예상하지 못하고 있다. 많은 사람의 생명과 정직이라는 두 개의 가치가 대립을 일으킬 때, 우리가 특별히 정직을 택해야 하는 이유는 없을 것이다. 모든 도덕법칙들에는 예외가 있을 수 없다면, 무고한 사람의 생명을 희생시키지 말아야 한다는 도덕법칙과, 사람은 어떤 경우에도 정직해야 한다는 도덕법칙은 명백히 그 상황에서는 가치이율배반을 야기하고 있으며, 칸트는 그 모순으로부터 결코 빠져 나올 수가 없을 것이다. 우리들의 이런 논의에 대해 칸트는 다음처럼 반대할 수 있다.

> 예의 그 덴마크 선장이 빠지게 되는 그 가치이율배반은, '사람은 어떤 경우에도 거짓말을 해서는 안 된다'는 도덕법칙이 수미일관하게 준수되는 경우에는 발생하지 않는다. 그 선장은 처음부터 자신의 배가 나치의 순시선에 의해 검문 당할 경우 거짓말을 이용하여 그 배에 탄 피난민들의 생명을 보호하려는 계획을 갖고 있었다. 그러나 그는 그 계획을 세우지 말았어야만 했다. 왜냐하면 그 계획 자체가 잘못된, 비도덕적인 계획이

기 때문이다. 이 계획이 존재하지 않으면 동시에 그런 가치이율배반도 생겨나지 않는다.

아마도 칸트의 견해에 의하면, 그 피난민들이 거짓말을 이용해서 피난하려고 한다면 그 행위 역시 부도덕한 짓이 될 것이다. 그들은 거짓말을 이용해서 피난하는 대신에 나치의 군화발에 밟히는 생활의 고통을 꿋꿋하게 참아내어야 한다고 칸트는 생각할 것이다. 이는 이론적 일관성은 갖게 되겠지만 현실적 설득력은 없어 보인다.

만약 '사람은 어떤 경우에도 거짓말을 의욕해서는 안 된다'는 도덕법칙이 처음부터 일관되게 준수되기만 한다면 피난선의 예에서 우리가 구성해낸 그런 가치이율배반이 생겨나지 않는다는 칸트의 주장이 옳다 하더라도, 문제는 그 피난선의 이야기는 역사적 사실이라는 데서 생겨난다. 그 선장은 어차피 자신의 배를 탄 사람들과의 암묵적 약속과 나치에 대한 정직의 덕목 중에 어느 하나를 선택해야 하는 상황의 한복판에 이미 빠져 있었다. 물론 칸트의 윤리학 체계에서는 그런 상황은 일어날 수도 없고 또 일어나서도 안 된다. 그러나 현실에서는 그런 상황은 얼마든지 일어날 수 있으며, 윤리학은 그런 갈등상황에서의 인간에게 모종의 행동지침을 제공해야 한다. 그러므로 현실적으로는 우리가 말한 그 가치이율배반은 여전히 유효한 것이며, 칸트의 윤리학으로써는 그 모순으로부터 빠져 나올 수가 없다는 것 역시 유효한 결론이다.

왜 칸트 윤리학은 이 모순으로부터 빠져 나오지 못하는가? 필자는 그 이유를 칸트 윤리학의 형식주의와 주관주의에서 찾고 싶다. 칸트는 가치의 근원을 주관에서 찾았으며, 그 결과 그 자체로 가치 있는 것, 혹은 선한 것은 선의지밖에 없다고 생각했다. 그래서 그는 재화나 지식이나 명예나 행복이나 심지어 인간의 생명조차도 그 자체로 가치있는 것이라고 생각하지는 않았다. 칸트로서는 보편화될 수 있는 도덕규칙들 간의 위계를 세운다는 것은, 가치들 간에는 서열이 있다는 것을 인정하는 것이 되고, 그것을 인정하는 것은, 가치가 주관에서 유래하는 것이 아님을 인정하는 것이 된다. 그렇게 되면 그가 윤리학에서 일으키려 했던 코페르니쿠스적 혁명은 실패한 혁명이 될 것이다.

이제 우리는 윤리학을 주관주의적으로 선회시킴으로써, 엄밀한 학으로 건설하려 했던, 그래서 더 이상의 탐구가 불필요한 완결적 윤리학을 건설하려 했던 칸트의 시도를 실패한 것으로 판정하지 않을 수 없다. 칸트는 자기 손으로 학으로서의 윤리학을 완성하려 했지만, 그것은 과도한 시도였다. 윤리학은 주관으로부터 도출되는 것이 아니라, 객관적으로 실재하면서 위계를 형성하고 있는 가치들의 왕국에 대한 객관적인 탐구이지 않으면 안 된다. 이 점에서 우리는 윤리학에서 니콜라이 하르트만이 제시한 길이 타당한 길이라고 생각한다.

IV. 일관성 없는 형식주의의 문제점

우리는 칸트 윤리학에 대해 다음과 같은 의문을 제시할 수 있다. 칸트는 정언명법의 세 가지 법식 즉 보편적 법칙의 법식, 목적 자체의 법식, 그리고 자율의 법식 중에서 뒤의 두 가지 법식은 앞의 것에서 필연적으로 도출되는 것들이라고 주장한다. 그런데 정언명법의 첫 번째 법식이 형식적인 것이라면, 그것에서 도출되는 다른 법식들도 형식적인 것이어야 할 것이다. 그러나 목적 자체의 법식은 형식적인 법식이 아니라, 실질적(내용적)인 것을 담고 있는 법식이라는 지적이 있다.

> 칸트는 정언명법을 또 다른 공식으로 구체화하고 있는데, 이를 '인간성 원칙'(principle of humanity)이라고 일컫는다. "그대는 그대의 것이든 타인의 것이든 인간성을 결코 수단만으로 삼지 말고 동시에 목적으로 삼도록 하라." 이렇게 표현된 정언명법은 존경공식(formula of respect)으

로 알려졌는데, 이는 형식적이 아니라 실질적인 원칙임이 뚜렷하다. 그러나 칸트는 이를 형식원리라고 고집한다.[23]

인간성 원리가 형식적이 아니라 실질적이라는 사실은, 보편법 원리와 인간성 원리로 표현된 정언명법의 두 공식이 형상과 질료의 관계에 있다는 칸트의 견해와 완전히 일치한다. 그러나 정말 당혹스러운 것은 두 공식이 서로 독립적이며 등가성을 가지고 있다는 칸트의 계속적인 주장이다. … (중략) … 만일 두 공식이 형상과 질료의 관계에 있다면, 이들은 상호 독립적일 수도 등가성을 지닐 수도 없다.[24]

과연 칸트는 자신의 윤리적 형식주의를 일관되게 관철시키고 있는가? 승계호 교수는 칸트가 첫째로 『도덕형이상학정초』에서 정언명법의 테스트를 통과하는 네 가지 사례 중에서 세 번째와 네 번째 사례, 즉 자신의 재능을 계발하라는 것과 곤경에 처해 있는 사람을 돕는 것을 보편화 가능한 준칙이라고 말할 때, 둘째로 칸트가 '목적 자체의 법식'을 말할 때, 셋째로 최고선의 개념을 끌어들였을 때, 칸트는 자신의 윤리적 형식주의를 일관되게 밀고 나가지 못했다고 생각한다.

『실천이성비판』에서 칸트는 실천이성의 형식개념을 엄격하게 고수하는 것 같다. 그러나 이러한 모습은 「분석론」에서만 나타날 뿐이다. 「변증론」에서 칸트는 최고선의 개념을 도입하는데, 최고선은 덕(도덕선)과 행복(자연선) 그리고 이들 사이의 정확한 비율이라는 세 가지 요소로 이루어져 있다. 최고선이란 형식개념이 아니라 실질개념이다.[25]

---

23) 승계호, 『직관과 구성』, (서울, 나남출판사, 1999) 307면.
24) 승계호, 『직관과 구성』, 309면.
25) 승계호, 『직관과 구성』, 310면.

칸트가 자신의 형식주의를 일관되게 밀고 나가지 않고 있음은 이미 『순수이성비판』에서도 발견된다. 그는 감성의 형식은 시간·공간이며, 오성의 형식은 범주요, 이성의 순수개념은 신이라고 말한다. 그러므로 신이라는 개념도 이성의 형식적 개념이어야 할 것이다. 그러나 칸트는 “선험적 의미의 신”[26]을 다음처럼 설명하고 있다.

> 우리 이성에서 일관적 규정에 하나의 선험적 기체(ein transzendentales Substratum)가 두어지고, 이것이 말하자면 모든 재료를 전부 저장해서 여기서 모든 사물들의 가능적 술어들이 모두 다 얻어질 수 있다.[27]

칸트에 의하면 이 선험적 의미의 신은 만물을 가능하게 하는 최상의, 그리고 완전한 질료적 제약이 되며, 대상일반에 관한 온갖 사고는 대상의 내용으로 보아서 반드시 이 제약에 귀착하게 된다.[28] 그렇다면 칸트는 이성의 순수개념인 신이라는 개념이 단순히 형식이기만 한 것이 아니라, 또한 질료적인 것임을 인정하는 셈이다.

> 칸트에 의하면 선천적인 것은 다 형식적인 것이요, 형식적인 것은 그 근거를 인간의 심성에 두고 있다. 그리고 질료적인 것은 다 후천적인 것이다. 그런 이유로 칸트는 시간, 공간 그리고 범주들을 다 인간 심성의 형식으로 간주했다. 그런데 칸트의 이러한 형식주의는 … (중략) … 선험적 대상을 ‘선천적인 질료’로 간주할 때, 이미 부분적으로 포기되고 있었지만, 이성의 순수 개념인 ‘신’을 설명할 때는 거의 완전히 포기되고 있는 듯이 보인다.[29]

---

26) I. Kant, *Kritik der reinen Vernunft*, B608.
27) I. Kant, *Kritik der reinen Vernunft*, B603.
28) I. Kant, *Kritik der reinen Vernunft*, B604 참조.
29) 졸저, 『칸트철학과 물자체』, 84면.

칸트는 아예 '선험적 내용'(transzendentale Inhalt)이라는 말을 사용하기도 한다.[30] 그리고 칸트는 『순수이성비판』에서 인식론상의 코페르니쿠스적 전회를 통해 구성설적 진리론을 주장하면서 다른 한편으로는 플라톤적인 진리론을 주장한다. 전자의 진리론이 주관 위주의 진리론이라면, 후자의 진리론은 대상 위주의 진리론이다. 전자는 인식의 진리를 주장한다면, 후자는 존재의 진리를 주장한다. 물론 이 '대상'은 현상으로서의 대상이 아니라, 이데아로서의 대상이다.

> 무릇 감관이 그 어떤 것을 그것이 **현상하는 그대로** 우리에게 표시한다면, 그 어떤 것은 자체적인 한 사물이요, 비감성적 직관의 대상, 즉 순수오성의 대상이어야 할 것이다. 바꾸어 말하면 감성이 관여하지 않는 인식이 가능해야 할 것이다. 그리고 이런 인식만이 절대적으로 객관적 실재성을 가지는 것이요 이런 인식을 통해서만 대상은 그것이 **존재하는 그대로** 표시될 것이다.[31]

존재의 진리를 인정하는 칸트의 입장은 자신의 형식주의와 모순을 일으킨다. 칸트는 동일한 문제점을 『실천이성비판』에서도 보여주고 있다. 그는 윤리학을 회의주의와 상대주의로부터 구하기 위해 윤리적 형식주의를 택하였으나, 그는 실천이성의 「변증론」에서 신의 존재를 도덕적으로 증명한다. 그러나 우리는 신을 단순히 형식적인 것으로만 간주할 수는 없다. 어떻게 순전히 행위의 공식(형식)에 불과한 정언명법에서 시작하여, 형식적인 자유를 통하여 질료적인 것인 신에 도달할 수 있는가 하는 것은 칸트 윤리학의 중대한 문제점이다. 신이 질료적인 요소를 갖고 있다면, 그것에 이르기 위해 도입된 최고선의 개념도 질료적인 것이라 하지 않을 수 없다. 칸트철학에서 발견되는 질료와

---

30) I. Kant, *Kritik der reinen Vernunft*, B603.
31) I. Kant, *Kritik der reinen Vernunft*, A249. 강조는 칸트에 의함.

형식의 긴장은 『도덕형이상학』에서도 발견된다. 칸트는 『도덕형이상학』이 『도덕형이상학정초』에서 확립한 형식주의 윤리이론을 적용한 것이라고 말하며, 적지 않은 학자들이 칸트의 말을 액면 그대로 받아들여 『도덕형이상학』을 정언명법의 체계적인 적용 사례집으로 간주했다.[32] 그러나 칸트는, 승계호 교수가 날카롭게 관찰하고 있듯이, 『도덕형이상학』에서는 도저히 형식주의의 입장에서는 대답할 수 없고, 윤리적 실질주의의 입장을 택할 때에만 대답할 수 있는 질문들을 제출한다. 예컨대 어떤 사람이 치료제도 없는 상황에서 미친개에 물려 공수병에 걸렸을 경우, 그가 자신의 병이 타인에게 전염되는 것을 막기 위해 자살을 택했다면, 이는 도덕적으로 받아들여질 수 있는 자살인가? 칸트는 문제만 던지고는 아무런 대답도 강구하지 않는다. 이에 대해 승계호 교수는 다음처럼 대담한 주장을 한다.

> 만일 아직도 형식주의를 엄격히 고수하고 있다면, 칸트가 이러한 물음들에 어떻게 대답할지 뻔하다. 사실 칸트가 공수병 환자에게도 자살을 허용하지 않으려고 이러한 까다로운 질문을 했다고 믿는 칸트주의자들도 있다. … (중략) … 그러나 칸트의 입장이 그러했다면, 그는 이러한 질문들이 제기되는 것조차 가만두지 않았을 것이다. 왜냐하면 이러한 질문 사례들은 자살에 관련된 우발적인 상황과 관계있기 때문이다. … (중략) … 그렇다면 칸트는 왜 이렇게 까다로운 질문들을 내놓고 있을까? 이러한 질문들이 의미를 가지는 경우는, 칸트가 형식주의에서 실질주의로 사고전환을 감행했다고 가정할 때뿐이다. 이러한 까다로운 질문들은 모두 목적들이 상충하는 경우에 관계된 것이며, 이제 실천이성의 주요기능은 상충하는 목적들 가운데 하나를 선택하는 것이 되어 버렸다.[33]

32) 승계호, 『직관과 구성』, 323면 참조.
33) 승계호, 『직관과 구성』, 319면.

칸트는 『도덕형이상학』에서도 실질 혹은 내용의 문제를 다루고 있는 것이다. 칸트철학 전체를 관통하고 있는 질료주의와 형식주의의 대립·긴장·모순은 윤리학의 영역에서도 부정할 수 없을 정도로 분명하게 표출되고 있다.[34)]

우리는 지금까지 칸트 윤리학의 네 가지 문제점을 살펴보았다. 우리는 이제

---

34) 필자는 칸트가 윤리학의 영역에서 실질주의를 받아들이고 있다는 주장에 대해서는 동의하지만, 칸트가 형식주의를 포기하고 실질주의로 방향을 바꾸었다는 것에 대해서는 반대한다. 승계호 교수에 의하면, 칸트는 철학을 이론철학과 실천철학으로 구분하고 있는데, 『순수이성비판』과 『실천이성비판』을 완성시킴과 동시에 자신의 비판철학이 완성된다고 생각했다. 이런 이분법의 관점에서 보면, 칸트는 『판단력비판』을 쓸 필요가 없다. 그럼에도 불구하고 칸트가 제3비판서를 집필한 것은 『순수이성비판』과 『실천이성비판』에서 줄기차게 관철시키려 했던 형식과 질료의 이분법적 구분이 불가능함을 깨닫고, 이 양자를 통합하려 했기 때문이라는 것이다.(『직관과 구성』, 324-329면 참조) 칸트가 형식주의에 사로 잡혀 있었던 시기는 자신의 철학역정에서 불과 몇 년에 불과하다고 말한다.(『직관과 구성』, 337면 참조) 그래서 승계호 교수는 세계를 자연의 세계와 도덕의 세계로 분리시키는 것이 칸트 비판철학의 중심주제인데, 『판단력비판』과 더불어 분리의 시대는 종언을 고하고 통합의 시대로 옮아간다고 한다. 그 때문에, 그는 『판단력비판』 이후의 시기를 '비판후기철학시대'로 부르기를 제안한다.(『직관과 구성』, 329면 참조) 승계호 교수는 자신의 이런 주장을 확인시켜 주는 것으로 『도덕형이상학』을 들고 있다. "칸트는 마지막 비판서에서 실질이성관을 받아들이기 때문에, 형식이성과 실질이성의 상충하는 요구사항들로부터 마침내 해방된다. 그는 형식과 내용을 구분하는 이분법을 잊어 버린듯 싶은데, 이러한 이분법은 처음의 두 비판서를 떠받치는 최종 지반이었다. 첫 번째 비판서에는, 생각뿐만 아니라 감성에서도 형식과 내용이 엄격히 구분되었다. 두 번째 비판서에서도 같은 구분법이 고수되고 있는데, 형식 개념의 좋은 것과 실질 개념의 좋은 것, 그리고 실천이성의 형식원리와 실천이성의 실질 원리가 바로 그것이다. 그러나 마지막 비판서에서는 칸트는 형식과 내용, 현상계와 초월계, 감성과 지성, 그리고 이성과 성향 등 모든 이분법 구도를 내버리고 있다. 그는 진정으로 통일된 세계를 구축하고자 애쓰고 있다. 마지막 비판서보다 7년 뒤에 출간된 『도덕형이상학』은 비판후기철학의 정신을 완벽하게 구현하고 있다."(『직관과 구성』, 331면) 앞에서 필자가 이미 언급했듯이, 칸트는 『실천이성비판』에서만, 형식주의적 사고와 나란히 실질주의적 사고를 받아들이면서, 그 양자의 대립과 모순을 보여주는 것이 아니라, 『순수이성비판』이나 『도덕형이상학』 혹은 『판단력비판』에서도 그런 대립과 모순을 보여주기 때문에, 칸트가 『판단력비판』이후에는 형식주의를 포기하고 실질주의로 선회했다는 주장은 잘못된 것이다. 그리고 필자는 승계호 교수의 "두 세계(자연의 세계와 도덕의 세계 : 필자 집어넣음)를 분리시키는 것은 칸트 비판철학의 중심주제이다"(『직관과 구성』, 329면)는 주장에 대해서도 동의할 수 없다. 칸트는 물론 자연의 세계와 도덕의 세계를 구분한다. 그러나 승계호 교수식으로 말한다면, 칸트철학의 중심주제는 현상적 자아와 예지적 자아를 분리시키는 것, 혹은 현상과 물자체를 분리시키는 것이 중심주제가 될 것이다. 승계호 교수는 칸트를 양세계론자로 보는 것이 옳음을 전제하고 있다. 그러나 칸트철학을 이중자아론으로 보거나, 혹은 양세계론자로 보는 것은 잘못이다.(이에 대해서는 졸고, 「칸트의 선험철학적 인간관」, 「칸트 이론철학에 있어서 사유와 직관」을 참조 바람.) 칸트가 『도덕형이상학』을 쓸 무렵에는 『순수이성비판』이나 『실천이성비판』에서 자신이 매달렸던 형식주의의 입장을 전면적으로 부정했다고 생각하는 것은 아무래도 칸트철학을 크게 잘못 읽는 것이 될 것이다. 필자는 차라리 칸트 철학 전체가 표면상의 형식주의에도 불구하고 실질주의적인 사고로부터 자유롭지 못했을 뿐만 아니라, 이 양자를 조화시키지도 못했다고 평가하는 것이 타당하리라 생각한다.

이 네 가지 문제점을 관통하고 있는 칸트 윤리학의 근본적인 문제점을 지적하는 것으로 이 글을 마무리하고자 한다. 칸트 윤리학의 첫 번째 문제점인 규칙주의는 칸트가 윤리학을 통해 형이상학으로 나아가려 했으며, 형이상학적 명제는 선천적 종합판단이어야 하며, 따라서 절대 필연적으로 확실하여 어떤 경우에도 예외가 있을 수 없다고 생각했기 때문에 발생한 것이다. 이 규칙주의의 배후에 형이상학을 학의 안전한 길에 들어서게 하기 위해 감행한 코페르니쿠스적 전회의 결과 획득하게 된 형식주의와 주관주의가 가로놓여 있다. 규칙들 간의 대립의 문제는 도덕법칙을 형식의 측면에서만 도출하려는 데서 발생한 것이다. 성폭행의 위험에 노출된 어떤 여성이 폭행하려는 남자에게 자신은 에이즈 환자라고 거짓말함으로써 위기를 모면한 일이 실제로 있었다. 이 경우 그 여성이 칸트주의자라면 '거짓말하지 마라'라는 도덕적 명령과 '정절 혹은 순결을 지켜라'라는 도덕적 명령 사이에서 갈등하게 된다. 그 두 개의 도덕적 명령은 그 형식상으로는 둘 다 보편화 가능한 것이기에 등가적이기 때문이다. 그러나 그 여성이 그런 경우 진실의 가치는 순결의 가치보다 가치위계상 낮은 것이라고 – 이때 가치위계는 형식에 의해 정해지는 것이 아니라 실질에 의해 정해진다 – 생각하는 니콜라이 하르트만주의자라면, 아무런 갈등도 느끼지 않을 것이다. 동기주의의 문제점 역시 가치 실질에 대한 배려 없는 칸트적 윤리학의 고질병이다. 아무리 동기가 좋다 하더라도 도덕적 행위자는 자신의 행위로 말미암아 발생하게 될 결과(실질)를 고려하지 않으면 안 된다. 일관성 없는 형식주의의 문제점은 칸트철학의 아킬레스건이다. 칸트는 『순수이성비판』에서는 진리가 인식주관에 의해 구성된다는 생각을 했듯이, 『실천이성비판』에서는 가치도 행위주체에 의해 구성되는 것이라고 생각했다. 칸트가 이처럼 구성주의적 사고방식을 택한 것은 '학의 안전한 길에 들어선 형이상학'을 건설하기 위함이었다. 형이상학적 명제는 객관적이고 필연적이어야 하며, 객관성과 필연성을 가진 것은 진리나 가치를 구성하는 형식뿐이라고 생각한다. 그는 자신의 형식주의를 정당화하기 위해 사고방식의 코페르니쿠스적 전회를 감행한다. 그는 이 형식주의에서 출발하여 구성주의적 사고방식을 통해 결국 주관주의 철학에 도달하게 된다. 그러나 이 주관주의는 그것이 인식론적인 것이든 윤리적인 것이든 중대한 문제점을 갖고 있다. 칸트적인 인식론적 주관주의는 물자체 불가지론을 표명하게 되며, 결국 우리로 하여금 물 그 자체의 진상에 접근할 수 있는 길을 원천봉쇄함으로써 결과적으로는 원치 않게도 회의주의의 확고한 기초를 마련해주게 된다. 그리고 칸트적인 도덕적 주관주의는 도덕적 가치의 기원을 인간의 내면에서 찾음으로써 칸트는 가치에 대한 우리의 인식은 완전할 수 있다고 생각하게 된다. 그러나 도덕적 가치의 기원을 인간의 내면에 있는 이성의 형식에서 찾으려는 형식주의만으로는 도덕성의 필요충분조건을 제시할 수가 없었다. 이론철학의 영역에서는 선험적 질료(내용)를 인정하지 않을 수 없었듯이 실천철학의 영역에서도 실질적인 요소를 받아들이지 않고서는 가치이율배반의 문제를 해결할 수가 없다. 니콜라이 하르트만이 주장하고 있듯이 가치의 왕국이 그 자체로 실재하며 그 왕국에 위계가 있다면, 윤리학의 주요 임무는 그 위계를 탐구하는 것이 될 것이다. 그 위계에 대한 탐구는 형이상학의 이름으로 독단적으로 완결되는 것이 아니라 끊임없이 계속될 것이다. 그리고 가치 위계에 대한 우리들의 인식이 증가하면 할수록 가치대립이 해소되는 길도 발견될 수 있을 것이다.

참고문헌

칸트 원전

I. Kant, *Kritik der reinen Vernunft*, Hamburg, Felix Meiner Verlag, 1971.
『순수이성비판』, 최재희 옮김, 서울, 박영사, 1972.

_______, *Kritik der praktischen Vernunft*, Hamburg, Felix Meiner Verlag, 1974.
『실천이성비판』, 최재희 옮김, 서울, 박영사, 1975.

______, *Grundlegung zur Metaphysik der Sitten*, in: Immanuel Kant Werkausgabe VII, hrsg., W. Weischedel, Suhrkamp Taschenbuch Verlag, 1974.
『도덕철학서론』, 최재희 옮김, 서울, 박영사, 1974.

_______, *Kritik der Urteilskraft*, Hamburg, Felix Meiner Verlag, 1974.
『판단력비판』, 이석윤 옮김, 서울, 박영사, 1974.

_______, *Prolegomena*, Hamburg, Felix Meiner Verlag, 1957.
『철학서론』, 최재희 옮김, 서울, 박영사, 1975.

______, *Immanuel Kants Logik*, in : Immanuel Kant Werkausgabe, W. Weischedel Suhrkamp Taschenbuch Verlag, Bd. VI. 1977.

______, *Die Religion Innerhalb der Grenzen der Bloßen Vernunft*, in : Immanuel Kant Werkausgabe, hrsg., W. Weischedel, Suhrkamp Taschenbuch Verlag, Bd. Ⅷ. 1982.
『이성의 한계 안에서의 종교』, 신옥희 옮김, 서울, 이화여자대학교 출판부

1984.

______, *Anthropologie in pragmatischer Hinsicht*, in: Immanuel Kant Werkausgabe, Bd. Ⅻ, hrsg. W. Weischedel, Suhrkamp, 1977.

『실용적 관점에서 본 인간학』, 이남원 옮김, 울산, 울산대출판부, 1998.

______. *Metaphysik der Sitten*, in: Immanuel Kant Werkausgabe Bd. VIII, hrsg. W. Weischedel, Suhrkamp, 1982.

______, *Der Streit der Fakultäten*, Immanuel Kant Werkausgabe Bd. Ⅺ, hrsg. W. Weischedel, Suhrkamp, 1982.

______, Über Paedagogik, in: Immanuel Kant Wekausbabe Bd. Ⅻ, hrsg. W. Weischedel, Suhrkamp, 1982.

______, *Moral Mrongvius* (In: Kant's Schriften 27. 2, 2, Berlin, Walter de Gruyter, 1978.

______, "Über ein vermeintes Recht aus Menschenliebe zu lügen", in: Immanuel Kant Werkausgabe Bd. Ⅷ, hrsg. W. Weischedel, Suhrkamp, Frankfurt, 1968

______, "Beobachtungen über das Gefühl des Schönen und Erhabenen", in : Immanuel Kant Werkausgabe Bd. II, W. Weischedel, Suhrkamp, 1977.

______, "Idee zu Einer Allgemeinen Geschichte in Weltbürgerlicher Absicht", in: Immanuel Kant Wekausgabe Bd. XI, hrsg. W.Weischedel, Suhrkamp, 1982.

______, "Welches sind die wirklichen Fortschritte, die die Metaphysik seit Leibnizens und Wolf's Zeit in Deutschland gemacht hat?", in: Immanuel Kant Werkausgabe, Bd. VI, hrsg. W. Weischedel, Suhrkamp, 1977.

______, *Lectures on Ethics*, trans. Louis Infield, Methuen & Co. Ltd, 1979.

______, 『칸트의 형이상학 강의』, 이남원 옮김, 울산, 울산대출판부, 1999.

______, 『칸트의 역사철학』, 이한구 옮김, 서울, 서광사, 1992.

______, 『칸트의 교육학 강의』, 조관성 옮김, 서울, 철학과 현실사, 2001.

참고 서적

김광수, 『논리와 비판적 사고』, 철학과 현실사, 서울, 1991.

김병옥, 『칸트의 교육사상 연구』, 서울, 집문당, 1986.

김상봉, 『자기의식과 존재사유』, 서울, 한길사, 1998.

김영철, 『윤리학』, 서울, 학연사, 1994.

김 진, 『칸트와 불교』, 서울, 철학과 현실사, 2000.

김태길, 『윤리학』, 서울, 박영사, 1976.

고범서, 『개인윤리와 사회윤리』, 한국신학연구소, 1988.

권영선 『듀이이 도덕사상』, 대구, 이문출판사, 1990.

문성학. 『칸트철학과 물자체』, 울산, 울산대출판부, 1995.

______, 『인식과 존재』, 서울, 서광사, 1991.

______, 『현대인의 삶과 윤리』, 대구, 형설출판사, 2000.

______, 『어느 철학자의 한국사회 읽기』, 부산, 세종출판사, 1999.

백종현, 『존재와 진리』, 서울, 철학과 현실사, 2000.

승계호, 『직관과 구성』, 서울, 나남출판사, 1999.

임혁재, 『칸트의 도덕철학 연구』, 중앙대학교 출판부, 1997.

레레인, 『사적 유물론과 사회이론』, 신광역 옮김, 서울, 나남, 1990.

몬딘, 『인간 : 철학적 인간학 입문』, 허재윤 옮김, 서광사, 1996.

뵈트너, 『칼빈주의 예정론』, 홍의표 편역, 대구, 보문출판사, 1982.

브로드, 『윤리학의 다섯 가지 유형』, 박찬구 옮김, 서울, 철학과 현실사, 2000.

사하키안, 『윤리학의 이론과 역사』, 송휘칠·황경식 공역, 서울, 박영사, 1988.

소뻬니야, 『인간은 어떻게 살아야 하나』, 박영도 옮김, 부산, 지평, 1984.

쇼펜하우어, 『세상을 보는 방법』, 권기철 옮김, 서울, 동서문화사, 2005.

스키너, 『자유와 존엄을 넘어서』, 차재호 옮김, 서울, 탐구당, 1987.

엥겔스, 『반듀링론』, 김민석 옮김, 서울, 샛길출판사, 1987.

柳田謙十郎, 『자유의 철학』, 박세영 옮김, 서울, 삼민사, 1991.

크랜스톤, 『자유, 그 새로운 분석』, 황문수 옮김, 경희대학교 출판국, 1983.

포퍼, 『열린사회와 그 적들 II』, 이명현 옮김, 민음사, 1984.

한국칸트학회(편), 『칸트와 윤리학』, 서울, 민음사, 1996.

______________, 『칸트와 형이상학』, 서울, 민음사, 1995.

______________, 『칸트와 독일 이상주의』, 서울, 철학과 현실사, 2000.

______________, 『칸트와 그의 시대』, 서울, 철학과 현실사, 1999.

______________, 『칸트와 현대 유럽철학』, 서울, 철학과 현실사, 2001.

한완상, 『인간과 사회구조』, 서울, 경문사, 1990.

해리스, 『음식문화의 수수께끼』, 서진영 옮김, 서울, 한길사, 1992.

호스퍼스, 『도덕행위론』, 최용철 옮김, 서울, 지성의 샘, 1994.

회페, 『임마누엘 칸트』, 이상헌 옮김, 서울, 문예출판사, 1997.

Allison H. E., *Kant's Transcendental Idealism*, Yale Univ. Press, 1983.

____________, *Kant's Theory of Freedom*, Cambridge Univ. Press, 1990.

Althusser L. & E. Balibar, *Reading Capital*, London, New Left Books, 1975.

Aristotles, *The Basic Works of Aristotle*, R. Mckeon ed. Random House, New York, 1941.

Atwell J. E., *Ends and Principles in Kant's Moral Thought*, Martinus Nijhoff Publishers, 1986.

Augustin, *Earlier Writings*, J.Burleigh ed., Philadelphia, The Westminster, 1962.

Aune B., *Kant's Theory of Morals*, Princeton University Press, 1979.

Banham G., *Kant's Practical Philosophy : From Critique to Doctrine*, New York, Palgrave Macmillan, 2003.

Baron M. W., *Kantian Ethics Almost Without Apology*, Cornell University Press, 1955.

Beauchamp & Child, *Principles of Biomedical Ethics*, Oxford University Press, 1979.

Beck L. W., *A Commentary on Kant's Critique of Practical Reason*, The University of Chicago Press, Chicago, 1960.

Bentham J., *The Principles of Morals and Legislation*, New York, Phrometheus Books, 1988.

Burleigh J.,(ed.) *Augustine : Earlier Writings*, Westminster, 1962.

Carnois B., *The Coherence of Kant's Doctrine of Freedom*, trans. D. Booth, The Univ. of Chicago Press, 1987.

Cassirer E., *Rousseau, Kant, Goethe*, Archon Books, 1961.

Chadwick R. F., & Cazeauk, C. (eds.), *Immanuel Kant: Critical Assessment*, Vol. III, London, Routledge, 1992.

Cohen G. A., *Karl Marx's Theory of History : a Defence*, Oxford, Clarendon Press, 1978.

Coplestone F., *Histoty of Philosophy II*, The Newman Press, 1962.

Coreth E., *Was ist der Mensch*, Tyrolia Verlag, Innsburg, 1976.

Descartes R., *The Philosophical Works of Descartes* I, trans. E.S.Haldane & G. R. T. Ross, Cambridge University Press, 1979.

Despland M., *Kant : On History and Religion*, McGill-Queen's University Press, Montreal & London, 1973.

Dewey J., *Human Nature : An Intooductioin to Social Psychology*, New York, Henry Holt and Company, 1948.

Downie & Telfer, *Respect for Persons*, London, George Allen and Unwin Ltd, 1971.

Edwards & Pap (eds), *A Modern Introduction to Philosophy*, New York Free Press , 1973.

Feldman, *Introductory Ethics*, London, Prentice-Hall, Inc., 1978.

Fleischer H., *Marxism and History*, London, Allen Lane, 1973.

George V. Plekhanov, *Fundamental problems of Maxism*, London, Lawrence & Wishart, 1969.

Gregor M. J., *Laws of Freedom*, Oxford, Basil Blackwell, 1963.

Hartmann N., *Ethik*, Walter De Gruyter & Co., Berlin, 1962.

Hegel G. W., *Vorlesungen über die Philosophie der Geschichte*, in : Werke in Zwanzig Bänden, Suhrkamp Verlag, 1986.

Heidegger M., *Kant und das Problem der Metaphysik*, Vittorio Klostermann, Frankfurt, 2 Auflage, 1951.

_______, *Die Grundprobleme der Phänomenologie*, Frankfurt, Vittorio Klostermann, 1975.

Hobbes T., *Leviathan*, London, Penguin Books, 1980.

Hoffman W. M., *Kant's Theory of Freedom : A Metaphysical Inquiry*, Washington D. C., University Press of America, 1979.

Hudson H., *Kant's Compatibilism*, Cornell University Press, 1994.

Jaspers K., *Rechenschaft und Ausblick*, R. Piper & Co. Verlag, München, 1951.

Kierkegaard S., *Fear and Trembling & The Sickness unto Death*, trans. Walter Lowrie, Doubleday & Company, 1955.

Kohlberg L., *The Philosophy of Moral Development : Moral Stages and the Ideas of Justice*, San Francisco, Harper & Row, Publishers, 1981.

Kroner R., *Von Kant bis Hegel*, J. C. B. Mohr, Tübingen, 2 Auflage, 1921/1924.

Moore G. E., *Principia Ethica*, Cambridge University Press, 1980.

Nell O., *Acting on Principle : An Essay on Kantian Ethics*, Columbia University Press, 1975.

Paton H. J., *The Categorical Imperative ; A Study in Kant's Moral Philosophy*, New York, Harper & Row Publishers, 1967.

Pippin R. B., *Kant's Theory of Form : An Essay on the Critique of Pure Reason*, New Haven & London, Yale University Press, 1982.

Pitte F. P. Van de, *Kant as Philosophical Anthropology*, The Hague, Martinus Nijhoff, 1971.

Plato, *Phaedrus*, in : Collected Dialogues of Plato, eds. E. Hamailton & H. Cairns, Princeton University Press, 1973.

Quinn D. P., *An Examination of Kant's Treatment of Transcendental Freedom*, Boston, University Press of America, 1988.

Rachels J., *The Elements of Moral Philosophy*, Second Edition McGraw-Hill, Inc., New York, 1993.

Rashdall H., *The Theory of Good and Evil : A Treaties on Moral Philosophy*, Oxford, Clarendon Press, 1924.

Ross W. D., *Kant's Ethical Theory*, New York, Oxford University Press, 1954.

Sartre J. P., *Critique of Dialectical Reason*, London, New Left Books, 1976.

Schweizer A., *Die Religionsphilosophie Kants von der Kritik der reinen Vernunft bis zur Religion innerhalb der Grenzen der blossen Vernunft.*, Freiburg, J. C. D. Mohr, 1988.

Singer M. G., *Generalization in Ethics*, New York, Russell & Russell, 1971.

Singer P.(ed.), *A Companion to Ethics*, Oxford, Blackwell Publishers, 1993.

Skinner B .F., *Science and Human Behavior*, New York, Macmillian Co., 1953.

Spinoza B. de, *Die Ethik*, in : Sämtliche Werke Bd.2, Felix Meiner Verlag, Hamburg, 1976.

__________, *Briefwechsel*, in : Sämtliche Werke, Bd.6, Felix Meiner Verlag, Hamburg, 1986.

Sullivan R. J., *Immanuel Kant's Moral Theory*, Cambridge University Press, 1989.

Taylor P. F., *Principles of Ethics*, California, Wadsworth Publishing Co. 1975.

Teale A. E., *Kantian Ethics*, Oxford University Press, London, 1951.

Tucker R. C.(ed.), *Marx-Engels Reader*, W. W. Norton & Company Inc., New York, 1978.

Waston J. B., *Behaviourism*, Second Edition, Routledge, London, 1931.

Willams T. C., *The Concept of The Categorical Imperative*, Oxford, At The Clarendon Press, 1968.

Wimmer R., *Kants kritische Religionsphilosophie*, Walter de Gruyter, Berlin, 1990.

Wood A.W., *Kant's Moral Religion*, Cornell University Press, Ithaca & London, 1970.

__________, (ed) *Self and Nature in Kant's Philosophy*, Ithaca, Cornell University Press, 1984.

참고논문

강영안, 「칸트의 '근본악'과 자유」, 『현대한국에서의 철학의 제문제』(1991년 한민족철학자 대회보), 도서출판 천지.

김상봉, 「칸트 윤리학과 동정심의 문제」, 한국칸트학회 편, 『칸트와 윤리학』, 서울, 민음사, 1996.

김양현, 「칸트의 목적론적 자연관에 나타난 인간중심주의」, 한국철학회 논문집 『철학』, 제55집, 1998년 여름호.

문성학, 「칸트에 있어서 선험적 자아와 통각」, 대한철학회 논문집, 『철학연구』 제67집, 1998.

_____, 「칸트에 있어서 형이상학의 새로운 길」, 새한철학회 논문집, 『철학논총』 제13집, 1997.

_____, 「칸트의 선험철학적 인간관」, 새한철학회 논문집, 『철학논총』 제8집, 1992.

손봉호, 「칸트에 있어서 '과학으로서의 형이상학」, 『철학연구』 제9집, 1974.

______, 「사회윤리와 종교」, 한국철학회 논문집, 『철학』 제32집, 1989년 가을호.

황경식, 「사회윤리와 책임귀속의 문제」, 『철학』 제32집, 1989년 가을, 한국철학회.

Auxter T., "The Unimportance of Kant's Highest Good", *Journal of the History of Philosophy*, Vol. 17, 1979.

Axinn S., "Ambivalence : Kant's View of Human Nature" *Kant Studien*, Bd. 72, 1981.

Bamford P., "The Ambiguity of the Categorical Imperative", *Journal of History of Philosophy*, Vol. 17, 1979.

Becker L. C., "The Finiality of Moral Judgements : A Reply to Mrs. Foot", *The Philosophical Review*, Vol. 82, 1973.

Benton R. J., "Political Expediency and Lying", in : *Journal of the History of Ideas*, Vol. XLIII, 1982.

Broadie A. & Pybus E. M., "Kant's Concept of 'Respect'", *Knat Studien*, Bd.66, 1975.

Bruelisauer B., "Die Goldene Regel", *Kant Studien*, Bd. 71, 1980.

Duessing K., "Das Problem des Hoechsten Gutes in Kants Praktischen Philosophie", *Kant Studien*, Bd. 62, 1971.

Ferreira M. J., "Kant's Postulate : The Possibility or the Existence of God", *Kant Studien*, Bd. 74, 1983.

Fischer N., "Tugeud und Gluekseligkeit", *Kant Studien*, Bd. 74, 1983.

Foot, "Morality as a System of Hypothetical Imperatives", *The Philosophical Review*, Vol. 81, 1972.

Friedman. R. Z., "The Importance and Function of Kant's Highest Good", *Journal of History of Philosophy*, Vol. 22, 1984.

Gupta, "Kant's Problem of the Possibility of the Categorical Imperative", *Kant Studien*, Bd. 64, 1973.

Haardt A., "Die Stellung des Personalitaetsprinzip in der 'Grundlegung zur Metaphysik der Sitten' und in der 'Kritik der praktischen Vernunft'", *Kant Studien*, Bd. 73, 1982.

Hauser L., "Praktische Anschauung als Grundlage der Theorie vom höchsten Gut bei Kant", *Kant Studien,* Bd. 75, 1984.

Hill T., "Humanity as an End in Itself", in : *Ethical Theory and Moral Problemes,* ed., H. J. Curzer, Wadsworth Publishing Co.

Hill Thomas E. Jr., "Kant's Theory of Practical Reason", *The Monist,* Vol. 72, 1989.

Hofmeister H. E. M., "Truth and Truthfulness : A Reply to Dr. Schwarz", in : *Ethics,* Vol. 82, 1972.

Holmes R. L., "Is Morality a System of Hypothetical Imperatives?", *Anlaysis,* Vol. 34, 1974.

Korsgaard, C. M., "Kant's Formula of Humanity", in Immanuel Kant : *Critical Assessment,* eds., R. F. Chadwick & Clive Cazeauk, London & New York, Routledge, 1992.

Kraemling G., "Das höchste Gut als möliche Welt", *Kant Studien,* Bd. 77, 1986

MacBeath A. M., "Kant on Moral Feeling", *Kant Studien,* Bd. 64, 1973.

Murpy J. G. "The Highest Good As Content for Kant's Ethical Formalism", *Kant Studien,* Bd. 56, 1965.

Paton H. J., "An Alleged Right to Lie: A Problem in Kantian Ethics", in : *Immanuel Kant; Critical Assessments,* Vol.I, ed. Ruth F. Chadwick & Clive Cazeauk, Routledge, London, 1992.

Rawls J., "Themes in Kant's Moral Philosophy", in : *Immanuel Kant : Critical Assessments,* eds., Ruth F. Chadwick & Clive Cazeauk, Routledge, London & New York, 1992.

Schwarz W., "Kant's Refutation of Charitable Lies", in : *Ethics,* Vol. 80, 1970

Sedgwick Sally, "On Lying and the Role of Content in Kant's Ethics", *Kant Studien,* Bd. 82, 1991.

Silber J. R., "The Copernican Revolution in Ethics : The Good Reexamined", *Kant*

Studien, Bd. 51, 1959/60.

Smith S. G., "Worthiness to be Happy and Kant's Concept of the Highest Good", *Kant Studien*, Bd. 75, 1984.

Stratton-Lake P., "Formulating Caterogical Imperatives", *Kant Studien*, Bd. 84. 1993.

Ward K, "Kant's Theological Ethics", in : *Immanuel Kant, Critical Assessments* III, edited by Chadwick Ruth F. & Cazeauk Clive, London & New York, Routledge, 1992.

Zeldin M. B., "The Summum Bonum, The Moral Law, and the Existence of God", *Kant Studien*, Bd. 62, 1971.

글의 출처

제1장 「실천이성의 사실」은 대한철학회 논문집, 『철학연구』 90집(2004년 5월)에 「칸트 윤리학에서 실천이성의 사실」이란 제목으로 실렸던 글임.

제2장 「선의지와 근본악 그리고 책임」은 새롭게 작성된 글임.

제3장 「성선, 성악 논쟁에 대한 칸트의 입장」은 한국철학회 논문집, 『철학』 제58집(1999년 2월)에 「칸트의 인간 본성론」이란 제목으로 실렸던 글임.

제4장 「형식과 실질」은 새한철학회 논문집, 『철학논총』 28집(2002년 4월)에 「칸트 윤리학에 있어서 형식과 실질」이란 제목으로 실렸던 글임.

제5장 「선험적 자유에서 자율로서의 자유」는 대한철학회 논문집, 『철학연구』 94집(2005년 5월)에 실렸던 글임.

제6장 「칸트의 의지자유론」은 1987년 6월 경북대학교에서 '자유와 필연'이란 주제로 개최된 대한철학회 여름 심포지움에서 발표한 뒤, 대한철학회 논문집, 『철학연구』 제44집(1988년11월)에 실었던 글을 다시 보완하여 1996년 6월 22일 숭실대학교 별관에서 개최된 한국칸트학회 21차 정기발표회에서 '칸트의 양립론'이란 제목으로 발표했던 글임.

제7장 「정언명법론」은 「칸트 윤리학의 정언명법론」이란 제목으로 새한철학회 논문집, 『철학논총』 제20집(2000년 봄)에 발표되었던 글임.

제8장 「도덕성과 적법성」은 「칸트 윤리학에서 도덕성과 적법성」이란 제목으로 대한철학회 논문집, 『철학연구』 82집(2002년 5월)에 발표되었던 글임.

제9장 「선험적 동기」는 「칸트 윤리학의 선험적 동기론」이란 제목으로 대한철학회

논문집, 『철학연구』 72집(1999년 11월)에 발표되었던 글임.

第10장 「목적으로서의 인간」은 대한철학회 논문집, 『철학연구』 96집(2005년 11월)에 「인간 존엄성 테제에 대한 칸트의 증명과 문제점」으로 발표되었던 글임.

第11장 「실천형이상학과 최고선」은 「칸트의 실천형이상학과 최고선」이란 제목으로 대한철학회 논문집, 『철학연구』 제87집(2003년 8월)에 발표되었던 글임.

第12장 「거짓말에 대한 칸트의 입장」은 대한철학회 논문집, 『철학연구』 53집(1994년 11월)에 발표되었던 글임.

第13장 「칸트 윤리학의 문제점들」은 「칸트 윤리학의 네 가지 문제점」이란 제목으로 한국 칸트학회논문집, 『칸트연구』 13집(2004년 6월)에 발표되었던 글임.

찾아보기

ㄱ

가능적 무한자 20, 28, 84, 102, 107, 110, 111, 112, 113, 274, 279, 280, 283, 284, 286, 287, 291, 293
가상적 원인 152, 153, 156, 180
가상적 자아 24
가치 구성주의적 주관주의 390
가치이율배반 377, 378, 392, 410, 411, 419
개방적 인간중심주의 323
거짓말 364
결정론 24, 173, 178, 179, 186, 192, 198
경향성 26, 66, 93, 95, 100, 165, 168, 243, 252, 253, 254, 255, 261, 262, 263, 264, 265, 285, 292, 294
경향성의 유혹 30, 66, 67, 68, 69, 70, 73, 104, 138, 155, 243, 258, 264, 318, 339
경험적 직관 16, 36, 40, 41, 148
공적인 정의 369, 399
공정성 76
광의의 의무 354
구성설 116
규칙주의 12, 32, 393, 394, 418
근본악 19, 61, 70, 71, 78, 81, 85, 89, 94, 96, 97, 98, 101, 102, 104, 105, 106, 112, 113, 114, 143
기계적 인과성 152
기계적 자연관 175
기질지성 94
김영철 208, 234, 336
김태길 62, 185

ㄴ

나스(R. H. Nash) 71
내면적 결의 183, 184, 185, 189, 195
내용적인 의지 73
뉴턴 역학 12
니체(F. W. Nietzsche) 77

ㄷ

『단순한 이성의 한계 안에서의 종교』 85, 86, 97, 113, 226
당위이율배반 206
당위적(윤리적) 동일률 331
대상 116
대상 중심적 윤리학 117
대상일반 414
덕의무 354
던칸(Duncan) 219

데스프랜드(M. Despland) 114
데카르트 33
데카르트(R. Descartes) 33, 144, 147, 150, 175, 176
도덕감정설 119
도덕론 133, 134, 135, 270, 406, 407
도덕법에 대한 존경 27, 66, 69, 228, 255, 264, 265, 273, 281, 282, 283, 286, 288, 289, 291, 292, 293, 295
도덕법칙 23, 26, 53, 66, 68, 69, 75, 76, 89, 91, 104, 105, 106, 107, 111, 112, 117, 194, 207, 208, 209, 240, 246, 271, 272, 281, 282, 283, 292, 317, 318, 347, 350, 377, 394, 409, 410
도덕성 5, 8, 9, 21, 26, 27, 37, 55, 57, 63, 67, 107, 124, 128, 134, 138, 139, 141, 159, 219, 220, 222, 226, 231, 233, 240, 241, 245, 246, 249, 250, 251, 252, 254, 255, 256, 257, 258, 259, 260, 263, 266, 269, 270, 272, 273, 283, 288, 305, 309, 331, 332, 345, 349, 362, 382, 406, 408, 419
도덕신앙 6, 344
도덕적 악 66, 85, 88, 101, 104, 192, 193
『도덕형이상학정초』 5, 13, 61, 63, 75, 78, 85, 98, 127, 135, 137, 159, 219, 221, 231, 269, 327, 348, 354, 359, 405
독단적 형이상학 13, 326
동기 250, 252, 253, 254, 256, 257, 261, 262, 266, 269, 271, 272, 274, 283, 285, 286, 288, 291, 303, 331, 358, 393, 401, 404, 406, 407, 418
동기주의 11
동물성 299
듀이(J. Dewey) 270

ㄹ

래시달(H. Rashdall) 230
럿셀(B. Russell) 145
레(Paul Ree) 185
레이첼즈(J. Rachels) 370, 401
로쓰(Ross) 219
롤린(Rollin) 219
루소(J. J. Rousseau) 78

ㅁ

마르크스(K. Mark) 192
맹자 72, 77
모사설 116
목적 자체로서의 인간 30, 116, 137
목적론적 윤리학 118
목적자체로서의 인간 137
무신론자 176
무어(G. E. Moore) 62, 159
무원인 184
문제투성이 개념 164
물자체 불가지론 14, 22, 151, 153, 162, 163, 164, 167, 419
밀(J. S. Mill) 77, 118

ㅂ

방법론상의 역설 123
방법적 회의 33
범주 17, 29, 102, 108, 112, 124, 136, 137, 139, 199, 211, 220, 242, 275, 278, 279, 281, 317, 318, 347, 414
법의무 354
법칙 12, 17, 21, 22, 24, 27, 28, 29, 32, 36, 39, 41, 46, 48, 52, 64, 66, 68,

69, 70, 73, 76, 92, 94, 95, 96, 103, 108, 111, 112, 117, 122, 123, 124, 125, 126, 130, 131, 138, 143, 148, 149, 154, 155, 171, 176, 183, 184, 201, 215, 216, 217, 218, 219, 220, 222, 233, 245, 246, 247, 251, 257, 264, 267, 269, 270, 271, 273, 278, 283, 285, 288, 290, 291, 293, 294, 295, 302, 309, 311, 337, 342, 350, 351, 352, 353, 356, 405
법칙주의 11
법칙중심주의 123
벡(L. W. Beck) 196
벤담(J. Bentham) 77, 118, 216, 224
벤톤(R. J. Benton) 367, 383, 384, 385
벵자멩 콩스땅(Benjamin Constant) 357, 359, 373, 379, 383
변증론 17, 19, 35, 127, 132, 145, 151, 158, 159, 161, 162, 164, 168, 169, 171, 199, 275, 329, 331, 345, 413, 415
변증적 대당관계 158
변형된 절충론자 107
보에티우스(Boethius) 174
보편화 가능성 76, 353, 356, 359
본연지성 94
본원적 도덕 46
불완전한 의무 353
브로드(C. D. Broad) 219
비판적 형이상학 6, 13, 15, 17, 19, 33, 58, 117, 325, 326, 327, 328, 329, 335

ㅅ

사단칠정론 94
사르트르(J. P. Sartre) 77
사변적 형이상학 14, 31, 278, 327, 328, 349
상호성 76
선결문제 요구의 오류 35
선악 중심적 윤리학 117
선의지 19, 39, 61, 62, 63, 64, 65, 66, 70, 71, 72, 73, 74, 75, 76, 77, 78, 81, 85, 104, 105, 106, 113, 114, 143, 411
선천적 감정 28, 94, 273, 283, 285, 286
선천적 종합판단 13, 18, 34, 36, 38, 40, 41, 45, 54, 147, 350, 394, 395, 418
선택의지(Willkür) 211
선험적 객관 274
선험적 기체 414
선험적 내용 415
선험적 대상 15, 16, 274, 275, 276, 277, 279, 280, 414
선험적 동기 27, 273, 291
선험적 통일 275
선험적 형이상학 14, 33, 278, 326, 327, 328
선험주의 11
성선설 12, 20, 77, 78, 79, 80, 85, 86, 88, 89, 98
성선악혼재설 12, 20, 78, 80
성악설 12, 20, 77, 78, 79, 80, 85, 86, 88, 89, 98
성향 19, 21, 70, 81, 92, 93, 96, 97, 98, 99, 100, 101, 102, 106, 107, 112, 114, 417
셀러(M. Scheler) 230
소극적·부정적 형이상학 327
소질 21, 87, 90, 91, 92, 99, 100, 101, 102, 121
소크라테스(Socrates) 174
쇼펜하우어(A. Schopenhauer) 72

숙달의 명법 234
숙명론 204
순수 이론이성의 사실 327
순수의지의 규정근거 57, 132
『순수이성비판』 13, 14, 36, 37, 40, 41, 123, 124, 141, 158, 159, 162, 275, 277, 278, 344, 346, 415, 417, 418
순수직관 37, 40, 148
순자 77
순환논증 38
슈바르츠(W. Schwarz) 367
슈바이처(A. Schweitzer) 169
스토아(Stoa) 127
스피노자(B. de Spinoza) 24, 176, 177, 202
승계호 238, 416
신명령론 226
신성 299
신학적 이율배반 177
실러(Schiller) 26, 250
실버(J. R. Silber) 391
실질 138
실천 규칙 216
실천규칙 216
실천법칙 42, 62, 74, 75, 118, 119, 120, 122, 123, 124, 125, 216, 217, 288
실천원칙 216
실천이성 27, 52, 53, 124, 127, 216, 222, 310, 331
『실천이성비판』 5, 13, 35, 36, 37, 38,58, 60, 127, 130, 141, 144, 145, 171, 216, 221, 274, 277, 317, 342, 344, 345, 415, 417, 418
실천이성의 동의 314
실천이성의 사실 12, 13, 17, 18, 34, 35, 39, 40, 41, 42, 43, 44, 48, 51, 52, 54, 57, 58, 60, 70, 71, 75, 76, 124, 125, 143, 328, 334, 335, 341
실천적 추리 367
실천철학적 증명 135
실천형이상학 328
심신병립설 202
심정주의 11

ㅇ

아리스토텔레스(Aristoteles) 77, 173, 224
아트웰(Atwell) 379
앨리슨(H. E. Allison) 167
야스퍼스(K. Jaspers) 112
양 세계론(two world theory) 197
양립론 24, 107, 173, 198, 200, 202
양시론 151
양심 71, 72, 201, 203, 341, 351, 357
어거스틴(Augustin) 174
엄격주의 31, 352, 365, 366, 385, 390
엄숙주의 11, 12, 379
에머리히 코레트 102
에피쿠로스(Epikouros) 127
역지사지 48
영리(怜悧)의 명법 224
영혼불멸 14, 17, 22, 30, 31, 55, 58, 135, 141, 142, 144, 145, 164, 285, 286, 288, 326, 327, 329, 336, 338, 340, 341, 342, 343, 344, 346, 394
예지적 자아 322
오성통일 275
완전선 30, 55, 129, 132, 331
완전한 의무 353
욕망능력 120
우드(A. Wood) 93, 198
우리 자신에 대한 의무 353
우주론적 자유 22, 153
원인성 191

원초적 계약 390
윌리암스(Williams) 219
윤리적 상대주의 143
윤리적 의무 354
윤리적 직관주의자 19, 61, 62, 74, 75
윤리적 형식주의 5, 21, 22, 30, 46, 127, 135, 137, 142, 233, 271, 318, 325, 328, 345, 346, 347, 413, 415
윤리적 회의주의 35, 143
윤리학에서의 코페르니쿠스적 전회 117
의도확대의 오류 402
의무로부터 말미암은 250
의무론적 직관주의 62
의무에 적합한 250
의지규정 251, 269
이념 17, 22, 33, 91, 113, 151, 155, 156, 157, 158, 159, 162, 163, 164, 169, 170, 181, 183, 197, 218, 275, 276, 278, 279, 285, 314
이론이성 13, 14, 30, 45, 53, 54, 124, 144, 147, 198, 300, 327, 392, 398
이론이성의 사실 13
이상 278
이성신앙 344
이성의 사실 33
이성의 통제적 원리 278
이신론자 176
이율배반론 110, 145, 275, 276
이중 관점론(two aspects theory) 197
이중결과의 원칙 134
인간본성론 20, 61, 77, 94
인간성 17, 26, 28, 29, 100, 106, 109, 112, 218, 231, 239, 246, 247, 248, 297, 298, 302, 307, 308, 309, 313, 315, 316, 317, 356, 359
인간종족중심주의 319
인격 윤리학 12
인과계열 25, 158, 160, 182, 184, 187, 200, 203, 204, 210, 211, 280
인과법칙 23, 24, 144, 145, 148, 153, 155, 166, 189, 191, 192, 193, 196, 208, 209, 285, 322, 334, 337
인식론적 상대주의 15

ㅈ

자기 수양 79
자기 입법적 존재 137
자기애 19, 20, 73, 90, 95, 96, 97, 98, 99, 101, 104, 105, 106, 109, 111, 112, 300
자기의식의 선험적 통일 275
자너(H. Saner) 219
자연법칙 24, 66, 67, 68, 69, 70, 148, 149, 176, 195, 196
자연상태 78
자연의 형이상학 18, 33, 117, 326, 327, 328, 356
자연적 오성 65
자연주의 윤리설 62
자연필연성 150, 155, 166, 170, 171, 178, 181, 184, 197, 198, 199, 200, 201, 278
자유 11, 12, 14, 18, 20, 21, 22, 23, 24, 25, 35, 38, 41, 55, 60, 61, 66, 67, 68, 69, 70, 79, 80, 88, 89, 90, 94, 195
자유법칙 23
자유의 윤리학 12
자유의지 106, 165, 175, 251, 269, 273
자의성 배제의 원칙 409
적극적·긍정적 형이상학 327
적법성 26, 249
절대적 자발성 182

정언명법 25, 125
제3이율배반 22, 177
존경 27
존엄 140, 306, 308, 314, 318, 321, 322
주관적인 동기 74
주관주의 32, 392, 411, 412, 418, 419
주자학 94
준칙 52
직관주의 윤리설 62
진리 45, 50, 65, 76, 90, 103, 107, 108, 116, 123, 178, 315, 360, 361, 388, 389, 415
진실성 4, 356, 357, 358, 360, 361, 362, 364, 370, 371, 372, 373, 374, 375, 377
질료 15, 16, 17, 30, 70, 71, 73, 239, 397, 413, 414, 415, 419
짜깁기이론 168

ㅊ

책임 11, 12, 13, 20, 30, 52, 64, 68, 77, 78
책임의 윤리학 11
초감성적 자연 184, 197, 394
최고선 30, 116, 126
최대다수의 최대행복 118
최상선 30, 55, 129, 132, 330, 331, 338

ㅋ

카울바하(F. Kaulbach) 198
케어드(Caird) 219
코기토 147
코레트(E. Coreth) 84
코페르니쿠스적 전회 21, 116
콜버그(L. Kohlberg) 312
쾌락주의 윤리설 119
크랜스톤(M. Cranston) 190
크로너(R. Kroner) 102
키에르케고르(S. Kierkegaard) 174

ㅌ

타인에 대한 의무 353
테일러(P. Taylor) 233
통각 15, 16, 115, 167, 212, 274, 275, 279
통각의 통일의 대응자 275
트리레마 22, 29, 136, 164, 172, 317

ㅍ

파생적 도덕 46
『판단력비판』 197, 303, 417
페이톤(Paton) 219
펠드맨(F. Feldman) 245
프랑스 혁명 384
플라톤(Platon) 77, 270

ㅎ

하르트만(N. Hartmann) 68, 188, 204
하이데거(M. Heidegger) 110, 290
행복론 133, 134, 135, 406, 407
행복주의 118, 124, 132, 225
행위규칙 32, 73, 76, 218, 236, 242, 392, 394, 396
행위준칙 25, 26, 88, 96, 221
허치슨(F. Hutcheson) 296
헨리히(D. Henrich) 293
현상적 인간 140
현상적 자아 24, 182, 201, 202, 320, 321,

322, 417
현실적 무한 28, 276, 278, 279, 280, 284, 285, 287, 291, 292
현실적 무한자 279
협의의 의무 354
형식 4, 5, 15, 46, 115, 116, 124, 125, 126, 138, 289, 290, 309, 311, 317, 318, 349
형식적인 의지 73
형식주의 11
형식주의 윤리학 4
형식주의적 전회 15
형이상학 13, 14, 15, 18, 329, 344
형이상학적 윤리설 62
호스퍼스(J. Hospers) 396
호프마이스터 357
홉스(Hobbes) 47, 78, 297
회의주의 15
회페(O. Höffe) 379
후천적 종합판단 40
힐(T. Hill) 299